Accounting Practice Course

会计实务操作教程

案例操作及其理论支撑

主　编　付海波
副主编　高　峰
主　审　鲍长生

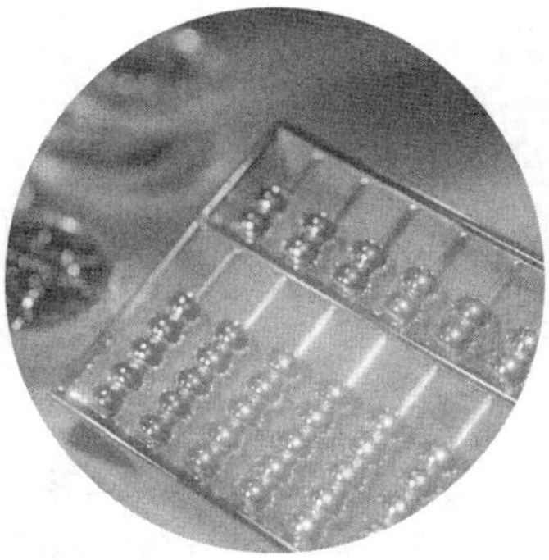

上海财经大学出版社

图书在版编目(CIP)数据

会计实务操作教程:案例操作及其理论支撑/付海波主编. —上海:上海财经大学出版社,2020.11
ISBN 978-7-5642-3674-8/F·3674

Ⅰ.①会… Ⅱ.①付… Ⅲ.①会计实务-教材 Ⅳ.①F233

中国版本图书馆 CIP 数据核字(2020)第 206011 号

□ 责任编辑 陈 明
□ 封面设计 张克瑶

会计实务操作教程
——案例操作及其理论支撑
付海波 主 编
高 峰 副主编
鲍长生 主 审

上海财经大学出版社出版发行
(上海市中山北一路 369 号 邮编 200083)
网 址:http://www.sufep.com
电子邮箱:webmaster@sufep.com
全国新华书店经销
上海新文印刷厂印刷装订
2020 年 11 月第 1 版 2020 年 11 月第 1 次印刷

787mm×1092mm 1/16 25.5 印张 653 千字
定价:88.00 元

序一

进入21世纪，在人类社会进步和发展过程中，诚信、契约、法制必将成为有关市场经济健康发展的三个主题。人类将以促进诚信和法制建设、维护市场经济秩序为中心，向市场经济的新地平线迈进。

会计作为“国际商业语言”在市场经济发展过程中扮演了一个既重要又特殊的角色，在遵守诚信、契约、法制三大主题中具有不可替代的作用，这已引起世界各国经济学家、社会学家、法学家、政府部门、国际组织以及实业界的重视，人们相继开展了这方面的研究和探索。

本书正是针对会计初学者和具备会计基础知识意欲上岗或初上岗人员学习会计实际操作知识，锻炼实际操作能力，提高会计诚信、契约、法制观念的一本理论与实践相结合的教材。

本书分会计实际操作的理论支撑和实际操作案例两大部分。其中案例部分选取了不同行业的7个公司2019年12月的会计相关业务，以2019年11月末的科目余额以及2019年1—11月的损益类科目发生额为起点，由学员在指导教师的指引下，亲手操作，审核原始凭证，编制记账凭证，录入会计软件，生成会计报表，并引申出会计报表说明、财务指标分析；又通过列示企业纳税的各类相关申报表、工商年报公示等真实表式，使学员身临其境体验企业的相关会计操作。通过这样一系列的实践模拟，实现“会计工厂进学校”“会计实习进课堂”的目标。

本书的实际学术及应用价值如下：

1. 案例与流程的真实性强。资料来源于实践，实事求是，体现不断变化后的新会计政策与实践的相关要求，具有较强的诚信度。

2. 强调会计实操的理论支撑。本书说明会计实操各环节所对应的理论知识，引导学员在实践中不忘理论基础，真正做到“理论指导下的实践”“理论与实践相结合”，体现了会计的规则意识。

3. 保留了案例中原会计处理的不当之处，展示了会计实践中一些常见的错误做法，辅以指导教师的纠错说明，从反面强化会计处理的相关规定，取得强于平铺直叙、正面讲解的效果，将会给学员留下深刻印象，深化了会计的法治观念。

我国会计实务操作教程的研究起步不久，整个会计实务操作教程体系还不够完善，无论是理论界、实业界还是政府部门都处于边探索边实践的阶段，有许多亟待解决的问题。社会上会计实操教材很多，但能如此与理论紧密结合的论述却很少。付海波、高峰等同志积多年研究结果，创造性地运用诚信、契约、法制的理念，提出了会计实务操作的理念和人才培养模式，将为会计实务操作的理论研究和实践提供可借鉴的范式。这是一部具有开拓性、创新性和探索性的著作，具有重要的学术价值和应用价值，尽管书中有些提法、见解可能还值得讨论，但它不失为一部优秀著作，很值得一读，特别是有助于初学者进行实操学习。

人们常常引用马克思在《资本论》法文版的序言中的一句话："在科学上没有平坦的大道，只有不畏劳苦沿着陡峭山路攀登的人，才有希望到达光辉的顶点。"愿以此与付海波、高峰同志和所有会计界的同仁共勉！

东北林业大学教授、博导　岳上植

2020 年 5 月

序二

“经济越发展，会计越重要”。随着我国经济社会的转型发展和财务管理的规范化，应用型会计人才的需求不断增加。会计工作的技能性强，培养应用型会计人才需要较长时间的实际岗位操作。但企业的会计、财务信息属于商业机密，企业的财会岗位一般不会安排实习生，即使安排实习生，也很难接触到核心业务。因此，会计和财务管理专业学生的实习总是一大难题。

为了解决这一难题，本教材选取了 7 个不同行业的有代表性的企业，利用这些企业的实际案例和具体的会计资料，介绍不同行业各项会计业务的处理方法和处理流程，包括会计业务的记账、会计报表的编制、财务指标的基本分析、增值税纳税申报、个税预缴申报、企业所得税汇算清缴申报等。

本教材具有以下几方面的特点：

1. 本教材选取企业真实案例，各项会计业务、资料、报表模板等真实、全面。通过真实案例的训练，使学生达到与企业实际应用相一致的水平。

2. 行业覆盖广，体现了不同行业的会计处理、相关政策的特殊性。

3. 会计理论与实务处理相结合，力图扭转目前会计实务界重实践轻理论和会计理论界重理论轻实践的脱节现象。

4. 本教材编写注重时效性，做到与时俱进。本教材引用现行的会计准则、法规、政策，使学员上岗前、上岗后具有符合现实需要的法规、政策储备。

本教材适合具有基础理论知识的会计人员岗前的实务操作训练，以提高实务操作技能，也可以作为在校的会计专业学生会计实习、实践课程的辅助教材。

上海政法学院经济管理学院副院长、副教授，上海市审计学会理事　鲍长生

2020 年 5 月于上海

前言

会计实务操作历来是有关会计工作的法律、法规等国家统一会计制度相关规定的最终体现，也是会计初学者在学习了会计基础理论之后，踏入会计门槛时最感困难的一个范畴。用人单位往往在招聘时要求应聘人员具有会计实务操作的基本经验，而会计初学者恰恰实务操作经验欠缺甚至没有，往往由此而被拒之门外；而没有会计工作机会，又谈何积累实践经验？这就形成了一个悖论：因为没有实践经验而无法获得会计工作机会；又因为没有会计工作机会而无从积累会计实践经验。

当然，初学者在进入会计岗位之前，有三个途径可以获取初步的实践经验：

一是求助做会计工作的亲朋好友在工作中或业余予以介绍或指导。但这个途径难于实现。哪个单位肯允许会计人员带自己的亲友进入极具保密性质、十分敏感的财务重地？二是在学校学习到一定基础知识之后安排时间到社会上去实习。这个途径也不容易奏效，原因类同上述。所以毕业之前的实习经常流于形式，实习报告也很难反映真实的实习效果。三是在学校学习的某个阶段，就安排专门的实习课程。目前各学校对这种实践课程也相当重视，目标是培养有理论知识、有实践能力的社会有用人才。但这种实习课程的效果却不一定尽如人意。学校的专职教师是否具备实践经验？学校的教材能否反映当前最新的会计理论与实践的要求？聘请社会在岗人员进校讲课，这个应聘教师的语言表达能力如何？是否能够有效地把理论与实践结合起来？这些都是需要考虑的。

正因为如此，就提出了如何改善、完善会计实践教学的这个严肃的问题。本教材从这种考虑出发，选取了 7 个不同行业的企业案例，由指导教师引领学员从建账、收集与编制凭证、审核凭证、登记账簿到生成会计报表进行全过程实践操作，辅以会计报表基本分析，继而又通过现行的、真实的纳税申报表、工商年报公示报表等的实际填写，使学员掌握实践工作中必备的操作技能。

由此，本教材体现了如下特点：

1. 业务、各种资料、报表模板等真实、全面。

2. 行业覆盖广，体现了不同行业的会计处理、相关政策的特殊性。

3. 在第二章用较大篇幅介绍了会计实务各环节、各方面所需要的理论支撑，力图扭转目前会计实务界重实践轻理论和会计理论界重理论轻实践的脱节现象。

4. 本教材给出的案例保留了个别不正确的会计处理，意图是通过对失误节点的讲解与提示，使学员更清楚地知道如何纠正实践中的一些违法、违规之处，牢记前车之鉴。

5. 与时俱进。引用现行的会计法规、政策，使学员上岗前、上岗后具有符合现实需要的法规、政策储备。

本教材适合具有会计基础理论知识的人员上岗前的实务操作训练、刚刚上岗的人员提高实务操作技能、在校即将毕业或刚刚毕业的会计专业学员会计实习、实践课程作为辅助教材。

本教材第一、第二章由上海磊实财务咨询公司高级财税顾问高峰教授编写，第三、第四、第五、第八章由该公司余素平编写，第六、第七章由该公司李燕编写，第九章由该公司王佳编写，朱珺为书中图表绘制做了大量工作。全书由该公司CEO付海波与高峰统稿。

限于编者知识水平与对新理论、实践体系的理解和掌握有限，书中恐有不当之处，愿与各位同仁讨论，并请读者批评指正。

目　录

第一章　绪　论

第一节　会计实务领域现状分析

随着我国经济领域的不断深化改革开放，我国的会计事业也随之不断发展、进步，会计法律体系、理论体系不断完善，会计实践领域不断创新，基本上适应了社会发展的需要。但改革、创新是无止境的，虽然理论在一定程度上超前，力求指导、引领实践，但更主要的，实践在自觉与不自觉地进行创新，反衬出理论的落后，反推理论的补充与完善。这个相辅相成的过程，周而复始，永无穷尽。

会计实务操作及其相关的教学与辅导，历来是行业内极为重视而又很难统一、规范的一个范畴。之所以难以统一、规范，来自以下几个方面：

其一，自 1993 年，我国从行业会计制度趋向统一开始，经历了企业会计制度、企业会计准则的不断完善、出新，特别是会计具体准则的陆续出台、修订，形成了与国际会计准则的趋同过程。这个过程是动态的，每时每刻都体现出与时俱进的变化与修正。

其二，会计实务操作的对象——各类会计主体各具特点，业务纷繁复杂。即便是企业这个大的类别，也划分为多种行业、多种规模，特别是由于信息技术的飞速进步，新兴行业迅速崛起，这些都对会计实务操作提出了不同的针对性要求。

其三，会计实务操作的主体——会计人员素质良莠不齐，在学历、资历、能力、适应力等各方面存在或大或小的差距。尽管会计法和企业会计准则都规定了会计人员上岗所必须具备的条件，但实践中，企业聘用会计人员的入门标准并不统一，相当一部分企业更多地考虑了人际关系、信任程度，而非理论与实践能力。

其四，现实中的学历教育课堂，集中于理论知识的学习，尽管安排有实践课程，但其实践是理论描述的实践，而非真实操作的实践。至于学习过程中的实习，包括生产实习和毕业前的实习，或者由于单位不愿意接收而很难找到理想的实习场所，或者由于学员在实习岗位接触不到单位的真实业务，因此成了流于形式的实习，甚至有学生制作虚假的实习报告。

其五，通过学历教育走上社会的会计专业毕业生，由于缺乏实践经验，单位不愿聘用；而没有上岗机会又无法积累实践经验。这就形成一个悖论，也是会计专业学生所面临的难以逾越的沟壑。

其六，相当一部分企业出于经济利益的考虑，不惜冒风险而在账目上做手脚、在纳税上玩花活，致使人们普遍认为，会计实践就是做假账、偷税逃税，还美其名曰“合理避税”。同时，也有相当一部分从业人员为了省事，避免纳税调整，其工作不是依据会计法和会计准则，而是过多考虑税法规定，忽视了“会计追求真实，税法追求公平”这个客观上的不同，进而曲解了会计实践与税务实践相结合而形成的纳税调整。即便是面对税务实践，也往往有意无意地背离、逃避税法约束。

其七，局限于会计基本职能的“核算与监督”，而忽视扩展职能预测、辅助决策、经济活动分析与评价等职能。也就是说，我国会计实践领域在一定程度上割裂了会计核算与财务管理、管理会计的结合。通过会计软件，会计报表人人能出，但报表信息形成之后的信息利用却被忽视、抛弃。

从这个角度来说，我国近几年突出强调、大力推行的管理会计理论与实践是相当必要的。

其八，理论与实践难以结合。搞理论的缺乏实践，搞实践的轻视理论。很少有人真正在实践中不断深入学习理论、应用理论，反而在形形色色的违规甚至违法的实践中得出一个可怕的结论：“学校学的东西都没有用”。

以上八个方面，尚不能全面概括目前会计实践操作领域的负面情况。

鉴于此，本教材力图借助若干个不同行业企业真实的会计信息，组织会计学员在相关理论指导下、在指导教师的引领下，进行实际场景模拟操作，完成真正意义的会计课程实习。

本教材编写的目的在于以下几个方面：

(1)提供现实的案例、真实的场景，身临其境，模拟实习。

(2)帮助尚在学习会计基础知识或已经学习了会计基础知识，欲上岗或刚上岗的新手了解并掌握会计实践操作基本流程和必要技能，为受聘上岗打下良好的基础。

(3)从正面引导初学者树立遵纪守法的前提，排除社会上“不会作假的会计不是好会计”的干扰，奠定一个对法律怀有必要敬畏之心的良好基础。

(4)扭转“重实操，轻理论”的思想，在学习实践操作的同时，随时引入其理论支撑。

(5)对传统的会计实务操作学习加以引申，拓展会计职能，开辟“会计信息形成后的有效利用”的新的学习内容，以便使学员上岗后不仅有能力做一个合格的财务会计人员，也能做一个基本合格的管理会计人员，发挥辅助决策的作用。

第二节 本教材的组成部分

本教材由如下几个部分组成：

第一部分(第一章)是绪论。本部分通过对目前社会上会计行业现状的负面情况罗列，提出编写本教材的必要性。

第二部分(第二章)是会计实务操作的流程概述与理论支撑。本部分概括介绍会计实务操作的基本流程，并在概述操作的每个基本环节之后，穿插其理论支撑。其目的在于为第三部分案例实习操作准备铺垫，力求理论与实践结合。

主导思想是：没有理论的实践是盲目的实践；没有实践的理论是空洞的理论。

第三部分(第三—九章)是会计实务操作案例实习。本部分提供七个行业对应的七个企业，介绍并实际操作如下内容：

(1)该企业基本情况。

(2)该企业一年中某个月基本且典型的业务和事项，给出原始凭证和相关资料。

(3)学员在指导教师的引领下，从选择会计软件、建账套、审核原始凭证、编制记账凭证、登记账簿、编制报表、填报纳税申报表、报税缴税，直至财务分析，模拟现场场景，结合第二部分的理论指导，上机实际操作，完成会计核算的全过程，并引申到初步的财务分析。

主导思想是：一方面，通过七个常见行业企业的七个全套操作过程，使学员提升上岗信心，具备上岗实力，上岗即能操作，快速成为合格的会计人员；另一方面，实现"会计工场进校园，会计实习进课堂"，开辟一条会计实操培训的有效途径。

第三节　总揽会计实务操作的两大内容

一、会计实务操作流程

会计实务操作流程如下：

(1)上岗前了解、熟悉服务对象的基本情况。

(2)建账，选定使用的科目。

(3)收集、整理、归类、初审原始凭证。

(4)编制记账凭证。

(5)生成财务报告。

(6)纳税申报(纳税申报并非在生成会计报告之后，而是根据既定申报时间要求按时完成)，并缴纳税款。

(7)工商年报公示。

二、每月会计固定事项

由于不同企业的不同情况，会计工作内容会有所不同。此处是工作内容的概括介绍。

(一)上月末

出纳收集、整理当月全部原始凭证，初步归类、审核，提交会计。

(二)次月初

(1)出纳取上月银行回单。

(2)会计整理、审核、归类原始凭证。

(3)编制银行存款余额调节表。

(4)上月税款、社保款、各种大额款项安排。社保款由基本户划入社保户。在截止日前申报纳税。

(5)安排开票。在申报抄税、清卡后购买票据。

(6)收集上月考勤表，制作工资单上交审核、签批。发放工资。

(7)根据审核无误的原始凭证编制记账凭证，录入会计软件。依据成本核算原始凭证(比如出入库单、工时记录等)制作成本计算单，并完成记账凭证编制、录入。

(8)将收付款凭证借给出纳登记日记账，然后收回。检查日记账余额是否账实相符。

(9)装订存档记账凭证、全套网上申报表、对账单、出入库单存根联、全套纳税申报表和纳税回执。

(三)平时

(1)安排和完成发票的开具、购买，进项发票的网上认证。

(2)与客户、供应商及业务员对账。

(3)控制增值税进项、销项的形成。

(4)成本监控。

(5)每季度末提前预算所得税,控制收入、费用的形成。

第二章　会计实务操作流程概述及理论支撑

第一节　上岗前的考察和知识准备阶段

一、本阶段首要问题是对所服务的会计主体基本情况的了解和熟悉

上岗前或接触一个新单位前需要了解和熟悉以下几项内容：

(1)该企业的性质：是股份有限公司、有限责任公司、个人独资企业，还是合伙企业？是否上市、挂牌？是否是高新技术企业？

(2)该企业所处行业。

(3)该企业规模：人数多少？固定资产多少？总资产多少？长、短期负债多少？负债总额多少？是小微企业、中型企业，还是大型企业？

(4)该企业实力：注册资金多少？投资人多少？

(5)该企业经营范围、工艺流程、生产经营特点、经营品种及其结构。

(6)该企业在同行业中的市场地位和市场占有率。

(7)该企业税务登记情况：主管税务机关是哪个部门？

从增值税角度：是一般纳税人，还是小规模纳税人？

从企业所得税角度：是否是小型微利企业？

(8)遵纪守法情况：有无纳税违法前科？有无其他违法违纪前科？公司主要领导纳税意识如何？法治观念如何？

了解上述情况的目的：确定企业对会计人员能力的需求，对比自己能否初步适应；确定企业能够享受到政策扶持；初步评估企业经营风险、财务风险、税务风险，对比是否符合自己的风险容忍度；为下一步选择执行何种会计制度、选择会计软件、设置账户、建账、编制会计报告、报税提供依据和打下基础。

了解上述情况的方法：查阅营业执照；面试对话了解；与该企业中熟悉情况的朋友交谈；当然，有些情况可能需要上岗后持续了解。有条件时，要查阅该企业过去年度的财务会计报告，这往往要在上岗之后。

需要打破一个误区。大部分应聘者认为面试只是被动地接受询问，只是被考察。其实，面试也是一个互相了解的过程和双向选择的过程。在面试中，一方面让对方了解自己，另一方面也要适当提出自己的问题，看对方的回答。这样，既从与对方的交谈中了解了一些情况，也在气势上不输对方，显示出一种自信。

该阶段主导思想：知己知彼，方能百战不殆。

二、本阶段的理论支撑

（一）不同类型企业在涉及会计工作风险方面的主要特点

会计从业人员要在理论上了解股份有限公司、有限责任公司、个人独资企业和合伙企业在人数、规模、责任方面的不同。本教材限于篇幅，仅从实践中不同类型企业客观上对应的不同会计工作风险概述如下：

(1)股份有限公司(含上市公司)：规模较大，有审计、股民的社会监督，证监会和税务的国家监督，股东代表大会、监事会和管理层、职工的内部监督，随着现代企业制度的逐步确立，运行比较正规，会计工作风险相对较小；但从另一个角度来看，股份有限公司为了维持、推高股票价格以增加企业财富、吸引外部投资，也经常做手脚虚构收入、虚增利润，这又加大了企业会计工作的风险。

(2)个体工商户、个人独资企业、合伙企业：投资人是企业主，企业负责人也是企业主；属于商业非法人，进行法律活动不能以公司名义，要以企业主或者执行事务合伙人个人名义进行，在责任承担上对企业债务承担无限责任。规模较小或很小。这类企业接受国家监督、社会监督、企业内部监督力度都较小，会计工作风险也较小。查账征收的此类企业的会计工作风险在于税收方面，往往为了少缴个人所得税而隐瞒收入、虚构成本；而核定征收的此类企业会计工作风险不大，如果说有风险，往往在票据不规范方面。

(3)有限责任公司：投资人叫股东，企业负责人是法定代表人，其中股东对公司以其认缴的投资额对公司承担有限责任。有限公司是商业法人，在法律上与自然人一样有同样的权利和义务，可以以公司的名义进行法律活动。此类企业会计工作风险介于前两者之间。如果将目标设定于改组股份有限公司，甚至挂牌上市，会计风险在于虚增利润(收入、成本不实)。而无此目标的企业又在隐瞒收入、虚构成本、减低利润上下功夫。这两种情况都给会计工作带来了较大的法律风险和工作风险。

企业的三种组织形式，对应的投资人、企业负责人如图表 2—1 所示：

图表 2—1　企业组织形式

企业性质	有限公司	合伙企业	个人独资企业
投资人	股东	合伙人	投资人
企业负责人	法定代表人	执行事务合伙人	投资人

公司的组织形式还与公司要缴纳的所得税有关。商业法人缴纳企业所得税，享受企业所得税优惠，商业非法人缴纳个人所得税，企业所得税的优惠政策就享受不到了。也就是说，企业的组织形式决定企业缴纳的所得税税种。如果是有限公司，缴纳企业所得税，公司对股东分配利润，还要为股东代扣代缴个人所得税，实际上要面临双重征税，而合伙企业和个人独资企业，缴纳的是个人所得税。针对不同的税种，国家还有相应的优惠政策[比如《财政部 税务总局关于实施小微企业普惠性税收减免政策的通知》(财税〔2019〕13 号)]。

图表 2—2　所得税率

所得税率		
有限公司	15%、20%、25%	20%(利息、股息、红利所得)
个体工商户、个人独资企业、合伙企业	不适用	5%—35%(经营所得)

[**例 1**]　假定一家企业当年盈利 500 万元。

如果是有限公司，则盈利额已经超过了企业所得税税收优惠的标准，因此要按照 25% 的税率全额缴纳所得税，同时向股东分配红利，并要代扣代缴个人所得税。相关计算如下：

企业所得税：500×25%＝125 万元

税后利润：500－125＝375 万元

代扣代缴股东个人所得税：375×20%＝75 万元

整体需上缴所得税：125＋75＝200 万元

如果是合伙企业或者个人独资企业，那就按照经营所得税税率表计算个人所得税。相关计算如下：

企业所得税：0 元

个人所得税：500×35%－6.55＝169.45 万元

整体需上缴所得税：169.45 万元

在这种情况下，合伙企业和个人独资企业比较合适，缴纳的所得税少。

[**例 2**]　假定一家企业当年盈利 80 万元。(按现行政策，该企业是应纳税所得额低于 100 万元的小型微利企业，应纳税所得额按 25%计算，税率为 20%。)

如果是有限公司：

企业所得税：80×25%×20%＝4 万元

税后利润：80－4＝76 万元

代扣代缴股东个人所得税：76×20%＝15.2 万元

整体需上缴所得税：4＋15.2＝19.2 万元

如果是个人独资企业和合伙企业：

企业所得税：0 元

个人所得税：80×35%－6.55＝21.45 万元

整体需上缴所得税：21.45 万元

在这种情况下，有限公司又比较合适，缴纳的所得税少一点。

(二)从不同角度对企业规模的划分

与会计工作相关的企业规模的划分有三个不同角度：统计学角度企业规模的划分；增值税角度企业规模的划分；企业所得税角度企业规模的划分。

1. 统计学角度企业规模的划分

图表 2—3 统计上企业规模划分标准

行业名称	指标名称	单位	大型	中型	小型	微型
农、林、牧、渔	营业收入(y)	万元	y≥20 000	500≤y<20 000	50≤y<500	y<50
工业	从业人员(x) 营业收入(y)	人 万元	x≥1 000 y≥40 000	300≤x<1 000 2 000≤y<40 000	20≤x<300 300≤y<2 000	x<20 y<300
建筑业	营业收入(x) 资产总额(y)	万元 万元	y≥80 000 z≥80 000	6 000≤y<80 000 5 000≤z<80 000	300≤y<6 000 300<z<5 000	y<300 z<300
批发业	从业人员(x) 营业收入(y)	人 万元	x≥200 y≥40 000	20≤x<200 5 000≤y<40 000	5≤x<20 1 000≤y<5 000	x<5 y<1 000
零售业	从业人员(x) 营业收入(y)	人 万元	x≥300 y≥20 000	50≤x<300 500≤y<20 000	10≤x<50 100≤y<500	x<10 y<100
交通运输业	从业人员(x) 营业收入(y)	人 万元	x≥1 000 y≥30 000	300≤x<1 000 3 000≤y<30 000	20≤x<300 200≤y<3 000	x<20 y<200
仓储业	从业人员(x) 营业收入(y)	人 万元	x≥200 y≥30 000	100≤x<200 1 000≤y<30 000	20≤x<100 100≤y<1 000	x<20 y<100
邮政业	从业人员(x) 营业收入(y)	人 万元	x≥1 000 y≥30 000	300≤x<1 000 2 000≤y<30 000	20≤x<300 100≤y<2 000	x<20 y<100
住宿业	从业人员(x) 营业收入(y)	人 万元	x≥300 y≥10 000	100≤x<300 2 000≤y<10 000	10≤x<100 100≤y<2 000	x<10 y<100
餐饮业	从业人员(x) 营业收入(y)	人 万元	x≥300 y≥10 000	100≤x<300 2 000≤y<10 000	10≤x<100 100≤y<2 000	x<10 y<100
信息传输业	从业人员(x) 营业收入(y)	人 万元	x≥2 000 y≥100 000	100≤x<2 000 1 000≤y<100 000	20≤x<300 100≤y<1 000	x<10 x<100
软件和信息技术服务业	从业人员(x) 营业收入(y)	人 万元	x≥300 y≥10 000	100≤x<300 1 000≤y<10 000	10≤x<100 50≤y<1 000	x<10 y<50
房地产开发经营	营业收入(z) 资产总额(y)	万元 万元	y≥200 000 z≥10 000	1 000≤y<200 000 5 000≤z<10 000	1 000≤y<1 000 2 000≤z<5 000	y<100 z<2 000
物业管理	从业人员(x) 营业收入(y)	人 万元	x≥1 000 y≥5 000	300≤x<1 000 1 000≤y<5 000	100≤x<300 500≤y<1 000	x<100 y<500
租赁和商业服务业	从业人员(z) 资产总额(y)	人 万元	x≥300 z≥120 000	100≤x<300 8 000≤z<120 000	10≤x<100 100≤z<8 000	x<10 z<100

2. 增值税角度企业规模的划分

从增值税角度，纳税人可划分为一般纳税人和小规模纳税人两类，其划分标准如下：

(1)定量标准。定量标准是指经营规模，即年应税销售额，也即纳税人在连续不超过 12 个月的经营期内累计应税销售额，包括纳税申报销售额、稽查查补销售额、纳税评估调整销售额、税务机关代开发票销售额和免税销售额。

图表 2—4 一般纳税人和小规模纳税人的区分

纳税人	小规模纳税人	一般纳税人
从事货物生产或从事应税劳务的纳税人，以及以从事货物生产或从事应税劳务为主并兼营货物批发或零售的纳税人	年应税销售额在 50 万元以下(含 50 万元)	年应税销售额在 50 万元以上

续表

纳税人	小规模纳税人	一般纳税人
批发或零售货物的纳税人	年应税销售额在 80 万元以下(含 80 万元)	年应税销售额在 80 万元以上
提供应税服务的纳税人	年应税销售额在 500 万元以下(含 500 万元)	年应税销售额在 500 万元以上

需要说明的是,纳税人兼有销售货物、提供加工修理修配劳务以及应税服务的,应税货物及劳务销售额与应税服务销售额分别计算,分别适用增值税一般纳税人资格认定标准。

(2)定性标准。定性标准是指纳税人性质和会计核算水平,具体为:

①年应税销售额超过小规模纳税人标准的其他个人(自然人)按小规模纳税人纳税;非企业性单位和不经常发生应税行为的企业可自行选择是否按小规模纳税人纳税。

②年应税销售额未超过标准以及新开业的纳税人,有固定的经营场所,会计核算健全,能准确提供销项税额、进项税额资料的,可认定为一般纳税人。

3. 企业所得税角度企业规模的划分

第一方面:企业所得税的纳税人划分为居民纳税人和非居民纳税人。

图表 2—5　　居民纳税人与非居民纳税人

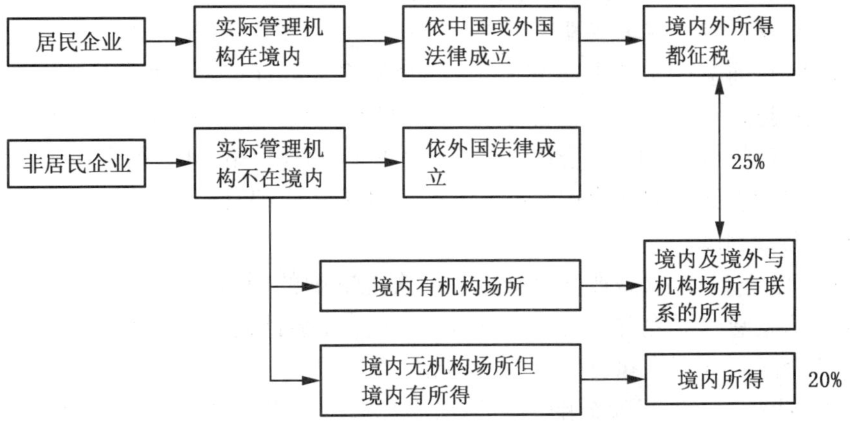

第二方面:企业所得税的纳税人在税率执行方面又划分为一般企业、小型微利企业和高新技术企业。

小型微利企业的标准:(1)从事国家非限制和禁止的行业;(2)同时符合年度应纳税所得额不超过 300 万元、从业人数不超过 300 人、资产总额不超过 5 000 万元三个条件。

前述规模划分的不同角度,对应着不同的会计政策选择和不同的规定。

统计上的大、中、小微企业划分,对应国家在扶持政策上的不同(由于政策是适应不同经济形势而随时变化,所以此处不去具体展开,实务中需及时了解);更重要的是,这个划分决定了企业可以选择的会计制度种类。大型企业应当选择企业会计准则;中型企业可以选择企业会计准则或者企业会计制度;小微企业可以选择小企业会计准则。

增值税一般纳税人和小规模纳税人的划分,对应着增值税发票的开具和取得、税率与征收率的执行、进项税抵扣的有无与多少、优惠政策的享受等一系列不同规定。

企业所得税方面,居民企业和非居民企业分别对应不同的征税范围和税率,比如居民企业的境内所得全部纳税;而非居民企业的境内外所得中,与境内机构场所有联系的所得缴纳企业所得税，境内没有机构场所的非居民企业则只就境内所得纳税；一般企业、小型微利企业、高新技术企业则税率不同(比如现行政策是基础税率 25%，符合条件的小型微利企业税率 20%，国家重点扶持的高新技术企业税率 15%)。

从业者还需关注国家在不同阶段出台的各种相关政策。比如，国家税务总局《关于实施小微企业普惠性税收减免政策的通知》和《关于小规模纳税人增值税政策有关征管问题的公告》规定：

(1)月应税销售额 10 万元以下的纳税人，免征增值税。

(2)小型微利企业年应纳税所得额不超过 100 万元的，减按 25%计入应纳税所得额，税率 20%(相当于实际税率 5%)；月应税销售额 100 万－300 万元部分减按 50%计入应纳税所得额，税率 20%(相当于实际税率 10%)。

这项政策自 2019 年 1 月 1 日起开始执行，延续 3 年。

另外，关于一般纳税人和小规模纳税人的划分，目前规定：年应税销售额不超过 500 万元的，可选择为小规模纳税人；年应税销售额超过 10 万元的，可申请一般纳税人。

初上岗的从业者，必须首先对服务对象有个准确的认识，才能有针对性地选择会计软件、会计制度，才能合理合法设账、设科目，才能在税收方面守法筹划。

现在的问题是，有许多初学者，甚至是在岗人员，往往对小型微利企业、小规模纳税人、小微企业区别不清，混为一谈，必须澄清这个问题。

(三)对《企业会计制度》《企业会计准则》《小企业会计准则》等的区别掌握

如前所述，目前会计实务中，《企业会计制度》《企业会计准则》《小企业会计准则》是企业依据自身客观情况选择的。另外，还有行政事业单位的政府会计准则等等。从业人员至少要对其有所了解。其科目设置不同，会计基础、会计估计、会计政策不同，财务报告与信息内容也不同。了解(对初学者无法要求全面掌握)了这些，才能在应聘时心中有数，谋求主动。

1.《企业会计制度》

尽管国家已经颁布了《企业会计准则》，但实施准则的同时，并没有宣布之前的《企业会计制度》废止。这就意味着允许部分企业继续执行《企业会计制度》。而客观上也确实有一部分非股份制、非金融行业仍在执行《企业会计制度》。

我国自 1993 年开始了大范围的会计法律、法规、制度体系的改革，出台了《财务通则》和《会计准则》，将此前繁杂的 40 多个行业的会计制度统一为 10 个行业的财务制度和 13 个行业的会计制度。当然，仍然有行业区别，与国际会计准则仍相差较远。这体现了改革的渐进性。但这确是会计法规体系改革的一个历史性的标志。2000 年，国家又进一步颁布《企业会计制度》，会计信息不再区分行业。

由于目前执行《企业会计制度》的企业实际上是历史的延续，而多年来并没有哪所学校或培训班讲授《企业会计制度》了，因此初学者(包括部分在岗从业人员)并不能准确掌握其中的相关科目使用方法，只是似懂非懂而已。在这种情况下，初学者的应聘企业如果是选择执行《企业会计制度》，就应当通过自学，真正了解并掌握 2000 年颁布、2001 年开始实施的《企业会计制度》。

2.《企业会计准则》

会计准则与会计制度是两个不同体系。会计制度从六大要素角度规范核算，而会计准则从不同业务角度规范核算。1997 年 5 月，我国颁布了第一项会计具体准则《关联方关系及其交易的披露》。此后陆续出台《收入》《债务重组》等一系列会计具体准则，截至目前已经出台了由会计基本准则统领的42个会计具体准则。

作为执行企业会计准则的从业人员，尽管不要求全面掌握这些内容，但常用业务必须严格按准则要求去办，要“名副其实”。目前存在一个必须强调的问题，即会计软件已经给出了前提性的设置，甚至会计报表也是自动生成，会计电算化的优势显而易见。但正因为如此，造成许多会计人员满足于软件操作，忽视理论基础（这是会计电算化带来的负面效应）。实际上，在会计电算化的前提下，更要求从业人员自觉地、主动地学习相关原理，准确运用科目，熟悉并掌握会计报表的生成原理与内在逻辑关系。

3.《小企业会计准则》

为了适应我国客观存在的数量众多的小微型企业（这是国家经济总量的重要组成部分）会计信息形成与报告的需要，国家于2004年4月27日颁布了《小企业会计制度》，至2013年1月1日废止，同时颁布实施《小企业会计准则》。符合前述统计口径小微企业标准的企业可以选择执行《小企业会计准则》（当然从前瞻性角度，也可以选择执行《企业会计准则》）。

《小企业会计准则》与《企业会计准则》的主要区别在于：

(1)适用范围不同。《小企业会计准则》适用于境内设立的不对外筹集资金、经营规模较小的企业（不包括个人独资及合伙形式设立的小企业）。

(2)科目设置简化。比如，“应收股利”和“应收利息”合并为“应收股息”；“原材料”和“包装物”合并为“材料”；取消了“自制半成品”各项资产减值准备“未确认融资费用”“待处理财产损溢”“应付股利”“预计负债”“应付债券”“补贴收入”“以前年度损益调整”等科目。

(3)账务处理不同。比如，不单独核算股权投资差额；不对被投资单位处净损益之外的企业所有者权益变动进行处理；简化了专门借款费用的核算；简化了所得税的账务处理；低值易耗品摊销可以采用一次摊销或分次摊销，取消了五五摊销；短期投资不需要分项比较计量；固定资产寿命和预计净残值的选择，除考虑固定资产性质和使用情况外，还可以参照税法规定；资产盘盈盘亏可以直接计入“营业外收入”和“营业外支出”；等等。

(4)财务报告要求不同。与科目简化相适应，报表项目简化；会计报表附注要求内容简化。

以上只是简单列举。从业人员如果应聘执行《小企业会计准则》的企业，不要满足于“反正有对应的会计软件”，而应上岗前就做些理论准备。

（四）《会计基础工作规范》的相关规定

我国第一部《会计基础工作规范》颁布于1996年6月17日，有些内容适应手工记账，所以部分规定已经失去作用，但基本原理继续适用。

2019年6月17日，财政部以财政部令（第98号）颁布，对1996年的《会计基础工作规范》进行了修订。修订后主要内容列举如下：

(1)单位领导人对本单位会计基础工作负有领导责任。

(2)会计机构设置：应当设置会计机构，并配备会计机构负责人；不具备设置会计机构条件的，应在有关机构中配备专职会计人员，并在其中指定会计主管人员；会计机构负责人、会计主管人员应具备的条件。

(3)没有设置会计机构或配备会计人员的单位，可以委托具备资质的单位代理记账。

(4)会计岗位设置：会计机构负责人或会计主管人员、出纳、财产物资核算等11个岗位。可以一人多岗或一岗多人。出纳人员不得兼任稽核、会计档案保管和收入、支出、费用、债权债务账目的登记工作。

(5)会计人员应具备必要的专业知识和专业技能，熟悉国家法律、法规和国家统一会计制度，遵守职业道德(职业道德后续列专题强调)。

(6)会计人员要按国家规定参加会计业务培训。

(7)回避制度：单位领导人的直系亲属不能担任本单位的会计机构负责人或会计主管人员；会计机构负责人、会计主管人员不能在本单位会计机构中担任出纳工作。

(8)会计工作交接以及交接前、交接中、交接后、监交的相关工作要求。

(9)会计核算的内容、一般要求。

(10)会计核算的可比性、会计分期、记账本位币、会计记录文字要求、客观性、不得设置账外账、不得报送虚假会计报告。

(11)原始凭证的要求。

(12)记账凭证的要求。

(13)会计电算化的要求。

(14)登记会计账簿的要求：账簿的选择、登记方法、更正错账的方法、对账、结账。

(15)会计报表编制与报送要求，报表之间的逻辑关系对应。

(16)会计工作的内部监督、国家监督、社会监督。

(17)内部会计管理制度：原则、体系、责任制。

(18)内部账务处理程序的选择。

(19)内部稽核、原始记录管理、定额管理、计量验收、财产清查、财务收支审批、财产清查、财务会计分析制度等等。

这些会计基础工作的要求，贯穿会计工作的始终，初学者上岗前就必须有所了解。

(五)会计职业道德的要求

有关会计人员与会计工作的职业道德要求，在前述《会计基础工作规范》中有明确规定，列举如下：

(1)爱岗敬业，努力钻研业务。

(2)熟悉财经法律、法规、规章和国家统一会计制度，并广泛宣传。

(3)依法开展会计工作，保证提供的会计信息合法、真实、及时、准确、完整。

(4)办理会计事项实事求是、客观公正。

(5)熟悉本单位生产经营情况，为改善经营管理、提高经济效益服务。

(6)保守本单位商业秘密。

职业道德是做人基本道德的一部分，从业者必须在上岗前就建立这个“初心”。这个职业道德的表述，仍然是1996年版《会计基础工作规范》中对会计职业道德的表述，即“爱岗敬业、熟悉法规、依法办事、客观公正、搞好服务、保守秘密”。需要注意的是，近年来会计理论界与实践领域流行的会计职业道德表述与此不同，现在的是“爱岗敬业、诚实守信、廉洁自律、客观公正、坚持准则、提高技能、参与管理、强化服务”。二者原则上没有区别，只是表述不同。但从业人员需注意，《会计基础工作规范》中的这部分内容是目前对会计职业道德唯一的官方表述。

(六)《会计法》的相关要求

《会计法》是会计领域除《宪法》之外的最高大法，从业人员在上岗前就应当首先学习《会计法》。

第一，《会计法》的每字每句都是会计人员和会计工作的法律依据，所以此处不去摘录，而是将《会计法》全文附在本教材之后，要求学员认真地、逐字逐句地学习。

第二，《会计法》与其他法律一样，都具有双重作用，既是对自己和他人的约束，也是保护，要从这两个角度来理解《会计法》。

总之,从业人员要有一颗对法律的敬畏之心。尤其是目前会计领域在一定程度上假账泛滥,账务处理为所欲为,会计信息真假难辨,从业人员鱼目混珠(此说并不过分)。在这种情况下,如果上岗之初不对《会计法》有个清醒的认识,在上岗后面对各方面压力和诱惑(来自领导方面、经济利益方面等等),难免随波逐流。换一个角度讲,会计行业本身就是一个高风险的行业。常在河边走,如何不湿鞋?唯有牢牢树立法制观念,严格自律。如果做不到这点,宁愿放弃这个职业。净化行风,从自我做起。

第二节 建账阶段

经过第一阶段的考察准备和基础知识准备,从业人员就进入了具体的实务工作,而实务工作的第一阶段是建账。

一、本阶段的具体工作

本阶段的具体工作有以下几个方面:

(1)进一步了解、熟悉本单位具体业务种类、性质、规模。此工作在上岗前的准备阶段就已经要求,但上岗前无法做到真正意义上的了解,只能在上岗后利用工作之便深入了解。

(2)选择软件。目前社会上会计软件种类繁多,比如用友、金蝶等,价格也高低不等。各类企业在考虑性价比的前提下均可选用。关键是模块的选择,要根据自身业务需要去选择对应的模块。选择失误,会给未来工作增加麻烦。

当然,一些小型商业、宾馆等可以选择管家婆等软件,还是有一定对应性的。

(3)科目设置。总账科目的选择原则有两个:其一,符合国家统一会计制度要求;其二,适合自己业务需要,不需要的科目可以不设。明细科目的选择,没有统一规定,适合自身业务需要即可。最好是在初始化时就设置完善,核算工作开始之后,只做必要的调整。

需要说明的是,明细科目的选择尽管没有统一规定,但从管理的需要、工作的繁简角度,仍然有一定规律可循。比如,存货、固定资产等的明细种类不必过细,设置必要类别就可以(具体品种应当在物资部门的台账中体现);再如,费用的明细类别设置,尽量适应企业所得税汇算清缴报表中相应的类别,以便方便后续工作(企业所得税汇算清缴的基本操作在后边案例中介绍)。

二、本阶段理论支撑

本阶段理论支撑为:以企业选择执行的会计准则(《企业会计准则》或《小企业会计准则》)为前提,掌握科目的核算内容。

要注意的是,如果执行《企业会计准则》,科目与核算内容是严格对应的,某科目只核算准则规定的内容,不可越界;某业务、事项内容,只能属于某科目,不能出现这个科目也行、那个科目也行的情况,含糊不得。如果执行《小企业会计准则》,则有些科目应用是简化的。正是由于有这种区别,考虑到从业人员的流动性,就不能局限于《小企业会计准则》的规定。从自身发展角度,要把视野放宽,在掌握《小企业会计准则》科目使用的基础上,必须同时了解对应业务、对应科目在《企业会计准则》中的规定。否则,局限于《小企业会计准则》,当所在企业升级为《企业会计准则》时，或者改换门庭到执行《企业会计准则》的单位从业时，将没有能力适应。

第三节　账务处理阶段

账务处理是会计实务领域的核心。账务处理是原始会计信息收集的主要目的，又是会计信息处理、汇总、上报的前提。这个阶段决定了会计信息的价值产生，是会计报告形成的基础；也是会计实务中涉及工作最繁杂、要求的技能最全面、需要的知识储备最广泛的阶段。

一、本阶段的具体工作

（一）原始凭证的审核

原始凭证作为业务证明的载体，汇集到会计部门，首先要依规进行审核，这是一个判断、筛选、归类的去伪存真的过程。审核内容主要为以下几个方面：

（1）合法、合规性。这包括票据的来源、印章的真伪、业务的合法性、票据的日期、收付款单位与收付款银行账户的符合性等。除了考虑国家会计方面的法律、法规、规章的符合性之外，还要考虑与本单位管理制度的符合性。

（2）真实性。这包括业务的真实性、金额的真实性、出票单位的真实性、与合同的对应性等。

（3）合理性。尽管合法性、真实性很重要，但合理性这部分不容忽视。而实务中对这部分又有更深入的要求。比如：该凭证采购的物品本单位是否需要？需要多少？什么时候需要？对这些方面的判断，要求从业人员熟悉本单位的生产经营特点、流程、工艺要求等等。再如，在差旅费票据的审核中，交通费、住宿费等是否与出差目的地、途经地符合？这需要会计人员具备一定的地理常识。

从这个角度讲，一个好的会计人员，不仅应当是一个合格的会计师，也应当是一个合格的统计师、经济师，还应当是一个基本合格的工程师。这是初学者的努力方向。

（4）全面完整性。这包括出、接票单位的名称是否完整；责任人签章是否齐全；双方开票信息的完整准确性：单位名称、地址（可以是经营地，或注册地）、开户行（即基本户，也是纳税行）、账号、税号；另附的采购物品清单（如果票据本身填写不下的话）。

（5）计算准确性。这包括价款的计算；价款与税款的对应计算。尽管电脑开票能够自动生成，但在审核时也不要遗漏。

本阶段要注意的问题有以下几个：

其一，本单位规章制度的建立健全。前述讲到原始凭证审核除了要遵循国家法律、法规、规章和国家统一会计制度的规定之外，还要符合本单位相关规章制度的规定。比如：发票的管理规定；发票的开具规定；费用报销的审批程序，签章规定；差旅费标准；合同的管理；等等。

其二，付款环节与合同的吻合性，避免违约风险。

其三，收款环节与合同的吻合性，避免本单位经济利益的损失。

其四，收、付款账户与业务发生单位不一致。这是个严重问题。如果是正常的业务往来，委托第三方收付，必须有三方协议证明其合法性。

要特别强调的是，通过对其与合同的符合性审查，除避免违约风险和经济利益损失之外，还可能发现虚构合同情况。有些单位出于牟取不当利益的目的，与对方串通编制虚假合同。

尽管手段高明、组织严密，但假的就是假的，总会留痕。须知，一个谎言往往需要多个谎言来掩盖，早晚必然露出马脚。会计人员发现问题后，出于法制观念、风险观念、职业道德观念，应当尽自己所能予以制止、纠正。当然，这较难做到。而收付款账户与业务发生单位不一致，除了有真正的第三方往来之外，更多的是违规操作。这也需要从业人员去认定、去制止。会计的基本职能不仅仅是核算，还有监督。

（二）记账凭证的编制

原始凭证审核的目的一方面是实施会计监督，另一方面就是接续的记账凭证的编制。本阶段主要工作有：

（1）账务处理程序的选择。常用的有记账凭证账务处理程序、科目汇总表账务处理程序。一般中小企业选用记账凭证账务处理程序，简单明了，查账方便。

（2）记账凭证的选择。常用的有收款凭证、付款凭证和转账凭证，或者通用记账凭证。通常中小企业选用通用记账凭证即可。

（3）经济业务、事项所对应科目的认定。

（4）借贷方向、科目金额的确定。

（5）记账凭证附件的确定。

这些是账务处理正确与否的关键。

此阶段应注意以下问题：

第一，科目选择必须合法合规。

第二，不能人为地将不同业务合并在一份凭证；也不能人为地将同一业务拆分，要保证业务的完整性，真实地反映经济业务全貌。当然，如果选择的是收、付、转凭证，当某业务收、付一部分现金，而另一部分挂应收账款、应付账款，则会出现同一业务凭证拆分的情况，这是合理的。

第三，附件的完整性与合法、合规性。记账凭证编制正确与否，不仅在于科目的选择与借贷方向的正确，更在于后附原始凭证的完整、合法、合规。前面已经谈到原始凭证的审核，这里主要要求记账凭证与原始凭证的对应。比如，差旅费报销，合理标准内的餐费不需要发票，而有发票的另外发生的餐费应当单独计入管理费用的招待费；出差过程发生零星物品消耗不属于差旅费，应当单独计入办公费；单位高管发生的个人名义的通讯费不能入账，出于业务需要的公务话费发票必须是单位抬头；高管发生的医药费不能直接计入管理费用，要通过应付职工薪酬，计入管理费用的福利费；单位租用个人车辆报销燃油费、车险、维修等等，必须有租车合同对应，并在合同中具备“单位报销燃油费等等”的条款；收入的确认要符合收入确认条件，特别是跨年度、无发票、未收款的预估收入，要严格遵循完工百分比法，要有合同、有完工进度证明；要有折旧、摊销的计算依据等。面对在工作中出现的上述五花八门的情况，我们应对的主导思想是严格寻求附件对账务处理的可证明性，这是对国家利益、企业利益、从业人员个人利益的全面保护。

第四，折旧、摊销的规范性。这项工作要求严格执行权责发生制，准确计算，及时处理，避免随意性，不允许利用自行计算的折旧、摊销去人为调节利润。

第五，各项资产减值准备的计提。执行《企业会计准则》的企业不能图省事而忽视。

第六，准确、及时地做好个人所得税代扣代缴。

第七，销项税的产生和进项税的抵扣。销项税随着收入发票的开具即已产生，关键是税率的选择要正确，尤其是单位如果同时存在不同税率的业务，更应注意这个问题。更重要的是，进项税的认证与抵扣，要注意能否抵扣、是否有加计抵扣、认证期限、抵扣时间等。

第八，正确进行错账的更正。比如红字冲销法、补充登记法的选择，反结账更正等。

第九，以前年度损益调整科目的运用。对于执行《企业会计准则》的企业，经常遇到由于某种原因调整账目的情况，比如次年汇算清缴发现问题的调整。如果这种涉及以前年度损益的调整发生在资产负债表日后，就需要利用“以前年度损益调整”科目。

第十，损益类账户及本年利润的结转。此项工作属于正常结转，无须特别说明。

第十一，企业所得税的计算与缴纳。要特别注意纳税调整项目，比如相关费用的扣除标准、研发费用的加计扣除，这些调增、调减项目不能遗漏，不能计算错误。

采用会计电算化的单位，在软件中编制了记账凭证，点击“保存”登记账簿的工作就自动完成，无须列为一个实务环节。

（三）结账

本环节由会计软件自动完成。只要分录正确，就会自动平衡，无须像手工记账时的试算平衡。如果分录阶段出现问题，则结账时软件会出现提示。

二、本阶段的理论支撑

本阶段的理论支撑如下：

（1）掌握原始凭证审核的依据和标准。包括：《会计法》的相关规定；《会计基础工作规范》的相关规定；税法和税务部门关于税率、进项税抵扣等的规定；本单位内部相关管理制度等等。比如，关于发票的日期，跨年度发票不能入账，这不能含糊（只有上年 12 月份的差旅费发票可以酌情在下年 1 月份入账）。

（2）熟练掌握《企业会计准则》或《小企业会计准则》的科目运用。

①严格按标准概念运用科目，而不是想当然。比如，在银行购支票计入哪个科目？很明显，大家都计入财务费用。但看看《企业会计准则》给出的财务费用概念：“财务费用是指企业在生产经营过程中为筹集资金而发生的各项费用。包括生产经营期间发生的利息支出（减利息收入）、汇兑净损失、金融机构手续费，以及筹资发生的其他财务费用如债券印刷费、国外借款担保费等。”我们发现，这里强调的是“筹资费用”，况且在列举中也都是与筹资有关系的费用。那么，购买支票是筹资吗？显然不是。从这个角度看，应当计入管理费用，而非财务费用。当然，这里并不是要求真的不计入财务费用。因为几乎所有企业都是将此计入财务费用，注册会计师审计也都无异议，对当期损益的影响也都一样，这就约定俗成了。举这个例子只是说明，要养成习惯，重视概念，勤于思考，避免随波逐流。

②随时关注相关科目和账务处理的变化。近些年，我国会计理论和实务领域的一个重要特点就是变化太快。比如，固定资产在生产经营期间正常的处置损失，不再计入“营业外支出——非流动资产处置损益”了，而是计入“资产处置损益”，这修正了多年来相关科目的运用；再如，企业获得政府补助不再计入“营业外收入”，而是计入“其他收益”；等等。类似的变化每年都在发生，这给了我们如下启发：

第一，学校里学习的内容，也许到工作中已经变化了。这不是理论与实践的脱节，不是学校教材错误，而是时间差。所以课堂学习，具体知识点固然重要，但更重要的是培养一种学习能力，锻炼一种学习思维，这才能保证自己与时俱进。

第二，假设会计软件中仍然是原科目，没有随之变化，我们也应当了解这种变化。不能因为操作中没有更新，就忽视、漠视这个变化，至少要在思想、知识上自觉更新。

第三，自觉地深入思考这种变化的道理。比如前述的固定资产生产经营过程中正常的处置损益计入“资产处置损益”，从营业外支出中移出，道理在于区别了报废毁损和正常处置的区别。这种区别难道不是必要的吗？

如何才能及时掌握这种变化？到目前为止还没有发现哪个途径能及时汇总、发布有关科目变化的信息，只能靠我们自己随时关注财政部门官方网站、几个权威性较强的网校。国家正规渠道的几种教材是体现最新规定的，比如注册会计师国家统考教材，中级、初级专业技术资格全国统考教材，都是权威性的，更新也是很及时的。即使不是考生，及时阅读、学习前述的最新版教材也十分必要。初学者学习初级会计资格考试的《初级会计实务》就很有必要。比如，购入交易性金融资产所支付价款中包含的已宣告但尚未发放的现金股利或已到付息期但尚未领取的债券利息，2017 年及其以前都是单独确认为“应收股利”或“应收利息”；2018 年教材中改为计入初始成本；2019 年又改回了“应收股利”或“应收利息”。这是值得我们注意的。

需要注意的是，在百度上查询问题得到的回答有相当一部分是不可靠的，有的不准确，有的过时了。所以，在百度等网站查资料，要注意回答问题的时间，并判断是否准确。当然，初学者很难判断准确性与正确性，这需要多年的修炼。其实，前述会计专业技术资格考试的辅导教材也有少量错误，只是相比其他资料，错误相对少许多。

(3)关于不同账务处理程序的优缺点与适用范围。

(4)关于不同记账凭证种类的优缺点与适用范围。

(5)折旧、摊销的相关规定。这里涉及会计准则的规定和税法的不同规定。

比如，会计准则规定，固定资产预计净残值、(使用寿命)折旧年限、折旧方法等由企业自行判断选择；而税法则明确规定了各类固定资产的最低折旧年限(房屋建筑物最低 20 年；飞机、火车、轮船、机器、机械和其他生产设备最低 10 年；器具、工具、家具等最低 5 年；除飞机、火车、轮船以外的运输工具最低 4 年；电子设备最低 3 年)。从业人员都要了解并掌握这些情况。会计准则要求的自行判断需要从业人员具备一定的职业判断能力，这也是会计准则与过去的会计制度一个重要指导思想变化。初学者要逐步地、自觉地培养、锻炼自己的这种能力。至于会计准则的规定与税法规定的不同，要从两方面理解：第一，为什么存在差异；第二，如果企业的选择与税法不同，如何处理。这个问题会在之后的章节中介绍。

(6)税法规定的所得税前费用扣除标准。比如，招待费的税前费用扣除标准为发生额的 60%和营业收入的 5‰二者中较低的；福利费的税前费用扣除标准为不超过工资总额的 14%；工会经费的税前费用扣除标准为不超过工资总额的 2%；公益性捐赠的税前费用扣除标准为通过公益性社会组织或县级以上政府及其组成部门捐赠不超过年度利润总额的 12%(超过部分结转以后 3 年内税前扣除)；广告费和业务宣传费的税前费用扣除标准为不超过当年营业收入的 15%(超过部分结转以后年度税前扣除)；职工教育经费的税前费用扣除标准为不超过工资总额的 8%(超过部分结转以后年度税前扣除)；等等。

为什么会做这种限制？为什么会计准则允许全额入账，而税法要规定金额的限制？为什么不能让会计准则与税法一致？这是由于二者调整目标不同而形成的。会计准则追求真实；税法追求公平。所以，从真实角度要求全额入账；从公平角度不能允许多支出某些费用的企业少交税。试想，如果福利费不受限制，企业岂不可以将利润都用来发放福利，就不交企业所得税了吗？

社会上相当一部分从业人员对此不理解，以为是改革不同步造成的。这个误解必须在理论上澄清。

至于发生这种差异的处理——纳税调整，初学者要明白，这种调整不是调账，不是超出标准的不入账，而是入账后，在计算企业应纳税所得额时进行调增或调减。

前述固定资产折旧年限、预计净残值的选择，如果与税法规定不一致，也涉及这种纳税调整。对于目前税务部门出台的折旧方法与折旧年限的优惠政策，属于结合目前经济形势，对企业、特别是小微企业的所得税减负，需要从业人员随时关注新的优惠政策，充分利用政策，由于其动态变化性，这里不做具体介绍。

(7)应纳税所得额的计算。这是从业人员必须掌握的理论和实务知识。

应纳税额＝应纳税所得额×适用税率

应纳税所得额有两个公式：

①应纳税所得额＝会计利润总额＋纳税调增额－纳税调减额

这个公式用于企业会计上计算出利润总额之后，进行纳税调整。

②应纳税所得额＝收入－不征税收入－免税收入－各项扣除－以前年度亏损

这个公式用于从基本原理上利用基础数据直接计算。

这个内容在学校课堂和相关教材上都讲过，这里不予展开。

(8)《个人所得税法》的相关规定。个人所得税的应税项目包括综合所得(工资、薪金所得，劳务报酬所得，稿酬所得，特许权使用费所得)，经营所得，财产租赁所得，财产转让所得，股息、利息、红利所得和偶然所得。

篇幅所限，不再赘述。但要注意，以上是从业人员必须具备的理论与实务知识。即使所在岗位不是负责这项业务，也必须掌握。现实中许多从业人员只注重自己所负责的岗位业务内容，而忽视其他知识，这对自己的发展极为不利。

(9)《增值税暂行条例》的相关规定。“营改增”之后，增值税的实施范围相当广泛，所有从业人员(哪怕是不缴纳增值税的单位的从业人员)必须掌握《增值税暂行条例》的相关规定。目前，《增值税暂行条例》即将通过全国人民代表大会立法，升格为《增值税法》，足以见得其重要程度。

具体到企业中，销项税的产生，进项税的抵扣范围、抵扣要求，乃至增值税的原理，是会计实务中必然涉及的，是从业的必要理论基础。

(10)错账更正方法。包括方法等种类、适用范围等。

(11)以前年度损益调整科目的运用规定。如果在资产负债表日后发生影响以前年度损益调整的事项，且企业执行的是《企业会计准则》，就会用到这个科目。这里涉及资产负债表日后期间的确定。所谓资产负债表日，是指年末结账日，一般是当年12月31日；而资产负债表日后是指自年度资产负债表日至会计报告批准报出日之间的这个期间。这个期间发生影响以前年度会计处理的事项，就称为资产负债表日后事项。其中涉及以前年度损益的，称为调整事项，就要利用“以前年度损益调整”科目核算。

比如，2020年3月25日发现，2019年一笔增值税普通发票的管理费用100元漏记，但款未付，则处理如下：

借：以前年度损益调整	100	
贷：应付账款		100
借：利润分配——未分配利润	65	
盈余公积——法定盈余公积	10	
应交税费——应交所得税	25	

贷:以前年度损益调整　100

(12)各项资产减值准备的原理、测算与计提方法。这个理论知识课堂与相关教材都有讲解,这里不予展开。注意三点:

①测算要有合理合法的依据。

②准备金列支为资产减值损失,但坏账准备列支为信用损失。

③除金融企业依规计提的准备金之外,其他企业的未经批准的准备金计提不允许所得税前扣除,要进行纳税调整。

(13)会计基础与会计信息的八项质量要求。《企业会计准则》规定的企业会计基础是权责发生制。《企业会计准则》规定的会计信息质量要求是:可靠性、相关性、可理解性、可比性、实质重于形式、重要性、谨慎性、及时性。

对此强调两点:

①不要忽视理论对实践的指导作用。初学者在刚刚学习这个内容时往往觉得枯燥;继续学习实务内容时又忘掉了这部分理论。也就是说,没有关注这个会计基础和信息质量要求对后续会计估计、会计政策、会计方法的指导、引领作用。须知,没有这个会计基础和信息质量要求和会计假设,何来后面一系列的账务处理办法。比如,固定资产分期折旧的原因是"权责发生制";计提资产减值准备的原因是"权责发生制"和"谨慎性"质量要求等。只重实务操作而轻视理论指导的从业人员,充其量只能停留在熟练工的层次,无法完成自己的全面素质提升。这是我们所不愿看到的。

②前面曾经谈到会计准则给与会计人员的职业判断空间和职业判断的要求。会计人员如何培养自身的职业判断能力,依赖于对这些指导性、基础性理论、原则的理解与熟练运用程度。学校学习的具体知识点可能在后续工作中已经变化,许多人由此得出结论:学校学习的知识都是没用的。特别是现实会计领域存在的随心所欲做假账的现象,使相当一部分从业人员觉得学校学习的知识用不上,甚至实际工作与之相反。这是一件需要在入职前就大力强调的事情。

(14)关于成本核算的系统理论。成本核算的工作是会计实务中难度和复杂程度较高的,需要系统掌握成本核算的一系列知识。比如,划分各种费用支出的界限;根据生产特点和管理要求选择适当的成本计算方法;正确选择成本核算对象;成本项目的设置;成本归集和分配的原则(收益性原则、及时性原则、成本效益原则、基础性原则、管理性原则);制造费用的分配方法;共同性材料、燃料、动力的分配方法;共同性职工薪酬的分配方法;辅助性生产费用的分配方法(直接分配法、交互分配法、计划成本法、顺序分配法、代数分配法);废品与停工损失的核算方法;生产费用在完工产品和在产品之间的分配方法(不计算在产品成本法、在产品按固定成本计价法、在产品按所耗直接材料成本法、约当产量比例法、在产品按定额成本计价法、定额比例法);联产品和副产品的成本分配方法;成本计算的品种法、分批法、分步法;等等。

可以看到,成本核算是一个完整的工作方法体系,初学者尽管一时很难做到全面掌握并运用,但最基本的应当掌握共同性费用、共同性薪酬、制造费用的分配方法,比如按工时比例、工资比例等。其他内容则要树立一个目标,在实践中逐步掌握这些知识,这是会计人员职业生涯中努力的方向。

还要注意的是,每个企业生产经营特点不同、工艺流程不同,因此成本核算人员必须深入到生产过程中去,甚至直接去现场体验,才能在不同的备选方法中,选择适合本企业实际的方法。所以,前面曾谈到,一个优秀的会计人员,也应当是一个基本合格的工程师。

第四节　财务报告的编制和报送阶段

在月度、季度、半年度、年度结账之后，就进入了财务报告的编制和报送阶段。

财务报告包括会计报表和附注，会计报表又包括资产负债表、利润表、现金流量表和所有者权益变动表。

会计工作本身是一种会计信息的收集、处理、传递的过程。利用会计信息为国家经济发展、企业发展壮大服务是我们会计工作的目标，而这个目标，最终由财务报告的报出与利用来实现。

一、本阶段的主要工作

本阶段主要工作如下：

(1)对账和财产清查。账务处理过程毕竟是依据内部和外部传递过来的各类原始记录与凭证进行的，而最终报出会计信息是否准确无误、是否有用，还必须在编制财务报告之前进行全面的财产清查。通过对账和财产清查，以及清查结果的处理，保证账证相符、账账相符和账实相符。

(2)编制财务报表。利用会计软件，自动生成会计报表。

(3)撰写报表附注。

(4)财务报告的报送。

二、本阶段理论支撑

(一)对账的内容和方法

(1)账证核对。这包括记账凭证与原始凭证核对：记账凭证摘要与原始凭证反映业务核对；金额核对；审批手续和签章完整性的核对；分录正确性的核对。这个环节要对原始凭证再做一次认真检查。

(2)账账核对。这包括总账与总账的核对；总账与所属明细账的核对；总账与日记账的核对。

(3)账实核对：这个内容将在后面的财产清查中介绍。

(二)财产清查的内容和方法

财产清查是指通过对货币资金、实物资产和往来款项等财产物资进行盘点或核对，确定其实存数，查明账存与实存是否相符的一种方法。

(1)库存现金和银行存款的清查。库存现金要定期和不定期实地盘点；银行存款通过银行对账单(俗称银行流水)核对。由于未达账项的存在，银行存款余额调节表是必须掌握的方法。需要注意的是，企业要委派第三人参与清查。

(2)往来款项清查。主要方法为对账单函证，每年至少两次。必要时派员与对方核对。

(3)实物资产清查。实物资产清查要合理运用实地盘点法、技术推算法，甚至物理方法、化学方法。固定资产至少每年盘点一次。不仅要盘点数量，还要盘点质量、有否超储积压和固定资产的完好性、利用率。

盘点结果的处理为：盘点结果反映在库存现金盘点的盈亏报告单、银行存款余额调节表、原材料和固定资产等实物资产的盘点表和盈亏报告单上。账实不符的，上报企业要对应管理部门，并查明原因，及时进行账务处理，调整报表相关项目；无法收回的应收账款及时在充分证据前提下做坏账处理；报废毁损的及时报批处理。

有一个细节需注意：实物盘点要形成两份报表：一份是盘点前准备的盘点报告表。这份表列出完整的盘点项目，包括账存与实存栏目和盘点结果。重要的是，去现场之前不要填写账存，而是持空白表去现场先填写实存，之后再填写账存，进行对比，道理不言而喻。另一份表是将账实不符的摘出列入盈亏报告单，这是调整账目的直接依据。

（三）会计报表的编制理论要求

由于会计报表是会计软件自动生成，从业人员就不能只满足于报表的形成，而应当自觉地去掌握报表的原理、结构、项目内容及其勾稽关系，以至报表的项目分析（报表分析在后面列专题叙述）。

（1）明确报表的结构。如我国的资产负债表是账户式、利润表是报告式等。

（2）注意报表的编制日期或期间。比如资产负债表是每期末，这是时点指标，也叫静态报表；利润表是每个报告期间，这是时期指标，也叫动态报表。

（3）报表的平衡关系和编制原理。比如资产负债表的原理是：资产＝负债＋所有者权益；利润表的原理是：收入－成本、费用＝营业利润，营业利润＋营业外收入－营业外支出＝利润总额，利润总额－所得税费用＝净利润，净利润＋其他综合收益的税后净额＝综合收益总额。

（4）报表自身的项目内容和勾稽关系。比如，资产负债表中一年内到期的非流动资产与长期应收款、长期待摊费用的关系；应收款项、存货、预付账款、固定资产、在建工程、无形资产等减值准备的扣除等。又如，利润表中研发费用从管理费用中摘出单独列示；利息费用和利息收入在财务费用中分别列示；信用减值损失与资产减值损失的区别；营业收入和营业成本的内容；等等。

（5）各报表之间的项目勾稽关系。比如，利润表中净利润与资产负债表中未分配利润的关系：资产负债表 11 月份未分配利润期末余额＝期初余额＋利润表 11 月份累计净利润。又如，现金流量表中“现金期末余额”＝资产负债表中“货币资金”期末余额；“现金期初余额”＝资产负债表中“货币资金”期初余额；“销售商品、提供劳务收到的现金”＝利润表中“营业收入”×适用增值税率＋资产负债表中“应收账款、应收票据”期初余额－期末余额＋“预收账款”期末余额－期初余额＋计提的坏账准备期末余额；等等。

（四）会计报表附注的编制要求

会计报表附注主要是两大内容：会计报表中列示项目的文字描述或明细资料；对未能在这些报表中列示项目的说明。通过附注，能使报表使用者全面了解企业的财务状况、经营成果和现金流量以及所有者权益的情况。

附注的主要内容包括：企业的基本情况，财务报表的编制基础，遵循企业会计准则的说明，重要会计政策和会计估计、会计政策和会计估计变更以及差错更正的说明，报表重要项目的说明，或有和承诺事项，资产负债表日后非调整事项，关联方关系及其交易等需要说明的事项，以及有助于财务报表使用者评价企业管理资本的目标、政策及程序的信息。

如果企业的财务报告报出依法、依规需要经过注册会计师的审计，则附注部分是重要的组成部分。

（五）财务报告报出的相关规定

（1）财务报告的报出对象。上市公司和新三板挂牌公司的财务报告要对外公开披露，并报送税务机关；一般中小企业的财务报告要报送税务机关；国有企业的财务报告还要报送国有资产管理部门。

(2)财务报告的签章。签章人包括单位行政领导人、会计机构负责人、主管会计人员。设置总会计师的单位还要由总会计师签名或盖章。

(3)财务报告的报出日期。一般地，月报在月度终了 6 天之内；季报在季度终了 15 天内；半年报在半年度终了 60 天内；年报在年度终了 4 个月内。

第五节 财务报告的分析阶段

财务报告是提供会计信息的最关键载体。但通过财务报告提供的会计信息，能否发挥其应有的作用，还要看会计信息的利用。只有信息的报告，没有信息的分析，就失去了信息的价值。可以认为，财务报告的分析，是会计信息发挥应有作用的重要阶段。在会计电算化前提下，报表人人会做，对报表所载信息的认识与分析利用，则因人而异。作为初学者，尽管很难掌握会计信息分析的知识与技巧，但却必须对此有基本的意识，主动地、逐步地学习、积累财务报告分析的基本知识，不断地在会计实践过程中提高分析能力，使我们所提供的会计信息发挥改善经营管理、辅助财务决策、经营决策的应有作用。

需要说明的是，以下介绍的内容，包括本阶段的具体工作和这些实务操作的相关理论知识，限于篇幅和初学者的基础，只作一般性提示，旨在提示从业人员认识到这阶段工作需要做、需要学，未来任重道远；而不做公式展开和详细介绍。这些具体内容集中涵盖在财务管理学科中，从业人员应专门、系统地学习并运用。

一、本阶段的具体工作

(一)初步明确本企业的敏感指标

本环节要求通过至少连续 3 年的报表指标对比，结合企业生产经营实际，发现异常波动指标、敏感指标，由此确定分析重点方向。财务报告(或者说会计报表)的项目是很全面的，并非每项指标都需要同样关注。要抓重点、抓主要矛盾，这符合哲学原理。通过对比发现波动趋势，区别是正常波动还是异常波动，为进一步分析指明方向。

(二)财务报表的指标分析

这是通过财务报表数据的相互关系来揭示企业经营管理的各方面问题。指标分析可按如下几个类别分别进行：

1. 偿债能力分析

企业的债务包括银行贷款、应付款项，都有到期能否偿还的问题。企业要根据自己的经营状况、资金流量和债务期限，预判违约风险和经营资金链断裂的风险。具体指标可以计算营运资金、流动比率、速动比率、现金比率、资产负债率、产权比率、权益乘数、利息保障倍数等。这些指标并非需要全面测算，企业要结合自己的债务情况。小企业也许长期债务较少，主要是补充流动资金的短期借款和经营中的应付款项，那就侧重分析流动比率、现金比率，还要结合供应商等债权人对短期应收款的态度。

企业难以为继的原因，除了产品市场不好之外，更多的是偿债风险，眼睁睁看到市场需求而没有经营资金支撑，这是大多数企业破产倒闭的主要原因。

2. 经营能力分析

经营能力强弱的影响因素是多方面的。比如资金的利用水平、物资调配管理能力、应收款项的信用政策、固定资产使用效率等。其分析指标包括应收账款周转率、存货周转率、总资产周转率等。要注意，不能简单地停留在理论上的指标计算方面。理论是要运用于实践、指导实践的。企业要具体分析应收账款对象的具体情况，甚至反思自己的信用政策；存货的周转要具体看种类的符合性、数量的安全性、质量的保证性等；固定资产要看与生产经营的适应性、成新度、完好率等。切忌纸上谈兵，坐而论道。

3. 盈利能力分析

企业的发展需要有足够的盈利能力，这是在把控债务风险的基础上所追求的目标，也是营运能力最终的落脚点。分析的主要指标有销售毛利率、销售净利率、总资产净利率、净资产净利率。这些指标从不同角度反映了影响盈利能力的各个方面因素。同样，指标计算只是第一步，重要的是具体问题：产品品种的适销对路问题、产品的价格敏感性问题、成本费用的构成问题等。前面谈到会计人员要熟悉生产经营具体情况，才能具体、有针对性地在分析中发现问题所在。

4. 发展能力分析

企业不仅仅是维持眼前的经营，没有哪个企业不考虑长远发展。前述三方面能力的分析，一方面是维持当前经营，同时也是企业健康发展的基础。具体的发展能力分析指标主要有：销售收入增长率、总资产增长率、营业利润增长率、资本保值增值率等。分析时要注意几个问题：

第一，销售收入的变化的具体原因。企业出于形象的考虑可能虚构收入，出于纳税的考虑可能隐瞒收入。认定了收入的真实才可以研究收入的增长情况。在我国经济市场化程度逐渐成熟的情况下，多数企业销售收入很难超常增长。影响收入的变化因素要区别价格因素、销量因素等。还要分析收入变化的结构因素。

第二，总资产增长情况要注意资产的质量和真正需求，避免盲目扩张。要注意资产结构，应收款项的增加不一定是不好现象；固定资产增加要看其利用效果等。

第三，营业利润的变化要注意成本费用的具体项目变化及其变化原因。

第四，资本保值增值率反映企业所有者权益的变化，更要注意其结构。如果原来没有到位的实收资本本期到位，此时所有者权益总额的增加并不反映发展能力的提高。即使未分配利润的变化也要看企业分配政策的情况。

5. 现金流量的分析

现金流量的分析一方面要考察现金流对企业生产经营的保证程度，另一方面也要考察企业利润的含金量。常见指标有：销售现金比率，看的是销售收入的回款程度；净收益营运指数，看的是经营净收益占净利润的比重，是收益质量的反映，体现净利润的含金量和稳定程度；现金营运指数，看的是从现金流量角度看经营活动收益中的现金获得。

前述五个方面的指标分析侧重于不同角度、不同侧面，所以在分类分析之后，必然就涉及综合分析。综合分析常用杜邦分析体系。杜邦体系中涵盖反映盈利能力的销售净利率，反映营运能力的总资产增长率和反映偿债能力的权益乘数。分析方法要用到连环替代法（也叫因素分析法）。这是多年来使用的传统方法，目前仍然是最好的综合分析方法。

（三）对不同经营领域、不同需要分别进行具体分析

1. 资金需要量的分析

常用方法比如销售百分比法、资金习性预测法的最小二乘法等。

2. 不同筹资方式的选择

比如，不同来源资金的成本计算与比较，经营杠杆系数计算与经营风险预警，财务杠杆系数计算与财务风险预警，总杠杆系数计算与总杠杆效应，应用每股收益分析法、平均资本成本法选择最优资本结构等。

3. 投资项目评价

比如，应用投资回收期、净现值、现值指数、内含报酬率等指标对投资项目进行评价，利用现金流量结合资金时间价值原理选择设备更新方案等。

4. 现金最佳持有量的确定

这是指利用成本模型、存货模型等确定最佳现金持有量。

5. 应收账款的分析与管理

企业要定期进行账龄分析，并利用应收账款机会成本、管理成本、坏账成本的计算，确定应收账款的信用政策、折扣条件和收账政策；利用 ABC 分析法(也称巴雷特图)对往来客户分类管理等。

6. 存货的分析与管理

企业要通过存货的取得成本、购置成本、缺货成本，利用经济订货模型，确定存货最佳持有量、最佳采购批量等。

7. 辅助短期借款决策

企业要分别利用收款法、贴现法、加息法计算不同种类短期借款的成本。

8. 辅助商业信用政策的选择

这是指计算放弃现金折扣的成本去选择现金折扣政策。

9. 借助成本核算信息实施成本管理

这是指通过量本利模型，做单一产品量本利分析、多品种量本利分析、安全边际分析；通过目标利润分析，选择实现目标利润的措施；制定材料、人工、制造费用的标准成本，利用因素分析法(连环替代法)进行材料成本、人工成本、变动制造费用成本的差异分析(量差与价差)；对固定制造费用进行两因素、三因素差异分析等。

10. 销售预测分析

销售预测的定量分析一般由业务人员进行，而定性分析则是会计人员责无旁贷。主要方法包括：算术平均、加权平均、移动平均、指数平滑等趋势预测法和因果预测分析法等。

11. 纳税筹划分析与管理

纳税筹划是财务管理人员的重要工作，包括：小规模纳税人与一般纳税人的无差别平衡点增值率；购货对象的纳税筹划；结算方式的纳税筹划；存货计价的纳税筹划、固定资产的纳税筹划；期间费用的纳税筹划；结算方式、促销方式的纳税筹划；所得税的纳税筹划；利润分配的纳税筹划；等等。

二、本阶段的理论支撑

(一)资金时间价值的理论

这包括资金时间价值的原理；单利与复利；现值与终值；净现值、现值指数、内含报酬率的计算；年金、普通年金与即付年金、递延年金、永续年金等等的计算；偿债基金、投资回收额的计算；名义利率与实际利率的换算等。

（二）相关指标的计算及分析

这包括流动比率、速动比率、现金比率、资产负债率、产权比率、权益乘数、利息保障倍数等偿债能力指标的计算；应收账款周转率、存货周转率、固定资产周转率、总资产周转率等营运能力指标的计算；销售毛利率、销售净利率、总资产净利率、净资产收益率等盈利能力指标的计算；销售收入增长率、总资产增长率、营业利润增长率、资本保值增值率等发展能力指标的计算；销售现金比率、全部资产现金回收率等获取现金能力指标的计算；净收益营运指数、现金营运指数等收益质量分析；杜邦分析法等企业综合绩效分析的方法。

（三）连环替代法（也称因素分析法）

该方法随着20世纪90年代"企业经济活动分析"学科和传统教材的取消，近年已经没有专门讲解这种方法的教材和课程了，然而这种方法却仍然在理论和实践中应用。比如，在杜邦分析体系中，在成本费用项目的因素分析中。这种方法体现的"变化顺序为数量指标在前、质量指标在后，量变引起质变；数量指标与质量指标的判断规律"等等，隐含一定的哲学道理。由于已经没有讲解的去处，所以在理论和实践中形成了一个盲区和真空。从业人员应该自身思考、学习、体会与运用。当然这种方法存在一定弊端，比如，它是建立在一种理论假设基础之上；分析结果与生产经营实际存在一定程度的脱离等。这就需要从业者在运用时主动与实践结合，以计算为基础，寻求因素变化的具体原因。任何理论、方法如果与实践脱节，都将无法发挥工作的指导作用，这是不言而喻的。

（四）资金习性的相关理论

比如变动成本费用与固定成本费用与业务总量的关系；数理统计中的最小二乘法；财务杠杆、经营杠杆、复合杠杆的原理和计算等。

需要注意的是，基本的数理统计知识是一个好的从业人员必备的理论基础。

（五）信用政策的相关理论及ABC分析法

信用政策的确定以应收账款机会成本、管理成本、坏账损失成本的计算和现金折扣成本计算为基础。ABC分析法通过账龄分析、归类，体现了抓主要矛盾的哲学观点。

（六）存货最佳持有量和最佳采购批量的计算

首先计算存货的取得成本、购置成本、缺货成本，以此为基础，计算存货最佳持有量、经济采购批量等。经济采购批量的公式来自高等数学中导数的计算。当然，公式推导过程不要求掌握。初学者往往觉得学财务管理知识需要高等数学而望而生畏，其实财务管理中绝大部分计算只需要初中数学基础。

（七）项目评价指标的计算

比如净现值、内含报酬率等等。这里需要的理论基础关键是资金的时间价值。学习中有一个关键环节是绘制现金流量图。通过现金流量图，明确现金流发生的时间点。不通过现金流量图，即使对此熟练的人也容易搞错时间间隔，而如果时间间隔错了哪怕一年，现金流量的价值折算就会发生错误。

（八）负债成本的计算比较

这包括短期借款成本计算的收款法、贴现法、加息法等等；平均资金成本的计算、边际资金成本的原理与计算，准确判断、选择资金结构。

（九）成本费用项目因素变动的分析方法

主要是本、量、利分析，安全边际分析方法等。

（十）销售预测分析方法

比如，利用历史资料做算术平均、加权平均、移动加权平均、指数平滑计算；指数平滑预测、因果预测等等。这又涉及数理统计的基本知识。

（十一）纳税筹划的基本理论与计算

有效纳税筹划的前提是对税收实体法（增值税、消费税、企业所得税、个人所得税等）和税收程序法（比如税收征管法）的全面掌握和熟练应用。把握一个原则：企业当然都追求少交税、晚交税、不交税，但基本原则应当是不违法。这涉及理论与实践的结合。

在这个方面要注意一个误区，即社会上有种普遍流行的说法叫“合理避税”。实际上，我国的主流理论不承认合理避税——避税没有合理的，应当叫作“纳税筹划”；还有种说法叫“偷税漏税”，似乎“漏税”罪过能轻一些。实际上，我国税收理论没有“漏税”的概念，一般称为“偷逃税金”。从业人员既要在理论上对此有所重视，又要在实践中谨慎行事，避免税收风险。

（十二）传统财务管理中的主要观念

总体上，传统财务管理的理论体系和方法体系是基于如下观念形成的：(1)资金时间价值观念；(2)资金的风险价值观念；(3)风险与收益对等原则；(4)企业价值最大化目标；(5)现金比利润更重要观念；(6)机会成本观念；(7)负债经营思想和财务杠杆原理；(8)永不知足的思想；(9)抓规律的思维；(10)资本运作的思维。这些思想和观念，有些前述已经涉及，有些限于篇幅，尚没有提及，需要从业人员不断地学习、体会、运用。

第六节　纳税申报与工商年报公示

一、本阶段主要工作

本阶段主要工作包括：

(1)增值税、消费税及其附加税（城市维护建设税、教育费附加等等）的月度或季度申报；

(2)印花税的随时缴纳或定期申报；

(3)企业所得税预缴申报；

(4)年度企业所得税汇算清缴申报；

(5)个人所得税代扣代缴预缴申报和年度汇算清缴；

(6)工商年报公示。

二、本阶段的理论支撑

本阶段属于实务操作层面，但报表的项目填写正确与否，仍然涉及项目金额计算、企业所得税前纳税调整、个人所得税计算、申报表数字与财务报表数字的对应关系等规定。这些要求在后面的案例操作实习中一并讲解、练习。

第三章 实务操作案例(一)

——广告服务业企业案例

本章以“上海93有限公司”(以下简称“上海93公司”,为广告服务业企业)为例,给出该广告服务业企业2019年11月末科目余额表(含1—11月份损益类科目发生额)和12月的基本业务,并由指导教师引领学员进行原始凭证审核、会计分录编制、记账凭证录入、账目登记(软件自动完成)、财务报表生成、财务指标基本分析、纳税申报、工商年报公示等一系列实际操作。

第一节 基础资料

一、该企业基本情况

1. 企业名称:上海93公司。
2. 企业代码:913102303231××××××。
3. 归属行业:广告服务业企业。
4. 增值税纳税人身份:增值税一般纳税人。
5. 执行的会计制度:《小企业会计准则》。
6. 企业规模:2019年初资产总额7 731 317.98元;2019年初职工人数3人;2018年营业收入0元;2019年初注册资金5 000 000元。
7. 经营范围:文化艺术交流策划;赛事活动策划;公关活动策划;市场营销策划;企业管理咨询;商务信息咨询;影视技术领域内的技术开发和技术咨询;旅游咨询;市场信息咨询与调查(不得从事社会调查、社会调研、民意调查、民意测验);人力资源管理(不得从事人才中介、职业中介、职业经纪、劳务派遣);会展会务服务;摄像服务;婚庆礼仪服务;设计、制作、代理、发布各类广告;图文设计、制作;电子商务(不得从事增值电信、金融业务)。

二、2019年12月初科目余额表(含1—11月份损益类科目发生额)

(一)调整前的科目余额表(见图表3—1)

图表3—1

科目余额表

(2019年3月至2019年11月)

核算单位:上海93公司　　　　单位:元

科目编码	科目名称	期初余额		本期发生额		期末余额	
		借方	贷方	借方	贷方	借方	贷方
1001	库存现金			46 680.00		46 680.00	
1002	银行存款	1 976 446.51		14 123 029.15	14 652 561.09	1 446 914.57	

续表

科目编码	科目名称	期初余额		本期发生额		期末余额	
		借方	贷方	借方	贷方	借方	贷方
100201	1银行	1 976 331.51		14 074 372.11	14 603 906.99	1 446 796.63	
100202	社保户	115.00		48 657.04	48 654.10	117.94	
1122	应收账款		2 201 345.60	9 926 258.91	13 521 812.86		5 796 899.55
1122—00001	2公司		90 857.00	24 500.00			66 357.00
1122—00002	3公司	47 040.00				47 040.00	
1122—00003	4公司	50 781.60				50 781.60	
1122—00004	5公司	767 361.00		1 178 247.70	1 158 552.70	787 056.00	
1122—00005	6公司		708 064.00				708 064.00
1122—00006	7公司	120 000.00				120 000.00	
1122—00007	8公司		336.00				336.00
1122—00008	9公司	24 000.00				24 000.00	
1122—00009	10公司		30 360.00				30 360.00
1122—00010	11公司	362 270.80				362 270.80	
1122—00011	12公司	200 000.00			200 000.00		
1122—00012	13公司		385 257.00				385 257.00
1122—00013	14公司		3 066 735.00		2 950 000.00		6 016 735.00
1122—00014	15公司		205 750.00				205 750.00
1122—00016	16公司	714 560.00			776 738.00		62 178.00
1122—00017	17公司			3 453 178.10	3 414 089.05	39 089.05	
1122—00018	18公司			111 600.00	120 600.00		9 000.00
1122—00019	19公司			4 000.00	4 000.00		
1122—00020	20公司			244 900.00	244 900.00		
1122—00021	21公司			610 000.00	610 000.00		
1122—00022	22公司			462 500.00	478 000.00		15 500.00
1122—00023	23公司				1 000 000.00		1 000 000.00
1122—00024	24公司			1 104 100.00		1 104 100.00	
1122—00025	25公司			2 299 089.05	2 299 089.05		
1122—00026	26公司			434 144.06	265 844.06	168 300.00	
1221	其他应收款	2 058 863.16		107 351.15	69 049.63	2 097 164.68	
122105	待抵扣税金		15 755.21				15 755.21
122106	27王××	102 280.74		4 732.00	1 226.75	105 785.99	
122107	28张××	8 627.00		65 839.15		74 466.15	
122108	29骆××	200 000.00				200 000.00	
122109	30彭××	1 622 210.63			45 992.88	1 576 217.75	
122111	31公司	80 000.00				80 000.00	
122112	32符××	11 500.00				11 500.00	

续表

科目编码	科目名称	期初余额		本期发生额		期末余额	
		借方	贷方	借方	贷方	借方	贷方
122113	33 俞××	50 000.00				50 000.00	
122114	34 公司			36 780.00	21 830.00	14 950.00	
1405	库存商品			72 319.59	72 319.59		
140501	广告费			15 462.55	15 462.55		
140502	服务费			56 857.04	56 857.04		
资产合计		4 035 309.67	2 201 345.60	24 275 638.80	28 315 743.17	3 590 759.25	5 796 899.55
2202	应付账款		662 033.30	13 377 175.28	9 519 528.43	3 195 613.55	
2202—00001	35 公司	300 000.00			400 350.10		100 350.10
2202—00002	36 公司		24 168.00				24 168.00
2202—00003	37 公司		9 400.00	9 400.00			
2202—00004	38 公司		600 000.00		—600 000.00		
2202—00005	39 公司		925 000.30	—600 000.00			1 525 000.30
2202—00006	40 公司		4 281.00				4 281.00
2202—00007	41 公司	287.60				287.60	
2202—00008	42 公司	4 702.00				4 702.00	
2202—00009	43 公司	425 257.00		11 633 078.10	6 902 267.15	5 156 067.95	
2202—00010	44 公司	63 300.00				63 300.00	
2202—00011	45 公司		332 700.00				332 700.00
2202—00012	46 公司	313 000.00				313 000.00	
2202—00013	47 公司	20 688.00				20 688.00	
2202—00014	48 公司		25 000.00				25 000.00
2202—00015	49 公司		59 000.00				59 000.00
2202—00016	50 公司		50 781.60				50 781.60
2202—00017	51 公司	271 400.00		215 600.00	244 734.00	242 266.00	
2202—00018	52 公司	71 590.00				71 590.00	
2202—00019	53 公司	3 973.00		62 500.00	62 500.00	3 973.00	
2202—00021	54 公司		105 900.00	105 900.00			
2202—00022	55 公司			64 000.00	64 000.00		
2202—00023	56 公司			32 850.00	32 850.00		
2202—00024	57 公司			47 040.00	47 040.00		
2202—00025	58 公司			252 810.00	353 086.00		100 276.00
2202—00026	59 公司			50 000.00	50 000.00		
2202—00027	60 公司			4 000.00	4 000.00		
2202—00028	61 公司			122 550.00	192 800.00		70 250.00
2202—00029	62 公司			30 634.00	17 914.00	12 720.00	
2202—00030	63 公司			195 000.00	385 016.00		190 016.00

续表

科目编码	科目名称	期初余额		本期发生额		期末余额	
		借方	贷方	借方	贷方	借方	贷方
2202—00031	64 公司			10 000.00	906 900.00		896 900.00
2202—00032	65 公司			32 500.00	32 500.00		
2202—00033	66 公司			10 815.00	10 815.00		
2202—00034	67 公司			9 750.00	9 750.00		
2202—00035	68 公司			121 048.18	121 048.18		
2202—00036	69 公司			9 000.00	9 000.00		
2202—00037	70 公司			48 000.00	48 000.00		
2202—00038	71 公司			12 600.00	12 600.00		
2202—00039	72 公司			8 162.00	8 162.00		
2202—00040	73 公司			500 000.00		500 000.00	
2202—00041	74 公司			15 000.00	15 000.00		
2202—00042	75 公司			22 000.00	22 000.00		
2202—00043	76 公司			44 500.00	44 500.00		
2202—00044	77 公司			10 000.00		10 000.00	
2202—00045	78 公司				10 000.00		10 000.00
2202—00046	79 公司				9 000.00		9 000.00
2202—00047	80 公司			10 000.00	16 500.00		6 500.00
2202—00048	81 公司			18 750.00	18 750.00		
2202—00049	82 公司			40 000.00	40 000.00		
2202—00050	83 公司			28 000.00	28 000.00		
2202—00051	84 公司			192 800.00		192 800.00	
2202—00052	85 公司			8 888.00		8 888.00	
2202—00053	86 公司				446.00		446.00
2211	应付职工薪酬			156 654.95	156 308.90	346.05	
221101	职工工资			132 799.55	132 821.00		21.45
221108	应付社会保险费			14 960.40	14 592.90	367.5	
221109	应付住房公积金			8 895.00	8 895.00		
2221	应交税费		3 678.07	641 934.90	588 441.37	49 815.46	
222101	应交增值税			577 717.07	527 901.61	49 815.46	
22210101	进项税额	2 020 918.93		546 112.15		2 567 031.08	
22210102	已交税金	5 660.38				5 660.38	
22210103	转出未交增值税	314 455.41		31 604.92		346 060.33	
22210104	减免税款	330.00				330.00	
22210105	销项税额		2 215 447.95		527 901.61		2 743 349.56
22210109	进项税额转出		125 916.77				125 916.77
222102	未交增值税		3 427.92	35 032.84	31 604.92		

续表

科目编码	科目名称	期初余额		本期发生额		期末余额	
		借方	贷方	借方	贷方	借方	贷方
222103	应交所得税			14 517.13	14 517.13		
222107	应交城市维护建设税		171.40	1 751.64	1 580.24		
222108	应交个人所得税		78.75	353.33	274.58		
222109	应交教育费附加			948.15	948.15		
222110	应交地方教育费附加			613.52	613.52		
222120	文化事业建设费			11 001.22	11 001.22		
2241	其他应付款			196 029.00	528 600.00		332 571.00
224103	87 公司			1 000.00		1 000.00	
224104	88 廖××				4 287.00		4 287.00
224105	89 公司			7 000.00	7 000.00		
224106	90 彭××			182 129.00	517 313.00		335 184.00
224107	91 孙××			5 900.00		5 900.00	
负债合计			665 711.37	14 371 794.13	10 792 878.70	3 245 775.06	332 571.00
3001	实收资本		950 000.00				950 000.00
300101	92 彭××		950 000.00				950 000.00
3103	本年利润		53 848.51	1 351 578.49	890 389.55	407 340.43	
3104	利润分配		164 404.19				164 404.19
310401	未分配利润		164 404.19				164 404.19
权益合计			1 168 252.70	1 351 578.49	890 389.55	407 340.43	1 114 404.19
5001	主营业务收入			8 798 357.30	8 798 357.30		
500101	服务费			2 934 254.58	2 934 254.58		
500102	广告费			5 864 102.72	5 864 102.72		
5301	营业外收入			30 462.80	30 462.80		
530106	加计扣除			30 462.80	30 462.80		
5401	主营业务成本			8 544 152.20	8 544 152.20		
540101	服务费			2 493 796.79	2 493 796.79		
540102	广告发布费			6 050 355.41	6 050 355.41		
5403	税金及附加			24 126.10	24 126.10		
540303	城市维护建设税			1 580.24	1 580.24		
540305	教育费附加			948.15	948.15		
540306	地方教育费附加			613.52	613.52		
540315	文化事业建设费			11 001.22	11 001.22		
540316	所得税			9 982.97	9 982.97		
5601	销售费用			9 744.81	9 744.81		

续表

科目编码	科目名称	期初余额		本期发生额		期末余额	
		借方	贷方	借方	贷方	借方	贷方
560101	运输费			9 744.81	9 744.81		
5602	管理费用			712 562.86	712 562.86		
560203	办公费			162.00	162.00		
560205	差旅费			6 361.37	6 361.37		
560207	业务招待费			279 554.20	279 554.20		
560209	职工薪酬			102 371.38	102 371.38		
560210	社会保险费			24 958.60	24 958.60		
560211	职工福利费			3 658.00	3 658.00		
560213	住房公积金			5 650.00	5 650.00		
560221	管理人员职工薪酬			71 101.48	71 101.48		
56022101	工资			51 056.08	51 056.08		
56022102	社保			16 045.40	16 045.40		
56022103	公积金			4 000.00	4 000.00		
560222	交通费			28 354.36	28 354.36		
560223	记账费			1 000.00	1 000.00		
560224	快递费			235.00	235.00		
560225	通讯费			2 939.75	2 939.75		
560226	金税盘服务费			560.00	560.00		
560227	停车费			4 497.00	4 497.00		
560228	服务费			167 604.44	167 604.44		
560229	残疾人保障金			2 182.70	2 182.70		
560230	担保费			3 773.58	3 773.58		
560231	培训费			6 880.00	6 880.00		
560232	过路费			719.00	719.00		
5603	财务费用			−5 111.09	−5 111.09		
560301	利息费用			−5 111.09	−5 111.09		
5801	所得税费用			4 534.16	4 534.16		
损益合计				18 118 829.14	18 118 829.14		
合　计		4 035 309.67	4 035 309.67	58 117 840.56	58 117 840.56	7 243 874.74	7 243 874.74

对调整前的科目余额表部分项目的说明如下：

(1)应收账款明细科目的贷方余额，其性质是预收账款。

(2)应付账款明细科目的借方余额，其性质是预付账款。

(3)库存商品中有广告费、服务费的 3 月份借方发生额，这是不对的。广告费应当属于销售费用；服务费应当属于管理费用。经查，在 5 月份发现了这个问题，由于销售费用和管理费用都已经在当月末结零，所以在 5 月份发现时转出，直接冲减了本年利润，也就是已经纠正了这个错误(本例只做 12 月份业务，看不到这个纠错过程)。

(4)待抵扣税金这里是其他应收款之下的二级科目,实际上应当设置在“应交税费”之下。

(5)在“税金及附加”之下有一个“所得税”二级科目,这是不对的。所以后来将“所得税”这个二级科目重分类转入了所得税费用(即这个错误已经纠正)。

(6)本科目余额表中没有固定资产,这是因为固定资产已经折旧完毕。按规定,资产负债表中固定资产项目填列净值,所以为零。但这种情况说明,或者该企业资金困难无力更新固定资产,或者该企业无发展机遇在维持现状,或者无意持续经营。

(二)调整后的科目余额表

由于该科目余额表其他错误已经自行调整,目前只有第4个错误存在,而这个错误只影响年末资产负债表的“其他应收款”和“应交税费”两个项目。所以,为了节省篇幅,此处不再给出调整后的新的科目余额表。学员按调整前科目余额表录入即可,但在进行12月份账务处理时第一笔要先做以下分录:

借:其他应收款——待抵扣税金 15 755.21

贷:应交税费——待抵扣税金 15 755.21

这样就不影响年末形成正确的会计报表了。

第二节 账务处理及报表生成

一、账务处理

以下为上海93公司2019年12月份全部业务原始凭证和事项及其会计分录,以此录入记账凭证并登记账簿。

1. 调整期初错账

借:其他应收款——待抵扣税金 15 755.21

贷:应交税费——待抵扣进项税额 15 755.21

会计分录说明:这个分录就是调整以前错账。由于这个错误发生在2018年,所以本年度可以这样直接对冲调整。如果发生在当年,就需要完整分录红冲,再做正确分录。

2. 业务1:12月3日,为上海25公司提供设计服务制作,12月13日开具专票,价款36 876.46元,税款2 212.59元,款未收到(见图表3—2)。

会计分录:

借:应收账款——25公司 39 089.05

贷:主营业务收入——服务费 36 876.46

应交税费——应交增值税(销项税额) 2 212.59

会计分录说明:请在后面注意对应的主营业务成本在哪里。

图表 3—2

上海增值税专用发票

310019XXXX　　№ 0793XXXX　31001XXXX　0793XXXX

此联不作报销、扣税凭证使用　　开票日期：2019年12月13日

购买方	名称：上海25公司 纳税人识别号：913101175820XXXXXX 地址、电话：上海市XXXXXX　XXXXXXXXXXX 开户行及账号：上海XXXXXX　XXXXXXXX	密码区	/+74282-92*/89>--04568/+/>0 7-986/86/7/*616/82-95<<3/6/ 92820**>3*<57*>0897880416<- +*3039-9+//4>7/*386/422>*2>

货物或应税劳务、服务名称	规格型号	单位	数量	单价	金额	税率	税额
*设计服务*制作费		次	1	36876.462264	36876.46	6%	2212.59
合　计					￥36876.46		￥2212.59
价税合计（大写）	⊗叁万玖仟零捌拾玖圆零伍分			（小写）￥39089.05			

销售方	名称：上海93公司 纳税人识别号：91310230323XXXXXX 地址、电话：上海市XXXXXX　XXXXXXXX 开户行及账号：上海XXXXXX　XXXXXXXX	备注	

收款人：XX　复核：XX　开票人：XX　销售方：（章）

税总函〔2018〕670号中钞光华印制有限公司

第一联：记账联　销售方记账凭证

3. 业务2：12月4日，公司为“5公司”提供设计服务，12月20日开具专票，价款5 660.38元，税款339.62元，款未收到（见图表3—3）。

会计分录：

借：应收账款——5公司　　6 000.00

　贷：主营业务收入——服务费　　5 660.38

　　应交税费——应交增值税（销项税额）　　339.62

图表 3—3

上海增值税专用发票

310019XXXX　　№ 0793XXXX　310019XXXX　0793XXXX

此联不作报销、扣税凭证使用　　开票日期：2019年12月20日

购买方	名称：5公司 纳税人识别号：913405000875XXXXXX 地址、电话：安徽省XXXXXX　XXXXXXXX 开户行及账号：马鞍山XXXXXX　XXXXXX	密码区	-4-120>1*91>3>1->*8<0++56+> >9+-6/+<6<9//0+<28950-*+56* 319-620+343>27223>98**8+0** 576>--8-6/+94>//80+<<8039>8

货物或应税劳务、服务名称	规格型号	单位	数量	单价	金额	税率	税额
*设计服务*设计服务费			1	5660.3773585	5660.38	6%	339.62
合　计					￥5660.38		￥339.62
价税合计（大写）	⊗陆仟圆整			（小写）￥6000.00			

销售方	名称：上海93公司 纳税人识别号：91310230323lXXXXXX 地址、电话：上海市XXXXXX　XXXXXX 开户行及账号：上海XXXXXX　XXXXXXXX	备注	Arla宝贝12月微信运营费用

收款人：XX　复核：XX　开票人：XX　销售方：（章）

税总函〔2018〕670号中钞光华印制有限公司

第一联：记账联　销售方记账凭证

4. 业务 3:12 月 5 日,购买上海 63 公司广告服务,取得 12 月 22 日开具的专票,价款 44 332.08 元,税款 2 659.92 元,款未付(见图表 3—4)。

会计分录:

借:主营业务成本——广告发布费　　44 332.08

　应交税费——应交增值税(进项税额)　　2 659.92

　贷:应付账款——63 公司　　46 992.00

图表 3—4

上海增值税专用发票

310019XXXX　　№ 2366XXXX　　3100XXXX　2366XXXX

此联不作报销、扣税凭证使用　　开票日期:2019年12月22日

税总函[2018]670号中钞光华印制有限公司

购买方	名称:上海93公司 纳税人识别号:913102303231XXXXXX 地址、电话:上海市XXXXXX　XXXXX 开户行及账号:上海XXXXXX　XXXXXXXX	密码区	656267*0/02+6+277+-<-7>/7*6 ->33<9773313--9*23>0-<96400 38063>/9730/3<274+<03--->38 /7*+6/13<1443353//9/<3-6268

货物或应税劳务、服务名称	规格型号	单位	数量	单价	金额	税率	税额
*广告服务*广告服务					44332.08	6%	2659.92
合计					¥44332.08		¥2659.92
价税合计(大写)	⊗肆万陆仟玖佰玖拾贰元整				(小写)¥46992.00		

销售方	名称:上海63公司 纳税人识别号:913101087345XXXXXX 地址、电话:上海市XXXXXX　XXXXX 开户行及账号:上海XXXXXX　XXXXXXXX	备注	线上海报设计64(10-12月)项目

收款人:XX　　复核:XX　　开票人:XX　　销售方:(章)

第三联:发票联 购买方记账凭证

5. 业务 4:12 月 5 日,购买上海 64 公司网络服务,取得 12 月 24 日开具的专票价款 53 113.21 元,税款 3 186.79 元,款未付(见图表 3—5)。

图表 3—5

上海增值税专用发票

310019XXXX　　№ 3960XXXX　　310019XXXX　3960XXXX

此联不作报销、扣税凭证使用　　开票日期:2019年12月24日

税总函[2019]144号中钞光华印制有限公司

购买方	名称:上海93公司 纳税人识别号:913102303231XXXXXX 地址、电话:上海市XXXXXX　XXXXX 开户行及账号:上海XXXXXX　XXXXXXXX	密码区	-3>4<-56<2-7-2*/2544-07>069 -4<<275+>1524++20483947/>40 5+4</14>>>9-0*-+920<0558-9< /1<9-6*<2>69>1122*+3*4*5096

货物或应税劳务、服务名称	规格型号	单位	数量	单价	金额	税率	税额
*信息技术服务*网络服务费					53113.21	6%	3186.79
合计					¥53113.21		¥3186.79
价税合计(大写)	⊗伍万陆仟叁佰圆整				(小写)¥56300.00		

销售方	名称:上海64公司 纳税人识别号:913101083327XXXXXX 地址、电话:上海市XXXXXX　XXXXX 开户行及账号:上海XXXXXX　XXXXXXXX	备注	

收款人:XX　　复核:XX　　开票人:XX　　销售方:(章)

第三联:发票联 购买方记账凭证

会计分录：

借：主营业务成本——服务费　　53 113.21

　应交税费——应交增值税(进项税额)　　3 186.79

　贷：应付账款——64 公司业务　　56 300.00

会计分录说明：业务 1、业务 2 是两笔主营业务收入业务，业务 3、业务 4 是两笔主营业务成本业务。虽然并非一一对应，但对于这个行业也是可以的。后面的问题就是继续注意业务 1、业务 2 是否有人工成本。

6. 业务 5：12 月 5 日，购入上海 89 公司代理记账服务，取得 12 月 30 日开具的价款 3 980.58 元，税款 119.42 元，款未付(见图表 3—6)。

图表 3—6

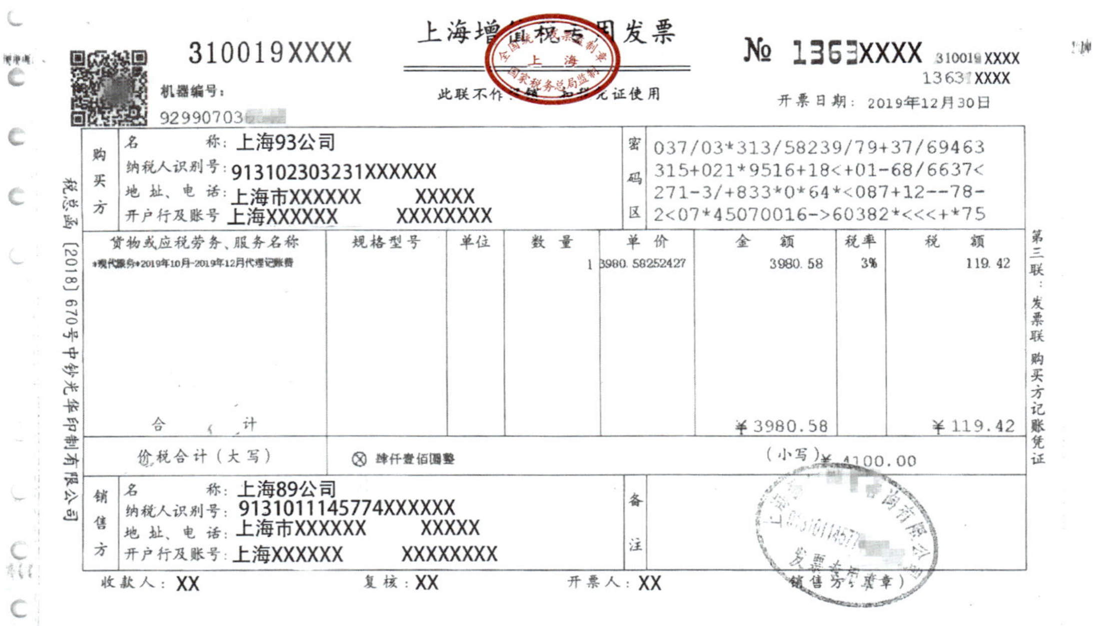

310019XXXX　上海增值税专用发票　№ 1363XXXX　310019XXXX 1363XXXX

机器编号：92990703

此联不作报销、扣税凭证使用　开票日期：2019年12月30日

购买方　名称：上海93公司　纳税人识别号：913102303231XXXXXX　地址、电话：上海市XXXXXX XXXXX　开户行及账号：上海XXXXXX XXXXXXXX

密码区：037/03*313/58239/79+37/69463　315+021*9516+18<+01-68/6637<　271-3/+833*0*64*<087+12--78-　2<07*45070016->60382*<<<+*75

货物或应税劳务、服务名称	规格型号	单位	数量	单价	金额	税率	税额
*现代服务*2019年10月-2019年12月代理记账费			1	3980.58252427	3980.58	3%	119.42
合计					¥3980.58		¥119.42
价税合计（大写）	⊗肆仟壹佰圆整				（小写）¥4100.00		

销售方　名称：上海89公司　纳税人识别号：9131011145774XXXXXX　地址、电话：上海市XXXXXX XXXXX　开户行及账号：上海XXXXXX XXXXXXXX

备注

收款人：XX　复核：XX　开票人：XX　销售方：（章）

第三联：发票联 购买方记账凭证

税总函[2018]670号中钞光华印制有限公司

会计分录：

借：管理费用——代理记账费　　3 980.58

　应交税费——应交增值税(进项税额)　　119.42

　贷：应付账款——89 公司　　4 100.00

7. 业务 6：12 月 7 日，90 彭××报销机票，价款等合计 3 447.00 元，款未付(见图表 3—7)。

会计分录：

借：管理费用——差旅费　　3 169.82

　应交税费——应交增值税(进项税额)　　277.18

　贷：其他应付款——90 彭××　　3 447.00

会计分录说明：(1)本业务的机票本应填写差旅费报销单，与餐费补助、交通费补助等一并按标准报销。但由于该企业规模小，管理不正规，没有制定差旅费报销标准，也就单独报销机票了。

(2)按规定机票抵扣进项税 9%(运输业)。本例中机票总额 3 447.00 元，其中机场建设费不计算进项税。因此,应抵扣进项税＝(3 447－90)/(1＋9%)×9%＝277.18(元),不含税价款＝3 447.00－277.18＝3 169.82(元)。

图表 3—7

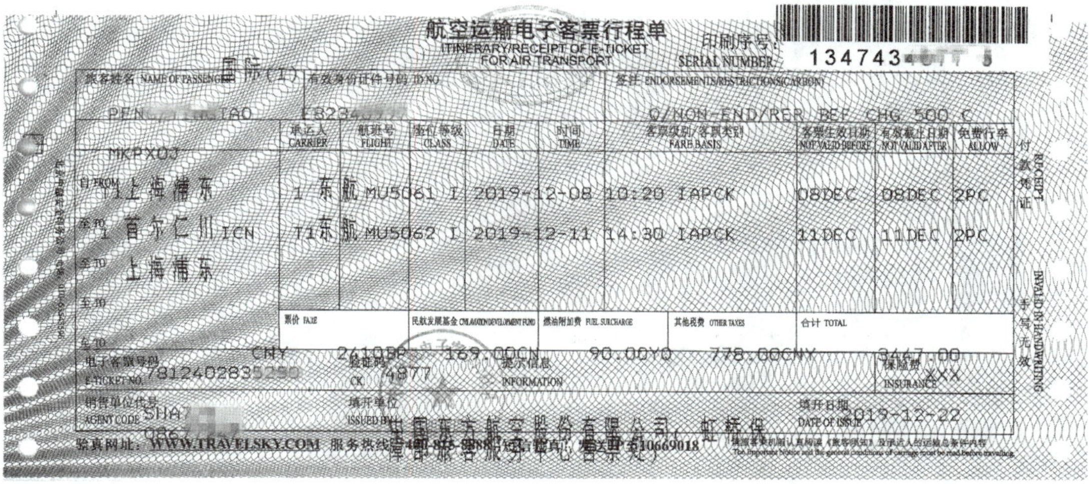

航空运输电子客票行程单 ITINERARY/RECEIPT OF E-TICKET FOR AIR TRANSPORT

印刷序号 SERIAL NUMBER: 134743

国际(I)

旅客姓名 NAME OF PASSENGER: PEN IAO

有效身份证件号码 ID NO: E8234

签注 ENDORSEMENTS/RESTRICTIONS(CARBON): Q/NON-END/RER BEF CHG 500 C

MKPXOJ

	承运人 CARRIER	航班号 FLIGHT	座位等级 CLASS	日期 DATE	时间 TIME	客票级别/客票类别 FARE BASIS	客票生效日期 NOT VALID BEFORE	有效截止日期 NOT VALID AFTER	免费行李 ALLOW
自 FROM T1 上海浦东									
至 TO 1 首尔仁川 ICN	东航	MU5061	I	2019-12-08	10:20	IAPCK	08DEC	08DEC	2PC
至 TO 上海浦东	T1 东航	MU5062	I	2019-12-11	14:30	IAPCK	11DEC	11DEC	2PC
至 TO									
至 TO									

票价 FARE	民航发展基金 CIVIL AVIATION DEVELOPMENT FUND	燃油附加费 FUEL SURCHARGE	其他税费 OTHER TAXES	合计 TOTAL
CNY 2410DP	169.00CN	90.00YQ	778.00CNY	3447.00

电子客票号码 E-TICKET NO.: 781240283525

验证码 CK: 4977

提示信息 INFORMATION

保险费 INSURANCE: XXX

销售单位代号 AGENT CODE: SHA

填开单位 ISSUED BY: 中国东方航空股份有限公司,虹桥候

填开日期 DATE OF ISSUE: 2019-12-22

验真网址: WWW.TRAVELSKY.COM 服务热线: 400-815-8888 短信验真: 发送JP至10669018

付款凭证 RECEIPT 手写无效 INVALID IF HANDWRITING

8. 业务 7:90 彭××购入福利服装,交来 10 月 23 日开具的普票,价款 6 745.63 元,税款 202.37 元,款未付(见图表 3—8)。

图表 3—8

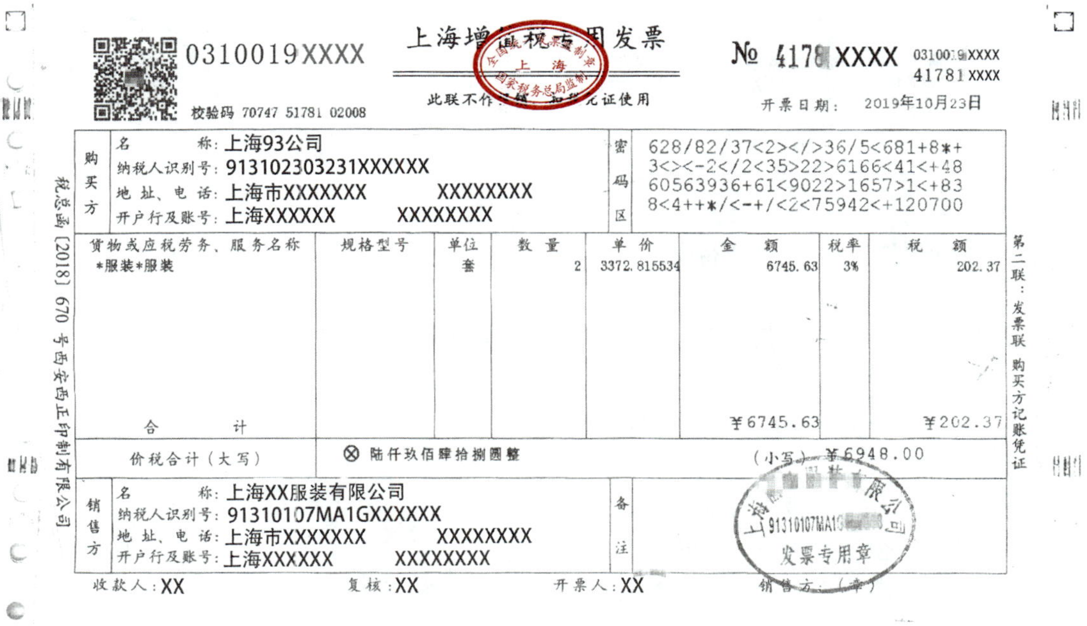

上海增值税普通发票

0310019XXXX

№ 4178XXXX 0310019XXXX 41781XXXX

校验码 70747 51781 02008

此联不作报销、扣税凭证使用

开票日期: 2019年10月23日

购买方:
名称: 上海93公司
纳税人识别号: 913102303231XXXXXX
地址、电话: 上海市XXXXXXX XXXXXXXX
开户行及账号: 上海XXXXXX XXXXXXXX

密码区:
628/82/37<2></>36/5<681+8*+
3<><-2</2<35>22>6166<41<+48
60563936+61<9022>1657>1<+83
8<4++*/<-+/<2<75942<+120700

货物或应税劳务、服务名称	规格型号	单位	数量	单价	金额	税率	税额
*服装*服装		套	2	3372.815534	6745.63	3%	202.37
合计					¥6745.63		¥202.37

价税合计(大写): ⊗ 陆仟玖佰肆拾捌圆整 (小写) ¥6948.00

销售方:
名称: 上海XX服装有限公司
纳税人识别号: 91310107MA1GXXXXXX
地址、电话: 上海市XXXXXXX XXXXXXXX
开户行及账号: 上海XXXXXX XXXXXXXX

备注

收款人: XX 复核: XX 开票人: XX 销售方:(章)

第二联: 发票联 购买方记账凭证

税总函[2018]670号西安西正印制有限公司

会计分录:

借:管理费用——职工福利费　　6 948.00

　贷:其他应付款——90 彭××　　6 948.00

会计分录说明:这种购入福利服装的业务,应该通过"应付职工薪酬——福利费"科目,以便计算缴纳个人所得税。为展示原案例,此处保留原貌,特提请学员注意。正确分录应为:

借:管理费用——职工福利费　　6 948.00

　　贷:应付职工薪酬——职工福利费　　6 948.00

借:应付职工薪酬——职工福利费　　6 948.00

　　贷:其他应付款——90 彭××　　6 948.00

请学员按正确分录录入。

9. 业务 8:90 彭××报销招待客户餐费,交来 2019 年 1 月 28 日开具的普票,价款 23 584.91 元,税款 1 415.09 元,款未付(见图表 3—9)。

图表 3—9

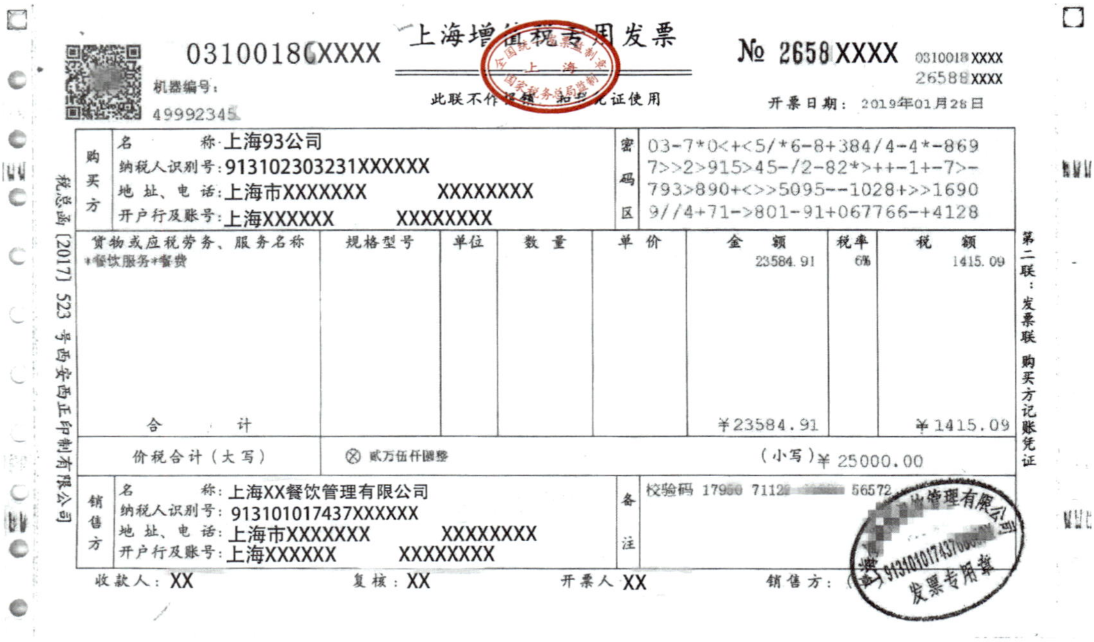

上海增值税专用发票

0310018XXXX　　№ 2658XXXX　　0310018XXXX　2658XXXX

机器编号:499923450

此联不作报销、扣税凭证使用　　开票日期:2019年01月28日

购买方	名称:上海93公司 纳税人识别号:913102303231XXXXXX 地址、电话:上海市XXXXXXX　XXXXXXXX 开户行及账号:上海XXXXXX　XXXXXXXX				密码区	03-7*0<+<5/*6-8+384/4-4*-869 7>>2>915>45-/2-82*>++-1+-7>- 793>890+<>>5095--1028+>>1690 9//4+71->801-91+067766-+4128

货物或应税劳务、服务名称	规格型号	单位	数量	单价	金额	税率	税额
*餐饮服务*餐费					23584.91	6%	1415.09
合计					¥23584.91		¥1415.09
价税合计(大写)	⊗贰万伍仟圆整				(小写)¥25000.00		

销售方	名称:上海XX餐饮管理有限公司 纳税人识别号:913101017437XXXXXX 地址、电话:上海市XXXXXXX　XXXXXXXX 开户行及账号:上海XXXXXX　XXXXXXXX	备注	校验码 17980 7112 56572

收款人:XX　复核:XX　开票人:XX　销售方:(章)

第二联:发票联 购买方记账凭证

税总函〔2017〕523号西安西正印制有限公司

会计分录:

借:管理费用——业务招待费　　25 000.00

　　贷:其他应付款——90 彭××　　25 000.00

会计分录说明:现在增值税普通发票也是价税分开填列的,但不抵扣。

10. 业务 9:90 彭××报销员工旅游费用,交来 2019 年 10 月 8 日开具的普票,价款 1 052.83 元,税款 63.17 元,款未付(见图表 3—10)。

会计分录:

借:管理费用——职工福利费　　1 116.00

　　贷:其他应付款——90 彭××　　1 116.00

会计分录说明:本业务也属于应当计入应付职工薪酬的业务,见业务 7 分录的说明。正确分录为:

借:管理费用——职工福利费　　1 116.00

　　贷:应付职工薪酬——职工福利费　　1 116.00

借:应付职工薪酬——职工福利费　　1 116.00

　　贷:其他应付款——90 彭××　　1 116.00

请学员按正确分录录入。

图表 3—10

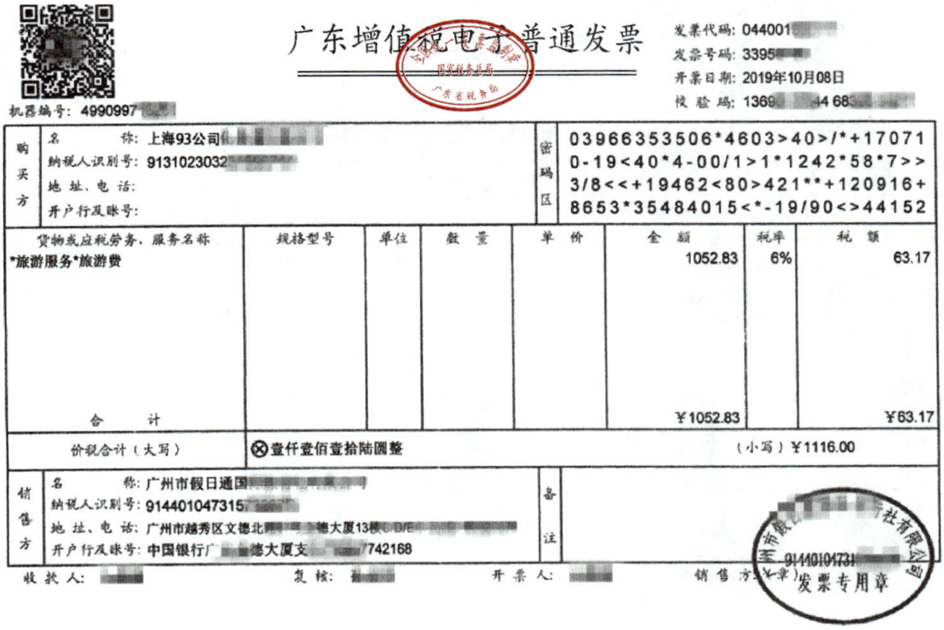

广东增值税电子普通发票

发票代码: 044001[redacted]
发票号码: 3395[redacted]
开票日期: 2019年10月08日
校验码: 1369[redacted]44 68[redacted]

机器编号: 4990997[redacted]

购买方	名称: 上海93公司[redacted] 纳税人识别号: 9131023032[redacted] 地址、电话: 开户行及账号:
密码区	03966353506*4603>40>/*+17071 0-19<40*4-00/1>1*1242*58*7>> 3/8<<+19462<80>421**+120916+ 8653*35484015<*-19/90<>44152

货物或应税劳务、服务名称	规格型号	单位	数量	单价	金额	税率	税额
*旅游服务*旅游费					1052.83	6%	63.17
合计					¥1052.83		¥63.17
价税合计(大写)	⊗壹仟壹佰壹拾陆圆整				(小写)¥1116.00		

销售方	名称: 广州市假日通国[redacted] 纳税人识别号: 914401047315[redacted] 地址、电话: 广州市越秀区文德北[redacted]德大厦13楼[redacted] 开户行及账号: 中国银行广[redacted]德大厦支[redacted]742168	备注	

收款人: [redacted] 复核: [redacted] 开票人: [redacted] 销售方:(章)

9144010473[redacted] 发票专用章

11. 业务 10:出差在外购入成品油,90 彭××交来 2019 年 8 月 11 日开具的普票,价款 274.33 元,税款 35.67 元,款未付(见图表 3—11)。

图表 3—11

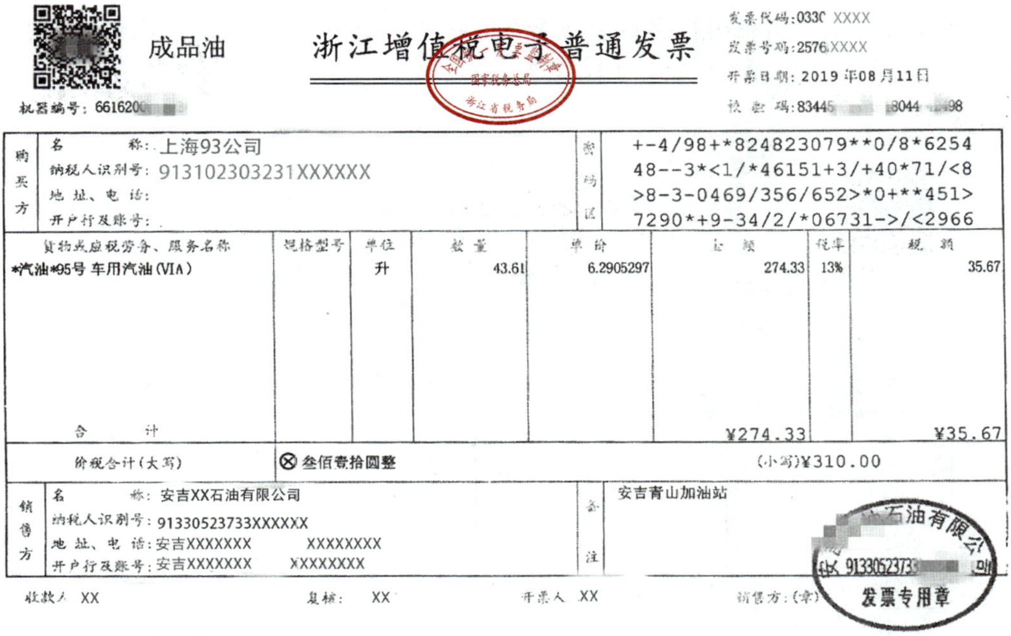

成品油 浙江增值税电子普通发票

发票代码:0330 XXXX
发票号码:2576XXXX
开票日期:2019年08月11日
校验码:83445[redacted]8044[redacted]98

机器编号: 661620[redacted]

购买方	名称: 上海93公司 纳税人识别号: 913102303231XXXXXX 地址、电话: 开户行及账号:
密码区	+-4/98+*824823079**0/8*6254 48--3*<1/*46151+3/+40*71/<8 >8-3-0469/356/652>*0+**451> 7290*+9-34/2/*06731->/<2966

货物或应税劳务、服务名称	规格型号	单位	数量	单价	金额	税率	税额
*汽油*95号 车用汽油(VIA)		升	43.61	6.2905297	274.33	13%	35.67
合计					¥274.33		¥35.67
价税合计(大写)	⊗叁佰壹拾圆整				(小写)¥310.00		

销售方	名称: 安吉XX石油有限公司 纳税人识别号: 91330523733XXXXXX 地址、电话: 安吉XXXXXXX XXXXXXXX 开户行及账号: 安吉XXXXXXX XXXXXXXX	备注	安吉青山加油站

收款人 XX 复核: XX 开票人 XX 销售方:(章)

91330523733[redacted] 发票专用章

会计分录:

借:管理费用——交通费 310.00

　　贷:其他应付款——90 彭×× 310.00

12. 业务 11：支付快递费，90 彭××交来 11 月 29 日开来的普票，价款 849.06 元，税款 50.94 元，款未付(见图表 3－12)。

图表 3－12

北京增值税电子普通发票

发票代码：011001
发票号码：305
开票日期：2019年11月29日
校验码：0492[redacted]328 [redacted]9 60832

机器编号：499098[redacted]

购买方	名　　称：上海93公司 纳税人识别号：913102303231XXXXXX 地址、电话： 开户行及账号：	密码区	035319/75*24<>>8190</<52346- <>6</090*110><6>+</>86*456+< <06+513-79866>0*-4603<*7<30> 1/4164<06<011934196<6*6>326/

货物或应税劳务、服务名称	规格型号	单位	数量	单价	金额	税率	税额
*物流辅助服务*派送服务费		项	1	849.06	849.06	6%	50.94
合　计					￥849.06		￥50.94
价税合计（大写）	⊗玖佰圆整				（小写）￥900.00		

销售方	名　　称：北京XX快递有限公司 纳税人识别号：911101057560XXXXXX 地址、电话：北京市XXXXXXX　XXXXXXXX 开户行及账号：北京XXXXXX　XXXXXXXX	备注	

收款人：XX　复核：XX　开票人：XX　销售方：（章）

会计分录：

借：管理费用——快递费　　900.00

　　贷：其他应付款——90 彭××　　900.00

13. 业务 12：支付滴滴出行客运服务费，90 彭××交来 12 月 17 日开具的普票，价款 1 966.62 元，税款 59.00 元，款未付(见图表 3－13)。

图表 3－13

天津增值税电子普通发票

发票代码：01200 XXXX
发票号码：8867 XXXX
开票日期：2019年12月17日
校验码：1328[redacted]163 7436[redacted]

机器编号：499099801259

购买方	名　　称：上海93公司 纳税人识别号：913102303231XXXXXX 地址、电话： 开户行及账号：	密码区	03299*>8<5</*>3*+->604455-/- 98965041224040+/75<18145/755 8>*13>203*740--8+796*->84+<0 >*74*8/20*01*57319<34+696430

货物或应税劳务、服务名称	规格型号	单位	数量	单价	金额	税率	税额
*运输服务*客运服务费	无	次	1	1966.62	1966.62	3%	59.00
合　计					￥1966.62		￥59.00
价税合计（大写）	⊗贰仟零贰拾伍圆陆角贰分				（小写）￥2025.62		

销售方	名　　称：滴滴XX有限公司 纳税人识别号：911201163409XXXXXX 地址、电话：天津市XXXXXXX　XXXXXXXX 开户行及账号：天津XXXXXX　XXXXXXXX	备注	

收款人：XX　复核：XX　开票人：XX　销售方：（章）

会计分录：

借:销售费用——运输费　　2 025.62

　贷:其他应付款——90 彭××　　2 025.62

14. 业务 13:90 彭××报销交通卡充值费用 100 元整，提交交通卡定额发票 50 元(见图表 3—14)。支付给 90 彭××库存现金 100 元，彭××承诺随后提供另外 50 元乘车发票。

图表 3—14

上海公共交通卡股份有限公司

国家税务总局

定额发票

统一社会信用…0000631494692T

人民币：伍拾元 ¥50.00

发票代码：131001[redacted]

发票号码：24093[redacted]

人印22厂.2018.7.25万本X100#00000001-25000000

上海公共交通卡股份有限公司 913100006314[redacted]T 发票专用章

年 月 日

会计分录：

借:管理费用——交通费　　100.00

　贷:其他应付款——90 彭××　　100.00

会计分录说明:(1)此分录错误。按规定，交通充值卡发票不能报销，应当在实际乘车时索取乘车凭证报销。

(2)现在应当做如下分录：

借:预付账款——交通费　　100.00

　贷:库存现金　　100.00

乘车报销时：

借:管理费用——交通费　　50.00

　贷:预付账款——交通费　　50.00

请学员按正确分录录入。(其实第一笔支付现金 100 元也缺乏证据。)

(3)业务 12 彭××报销客运服务费计入了销售费用;业务 13 彭××报销交通卡计入了管理费用。要注意:只有在彭××确实是销售人员，业务 12 的客运服务费确实是销售业务发生的，方可以计入销售费用。

15. 业务 14:90 彭××报销出差汽油费 385.00 元，款未付(见图表 3—15)。

会计分录：

借:管理费用——交通费　　385.00

　贷:其他应付款——90 彭××　　385.00

图表 3－15

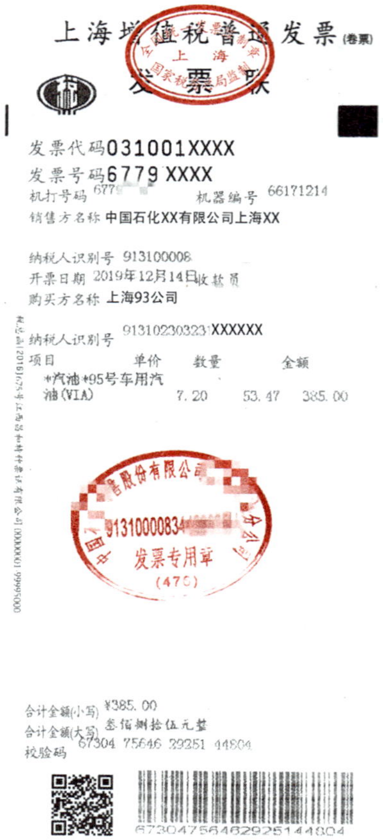

上海增值税普通发票(卷票)

发票联

发票代码031001XXXX

发票号码6779 XXXX

机打号码 677

机器编号 66171214

销售方名称 中国石化XX有限公司上海XX

纳税人识别号 913100008

开票日期 2019年12月14日 收款员

购买方名称 上海93公司

纳税人识别号 91310230323 XXXXXX

项目	单价	数量	金额
*汽油*95号车用汽油(VIA)	7.20	53.47	385.00

发票专用章

合计金额(小写) ¥385.00

合计金额(大写) 叁佰捌拾伍元整

校验码 67304 75646 29251 44804

16. 业务 15:90 彭××报销差旅费火车票,金额 215 元,款未付(见图表 3－16)。

图表 3－16

K09

三层B7

广州南站 G6503 香港西九龙站

Guangzhounan HKWestKowloon

2019年11月22日 10:00开 12车04D号

¥215.0元 网 二等座

限乘当日当次车

4401051981*** 2彭XX

跨境旅客须知详见铁路跨境旅客相关运输组织规则和车站公告

65848300XXXXXX2754 广州南售

会计分录:

借:管理费用——差旅费 197.25

应交税费——应交增值税(进项税额) 17.75

贷:其他应付款——90 彭×× 215.00

会计分录说明:见业务 6 的分录说明,客运票据抵扣进项税 9%。

17. 业务 16:90 彭××报销交通费 22 元,款未付(见图表 3－17)。

图表 3—17

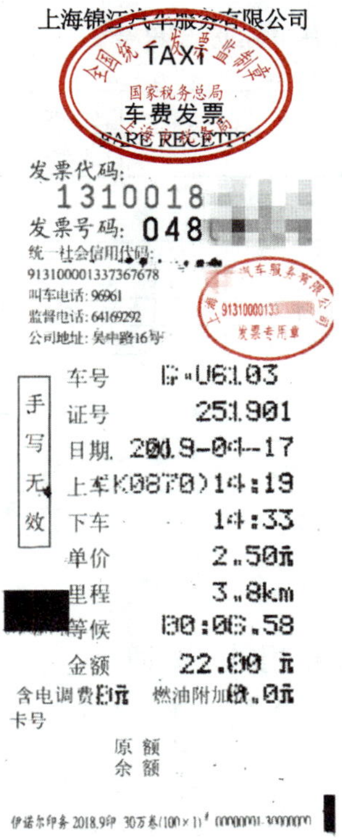
上海锦江汽车服务有限公司
TAXI
车费发票
FARE RECEIPT
发票代码: 1310018
发票号码: 048
统一社会信用代码:
913100001337367678
叫车电话: 96961
监督电话: 64169292
公司地址: 吴中路16号
手写无效
车号 -U6103
证号 251901
日期 2019-04-17
上车(K0870)14:19
下车 14:33
单价 2.50元
[redacted] 里程 3.8km
等候 00:06.58
金额 22.00 元
含电调费 元 燃油附加 .0元
卡号
原 额
余 额
伊诺尔印务 2018.9印 30万卷(100×1)# 0000001-3000000

会计分录:

借:管理费用——交通费　　22.00

　贷:其他应付款——90 彭××　　22.00

18. 业务 17:支付 11 月份住房公积金 2 000 元(其中代扣代缴 1 000 元,企业负担部分 1 000 元)。2020 年 1 月 2 日取得银行回单(见图表 3—18、图表 3—19、图表 3—20)。

图表 3—18

上海住房公积金业务凭证

支付日期 2019 年 12 月 13 日

单位名称	上海93公司	☑汇缴: 2019 年 11 月份	
单位住房公积金账号	88538XXXXXXX	☐补缴: 人数 人	
缴交金额(大写)	贰仟元整	千百十万千百十元角分	0000200000

业务流水号	付款行	付款账号	本月汇缴 人数	本月汇缴 金额
20191213#XXXXXXX	上海XXXXXX	31010501XXXXXXXXXX	3	¥2000.00

签名串

Bm2oOdcG/HP9dUhVknRogMHZqesuh9jjMWF+ssQ4enzxAZm56
NBhdJvUEe65X+HEl4CPe5CHDBt1GmjGQb90/Ny+uwl9Tl3gIRg9
BHsycqrfO36E2WQV4BLD8llCjN1Zgd8IY4ZUXx1FKAt+E7yJwzKO
apwmR24X5JfPMTNwCWBoAoZ/mZqcSKOMYYhjrAi1oEjjUfUeDn
zG9UUZ/viWlLy2qQKv6iSFaaD4zTqgrTFcPsmXU8mwvjip4n3ylrzm
KJXW6JmFadrfJJLpYoGIgZsR3vCNrwncNKqlcALYfB56j4bSxJOMs
19Q5VAL1v/CX77GNJ0bVUY6s8M42iNZfA==

上海市公积金管理中心 网上业务专用章

图表 3—19

上海市住房公积金汇缴书

2019 年 12 月 4 日　　　　附清册　　张

单位名称	上海93公司	☑ 汇缴：2019 年 11 月份
单位住房公积金账号	8853822XXXXX	☐ 补缴：　人数　人

缴交金额（大写）	贰仟圆整	千	百	十	万	千	百	十	元	角	分
						2	0	0	0	0	0

上月汇缴		本月增加汇缴		本月减少汇缴		本月汇缴	
人数	金额	人数	金额	人数	金额	人数	金额
3	￥2000.00	0	￥0.00	0	￥0.00	3	￥2000.00

付款银行	付款帐号	付款单位名称	支票号码

银行盖章

第一联

图表 3—20

TAI LONG 泰隆银行

通用业务回单

入账日期：2019-12-13 10:08:28

付款人账号：310105012010C XXXX　　收款人账号：3100150258XXXXXX

付款人户名：上海93公司　　收款人户名：上海市公积金管理中心

金额：人民币贰仟元整　　RMB:2,000.00

付款人开户行：上海嘉定支行　　付款人开户行号：31010 XXXXX

收款人开户行：　　收款人开户行号：10529XXXXX

交易渠道：上海同城　　交易机构：上海分行营业部

流水号：58788　　柜员号：SHTCGY

摘要：上海实时代收来账付款日间　　附言：

银行股份有限公司 回单专用章 YTKKDY33 0H2030Y5

打印方式：网银打印　　打印次数：第 1 次　　打印时间：2020-01-02 13:04:42

打印机构：999999999　　打印柜员：WYCY　　打印状态：正常

会计分录：

借：应付职工薪酬——应付住房公积金　　1 000.00

　　管理费用——住房公积金　　1 000.00

　　贷：银行存款——1 银行　　2 000.00

会计分录说明：(1)这个分录是错的。单位负担的公积金也应通过应付职工薪酬核算，只是不参加计算个税。正确分录为：

借：管理费用——住房公积金　　1 000.00(单位负担的)

　　贷：应付职工薪酬——应付住房公积金　　1 000.00(单位部分)

借：应付职工薪酬——应付住房公积金　　1 000.00(单位部分)

　　　　　　　　——工资奖金津贴补贴　　1 000.00(个人负担部分)

　　贷：其他应付款——公积金　　2 000.00

支付时：

借：其他应付款——公积金　　2 000.00

　　贷：银行存款　　2 000.00

(2)原科目余额表中“应付职工薪酬——职工工资”这个二级科目是错误的，应调整为“应付职工薪酬——工资奖金津贴补贴”，因此应做一笔调整分录：

借：应付职工薪酬——职工工资　　21.45

　　贷：应付职工薪酬——工资奖金津贴补贴　　21.45

请学员按此分录录入。

19. 业务18：通过1银行支付90彭××住宿费等15 539.00元(原已挂其他应付款)(见图表3—21)。

图表3—21

TAI LONG 泰隆银行

支付业务回单

交易日期：2019-12-05 23:20:41

付款人账号：3101050120100XXXX　　收款人账号：622609021XXXX

付款人户名：上海93公司　　收款人户名：彭XX

金额：人民币壹万伍仟伍佰叁拾玖元整　　RMB:15,539.00

付款人开户行：上海嘉定支行　　付款人开户行号：310100XXXX

收款人开户行：上海XXXXXX　　收款人开户行号：308290XXXX

业务种类：小额-客户发起普通贷 报文　　流水号：50300654

摘要：普通汇兑　　附言：团建机票+住宿等预支

业银行股份有限公司 回单专用章 YTKKDY33 0H2030T5

打印方式：网银打印　　打印次数：第 1 次　　打印时间：2020-01-02 13:04:42

打印机构：999999999　　打印柜员：WYGY　　打印状态：正常

会计分录：

借：其他应付款——90彭××　　15 539.00

　　贷：银行存款——1银行　　15 539.00

会计分录说明：住宿费说原已挂其他应付款，含义是原来已经取得发票报销管理费用或招待费用，但未付款，挂在其他应付款。现在只是支付，所以现在没有费用发票，只是冲减其他应付款。

20. 业务19：收到5公司通过1银行转来服务费24 062.00元，原已挂应收账款(见图表3—22)。

图表3—22

TAI LONG 泰隆银行

支付业务回单

交易日期：2019-12-09 15:34:12

付款人账号：181249XXXX　　收款人账号：3101050120100XXXX

付款人户名：马鞍山5公司　　收款人户名：上海93公司

金额：人民币贰万肆仟零陆拾贰元整　　RMB:24,062.00

付款人开户行：马鞍山XXXXXX　　付款人开户行号：10436XXXXX

收款人开户行：上海嘉定支行　　收款人开户行号：31010XXXX

业务种类：小额-客户发起普通贷记业务-来账　　流水号：547XXXX

摘要：普通汇兑　　附言：支付合同费用

浙江泰隆商业银行股份有限公司 回单专用章 YTKKDY33 0H2030T5

打印方式：网银打印　　打印次数：第 1 次　　打印时间：2020-01-02 13:04:42

打印机构：999999999　　打印柜员：WYGY　　打印状态：正常

会计分录：

借：银行存款——1银行　　24 062.00

　　贷：应收账款——5公司　　24 062.00

21. 业务 20：缴纳社保款 5 636.40 元(其中代扣代缴 1 567.50 元，单位负担 4 068.90 元)，通过 1 银行支付，2020 年 1 月 2 日取得银行回单(见图表 3—23、图表 3—24)。

图表 3—23

TAI LONG 泰隆银行

支付业务回单

交易日期：2019-12-05 23:20:43

付款人账号：310105012010XXXXX　　收款人账号：10012935293XXXX

付款人户名：上海 93公司 传播有限公司　　收款人户名：上海 93公司 有限公司

金额：人民币伍仟陆佰叁拾柒元整　　RMB:5,637.00

付款人开户行：上海嘉定支行　　付款人开户行号：31010XXXXXXX

收款人开户行：上海XXXXX　　收款人开户行号：10229XXXXXX

业务种类：小额-客户[illegible]报文　　流水号：5030CXXXXXX

摘要：普通汇兑　　附言：社保

浙江泰隆商业银行股份有限公司 回单专用章 YTKKDY33 0H2030T5

打印方式：网银打印　　打印次数：第 1 次　　打印时间：2020-01-02 13:04:42

打印机构：999999999　　打印柜员：WYGY　　打印状态：正常

图表 3—24

200126
XXXXXX
XX公司
XXX
2019年11月　　61349185

友情提示：
若您对收据内容有疑义的，请与参保所在地的社保经办机构联系。

沪财 Y000031

上海市社会保险费征收专用收据（批）

收据联

No.190936XXXX

2019 年 11 月

参保户名称：上海 93公司

社会保险登记码：0092XXXX　　缴纳日期：2019年11月11日　　流水号：000000000000001XXXXXXXX

社会信用代码：913102303231XXXXXX　　单位：元

项目	类型	金额
社会保险费	缴费卡	5636.40
合计(人民币大写)：伍仟陆佰叁拾陆元肆角整		

经办人：长宁分中心　　打印日期：2019年11月14日　　收款单位(盖章)

上海市社会保险事业管理中心 结算专用章

上海市社会保险费征收明细

险种	项目明细	金额	险种	项目明细	金额
城镇医疗	用人单位缴纳	1418.20			
城镇养老	用人单位缴纳	2388.40			
城镇失业	用人单位缴纳	74.70			
工伤保险	用人单位缴纳	38.30			
城镇失业	用人单位职工缴纳（单位代扣代缴）	74.70			
生育保险	用人单位缴纳	149.30			
城镇养老	用人单位职工缴纳（单位代扣代缴）	1194.20			
城镇医疗	用人单位职工缴纳（单位代扣代缴）	298.60			

打印编号：00153374 封装编号：61349185 1/1

上海东港安全印刷有限公司. 2019年09月. 329万份 #1909000001-1912290000

会计分录：

借：银行存款——社保户　5 637.00

　贷：银行存款——1 银行　5 637.00

借：应付职工薪酬——应付社会保险费　1 567.50

　管理费用——社会保险费　4 068.90

　贷：银行存款——社保户　5 636.40

会计分录说明：(1)这个分录也是没有把单位负担的社保通过应付职工薪酬核算。虽然核算简化了，但违背了规定。

(2)本分录注意一个关键之处：社保款要先从 1 银行转入社保户。

(3)转入社保户 5 637.00 元，支付 5 636.40 元，这很正常，在社保户留了 0.6 元的余额。

正确分录为：(第一笔分录正确，这里不予重复)

借：管理费用——社会保险费　4 068.90(单位负担的)

　贷：应付职工薪酬——应付社会保险费　4 068.90(单位部分)

借：应付职工薪酬——应付社会保险费　4 068.90(单位部分)

　——工资奖金津贴补贴　1 567.50(个人负担部分)

　贷：其他应付款——社保　5 636.40

支付时：

借：其他应付款——社保　5 636.40

　贷：银行存款——社保　5 636.40

请学员按正确分录录入。

22. 业务 21：通过 1 银行支付 58 公司服务费 16 112.00 元(原已挂应付账款)(见图表 3—25)。

图表 3—25

TAI LONG 泰隆银行

支付业务回单

交易日期：2019-12-20 14:36:17

付款人账号：310105012010XXXXXXX　收款人账号：310015520000XXXXXXX

付款人户名：上海 93公司　收款人户名：上海 58公司

金额：人民币壹万陆仟壹佰壹拾贰元整　RMB:16,112.00

付款人开户行：上海嘉定支行　付款人开户行号：3101XXXXXXX

收款人开户行：上海XXXXXXX　收款人开户行号：1052XXXXXXX

业务种类：小额-客户　流水号：667703XXXXX

摘要：普通汇兑　附言：ZY20190XXXX

浙江泰隆商业银行股份有限公司 回单专用章 RRKKTKFB HWQLW017

打印方式：网银打印　打印次数：第 2 次　打印时间：2020-01-02 13:05:07

打印机构：999999999　打印柜员：WYGY　打印状态：补制回单，注意重复

会计分录：

借：应付账款——58 公司　16 112.00

　贷：银行存款——1 银行　16 112.00

23. 业务 22：通过 1 银行支付 90 彭××薪酬 7 625.00 元，2020 年 1 月 2 日取得银行回单(见图表 3—26)。

会计分录：

借：应付职工薪酬——工资奖金津贴补贴　7 625.00

贷:银行存款——1 银行 7 625.00

图表 3—26

TAI LONG 泰隆银行

支付业务回单

交易日期: 2019-12-05 23:20:47

付款人账号: 310105012010XXXXXXX 收款人账号: 622609021 XXXXXXX

付款人户名: 上海 93公司 收款人户名: 彭 XX

金额: 人民币柒仟陆佰贰拾伍元整 RMB:7,625.00

付款人开户行: 上海嘉定支行 付款人开户行号: 3101XXXXXXX

收款人开户行: 上海XXXXXXX 收款人开户行号: 3082XXXXXXX

业务种类: 小额-客户 流水号: 5030

摘要: 普通汇兑 附言: 工资

浙江泰隆商业银行股份有限公司 回单专用章 YTKKDY33 0H2030Y5

打印方式: 网银打印 打印次数: 第 1 次 打印时间: 2020-01-02 13:04:42

打印机构: 999999999 打印柜员: WYGY 打印状态: 正常

24. 业务 23:收到 1 银行存款利息 1 252.16 元,2020 年 1 月 2 日取得银行回单(原未计提)(见图表 3—27)。

图表 3—27

TAI LONG 泰隆银行

存款利息回单

入账日期: 2019-12-21 00:49:58

账号: 3101050120XXXXXXX 户名: 上海 93公司 传播有限公司

金额: 人民币壹仟贰佰伍拾贰元壹角陆分 RMB:1,252.16

业务种类: 存款结息

浙江泰隆商业银行股份有限公司 回单专用章 RRKKTKFB HWQLW017

打印方式: 网银打印 打印次数: 第 2 次 打印时间: 2020-01-02 13:05:07

打印机构: 999999999 打印柜员: WYGY 打印状态: 补制回单,注意重复

会计分录:

借:银行存款——1 银行 1 252.16

贷:财务费用——利息费用 1 252.16

注意:(1)本分录财务费用科目贷方发生额,代表利息收入。如果详细核算,明细科目利息费用和利息收入可以分设。

(2)如果软件允许这样做就按原分录录入,如果软件不支持就:

借:银行存款——1 银行 1 252.16

借:财务费用——利息费用 —1 252.16

25. 业务 24:收到退税款 2 000.00 元。2020 年 1 月 2 日取得银行回单(见图表 3—28)。

会计分录:

借:银行存款——1 银行 2 000.00

贷:营业外收入——政府补助 2 000.00

注意:(1)该政府补助发生在 12 月份,需新增营业外收入的二级科目“政府补助”。

(2)如果执行《企业会计准则》,该笔政府补助计入“其他收益”。

图表 3—28

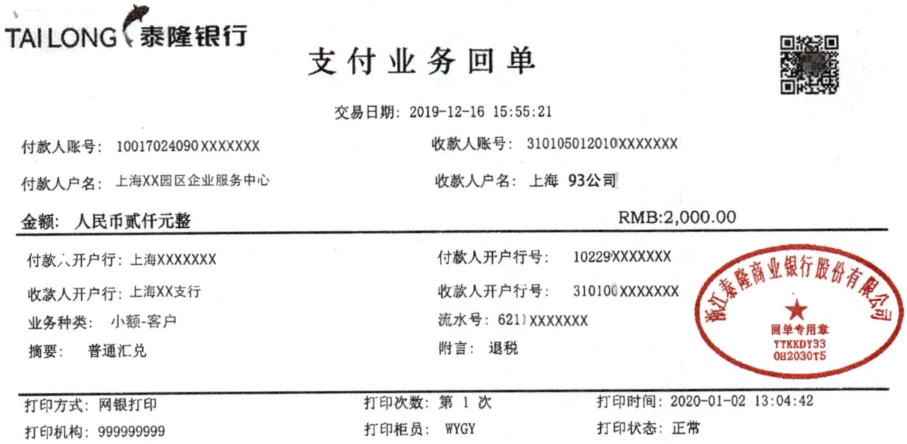
TAI LONG 泰隆银行

支付业务回单

交易日期：2019-12-16 15:55:21

付款人账号：10017024090XXXXXXX	收款人账号：310105012010XXXXXXX
付款人户名：上海XX园区企业服务中心	收款人户名：上海 93公司
金额：人民币贰仟元整	RMB:2,000.00
付款人开户行：上海XXXXXXX	付款人开户行号：10229XXXXXXX
收款人开户行：上海XX支行	收款人开户行号：310100XXXXXXX
业务种类：小额-客户	流水号：6211XXXXXXX
摘要：普通汇兑	附言：退税

浙江泰隆商业银行股份有限公司 回单专用章 Y7KKDY33 0H2030T5

打印方式：网银打印　打印次数：第 1 次　打印时间：2020-01-02 13:04:42

打印机构：999999999　打印柜员：WYGY　打印状态：正常

26. 业务 25:计提本月工资 18 427.00 元,代扣个人社保 1 567.50 元、公积金 1 000 元(见图表 3—29)。

会计分录:

借:管理费用——职工薪酬	18 427.00	
贷:应付职工薪酬——职工工资		15 859.90
——应付社会保险费		1 567.50
——应付住房公积金		1 000.00

会计分录说明:(1)养老保险、医疗保险、失业保险、公积金比例分别为工资总额的 8%、2%、0.5%、7%。

(2)本分录有误,正确分录为:

借:管理费用——职工薪酬	18 427.00	
贷:应付职工薪酬——工资奖金津贴补贴		18 427.00
借:应付职工薪酬——工资奖金津贴补贴	2 567.50	
贷:其他应付款——社保		1 567.50
——公积金		1 000.00

请学员按正确分录录入。

27. 业务 26:广告业当期进项税加计抵扣 10%(62 611×10%=626.11)。

会计分录:

借:应交税费——增值税(进项税额)	626.11	
贷:营业外收入——加计抵扣		626.11

28. 业务 27:结转损益类科目。

会计分录:

借:本年利润	118 630.35
主营业务收入——服务费	42 536.84
营业外收入——政府补助	2 000.00
——加计抵扣	626.11

图表 3—29

2019 年 12 月 19 日公司员工工资明细表

序号	姓名	身份证	手机号码	入职时间	月计薪天数	出勤天数	基本工资	绩效	奖金	请假扣款				应发合计	社保基数	个人					税前工资	个税	实发
										病假	事假	其他	小计			养老	医疗	失业	公积金 7%	个人部分合计			
1	王×	×××	×××		5 000									5 000.00		400	100	25	350	875.00	4 125.00		4 125.00
2	张××	×××	×××		4 927									4 927.00		394.2	98.6	24.7	300	817.50	4 109.50		4 109.50
3	彭××	×××	×××		8 500									8 500.00		400	100	25	350	875.00	7 625.00		7 625.00
					18 427									18 427.00		1 194.2	298.6	74.7	1 000	2 567.5	158 59.50		15 859.50

贷:主营业务成本——广告发布费 44 332.08
——服务费 53 113.21
销售费用——运输费 2 025.62
管理费用——记账费 3 980.58
——差旅费 3 367.07
——职工福利费 8 064.00
——业务招待费 25 000.00
——交通费 767.00
——快递费 900.00
——公积金 1 000.00
——社会保险费 4 068.90
——工资奖金津贴补贴 18 427.00
财务费用——利息费用 −1 252.16

29. 业务 28:按当月利润总额预缴所得税(本月末预提,下月初预缴)。

假设预缴所得税的依据是本月利润总额,则本月利润总额为−118 630.35 元,不需要预缴所得税,所以预缴所得税的分录不用做。

30. 业务 29:将本年利润转入未分配利润。

会计分录:

借:利润分配——未分配利润 525 970.78
贷:本年利润 525 970.78

注意:12 月初的本年利润为借方余额 407 340.43 元,本月形成的本年利润为借方发生额 118 630.35 元,全年累计本年利润为−525 970.78 元(−407 340.43−118 630.35),属于借方发生额,由贷方转入"利润分配——未分配利润"借方。

说明:企业所得税的汇算清缴,将在后面的案例中安排专题练习。

二、生成会计报表

(一)资产负债表(见图表 3—30)

需要说明的是:

(1)表中各项目金额由软件自动生成。学员可在课余将本月各项业务计入 T 型账户,结出相关账户的发生额或余额,结合本案例给出的 12 月初科目余额(发生额)表,自行核对。

(2)由于本年度没有计提盈余公积,没有向投资者分配,所以:期末未分配利润=年初未分配利润+利润表的本年累计净利润=164 404.19−525 970.78=12 月初未分配利润+12 月初本年利润+12 月份本年利润=164 404.19−407 340.43−118 630.35=−361 566.59 元。

图表 3—30 **资产负债表**

纳税人识别号:913102303231×××××× 会小企 01 表

核算单位:上海 93 公司 2019—12—31 单位:元

资　产	行次	期末余额	年初余额	负债和所有者权益	行次	期末余额	年初余额
流动资产:				流动负债:			
货币资金	1	1 473 896.33	2 175 779.43	短期借款	31	0.00	0.00

续表

资　产	行次	期末余额	年初余额	负债和所有者权益	行次	期末余额	年初余额
短期投资	2	0.00	0.00	应付票据	32	0.00	0.00
应收票据	3	0.00	0.00	应付账款	33	3 495 949.00	2 041 640.90
应收账款	4	2 723 664.50	1 567 313.40	预收账款	34	8 499 537.00	4 589 295.00
预付账款	5	6 600 332.55	2 145 197.60	应付职工薪酬	35	5 320.95	0.00
应收股利	6	0.00	0.00	应交税费	36	－38 395.21	－29 796.85
应收利息	7	0.00	0.00	应付利息	37	0.00	0.00
其他应收款	8	2 119 819.89	1 078 140.63	应付利润	38	0.00	0.00
存货	9	0.00	764 886.92	其他应付款	39	366 868.12	15 774.74
其中：原材料	10	0.00	0.00				
在产品	11	0.00	0.00				
库存商品	12	0.00	764 886.92				
周转材料	13	0.00	0.00				
其他流动资产	14	0.00	0.00	其他流动负债	40	0.00	0.00
流动资产合计	15	12 917 713.27	7 731 317.98	流动负债合计	41	12 329 279.86	6 616 913.79
非流动资产：				非流动负债：			
长期债券投资	16	0.00	0.00	长期借款	42	0.00	0.00
长期股权投资	17	0.00	0.00	长期应付款	43	0.00	0.00
固定资产原价	18	0.00	0.00	递延收益	44	0.00	0.00
减：累计折旧	19	0.00	0.00	其他非流动负债	45	0.00	0.00
固定资产账面价值	20	0.00	0.00	非流动负债合计	46	0.00	0.00
在建工程	21	0.00	0.00	负债合计	47	12 329 279.86	6 616 913.79
工程物资	22	0.00	0.00				
固定资产清理	23	0.00	0.00				
生产性生物资产	24	0.00	0.00	所有者权益（或股东权益）			
无形资产	25	0.00	0.00	实收资本(或股本)	48	950 000.00	950 000.00
开发支出	26	0.00	0.00	资本公积	49	0.00	0.00
长期待摊费用	27	0.00	0.00	盈余公积	50	0.00	0.00
其他非流动资产	28	0.00	0.00	未分配利润	51	(361 566.59)	164 404.19
非流动资产合计	29	0.00	0.00	所有者权益(或股东权益)合计	52	588 433.41	1 114 404.19
资产总计	30	12 917 713.27	7 731 317.98	负债和所有者权益(或股东权益)总计	53	12 917 713.27	7 731 317.98

（二）利润表（见图表 3－31）

需要说明的是，表中各项目金额由软件自动生成。学员可在课余将本月各项业务计入 T 型账户，结出相关账户的发生额或余额，结合本案例给出的 12 月初科目余额（发生额）表，自行核对。（这里是 12 月利润表；如果是年度利润表，两个栏目分别为本年金额和上年金额。）

图表 3—31 利润表

纳税人识别号:913102303231××××××　　会小企 02 表

核算单位:上海 93 公司　　2019—12　　单位:元

项　目	行次	本年累计金额	本月金额
一、营业收入	1	10 492 911.17	42 536.84
减:营业成本	2	10 165 260.92	97 445.29
税金及附加	3	32 337.36	0.00
其中:消费税	4	0.00	0.00
营业税	5	0.00	0.00
城市维护建设税	6	2 781.44	0.00
资源税	7	0.00	0.00
土地增值税	8	0.00	0.00
城镇土地使用税、房产税、车船税、印花税	9	0.00	0.00
教育费附加、矿产资源补偿费、排污费	10	2 385.51	0.00
销售费用	11	11 770.43	2 025.62
其中:商品维修费	12	0.00	0.00
广告费和业务宣传费	13	0.00	0.00
管理费用	14	844 431.24	65 574.55
其中:开办费	15	0.00	0.00
业务招待费	16	314 086.20	25 000.00
研究费用	17	0.00	0.00
财务费用	18	—6 363.25	—1 252.16
其中:利息费用(收入以"—"号填列)	19	—6 363.25	—1 252.16
加:投资收益(损失以"—"号填列)	20	0.00	0.00
二、营业利润(亏损以"—"号填列)	21	—554 525.53	—121 256.46
加:营业外收入	22	33 088.91	2 626.11
其中:政府补助	23	2 000.00	2 000.00
减:营业外支出	24	0.00	0.00
其中:坏账损失	25	0.00	0.00
无法收回的长期债券投资损失	26	0.00	0.00
无法收回的长期股权投资损失	27	0.00	0.00
自然灾害等不可抗力因素造成的损失	28	0.00	0.00
税收滞纳金	29	0.00	0.00
三、利润总额(亏损总额以"—"号填列)	30	—521 436.62	—118 630.35
减:所得税费用	31	4 534.16	0.00
四、净利润(净亏损以"—"号填列)	32	—525 970.78	—118 630.35

（三）现金流量表（见图表 3—32）

图表 3—32 **现金流量表**

纳税人识别号：913102303231××××××　　会小企 03 表

核算单位：上海 93 公司　　2019—12　　单位：元

项　目	行次	本年累计金额	本月金额
一、经营活动产生的现金流量：			
销售产成品、商品、提供劳务收到的现金	1	13 545 874.86	24 062.00
收到其他与经营活动有关的现金	2	523 313.25	3 252.16
购买原材料、商品、接受劳务支付的现金	3	13 960 887.28	16 212.00
支付的职工薪酬	4	195 241.86	7 625.00
支付的税费	5	63 864.50	
支付其他与经营活动有关的现金	6	551 077.57	23 175.40
经营活动产生的现金流量净额	7	—701 883.10	—19 698.24
二、投资活动产生的现金流量：			
收回短期投资、长期债券投资和长期股权投资收到的现金	8		
取得投资收益收到的现金	9		
处置固定资产、无形资产和其他非流动资产收回的现金净额	10		
短期投资、长期债券投资和长期股权投资支付的现金	11		
购建固定资产、无形资产和其他非流动资产支付的现金	12		
投资活动产生的现金流量净额	13		
三、筹资活动产生的现金流量： 取得借款收到的现金	14		
吸收投资者投资收到的现金	15		
偿还借款本金支付的现金	16		
偿还借款利息支付的现金	17		
分配利润支付的现金	18		
筹资活动产生的现金流量净额	19		
四、现金净增加额	20	—701 883.10	—19 698.24
加：期初现金余额	21	2 175 779.43	1 493 594.57
五、期末现金余额	22	1 473 896.33	1 473 896.33

需要说明的是，表中各项目金额由软件自动生成。学员可在课余根据学校中课堂学习的现金流量表编写知识对各项目进行计算、核对。表中的期初现金余额 2 175 779.43 元对应资产负债表货币资金年初余额 2 175 779.43 元；期末现金余额 1 473 896.33 元对应资产负债表

货币资金期末余额 1 473 896.33 元;现金净增加额 −701 883.1 元 + 期初现金余额 2 175 779.43 元=期末现金余额 1 473 896.33 元,形成勾稽关系。

第三节 财务报表的基本分析

一、主要财务指标对比分析

1. 货币资金期末比期初减少 701 883.10 元:从现金流量表可以看出,本年没有投资活动和筹资活动,主要在于经营活动产生的现金流量。购买原材料、商品、接受劳务支付的现金 13 960 887.28 元大于销售商品、提供劳务收到的现金 13 545 874.86 元,相当于减少现金 13 960 887.28−13 545 874.86=415 012.42 元;再考虑支付的薪酬和税费 195 241.86+63 864.50=259 106.36 元,合计减少现金 674 118.78 元,与现金总额的减少相当。

进一步分析,上述现金减少的主要原因表现在资产负债表上,应收账款和预收账款期末比期初增加:2 723 664.50+6 600 332.55−1 567 313.40−2 145 197.60=5 611 486.50 元。这就需要企业审视自身的信用政策、客户的信用等级、预付账款具体项目的原因和必要性等。

2. 通过对应收账款的具体客户调查了解,发现欠款金额较大的 11 公司、4 公司财务情况不好,而合同付款日即将到来,存在违约风险。针对此情况,公司决定派员上门协商催收,如确实暂时无力偿还,可以协商展期;另一方面,公司需强化信用管理,适当严格信用标准和信用条件,遏制应收账款上升的局面。

3. 至于其他应收款的增加,要注意按照其他应收款的明细客户追查原因,有针对性地缩减这些应收款项的占用。具体分析,30 彭××占用备用金较高、29 骆××借款金额较高且期限超过两年,应引起足够重视。

4. 应付账款增加 3 495 949.00−2 041 640.90=1 354 308.10 元,要分析原因:现金流量不足?未到合同付款期?合理合法拖延,获取财务杠杆利益?有无违约风险?有无信用损失?经查,现金流量方面可以如期支付应付账款,应该不是应付账款增加的原因;外委服务费、外委广告发布费形成应付账款较多,比如,对 39 公司、35 公司、64 公司的应付账款数额都较高。梳理合同发现,39 公司的应付账款高达 160 余万元,且有两笔金额 30 万元左右的合同将近到期,需及时准备资金偿还,避免造成信用损失。

二、主要财务指标计算分析

(一)偿债能力

1. 流动比率计算如下:

期初流动比率=期初流动资产/期初流动负债=7 731 317.98/6 616 913.79=1.168 4

期末流动比率=期末流动资产/期末流动负债=12 917 713.27/12 329 279.86=1.047 7

分析:该企业短期偿债风险较大。本来流动比率 1.168 4 就已经比较低了,而期末又进一步下降,有必要分析应付账款的账期风险性与可展期性、应收账款的账龄与坏账风险等。

2. 现金比率计算如下:

期初现金比率=(期初货币资金+期初交易性金融资产)/期初流动负债

=2 175 779.43/6 616 913.79=0.328 8

期末现金比率＝(期末货币资金＋期末交易性金融资产)/期末流动负债

＝1 473 896.33/12 329 279.86＝0.119 5

分析:期初现金比率所表现的近期偿债能力尚可,但期末又明显下降,要警惕。进一步分析发现原因有三个:一是期末货币资金下降;二是期末应付账款增加;三是期末预收账款增加,且增幅很大。货币资金和应付账款前述已经提出关注方向;而预收账款增加 3 910 242.00 元,增幅为 85.20%。这要看企业履约提供劳务的风险性。如果履约风险小,这类负债的增加反而是企业扩展业务有效性的提高,应将此因素排除在近期偿债风险之外。具体看预收账款,×××客户的一笔预收账款达到约 80 万元,而为其提供的服务接近合同期限且尚未完成 50%,极具风险。

3. 资产负债率计算如下:

期初资产负债率＝期初负债总额/期初资产总额

＝6 616 913.79/7 731 317.98＝85.59%

期末资产负债率＝期末负债总额/期末资产总额

＝12 329 279.86/12 917 713.27＝95.44%

分析:这个比率明显偏高,且期末还在提高。由于企业没有非流动资产和非流动负债,所以资产负债率名义上是长期偿债能力指标,实际上对于本企业来说,这反映的也是短期偿债能力。因此,该企业偿债能力(特别是短期偿债能力)较弱,要引起警惕。

4. 产权比率计算如下:

期初产权比率＝期初负债总额/期初所有者权益＝6 616 913.79/1 114 404.19＝5.937 6

期末产权比率＝期末负债总额/期末所有权权益＝12 329 279.86/588 433.41＝20.952 7

分析:该指标显示期初负债是所有者权益将近 6 倍,期末更是达到近 21 倍,很明显,所有者权益对负债的保障能力极差,几乎没有。再考虑到该企业注册资本 500 万元,现在到位 95 万元。即使全部到位,所有者权益再增加 405 万元,期末产权比率也高达 12 329 279.86/(588 433.41＋4 050 000)＝2.658 1 倍。因此,该企业偿债能力明显偏低。

(二)营运能力

1. 应收账款周转率计算如下:

$$本期应收账款周转率=\frac{销售收入}{平均应收账款}=\frac{销售收入}{(期初应收账款+期末应收账款)/2}$$

$$=\frac{10\ 492\ 911.17}{(2\ 723\ 664.50+1\ 567\ 313.40)/2}=4.89\text{次}$$

$$上期应收账款周转率=\frac{8\ 582\ 652.67}{(1\ 567\ 313.40+1\ 215\ 631.83)/2}=6.17$$

分析:可以看出,应收账款金额较上期增加幅度较大,周转速度也下降较为明显。另外需要注意,这些分析指标在与本企业上年同期比较之外,还应与同行业同类规模企业横向比较。

2. 存货周转率计算如下:

$$本期存货周转率=\frac{销售成本}{平均存货余额}=\frac{销售成本}{(期初存货+期末存货)/2}$$

$$=\frac{10\ 165\ 260.92}{(0+764\ 886.92)/2}=26.58\text{次}$$

$$上期存货周转率=\frac{7\ 852\ 347.33}{(764\ 886.92+792\ 331.64)/2}=10.09\text{次}$$

分析:存货周转率加快较为明显。表面原因在于本年末存货已经清零。但考虑到广告行业特点决定存货应该很少,所以该指标分析意义不大。

3. 流动资产周转率计算如下:

$$本期流动资产周转率=\frac{销售收入}{平均流动资产}=\frac{10\ 492\ 911.17}{(12\ 917\ 713.27+7\ 731\ 317.98)/2}=1.02(次)$$

$$上期流动资产周转率=\frac{8\ 582\ 652.67}{(7\ 731\ 317.98+7\ 005\ 688.21)/2}=1.16次$$

分析:由于前述的应收账款周转率和存货周转率都在放慢,因此流动资产周转率相应下降。

(三)盈利能力

1. 销售毛利率计算如下:

$$本年销售毛利率=\frac{本年毛利}{本年收入}=\frac{本年收入-本年成本}{本年收入}=\frac{10\ 492\ 911.17-10\ 165\ 260.92}{10\ 492\ 911.17}\times100\%=3.12\%$$

$$上年销售毛利率=\frac{上年毛利}{上年收入}=\frac{上年收入-上年成本}{上年收入}=\frac{8\ 582\ 652.67-7\ 852\ 347.33}{8\ 582\ 652.67}\times100\%=8.51\%$$

分析:本期销售毛利率下降明显,经查,发现销售成本上升29.46%,而销售收入上升幅度22.26%,成本上升超出7.20个百分点。具体原因在于期初存货全部结转进入了成本和管理费用,人工成本上升,外委服务成本提高。

2. 销售净利率计算如下

由于销售净利率$=\frac{净利润}{销售收入}$,因此:

$$本年销售净利率=\frac{-525\ 970.78}{10\ 492\ 911.17}\times100\%=-5.01\%$$

$$上年销售净利率=\frac{-503\ 211.21}{8\ 582\ 652.67}\times100\%=-5.86\%$$

分析:本年销售净利率仍然是负值,只是亏损程度有所缓解。考虑到成本提高29.46%,而销售收入提高22.26%,所以亏损程度的缓解应该是期间费用降低所致。由于上年资料缺失,所以不去具体分析。分析方向应当是总结管理费用等降低的经验,继续保持。考虑到本年净利润为负值,这里不再分析总资产净利率和净资产净利率指标。学员可结合课堂学过的财务分析知识自行思考。

(三)发展能力

1. 销售增长率计算如下:

$$本期销售增长率=\frac{本期销售收入}{上期销售收入}\times100\%-1=\frac{10\ 492\ 911.17}{8\ 582\ 652.67}\times100\%-1=22.26\%$$

分析:这个增长率比较理想。

2. 总资产增长率计算如下:

$$本年总资产增长率=\frac{期末资产总额}{期初资产总额}\times100\%-1=\frac{12\ 917\ 713.27}{7\ 731\ 317.98}\times100\%-1=67.08\%$$

分析：对于总资产增长率，一方面要看增长速度，另一方面要看资产的质量和利用效率，避免盲目扩张，以及避免无效扩张造成企业资金拖累。本案例值得注意的是，销售收入的增长速度低于资产的增长速度，就需要注意资产效率的发挥是否存在问题。具体考察，资产的增加来自应收账款、预付账款、其他应收款的增加，而不是实物资产的增加，这说明相当多的新增资产是被他人所占用，应引起警惕。

3. 营业利润增长率计算如下：

由于营业利润增长率$=\frac{\text{本期营业利润}}{\text{上期营业利润}}\times 100\%-1$，而本期和上期营业利润都为负值，因此计算增长率没有意义。这种情况可以考察营业利润数额的变化。本期营业利润为－554 525.53元，上期营业利润为－523 211.21元，亏损幅度增加，这恰恰是成本上升幅度较大造成的影响。

4. 资本保值增值率计算如下：

由于资本保值增值率$=\frac{\text{期末所有者权益}}{\text{期初所有者权益}}\times 100\%$，因此：

本期资本保值增值率$=\frac{588\ 433.41}{1\ 114\ 404.19}\times 100\%=52.80\%$

分析：该指标大于100%表示增值，等于100%表示保值，小于100%表示减值。这是投资者投入资本及在企业所享有的权益能否得到保障的重要指标，投资人和潜在投资人的关注重点就在这里。本案例资本减值幅度较大，主要是由于亏损造成的。其后果是，一方面侵蚀了企业实力，另一方面也对企业形象产生不良影响，因此企业应高度重视。

三、利用杜邦体系对财务指标进行综合分析

以上属于从不同角度对各财务指标进行单项分析，但从系统角度考虑，各财务指标是相互联系、相互影响的，是结合在一起综合发挥作用的。所以有必要利用杜邦体系分析相关因素对净资产收益率的不同影响。由于本案例净资产收益率为负值，分析与叙述较为复杂，所以，本案例的杜邦体系分析暂略，放到其他案例中介绍。

四、管理建议

鉴于前述分析，可得出如下管理建议：

1. 加强应收账款管理，从自身信用政策和客户风险预警两个方面着手。

2. 加强其他应收款管理，注意合同管理、合同的履约执行、备用金管理、其他应收款的清理结算，特别是在当年末要尽量清零。

3. 加强应付账款管理，金额较小的应付账款在合同期内及时付清；金额较大的应付账款在合同到期前足额筹备资金，至到期时支付，最大限度发挥负债经营杠杆收益，同时确保企业不发生信用风险。

4. 针对流动比率低、资产负债率高、产权比率过高（负债是所有者权益的将近6倍）所反映出来的偿债能力过低的现象，结合应收账款周转率下降的趋势，加强现金回笼，大力催收货款；派专人实时协调到期债务的偿还，避免违约信用风险的发生。

5. 该企业从事广告业，正常情况下可以有少量存货，但事实是期初存货偏高（76.49万元），经查，主要是已完成的广告合同未结算而形成在产品存货。正因为如此，本期全部结算

后,存货结零。此时要注意业务承揽的延续性和连续性,避免业务一定时期的真空状态。

6. 销售毛利率大幅度下降,要具体检查成本上升的原因。经查,人工成本与外委服务成本的上升有正当理由,而造成销售成本上升的主要原因是库存商品的集中结转。所以今后要尽量避免这种集中结转。

7. 本期总资产增长率过高,要注意资产扩张的有效性、使用率。经查,本期没有增加固定资产,应收账款、预付账款、其他应收款的增加是总资产增加的三大原因。所以关键问题还是应收款项问题。尽管应收款项的产生有其必要性,但这毕竟是被别人占用了资金,产生大量的无效资金成本。要具体分项目、分客户考察,力求解决问题。

8. 本期资本保值增值率过低,足以造成投资人的不信任感,甚至危机感的增加。所以,公司还要注重开拓销售渠道,在短期内形成未来的可成长预期,修复公司形象。

综上所述,该企业存在两大关键问题:催收应收款项与开拓未来成长领域。

第四节　企业纳税申报及文化事业建设费申报

一、一般纳税人的增值税纳税申报表

增值税一般纳税人的纳税期限为1天、3天、5天、10天、15天、1个月,由税务机关根据企业业务规模情况具体核定。如果纳税期限为1个月,一般是在月末后15日内申报。其他纳税期限的,期满之日起5日内预缴,次月1—15日内申报纳税并结清上月税款。

(一)增值税一般纳税人纳税申报表(主表)

本表可见图表3—33所示。表中数字填报说明如下:

1. 表中数字在填报了本表相关附表后自动跳出。

2. 其中13行"上期留抵税额"为11月末主表20行"期末留抵税额"。

3. 18行见表中计算说明。

(二)增值税纳税申报表附列资料(一)

本表见图表3—34所示。

本表为"本期销售情况明细表",是填列本期销项税额的计税依据。表中数字填报说明如下:

1. 5行"税率"。该企业为广告服务业,税率6%,对应"销售额"为42 536.84元,即本案例"利润表"营业收入的本月金额,因此对应"税额"为42 536.84×6%=2 552.21元。

2. "销售额"和"销项税额"自动跳出,如遇相关凭证金额有尾差,以此为准。

(三)增值税纳税申报表附列资料(二)

本表见图表3—35所示。

本表为本期进项税额明细表,填列本期应交增值税计算依据的本期进项税额。表中数字填列说明如下:

1. 35栏"本期认证发票数"。本案例本月认证进项数额发票3份,不含税采购价格为101 425.87元,取自本月相关凭证或"本期进项税认证汇总表"(本案例未显示);对应税额为5 966.13元(由于每笔采购商品或服务税率不一定相同,所以本数字取自相关发票,不是101 425.87乘以某固定税率得出的)。

图表 3-33

增值税纳税申报表

（一般纳税人适用）

根据国家税收法律法规及增值税相关规定制定本表。纳税人不论有无销售额，均应按税务机关核定的纳税期限填写本表，并向当地税务机关申报。

税款所属时间：自 2019年12 月 01日至 2019年 12 月 31 填表日期： 年 月 日 金额单位：元至角分

纳税人识别号					所属行业：		
纳税人名称	（公章）	法定代表人姓名		注册地址		生产经营地址	
开户银行及账号		登记注册类型				电话号码	

	项目	栏次	一般项目		即征即退项目	
			本月数	本年累计	本月数	本年累计
销售额	（一）按适用税率计税销售额	1	42 536.84	10 492 911.17		
	其中：应税货物销售额	2		1 652 017.03		
	应税劳务销售额	3		1 845 128.04		
	纳税检查调整的销售额	4				
	（二）按简易办法计税销售额	5				
	其中：纳税检查调整的销售额	6				
	（三）免、抵、退办法出口销售额	7			——	——
	（四）免税销售额	8			——	——
	其中：免税货物销售额	9			——	——
	免税劳务销售额	10			——	——
税款计算	销项税额	11	25 52.21	629 574.89		
	进项税额	12	62 61.06	600 380.23		
	上期留抵税额	13	57 769.9	0		——
	进项税额转出	14		33 962.27		
	免、抵、退应退税额	15			——	——
	按适用税率计算的纳税检查应补缴税额	16			——	——
	应抵扣税额合计	17=12+13-14-15+16	64 030.96			——
	实际抵扣税额	18（如17<11，则为17，否则为11）	25 52.21	0		
	应纳税额	19=11-18	0	55 628.76		
	期末留抵税额	20=17-18	61 478.75			——
	简易计税办法计算的应纳税额	21				
	按简易计税办法计算的纳税检查应补缴税额	22			——	——
	应纳税额减征额	23				
	应纳税额合计	24=19+21-23		55628.76		
税款缴纳	期初未缴税额（多缴为负数）	25				
	实收出口开具专用缴款书退税额	26			——	——
	本期已缴税额	27=28+29+30+31				
	①分次预缴税额	28		——		——
	②出口开具专用缴款书预缴税额	29		——	——	——
	③本期缴纳上期应纳税额	30				
	④本期缴纳欠缴税额	31				
	期末未缴税额（多缴为负数）	32=24+25+26-27				
	其中：欠缴税额（≥0）	33=25+26-27		——		——
	本期应补(退)税额	34＝24-28-29		——		——
	即征即退实际退税额	35	——	——		
	期初未缴查补税额	36			——	——
	本期入库查补税额	37			——	——
	期末未缴查补税额	38=16+22+36-37			——	——

授权声明	如果你已委托代理人申报，请填写下列资料： 为代理一切税务事宜，现授权 （地址） 为本纳税人的代理申报人，任何与本申报表有关的往来文件，都可寄予此人。 授权人签字：	申报人声明	本纳税申报表是根据国家税收法律法规及相关规定填报的，我确定它是真实的、可靠的、完整的。 声明人签字：

主管税务机关： 接收人： 接收日期：

图表 3-34

增值税纳税申报表附列资料（一）

（本期销售情况明细）

税款所属时间：2019 年 01 月 01日至 2019 年 01 月 31 日

纳税人名称：（公章） 金额单位：元至角分

项目及栏次				开具增值税专用发票		开具其他发票		未开具发票		纳税检查调整		合计			服务、不动产和无形资产扣除项目本期实际扣除金额	扣除后	
				销售额	销项(应纳)税额	销售额	销项(应纳)税额	销售额	销项(应纳)税额	销售额	销项(应纳)税额	销售额	销项(应纳)税额	价税合计		含税(免税)销售额	销项(应纳)税额
				1	2	3	4	5	6	7	8	9=1+3+5+7	10=2+4+6+8	11=9+10	12	13=11-12	14=13÷(100%+税率或征收率)×税率或征收率
一、一般计税方法计税	全部征税项目	13%税率的货物及加工修理修配劳务	1											——	——	——	——
		13%税率的服务、不动产和无形资产	2														
		9%税率的货物及加工修理修配劳务	3											——	——	——	——
		9%税率的服务、不动产和无形资产	4														
		6%税率	5	42 536.84	2 552.21							42 536.84	2 552.21	45 089.05		45 089.05	2 552.21
	其中：即征即退项目	即征即退货物及加工修理修配劳务	6	——	——	——	——	——	——	——	——			——	——	——	——
		即征即退服务、不动产和无形资产	7	——	——	——	——	——	——	——	——						
二、简易计税方法计税	全部征税项目	6%征收率	8							——	——			——	——	——	——
		5%征收率的货物及加工修理修配劳务	9a							——	——			——	——	——	——
		5%征收率的服务、不动产和无形资产	9b							——	——						
		4%征收率	10							——	——			——	——	——	——
		3%征收率的货物及加工修理修配劳务	11							——	——			——	——	——	——
		3%征收率的服务、不动产和无形资产	12							——	——						
		预征率 %	13a							——	——						
		预征率 %	13b							——	——						
		预征率 %	13c							——	——						
	其中：即征即退项目	即征即退货物及加工修理修配劳务	14	——	——	——	——	——	——	——	——			——	——	——	——
		即征即退服务、不动产和无形资产	15	——	——	——	——	——	——	——	——						
三、免抵退税		货物及加工修理修配劳务	16	——	——		——		——	——	——		——	——	——	——	——
		服务、不动产和无形资产	17	——	——		——		——	——	——		——				——
四、免税		货物及加工修理修配劳务	18				——		——	——	——		——	——	——	——	——
		服务、不动产和无形资产	19	——	——		——		——	——	——		——				——

图表 3－35

增值税纳税申报表附列资料（二）

（本期进项税额明细）

税款所属时间：2019 年 12 月 01 日至 2019 年 12月 31 日

纳税人名称：（公章） 金额单位：元至角分

一、申报抵扣的进项税额				
项目	栏次	份数	金额	税额
（一）认证相符的增值税专用发票	1=2+3	3	101 425.87	5 966.13
其中：本期认证相符且本期申报抵扣	2	3	101 425.87	5 966.13
前期认证相符且本期申报抵扣	3			
（二）其他扣税凭证	4=5+6+7+8a+8b	2	3 367.07	294.93
其中：海关进口增值税专用缴款书	5			
农产品收购发票或者销售发票	6			
代扣代缴税收缴款凭证	7		——	
加计扣除农产品进项税额	8a	——	——	
其他	8b	2	3 367.07	294.93
（三）本期用于购建不动产的扣税凭证	9			
（四）本期用于抵扣的旅客运输服务扣税凭证	10	2	3 367.07	294.93
（五）外贸企业进项税额抵扣证明	11	——	——	
当期申报抵扣进项税额合计	12=1+4+11	5	104 792.94	6 261.06
二、进项税额转出额				
项目	栏次	税额		
本期进项税额转出额	13=14至23之和			
其中：免税项目用	14			
集体福利、个人消费	15			
非正常损失	16			
简易计税方法征税项目用	17			
免抵退税办法不得抵扣的进项税额	18			
纳税检查调减进项税额	19			
红字专用发票信息表注明的进项税额	20			
上期留抵税额抵减欠税	21			
上期留抵税额退税	22			
其他应作进项税额转出的情形	23			
三、待抵扣进项税额				
项目	栏次	份数	金额	税额
（一）认证相符的增值税专用发票	24	——	——	——
期初已认证相符但未申报抵扣	25			
本期认证相符且本期未申报抵扣	26			
期末已认证相符但未申报抵扣	27			
其中：按照税法规定不允许抵扣	28			
（二）其他扣税凭证	29=30至33之和			
其中：海关进口增值税专用缴款书	30			
农产品收购发票或者销售发票	31			
代扣代缴税收缴款凭证	32		——	
其他	33			
	34			
四、其他				
项目	栏次	份数	金额	税额
本期认证相符的增值税专用发票	35	3	101 425.87	5 966.13
代扣代缴税额	36	——	——	

2. 35 栏填列后，自动跳出 1 栏的“本期认证相符的专用发票”的份数、金额、税额”和 2 栏的“本期认证相符且本期认证抵扣”的份数、金额、税额。

3. 本期运输服务抵扣填入 8B 栏“其他”和 10 栏“本期用于抵扣的旅客运输服务扣税凭

证”,本案例为2份,金额3 367.07元,税额294.93元,取自本期相关凭证。

4.12栏“当期申报抵扣进项税合计”自动跳出。

(四)增值税纳税申报表附列资料(三)

本表见图表3—36所示。

图表3—36

增值税纳税申报表附列资料(三)

(服务、不动产和无形资产扣除项目明细)

税款所属时间: 年 月 日至 年 月 日

纳税人名称:(公章) 金额单位:元至角分

项目及栏次		本期服务、不动产和无形资产价税合计额(免税销售额)	服务、不动产和无形资产扣除项目				
			期初余额	本期发生额	本期应扣除金额	本期实际扣除金额	期末余额
		1	2	3	4=2+3	5(5≤1且5≤4)	6=4-5
13%税率的项目	1						
9%税率的项目	2						
6%税率的项目(不含金融商品转让)	3						
6%税率的金融商品转让项目	4						
5%征收率的项目	5						
3%征收率的项目	6						
免抵退税的项目	7						
免税的项目	8						

本表为服务、不动产和无形资产扣除项目明细表。本案例不需填写此表。

(五)增值税纳税申报表附列资料(四)

该表见图表3—37所示。

图表3—37

增值税纳税申报表附列资料(四)

(税额抵减情况表)

税款所属时间: 年 月 日至 年 月 日

纳税人名称:(公章) 金额单位:元至角分

一、税额抵减情况						
序号	抵减项目	期初余额	本期发生额	本期应抵减税额	本期实际抵减税额	期末余额
		1	2	3=1+2	4≤3	5=3-4
1	增值税税控系统专用设备费及技术维护费					
2	分支机构预征缴纳税款					
3	建筑服务预征缴纳税款					
4	销售不动产预征缴纳税款					
5	出租不动产预征缴纳税款					

二、加计抵减情况							
序号	加计抵减项目	期初余额	本期发生额	本期调减额	本期可抵减额	本期实际抵减额	期末余额
		1	2	3	4=1+2-3	5	6=4-5
6	一般项目加计抵减额计算	10 334.42	626.11		10 960.53		10 960.53
7	即征即退项目加计抵减额计算						
8	合计	10 334.42	626.11		10 960.53		10 960.53

本表为税额抵减情况表，填列按政策税额抵减和加计抵减的情况。表中数字填列情况如下：

1. 序号6“一般项目加计抵减额计算”：期初数自动跳出。本期发生额为626.11元。该企业从事广告业（属于生活性服务业），当期可抵扣进项税额加计10%。计算公式为：当期进项税额×10%或（已认证3份＋火车票、机票各1份）×10%＝（5 966.13＋294.93）×10%＝626.11元。本期可抵减额与期末余额自动计算跳出。

2. 注意：本期可抵减额为10 960.53元。由于本期进项税额大于本期销项税额，无法加计抵减，所以未产生“本期实际抵减”，期末余额也就与本期可抵减额相同，均为10 960.53元。

（六）增值税减免申报明细表

本表见图表3—38所示（本案例无需填写此表）。

图表3—38

增值税减免税申报明细表

税款所属时间：自　年　月　日至　年　月　日

纳税人名称（公章）：　　　　　　　　　　　　金额单位：元至角分

一、减税项目						
减税性质代码及名称	栏次	期初余额	本期发生额	本期应抵减税额	本期实际抵减税额	期末余额
		1	2	3=1+2	4≤3	5=3-4
合计	1					
	2					
	3					
	4					
	5					
	6					
二、免税项目						
免税性质代码及名称	栏次	免征增值税项目销售额	免税销售额扣除项目本期实际扣除金额	扣除后免税销售额	免税销售额对应的进项税额	免税额
		1	2	3=1-2	4	5
合　计	7					
出口免税	8		——	——	——	——
其中：跨境服务	9		——	——	——	——
	10					
	11					
	12					
	13					
	14					
	15					
	16					

（七）政策说明

广告服务业计税销售额为缴纳义务人提供广告服务取得的全部含税价款和价外费用，减除支付给其他广告公司或广告发布者的含税广告发布费后的余额（即差额计税）。

二、中华人民共和国企业所得税预缴纳税申报表（A类）

本表见图表3—39所示。

本案例为每季度预缴企业所得税。说明如下：

1.“A类”是企业所得税查账征收的企业填报。

2. 1行“营业收入”取自本期利润表。

3. 2行“营业成本”取自本期利润表。

4. 3行“利润总额”取自本期利润表。

5. 9行“实际利润”自动跳出。

6. 10行“税率”为25%。

图表 3－39

中华人民共和国企业所得税月(季)度预缴纳税申报表(A类)

税款所属期间： 年 月 日 至 年 月 日

纳税人名称： 纳税人识别号/社会信用代码：

填报日期： 税款所属期间： 年 月 日至 年 月 日 金额单位：人民币元(列至角分)

预缴方式	☑ 按照实际利润额预缴 □ 按照上一纳税年度应纳税所得额平均额预缴 □ 按照税务机关确定的其他方法预缴		
企业类型	☑ 一般企业 □ 跨地区经营汇总纳税企业总机构 □ 跨地区经营汇总纳税企业分支机构		
行次	项 目		本年累计金额
1	营业收入		10 492 911.17
2	营业成本		10 165 260.92
3	利润总额		-521 436.62
4	加：特定业务计算的应纳税所得额		0.00
5	减：不征税收入		0.00
6	减：免税收入、减计收入、所得减免等优惠金额（填写A201010）		0.00
7	减：固定资产加速折旧（扣除）调减额（填写A201020）		0.00
8	减：弥补以前年度亏损		0.00
9	实际利润 （3+4-5-6-7-8）\按照上一纳税年度应纳税所得额平均额确定的应纳税所得额		-521 436.62
10	税率(25%)		0.25
11	应纳所得税额（9行*10行）		0.00
12	减：减免所得税额（填写A201030）		0.00
13	减：实际已预缴所得税额		——
14	减：特定业务预缴（征）所得税额		0.00
15	应补（退）的所得税额（11行-12行-13行-14行）\税务机关确定的本期应纳所得税额		——
	汇总纳税企业总分机构税款计算		
16	总机构填报	总机构本期分摊应补（退）所得税额（17+18+19）	0.00
17		其中：总机构分摊应补（退）所得税额（15X总机构分摊比例25%）	0.00
18		财政集中分配应补（退）所得税额（15X财政集中分配比例25%）	0.00
19		总机构具有主体生产经营职能的部门分摊所得税额（15X全部分支机构分摊比例50%X总机构具有主体生产经营职能部门分摊比例0.00%）	0.00
20	分支机构填报	分支机构本期分滩比例	0.00
21		分支机构本期分滩应补（退）所得税额	0.00

附报信息			
		科技型中小企业：	□是 ☑否
高新技术企业：	□是 ☑否	技术入股递延纳税事项：	□是 ☑否
按季度填报信息			
季初从业人数	3	季末从业人数	3.00
季初资产总额（万元）	1352.03	季末资产总额（万元）	1 291.77
国家限制或禁止行业：		小型微利企业：	☑是 □否

申报日期：

7. 11 行“应纳税所得额”为上一年度应纳税所得额季度平均值。

8. “附报信息”部分为“否”。

9. “按季度填报信息”部分：(1)“季初从业人数”：上季末人数。(2)“季末从业人数”为本季末最后一天在职人数。(3)“季初资产”为资产负债表本季初月份期初金额。(4)“季末资产”为资产负债表本季末月份期末金额。本案例属于12月份,“季末资产”即12月份资产负债表期末金额1 291.77万元。

三、文化事业建设费申报表

(一)申报表主表

本表见图表3－40所示。

图表3－40

文化事业建设费申报表

缴纳人名称（公章）：　　　　金额单位：元(列至角分)

费款所属期：　年　月　日至　年　月　日　　　　填表日期：　年　月　日

<table>
<tr><td colspan="3">项　　目</td><td>栏次</td><td>本月(期)数</td><td>本年累计</td></tr>
<tr><td rowspan="2">计费收入</td><td colspan="2">应征收入</td><td>1</td><td></td><td>6 644 568.14</td></tr>
<tr><td colspan="2">免征收入</td><td>2</td><td></td><td>0.00</td></tr>
<tr><td rowspan="8">费额计算</td><td colspan="2">减除项目期初金额</td><td>3</td><td>806 959.52</td><td>——</td></tr>
<tr><td colspan="2">减除项目本期发生额</td><td>4</td><td>44 332.08</td><td>6 807 414.19</td></tr>
<tr><td rowspan="2">本期减除额</td><td>应征收入减除额</td><td>5</td><td>0.00</td><td>6 071 653.29</td></tr>
<tr><td>免征收入减除额</td><td>6</td><td>0.00</td><td></td></tr>
<tr><td colspan="2">减除项目期末余额</td><td>7=3+4-5-6</td><td>851 291.60</td><td>4 352 205.08</td></tr>
<tr><td colspan="2">计费销售额</td><td>8=1-5</td><td>0.00</td><td>572 914.85</td></tr>
<tr><td colspan="2">费率</td><td>9</td><td>0.03</td><td>——</td></tr>
<tr><td colspan="2">应缴费额</td><td>10=8×9</td><td>0.00</td><td>17 187.45</td></tr>
<tr><td rowspan="9">费额缴纳</td><td colspan="2">期初未缴费额（多缴为负）</td><td>11</td><td></td><td>——</td></tr>
<tr><td colspan="2">本期已缴费额</td><td>12=13+14+15</td><td></td><td></td></tr>
<tr><td colspan="2">其中：本期预缴费额</td><td>13</td><td></td><td></td></tr>
<tr><td colspan="2">本期缴纳上期费额</td><td>14</td><td></td><td></td></tr>
<tr><td colspan="2">本期缴纳欠费额</td><td>15</td><td></td><td></td></tr>
<tr><td colspan="2">期末未缴费额（多缴为负）</td><td>16=10+11-12</td><td></td><td></td></tr>
<tr><td colspan="2">其中：欠缴费额（≥0）</td><td>17=11-14-15</td><td></td><td>——</td></tr>
<tr><td colspan="2">本期应补（退）费额</td><td>18=10-13</td><td></td><td>——</td></tr>
<tr><td colspan="2">本期检查已补缴费额</td><td>19</td><td></td><td></td></tr>
<tr><td colspan="3" rowspan="4">缴纳人或代理人声明：此申报表是根据国家相关规定填报的，我确定填报内容是真实的、可靠的、完整的。</td><td colspan="3">如缴纳人申报，由缴纳人填写以下各栏：</td></tr>
<tr><td colspan="3">经办人员（签章）：
财务负责人（签章）：
法定代表人（签章）：
联系电话：</td></tr>
<tr><td colspan="3">如委托代理人申报，由代理人填写以下各栏：</td></tr>
<tr><td colspan="3">代理人名称：
经办人（签章）：
代理人（公章）：
联系电话：</td></tr>
<tr><td colspan="6">以下由税务机关填写：</td></tr>
<tr><td colspan="6">收到日期：　　　　接收人：　　　　主管税务机关盖章：</td></tr>
</table>

本案例属于广告业，须填报此表。填列此表前，须先填列“应税服务减除项目清单”。本表数字填列说明如下：

1.1栏“应征收入”：开出的广告发布费发票中不含税金额。本案例本月无。

2.3栏“减除项目期初金额”：上月该申报表7栏“减除项目期末余额”。

3.4栏“减除项目本期发生额”：附表中的减除金额。

4.7栏“减除项目期末余额”：计算生成。

5.9栏“费率”：现行法规规定为3%。

6.10栏“应交费额”：由于本案例8栏无计费销售额，故此栏为零。

7. 本表数字除应征收入之外，其他栏目都是自动跳出。

（二）应税服务减除项目清单

本清单见图表3—41所示。

图表3—41

应税服务扣除项目清单

缴纳人识别号：9131023xxx06744

缴纳人名称（公章）：93公司　　金额单位：元（列至角分）

费款所属期：2019-12-01至 2019-12-31　　填表日期：2020-05-20

开票方纳税人识别号	开票方单位名称	服务项目名称	凭证种类	凭证号码	金额
913101087xxx037	上海xx文化传播有限公司	广告服务	发票	23666434	44 332.08
合计	—	—	—	—	

税务局（签章）

本表数字根据企业所取得的广告服务发布费发票所含文化事业建设费减除。本案例凭证中第三笔业务的不含税金额为44 332.08元，填入表中“金额”栏。

第五节　个人所得税预扣缴申报

代扣代缴个人所得税是税法赋予企业的义务。

由于本案例中企业规模小、人员少、个税相关信息过于简略，故本部分申报表列式出完整报表模板和报表的填表说明，而不与本案例具体结合，具体见图表3—42、图表3—43、图表3—44所示。

首先，介绍个人所得税基础信息表(A表)及填表说明。

图表 3－42 **个人所得税基础信息表(A 表)**

(适用于扣缴义务人填报)

扣缴义务人名称：

扣缴义务人纳税人识别号(统一社会信用代码)：□□□□□□□□□□□□□□□□□□□□□□□□

序号	纳税人基本信息(带 * 必填)						任职受雇从业信息					联系方式					银行账户		投资信息		其他信息		华侨、港澳台、外籍个人信息(带 * 必填)					备注
	纳税人识别号	* 纳税人姓名	* 身份证件类型	* 身份证件号码	* 出生日期	* 国籍/地区	类型	职务	学历	任职受雇从业日期	离职日期	手机号码	户籍所在地	经常居住地	联系地址	电子邮箱	开户银行	银行账号	投资额(元)	投资比例	是否残疾/孤老/烈属	残疾/烈属证号	* 出生地	* 性别	* 首次入境时间	* 预计离境时间	* 涉税事由	
1	2	3	4	5	6	7	8	9	10	11	12	13	14	15	16	17	18	19	20	21	22	23	24	25	26	27	28	29

谨声明：本表是根据国家税收法律法规及相关规定填报的，是真实的、可靠的、完整的。

扣缴义务人(签章)：　　年　　月　　日

经办人签字： 经办人身份证件号码： 受理税务机关(章)： 代理机构统一社会信用代码：	受理人： 代理机构签章： 受理日期：　　年　　月　　日

《个人所得税基础信息表(A 表)》填表说明

一、适用范围

本表由扣缴义务人填报。适用于扣缴义务人办理全员全额扣缴申报时，填报其支付所得的纳税人的基础信息。

二、报送期限

扣缴义务人首次向纳税人支付所得，或者纳税人相关基础信息发生变化的，应当填写本表，并于次月扣缴申报时向税务机关报送。

三、本表各栏填写

本表带"*"项目分为必填和条件必填，其余项目为选填。

(一)表头项目

1. 扣缴义务人名称：填写扣缴义务人的法定名称全称。

2. 扣缴义务人纳税人识别号(统一社会信用代码):填写扣缴义务人的纳税人识别号或者统一社会信用代码。

(二)表内各栏

1. 第2～8列“纳税人基本信息”:填写纳税人姓名、证件等基本信息。

(1)第2列“纳税人识别号”:有中国公民身份证号码的,填写中华人民共和国居民身份证上载明的“公民身份证号码”;没有中国公民身份证号码的,填写税务机关赋予的纳税人识别号。

(2)第3列“纳税人姓名”:填写纳税人姓名。外籍个人英文姓名按照“先姓(surname)后名(given name)”的顺序填写,确实无法区分姓和名的,按照证件上的姓名顺序填写。

(3)第4列“身份证件类型”:根据纳税人实际情况填写。

①有中国公民身份证号码的,应当填写《中华人民共和国居民身份证》(简称“居民身份证”)。

②华侨应当填写《中华人民共和国护照》(简称“中国护照”)。

③港澳居民可选择填写《港澳居民来往内地通行证》(简称“港澳居民通行证”)或者《中华人民共和国港澳居民居住证》(简称“港澳居民居住证”);台湾居民可选择填写《台湾居民来往大陆通行证》(简称“台湾居民通行证”)或者《中华人民共和国台湾居民居住证》(简称“台湾居民居住证”)。

④外籍人员可选择填写《中华人民共和国外国人永久居留身份证》(简称“外国人永久居留证”)、《中华人民共和国外国人工作许可证》(简称“外国人工作许可证”)或者“外国护照”。

⑤其他符合规定的情形填写“其他证件”。

身份证件类型选择“港澳居民居住证”的,应当同时填写“港澳居民通行证”;身份证件类型选择“台湾居民居住证”的,应当同时填写“台湾居民通行证”;身份证件类型选择“外国人永久居留证”或者“外国人工作许可证”的,应当同时填写“外国护照”。

(4)第5～6列“身份证件号码”“出生日期”:根据纳税人身份证件上的信息填写。

(5)第7列“国籍/地区”:填写纳税人所属的国籍或者地区。

2. 第8～12列“任职受雇从业信息”:填写纳税人与扣缴义务人之间的任职受雇从业信息。

(1)第8列“类型”:根据实际情况填写“雇员”“保险营销员”“证券经纪人”或者“其他”。

(2)第9～12列“职务”“学历”“任职受雇从业日期”“离职日期”:其中,当第9列“类型”选择“雇员”“保险营销员”或者“证券经纪人”时,填写纳税人与扣缴义务人建立或者解除相应劳动或者劳务关系的日期。

3. 第13～17列“联系方式”:

(1)第13列“手机号码”:填写纳税人境内有效手机号码。

(2)第14～16列“户籍所在地”“经常居住地”“联系地址”:填写纳税人境内有效户籍所在地、经常居住地或者联系地址,按以下格式填写(具体到门牌号):省(区、市)市 区(县)街道(乡、镇)。

(3)第17列“电子邮箱”:填写有效的电子邮箱。

4. 第18～19列“银行账户”:填写个人境内有效银行账户信息,开户银行填写到银行总行。

5. 第20～21列“投资信息”:纳税人为扣缴单位的股东、投资者的,填写本栏。

6. 第22～23列“其他信息”:如纳税人有“残疾、孤老、烈属”情况的,填写本栏。

7. 第24～28列“华侨、港澳台、外籍个人信息”:纳税人为华侨、港澳台居民、外籍个人的填写本栏。

(1)第24列“出生地”:填写华侨、港澳台居民、外籍个人的出生地,具体到国家或者地区。

(2)第26～27列“首次入境时间”“预计离境时间”:填写华侨、港澳台居民、外籍个人首次入境和预计离境的时间,具体到年月日。预计离境时间发生变化的,应及时进行变更。

(3)第28列“涉税事由”:填写华侨、港澳台居民、外籍个人在境内涉税的具体事由,包括“任职受雇”“提供临时劳务”“转让财产”“从事投资和经营活动”“其他”。如有多项事由的,应同时填写。

四、其他事项说明

以纸质方式报送本表的,应当一式两份,扣缴义务人、税务机关各留存一份。

其次,介绍个人所得税基础信息表(B表)及填表说明。

图表 3－43　　**个人所得税基础信息表(B 表)**

(适用于自然人填报)

纳税人识别号:□□□□□□□□□□□□□□□□□□□□

<table>
<tr><td colspan="7">基本信息(带＊必填)</td></tr>
<tr><td rowspan="4">基本信息</td><td>＊纳税人姓名</td><td>中文名</td><td></td><td>英文名</td><td colspan="2"></td></tr>
<tr><td rowspan="2">＊身份证件</td><td>证件类型一</td><td></td><td>证件号码</td><td colspan="2"></td></tr>
<tr><td>证件类型二</td><td></td><td>证件号码</td><td colspan="2"></td></tr>
<tr><td>＊国籍/地区</td><td colspan="2"></td><td>＊出生日期</td><td colspan="2">年　月　日</td></tr>
<tr><td rowspan="4">联系方式</td><td>户籍所在地</td><td colspan="5">省(区、市)　市　区(县)　街道(乡、镇)______</td></tr>
<tr><td>经常居住地</td><td colspan="5">省(区、市)　市　区(县)　街道(乡、镇)______</td></tr>
<tr><td>联系地址</td><td colspan="5">省(区、市)　市　区(县)　街道(乡、镇)______</td></tr>
<tr><td>＊手机号码</td><td colspan="2"></td><td>电子邮箱</td><td colspan="2"></td></tr>
<tr><td rowspan="3">其他信息</td><td>开户银行</td><td colspan="2"></td><td>银行账号</td><td colspan="2"></td></tr>
<tr><td>学历</td><td colspan="5">□研究生　□大学本科　□大学本科以下</td></tr>
<tr><td>特殊情形</td><td colspan="5">□残疾　残疾证号______　□烈属　烈属证号______　□孤老</td></tr>
<tr><td colspan="7">任职、受雇、从业信息</td></tr>
<tr><td rowspan="3">任职受雇从业单位一</td><td>名称</td><td colspan="2"></td><td>国家/地区</td><td colspan="2"></td></tr>
<tr><td>纳税人识别号(统一社会信用代码)</td><td colspan="2"></td><td>任职受雇从业日期</td><td>年　月</td><td>离职日期　年　月</td></tr>
<tr><td>类型</td><td colspan="2">□雇员　□保险营销员
□证券经纪人　□其他</td><td>职务</td><td colspan="2">□高层　□其他</td></tr>
<tr><td colspan="7">任职、受雇、从业信息</td></tr>
<tr><td rowspan="3">任职受雇从业单位二</td><td>名称</td><td colspan="2"></td><td>国家/地区</td><td colspan="2"></td></tr>
<tr><td>纳税人识别号(统一社会信用代码)</td><td colspan="2"></td><td>任职受雇从业日期</td><td>年　月</td><td>离职日期　年　月</td></tr>
<tr><td>类型</td><td colspan="2">□雇员　□保险营销员
□证券经纪人　□其他</td><td>职务</td><td colspan="2">□高层　□其他</td></tr>
<tr><td colspan="7">该栏仅由投资者纳税人填写</td></tr>
<tr><td rowspan="2">被投资单位一</td><td>名称</td><td colspan="2"></td><td>国家/地区</td><td colspan="2"></td></tr>
<tr><td>纳税人识别号(统一社会信用代码)</td><td colspan="2"></td><td>投资额(元)</td><td></td><td>投资比例</td></tr>
<tr><td rowspan="2">被投资单位二</td><td>名称</td><td colspan="2"></td><td>国家/地区</td><td colspan="2"></td></tr>
<tr><td>纳税人识别号(统一社会信用代码)</td><td colspan="2"></td><td>投资额(元)</td><td></td><td>投资比例</td></tr>
<tr><td colspan="7">该栏仅由华侨、港澳台、外籍个人填写(带＊必填)</td></tr>
<tr><td colspan="2">＊出生地</td><td colspan="2"></td><td>＊首次入境时间</td><td colspan="2">年　月　日</td></tr>
<tr><td colspan="2">＊性别</td><td colspan="2"></td><td>＊预计离境时间</td><td colspan="2">年　月　日</td></tr>
<tr><td colspan="2">＊涉税事由</td><td colspan="5">□任职受雇　□提供临时劳务　□转让财产　□从事投资和经营活动　□其他</td></tr>
<tr><td colspan="7">谨声明:本表是根据国家税收法律法规及相关规定填报的,是真实的、可靠的、完整的。

纳税人(签字):　年　月　日</td></tr>
<tr><td colspan="4">经办人签字:
经办人身份证件号码:
代理机构签章:
代理机构统一社会信用代码:</td><td colspan="3">受理人:

受理税务机关(章):
受理日期:　年　月　日</td></tr>
</table>

国家税务总局监制

《个人所得税基础信息表(B表)》填表说明

一、适用范围

本表适用于自然人纳税人基础信息的填报。

二、报送期限

自然人纳税人初次向税务机关办理相关涉税事宜时填报本表;初次申报后,以后仅需在信息发生变化时填报。

三、本表各栏填写

本表带“*”的项目为必填或者条件必填,其余项目为选填。

(一)表头项目

纳税人识别号:有中国公民身份证号码的,填写中华人民共和国居民身份证上载明的“公民身份证号码”;没有中国公民身份证号码的,填写税务机关赋予的纳税人识别号。

(二)表内各栏

1. 基本信息:

(1)纳税人姓名:填写纳税人姓名。外籍个人英文姓名按照“先姓(surname)后名(given name)”的顺序填写,确实无法区分姓和名的,按照证件上的姓名顺序填写。

(2)身份证件:填写纳税人有效的身份证件类型及号码。

“证件类型一”按以下原则填写:

①有中国公民身份证号码的,应当填写《中华人民共和国居民身份证》(简称“居民身份证”)。

②华侨应当填写《中华人民共和国护照》(简称“中国护照”)。

③港澳居民可选择填写《港澳居民来往内地通行证》(简称“港澳居民通行证”)或者《中华人民共和国港澳居民居住证》(简称“港澳居民居住证”);台湾居民可选择填写《台湾居民来往大陆通行证》(简称“台湾居民通行证”)或者《中华人民共和国台湾居民居住证》(简称“台湾居民居住证”)。

④外籍个人可选择填写《中华人民共和国外国人永久居留身份证》(简称“外国人永久居留证”)、《中华人民共和国外国人工作许可证》(简称“外国人工作许可证”)或者“外国护照”。

⑤其他符合规定的情形填写“其他证件”。

“证件类型二”按以下原则填写:证件类型一选择“港澳居民居住证”的,证件类型二应当填写“港澳居民通行证”;证件类型一选择“台湾居民居住证”的,证件类型二应当填写“台湾居民通行证”;证件类型一选择“外国人永久居留证”或者“外国人工作许可证”的,证件类型二应当填写“外国护照”。证件类型一已选择“居民身份证”“中国护照”“港澳居民通行证”“台湾居民通行证”或“外国护照”,证件类型二可不填。

(3)国籍/地区:填写纳税人所属的国籍或地区。

(4)出生日期:根据纳税人身份证件上的信息填写。

(5)户籍所在地、经常居住地、联系地址:填写境内地址信息,至少填写一项。有居民身份证的,“户籍所在地”“经常居住地”必须填写其中之一。

(6)手机号码、电子邮箱:填写境内有效手机号码,港澳台、外籍个人可以选择境内有效手机号码或电子邮箱中的一项填写。

(7)开户银行、银行账号:填写有效的个人银行账户信息,开户银行填写到银行总行。

(8)特殊情形:纳税人为残疾、烈属、孤老的,填写本栏。残疾、烈属人员还需填写残疾/烈属证件号码。

2. 任职、受雇、从业信息:填写纳税人任职受雇从业的有关信息。其中,中国境内无住所个人有境外派遣单位的,应在本栏除填写境内任职受雇从业单位、境内受聘签约单位情况外,还应一并填写境外派遣单位相关信息。填写境外派遣单位时,其纳税人识别号(社会统一信用代码)可不填。

3. 投资者纳税人填写栏:由自然人股东、投资者填写。没有,则不填。

(1)名称:填写被投资单位名称全称。

(2)纳税人识别号(统一社会信用代码):填写被投资单位纳税人识别号或者统一社会信用代码。

(3)投资额:填写自然人股东、投资者在被投资单位投资的投资额(股本)。

(4)投资比例:填写自然人股东、投资者的投资额占被投资单位投资(股本)的比例。

4.华侨、港澳台、外籍个人信息:华侨、港澳台居民、外籍个人填写本栏。

(1)出生地:填写华侨、港澳台居民、外籍个人的出生地,具体到国家或者地区。

(2)首次入境时间、预计离境时间:填写华侨、港澳台居民、外籍个人首次入境和预计离境的时间,具体到年月日。预计离境时间发生变化的,应及时进行变更。

(3)涉税事由:填写华侨、港澳台居民、外籍个人在境内涉税的具体事由,在相应事由处划"√"。如有多项事由的,同时勾选。

四、其他事项说明

以纸质方式报送本表的,应当一式两份,纳税人、税务机关各留存一份。

接下来,介绍个人所得税专项附加扣除信息表及填表说明。

图表 3－44

附件

个人所得税专项附加扣除信息表

填表日期：　年　月　日　　　　扣除年度：

纳税人姓名：　　　　　　　　　纳税人识别号：

纳税人信息	手机号码				电子邮箱	
	联系地址				配偶情况	□有配偶　□无配偶
纳税人配偶信息	姓名		身份证件类型		身份证件号码	
一、子女教育						
较上次报送信息是否发生变化：□首次报送（请填写全部信息）　□无变化（不需重新填写）　□有变化（请填写发生变化项目的信息）						
子女一	姓名		身份证件类型		身份证件号码	
	出生日期		当前受教育阶段		□学前教育阶段　□义务教育　□高中阶段教育　□高等教育	
	当前受教育阶段起始时间	年　月	当前受教育阶段结束时间	年　月	子女教育终止时间 *不再受教育时填写	年　月
	就读国家（或地区）		就读学校		本人扣除比例	□100%（全额扣除）　□50%（平均扣除）
子女二	姓名		身份证件类型		身份证件号码	
	出生日期		当前受教育阶段		□学前教育阶段　□义务教育　□高中阶段教育　□高等教育	
	当前受教育阶段起始时间	年　月	当前受教育阶段结束时间	年　月	子女教育终止时间 *不再受教育时填写	年　月
	就读国家（或地区）		就读学校		本人扣除比例	□100%（全额扣除）　□50%（平均扣除）
二、继续教育						
较上次报送信息是否发生变化：□首次报送（请填写全部信息）　□无变化（不需重新填写）　□有变化（请填写发生变化项目的信息）						
学历（学位）继续教育	当前继续教育起始时间	年　月	当前继续教育结束时间	年　月	学历（学位）继续教育阶段	□专科　□本科　□硕士研究生　□博士研究生　□其他
职业资格继续教育	职业资格继续教育类型	□技能人员　□专业技术人员			证书名称	
	证书编号		发证机关		发证（批准）日期	
三、住房贷款利息						
较上次报送信息是否发生变化：□首次报送（请填写全部信息）　□无变化（不需重新填写）　□有变化（请填写发生变化项目的信息）						
房屋信息	住房坐落地址	省（市、区）　市　县（区）　街道（乡、镇）				
	产权证号/不动产登记号/商品房买卖合同号/预售合同号					
房贷信息	本人是否借款人	□是　□否			是否婚前各自首套贷款，且婚后分别扣除50%	□是　□否
	公积金贷款|贷款合同编号					
	贷款期限（月）				首次还款日期	
	商业贷款|贷款合同编号				贷款银行	
	贷款期限（月）				首次还款日期	
四、住房租金						
较上次报送信息是否发生变化：□首次报送（请填写全部信息）　□无变化（不需重新填写）　□有变化（请填写发生变化项目的信息）						
房屋信息	住房坐落地址	省（市、区）　市　县（区）　街道（乡、镇）				
租赁情况	出租房（个人）姓名		身份证件类型		身份证件号码	
	出租房（单位）姓名				纳税人识别号（统一社会信用代码）	
	主要工作城市（*填写市一级）				住房租赁合同编号（非必填）	
	租赁期起				租赁期止	
五、赡养老人						
较上次报送信息是否发生变化：□首次报送（请填写全部信息）　□无变化（不需重新填写）　□有变化（请填写发生变化项目的信息）						
纳税人身份		□独生子女　□非独生子女				
被赡养人一	姓名		身份证件类型		身份证件号码	
	出生日期		与纳税人关系	□父亲　□母亲　□其他		
被赡养人二	姓名		身份证件类型		身份证件号码	
	出生日期		与纳税人关系	□父亲　□母亲　□其他		
共同赡养人信息	姓名		身份证件类型		身份证件号码	
	姓名		身份证件类型		身份证件号码	
	姓名		身份证件类型		身份证件号码	
	姓名		身份证件类型		身份证件号码	
分摊方式*独生子女不需填写		□平均分摊	□赡养人约定分摊	□被赡养人指定分摊	本年度月扣除金额	
六、大病医疗（仅限综合所得年度汇算清缴申报时填写）						
较上次报送信息是否发生变化：□首次报送（请填写全部信息）　□无变化（不需重新填写）　□有变化（请填写发生变化项目的信息）						
患者一	姓名		身份证件类型		身份证件号码	
	医药费用总金额		个人负担金额		与纳税人关系	□本人　□配偶　□未成年子女
患者二	姓名		身份证件类型		身份证件号码	
	医药费用总金额		个人负担金额		与纳税人关系	□本人　□配偶　□未成年子女
需要在任职受雇单位预扣预缴工资、薪金所得个人所得税时享受专项附加扣除的，填写本栏						
重要提示：当您填写本栏，表示您已同意该任职受雇单位使用本信息表为您办理专项附加扣除。						
扣缴义务人名称					扣缴义务人纳税人识别号（统一社会信用代码）	
本人承诺：我已仔细阅读了填表说明，并根据《中华人民共和国个人所得税法》及其实施条例、《个人所得税专项附加扣除暂行办法》《个人所得税专项附加扣除操作办法（试行）》等相关法律法规规定填写本表。本人已就所填的扣除信息进行了核对，并对所填内容的真实性、准确性、完整性负责。纳税人签字：　　年　月　日						

扣缴义务人签章： 经办人签字： 接收日期：　年　月　日	代理机构签章： 代理机构统一社会信用代码： 经办人签字： 经办人身份证件号码：	受理人： 受理税务机关（章）： 受理日期：　年　月　日

国家税务总局监制

《个人所得税专项附加扣除信息表》填表说明

一、填表须知

本表根据《中华人民共和国个人所得税法》及其实施条例、《个人所得税专项附加扣除暂行办法》《个人所得税专项附加扣除操作办法(试行)》等法律法规有关规定制定。

(一)纳税人按享受的专项附加扣除情况填报对应栏次;纳税人不享受的项目,无须填报。纳税人未填报的项目,默认为不享受。

(二)较上次报送信息是否发生变化:纳税人填报本表时,对各专项附加扣除,首次报送的,在“首次报送”前的框内划“√”。继续报送本表且无变化的,在“无变化”前的框内划“√”;发生变化的,在“有变化”前的框内划“√”,并填写发生变化的扣除项目信息。

(三)身份证件号码应从左向右顶格填写,位数不满18位的,需在空白格处划“/”。

(四)如各类扣除项目的表格篇幅不够,可另附多张《个人所得税专项附加扣除信息表》。

二、适用范围

(一)本表适用于享受子女教育、继续教育、大病医疗、住房贷款利息或住房租金、赡养老人六项专项附加扣除的自然人纳税人填写。选择在工资、薪金所得预扣预缴个人所得税时享受的,纳税人填写后报送至扣缴义务人;选择在年度汇算清缴申报时享受专项附加扣除的,纳税人填写后报送至税务机关。

(二)纳税人首次填报专项附加扣除信息时,应将本人所涉及的专项附加扣除信息表内各信息项填写完整。纳税人相关信息发生变化的,应及时更新此表相关信息项,并报送至扣缴义务人或税务机关。

纳税人在以后纳税年度继续申报扣除的,应对扣除事项有无变化进行确认。

三、各栏填写说明

(一)表头项目

填报日期:纳税人填写本表时的日期。

扣除年度:填写纳税人享受专项附加扣除的所属年度。

纳税人姓名:填写自然人纳税人姓名。

纳税人识别号:纳税人有中国居民身份证的,填写公民身份证号码;没有公民身份证号码的,填写税务机关赋予的纳税人识别号。

(二)表内基础信息栏

纳税人信息:填写纳税人有效的手机号码、电子邮箱、联系地址。其中,手机号码为必填项。

纳税人配偶信息:纳税人有配偶的填写本栏,没有配偶的则不填。具体填写纳税人配偶的姓名、有效身份证件名称及号码。

(三)表内各栏

1. 子女教育

子女姓名、身份证件类型及号码:填写纳税人子女的姓名、有效身份证件名称及号码。

出生日期:填写纳税人子女的出生日期,具体到年月日。

当前受教育阶段:选择纳税人子女当前的受教育阶段。区分“学前教育阶段、义务教育、高中阶段教育、高等教育”四种情形,在对应框内打“√”。

当前受教育阶段起始时间:填写纳税人子女处于当前受教育阶段的起始时间,具体到年月。

当前受教育阶段结束时间:纳税人子女当前受教育阶段的结束时间或预计结束的时间,具体到年月。

子女教育终止时间:填写纳税人子女不再接受符合子女教育扣除条件的学历教育的时间,具体到年月。

就读国家(或地区)、就读学校:填写纳税人子女就读的国家或地区名称、学校名称。

本人扣除比例:选择可扣除额度的分摊比例,由本人全额扣除的,选择“100%”,分摊扣除的,选“50%”,在对应框内打“√”。

2. 继续教育

当前继续教育起始时间:填写接受当前学历(学位)继续教育的起始时间,具体到年月。

当前继续教育结束时间:填写接受当前学历(学位)继续教育的结束时间,或预计结束的时间,具体到年月。

学历(学位)继续教育阶段:区分“专科、本科、硕士研究生、博士研究生、其他”四种情形,在对应框内打“√”。

职业资格继续教育类型:区分“技能人员、专业技术人员”两种类型,在对应框内打“√”。证书名称、证书编号、发证机关、发证(批准)日期:填写纳税人取得的继续教育职业

资格证书上注明的证书名称、证书编号、发证机关及发证(批准)日期。

3. 住房贷款利息

住房坐落地址:填写首套贷款房屋的详细地址,具体到楼门号。

产权证号/不动产登记号/商品房买卖合同号/预售合同号:填写首套贷款房屋的产权证、不动产登记证、商品房买卖合同或预售合同中的相应号码。如所购买住房已取得房屋产权证的,填写产权证号或不动产登记号;所购住房尚未取得房屋产权证的,填写商品房买卖合同号或预售合同号。

本人是否借款人:按实际情况选择“是”或“否”,并在对应框内打“√”。本人是借款人的情形,包括本人独立贷款、与配偶共同贷款的情形。如果选择“否”,则表头位置须填写配偶信息。

是否婚前各自首套贷款,且婚后分别扣除50%:按实际情况选择“是”或“否”,并在对应框内打“√”。该情形是指夫妻双方在婚前各有一套首套贷款住房,婚后选择按夫妻双方各50%份额扣除的情况。不填默认为“否”。

公积金贷款|贷款合同编号:填写公积金贷款的贷款合同编号。

商业贷款|贷款合同编号:填写与金融机构签订的住房商业贷款合同编号。

贷款期限(月):填写住房贷款合同上注明的贷款期限,按月填写。

首次还款日期:填写住房贷款合同上注明的首次还款日期。

贷款银行:填写商业贷款的银行总行名称。

4. 住房租金

住房坐落地址:填写纳税人租赁房屋的详细地址,具体到楼门号。

出租方(个人)姓名、身份证件类型及号码:租赁房屋为个人的,填写本栏。具体填写住房租赁合同中的出租方姓名、有效身份证件名称及号码。

出租方(单位)名称、纳税人识别号(统一社会信用代码):租赁房屋为单位所有的,填写单位法定名称全称及纳税人识别号(统一社会信用代码)。

主要工作城市:填写纳税人任职受雇的直辖市、计划单列市、副省级城市、地级市(地区、州、盟)。无任职受雇单位的,填写其办理汇算清缴地所在城市。

住房租赁合同编号(非必填):填写签订的住房租赁合同编号。

租赁期起、租赁期止:填写纳税人住房租赁合同上注明的租赁起、止日期,具体到年月。提前终止合同(协议)的,以实际租赁期限为准。

5. 赡养老人

纳税人身份:区分“独生子女、非独生子女”两种情形,并在对应框内打“√”。

被赡养人姓名、身份证件类型及号码:填写被赡养人的姓名、有效证件名称及号码。

被赡养人出生日期:填写被赡养人的出生日期,具体到年月。

与纳税人关系:按被赡养人与纳税人的关系填报,区分“父亲、母亲、其他”三种情形,在对应框内打“√”。

共同赡养人:纳税人为非独生子女时填写本栏,独生子女无须填写。填写与纳税人实际承担共同赡养义务的人员信息,包括姓名、身份证件类型及号码。

分摊方式:纳税人为非独生子女时填写本栏,独生子女无须填写。区分“平均分摊、赡养人约定分摊、被赡养人指定分摊”三种情形,并在对应框内打“√”。

本年度月扣除金额:填写扣除年度内,按政策规定计算的纳税人每月可以享受的赡养老人专项附加扣除的金额。

6. 大病医疗

患者姓名、身份证件类型及号码：填写享受大病医疗专项附加扣除的患者姓名、有效证件名称及号码。

医药费用总金额：填写社会医疗保险管理信息系统记录的与基本医保相关的医药费用总金额。

个人负担金额：填写社会医疗保险管理信息系统记录的基本医保目录范围内扣除医保报销后的个人自付部分。

与纳税人关系：按患者与纳税人的关系填报，区分“本人、配偶或未成年子女”三种情形，在对应框内打“√”。

7. 扣缴义务人信息

纳税人选择由任职受雇单位办理专项附加扣除的填写本栏。

扣缴义务人名称、纳税人识别号(统一社会信用代码)：纳税人由扣缴义务人在工资、薪金所得预扣预缴个人所得税时办理专项附加扣除的，填写扣缴义务人名称全称及纳税人识别号或统一社会信用代码。

(四)签字(章)栏次

“声明”栏：需由纳税人签字。

“扣缴义务人签章”栏：扣缴单位向税务机关申报的，应由扣缴单位签章，办理申报的经办人签字，并填写接收专项附加扣除信息的日期。

“代理机构签章”栏：代理机构代为办理纳税申报的，应填写代理机构统一社会信用代码，加盖代理机构印章，代理申报的经办人签字，并填写经办人身份证件号码。

纳税人或扣缴义务人委托专业机构代为办理专项附加扣除的，需代理机构签章。

“受理机关”栏：由受理机关填写。

第六节　国家企业信用信息公示系统(上海)

“国家企业信用信息公示系统”由地方工商管理部门负责，作用是收集企业基本情况、年度经营情况、党建情况、社保缴纳情况等信息，在工商管理部门备案，或向社会公示，俗称“工商年报”。本部分信息要求登录“国家企业信用信息系统”，于次年 6 月 30 日前报出。企业如果逾期未报，将会被列入“经营异常名录”。四种情形会被列入经营异常名录：(1)企业未在规定的期限公示年度报告信息，列入经营异常名录。(2)企业未按照工商部门责令的期限公示有关企业信息，列入经营异常名录。(3)企业公示信息隐瞒真实情况、弄虚作假，列入经营异常名录。(4)通过登记的住所或者经营场所无法联系企业，列入经营异常名录。如企业未能按期填报，可以在区工商管理部门现场补报和接受罚款等处理。

本公示系统共包括六个报表，现列示并说明如下：

一、企业基本信息

本表见图表 3－45 所示。

图表 3—45

相关项目说明如下：

1. 报告年度、企业名称、统一社会信用代码三项：自动跳出。

2. 企业通信地址、邮政编码、企业联系电话、电子邮箱四项：企业自行填报。

3. 企业主营业务活动：企业依据营业执照相关内容填报。

4. 企业经营状态：在选项中选择“开业”等等。

5. 企业控股情况：本案例选择“私人控股”。

6. 从业人数：本案例 3 人。

7.(其中女性从业人数)：本案例 1 人。

8. 是否有对外担保、是否有网站或网店、是否发生股东股权转让、是否有投资信息或购买其他公司股权：本案例皆为“否”。

9. 对于公示或不公示选项：本案例选择“不公示”。

二、股东及出资信息

本表各项目依据企业实际情况填报。如本年没有变化，就按上年填报数填写，具体见图表 3—46 所示。

图表 3－46

三、资产状况信息

本表见图表 3－47 所示。

图表 3－47

本表各项目金额取自本年末资产负债表和本年度利润表对应数据。其中，“纳税总额”依据是企业本年度缴纳的增值税、消费税、企业所得税、城市维护建设税、印花税、房产税、教育费附加、地方教育费附加等全部税费，但不包括企业代扣代缴的个人所得税。

四、党建信息

本表见图表 3—48 所示。

图表 3—48

本表按实际情况填写。本案例企业无中共党员，故各项目分别为“0”或“否”。

五、社保信息

本表见图表 3—49 所示。

图表 3—49

相关项目说明如下：

1. 城镇职工基本养老保险、失业保险、职工基本医疗保险、工伤保险、生育保险五项。

2. 本案例均为 3 人。

3. 单位缴费基数、本期实际缴费金额、单位累计欠缴金额三项：依据社保信息系统中相关数据填写。本案例因资料只含 1 个月，故未填写。

4. 本案例选择“不公示”。

六、特种设备信息

本表见图表 3—50 所示。

图表 3—50

特种设备包括：锅炉、电梯、大型游乐设施、客运索道等等。本案例无。

各表填列完毕后，点击“预览”，查看无误“发送”报出。

第四章　实务操作案例(二)

——建筑企业案例

本章以“上海20有限公司”(以下简称“上海20公司”，为建筑企业)为例，给出该建筑企业2019年11月末的相关科目余额(含损益类科目1—11月份的发生额)，以及12月份的基本业务，并由指导教师引领学员进行原始凭证审核、会计分录编制、记账凭证录入、账目登记(软件自动完成)、财务报表生成、会计报表分析、纳税申报、建筑行业的完工百分比法等一系列实际操作。

第一节　基础资料

一、该企业基本情况

1. 企业名称：上海20公司。

2. 企业代码：91310116575××××××。

3. 归属行业：建筑企业。

4. 增值税纳税人身份：增值税一般纳税人。

5. 执行的会计制度：《小企业会计准则》。

6. 企业规模：2019年初资产总额6 689 688.60元；2019年初职工人数5人；2018年营业收入213 017.791元，2019年初注册资金5 000 000元。

7. 经营范围：建筑装饰设计工程；水电安装；管道维修；机械设备安装维修；机电工程(除特种设备)；楼宇保洁服务；空调清洗服务；建筑装饰工程；建筑装潢设计；园林绿化工程；防水堵漏工程(除带压堵漏)；保洁清洗服务；绿化养护；展览展示服务；设计制作各类广告；建筑装潢材料、木制品、家具、防水材料、金属材料、照明器材、保温隔热材料、玻璃制品、电线电缆、卫生洁具、机械设备及配件、环保设备、消防器材、通讯器材、厨房设备、五金交电、针纺织品、日用百货销售。

二、2019年12月初科目余额表(含1—11月份损益类科目发生额)

(一)调整前科目余额表(见图表4—1)

图表 4—1 科目余额表

（2019 年 1 月至 2019 年 11 月）

核算单位：上海 20 公司　　　　单位：元

科目编码	科目名称	期初余额		本期发生额		期末余额	
		借方	贷方	借方	贷方	借方	贷方
1001	库存现金			270 000.00	6 641.00	263 359.00	
1002	银行存款	18 330.73		792 783.97	753 754.10	57 360.60	
100201	1 银行	18 330.73		779 883.97	696 892.30	101 322.40	
100202	2 银行			12 900.00	56 861.80		43 961.80
1122	应收账款	2 358 298.38		5 968 978.68	579 883.97	7 747 393.09	
1122—00001	某 1	2 096 240.42			146 851.46	1 949 388.96	
1122—00002	某 2	45 356.03				45 356.03	
1122—00003	某 3	33 900.00		2 624.00		36 524.00	
1122—00004	某 4	61 843.60				61 843.60	
1122—00005	某 5	34 500.00				34 500.00	
1122—00006	某 6	86 458.33		26 458.63	112 916.96		
1122—00007	某 7			678 446.42	139 374.99	539 071.43	
1122—00008	某 8			55 652.90		55 652.90	
1122—00009	某 9				41 100.00		41 100.00
1122—00010	某 10			149 429.40		149 429.40	
1122—00011	某 11			713 350.00	45 000.00	668 350.00	
1122—00012	某 12			557 397.32	94 640.56	462 756.76	
1122—00013	某 13			3 000.00		3 000.00	
1122—00014	某 14			211 666.64		211 666.64	
1122—00015	某 15			104 500.00		104 500.00	
1122—00016	某 16			20 135.70		20 135.70	
1122—00017	3 公司			1 673 630.10		1 673 630.10	
1122—00018	某 17			868 028.70		868 028.70	
1122—00019	某 18			904 658.87		904 658.87	
1123	预付账款	2 738 868.27			15 000.00	2 723 868.27	
1123—00001	预付账款	2 738 868.27			15 000.00	2 723 868.27	
1221	其他应收款	1 565 075.52		146 480.21	668 371.72	1 043 184.01	
122105	某 57	1 565 075.52		93 480.21	347 744.20	1 310 811.53	
122107	7 仇××			8 000.00	175 877.51		167 877.51
122108	8 杨××				144 750.01		144 750.01
122109	某 59			45 000.00		45 000.00	
1405	库存商品			390 502.34	284 417.91	106 084.43	
1601	固定资产	35 210.00		13 120.00		48 330.00	
160101	电子设备	35 210.00				35 210.00	
160102	器具工具家具			9 940.00		9 940.00	
160103	运输工具			3 180.00		3 180.00	

续表

科目编码	科目名称	期初余额		本期发生额		期末余额	
		借方	贷方	借方	贷方	借方	贷方
1602	累计折旧		26 094.30		7 512.58		33 606.88
160201	电子设备		26 094.30		7 355.20		33 449.50
160202	器具工具家具				157.38		157.38
资产合计		6 715 782.90	26 094.30	7 581 865.20	2 315 581.28	11 989 579.40	33 606.88
2202	应付账款		965 788.83	120 000.00	3 821 706.93		4 667 495.76
2202—00002	某某某		965 788.83	120 000.00			845 788.83
2202—00003	某 19				222 900.00		222 900.00
2202—00004	某 20				222 900.00		222 900.00
2202—00005	某 21				12 978.00		12 978.00
2202—00006	某 22				20 000.00		20 000.00
2202—00007	某 23				4 012.00		4 012.00
2202—00008	某 24				6 348.05		6 348.05
2202—00009	某 25				1 625.00		1 625.00
2202—00010	某 26				2 054.50		2 054.50
2202—00011	某 27				7 420.00		7 420.00
2202—00012	某 28				15 771.00		15 771.00
2202—00013	某 29				1 275.90		1 275.90
2202—00014	某 30				2 904.00		2 904.00
2202—00015	某 31				44 589.80		44 589.80
2202—00016	某 32				2 799.00		2 799.00
2202—00017	某 33				7 000.00		7 000.00
2202—00018	某 34				418 450.00		418 450.00
2202—00019	某 35				57 683.65		57 683.65
2202—00020	某 36				1 080.52		1 080.52
2202—00021	某 37				3 166.20		3 166.20
2202—00022	某 38				828.00		828.00
2202—00023	某 39				648.00		648.00
2202—00024	某 40				224 827.50		224 827.50
2202—00025	某 41				80 000.00		80 000.00
2202—00026	某 42				130.00		130.00
2202—00027	某 43				30 000.00		30 000.00
2202—00028	某 44				71 500.00		71 500.00
2202—00029	某 45				11 900.00		11 900.00
2202—00030	某 46				2 050 880.00		2 050 880.00
2202—00031	某 47				19 096.95		19 096.95
2202—00032	某 48				3 000.00		3 000.00
2202—00033	某 49				38 089.86		38 089.86
2202—00034	某 50				83 973.00		83 973.00

续表

科目编码	科目名称	期初余额		本期发生额		期末余额	
		借方	贷方	借方	贷方	借方	贷方
2202—00035	某 51				38 636.00		38 636.00
2202—00038	某 54				105 000.00		105 000.00
2202—00039	某 55				3 740.00		3 740.00
2202—00040	某 56				4 500.00		4 500.00
2203	预收账款				150 000.00		150 000.00
2203—00009	某 9				150 000.00		150 000.00
2211	应付职工薪酬			107 101.20	679 251.10		572 149.90
221101	职工工资			107 101.20	654 193.60		547 092.40
221104	社会保险费				25 057.50		25 057.50
22110401	基本养老保险				19 088.00		19 088.00
22110402	基本医疗保险				4 774.00		4 774.00
22110404	失业保险				1 195.50		1 195.50
2221	应交税费			473 322.23	444 440.30	28 881.93	
222101	应交增值税			441 058.62	442 599.90		1 541.28
22210101	进项税额			418 537.29		418 537.29	
22210103	转出未交增值税			307.89		307.89	
22210105	销项税额			12 580.27	432 966.73		420 386.46
22210113	代开 3%			9 556.74	9 556.74		
22210114	自开			76.43	76.43		
222102	未交增值税				307.89		307.89
222104	应交印花税			951.50	1 028.70		77.20
222107	应交城市维护建设税			1 950.07	434.81	1 515.26	
222108	应交个人所得税			43.32	53.60		10.28
222109	应交教育费附加				9.24		9.24
222110	应交地方教育费附加				6.16		6.16
222112	待抵扣进项税额			25 643.36		25 643.36	
222122	预交增值税			3 675.36		3 675.36	
2241	其他应付款		1 144 419.01	12 069.03	91 795.79		1 224 145.77
224101	某 60		1 011 838.15				1 011 838.15
224102	个人		132 580.86		82 724.09		215 304.95
224103	社保			1 348.20	4 571.70		3 223.50
224104	18 公司			3 720.83		3 720.83	
224105	某 61			7 000.00		7 000.00	
224106	19 公司				4 500.00		4 500.00
负债合计			2 110 207.84	712 492.46	5 187 194.12	28 881.93	6 613 791.43

续表

科目编码	科目名称	期初余额		本期发生额		期末余额	
		借方	贷方	借方	贷方	借方	贷方
3001	实收资本		5 000 000.00				5 000 000.00
3103	本年利润			1 650 086.95	2 441 669.21		791 582.26
3104	利润分配	420 519.24				420 519.24	
310401	未分配利润	420 519.24				420 519.24	
权益合计		420 519.24	5 000 000.00	1 650 086.95	2 441 669.21	420 519.24	5 791 582.26
5001	主营业务收入			5 526 378.78	5 526 378.78		
5301	营业外收入			76.43	76.43		
530106	减税额			76.43	76.43		
5401	主营业务成本			3 688 146.55	3 688 146.55		
5403	税金及附加			1 478.91	1 478.91		
540303	城市维护建设税			434.81	434.81		
540305	教育费附加			9.24	9.24		
540306	地方教育费附加			6.16	6.16		
540316	印花税			1 028.70	1 028.70		
5602	管理费用			1 045 113.49	1 045 113.49		
560201	折旧费			7 512.58	7 512.58		
560203	办公费			16 931.83	16 931.83		
560204	水电费			720.00	720.00		
560205	差旅费			27 740.69	27 740.69		
560207	业务招待费			30 822.05	30 822.05		
560209	职工薪酬			683 427.00	683 427.00		
560210	社会保险费			55 963.00	55 963.00		
560211	职工福利费			75 585.04	75 585.04		
560221	财产保险费			7 500.00	7 500.00		
560222	车辆杂费			1 500.00	1 500.00		
560223	物业费			8 401.81	8 401.81		
560224	停车费			8 511.86	8 511.86		
560225	车辆通行费			5 890.00	5 890.00		
560226	加油费			8 884.00	8 884.00		
560227	交通费			4 185.20	4 185.20		
560228	服务费			73 613.19	73 613.19		
560229	餐饮费			1 840.00	1 840.00		
560230	保险费			6 315.65	6 315.65		
560231	快递费			30.00	30.00		
560232	检测费			4 245.28	4 245.28		
560233	通讯费			2 916.31	2 916.31		
560234	劳务费			6 900.00	6 900.00		

续表

科目编码	科目名称	期初余额		本期发生额		期末余额	
		借方	贷方	借方	贷方	借方	贷方
560235	劳保用品			4 528.00	4 528.00		
560236	装修费			1 150.00	1 150.00		
5603	财务费用			134.00	134.00		
560302	手续费			134.00	134.00		
损益合计				10 261 328.16	10 261 328.16		
合　计		7 136 302.14	7 136 302.14	20 205 772.77	20 205 772.77	12 438 980.57	12 438 980.57

原科目余额表说明如下：

1. 应收账款明细账贷方余额，代表预收账款。

2. 其他应收款明细账贷方余额，也是代表负债性质。

3.“预付账款”的二级科目还叫“预付账款”，不合理。

4. 管理费用明细科目中不应当设置“餐饮费”，应并入“招待费”。

5. 其他应付款明细账借方余额，代表预付性质。

6. 管理费用明细科目“车辆通行费”应并入“交通费”。

7. 固定资产划分三类：电子设备、工具器具家具和运输工具，累计折旧却划分两类：电子设备、工具器具家具，缺少了运输工具。固定资产与累计折旧的分类应当一致。后面第 28 笔业务计提固定资产折旧给出的原始凭证显示，运输工具是 2019 年 7 月份购入，从 8 月到 11 月这四个月应该有折旧的，但累计折旧的名称科目却没有运输工具。

8. 2 银行的银行存款 11 月期末余额不应当是贷方余额(经查，由未达账项引起)。

据此对原科目余额表做如下调整：

1. 预付账款的二级科目“预付账款”直接改为往来户名称“某 57”。

2. 在做 12 月账务处理时，首先对“管理费用——餐饮费”做一笔调整分录，调入“管理费用——招待费”。

3. 在做 12 月账务处理时，对“管理费用——车辆通行费”做一笔调整分录，调入“管理费用——交通费”。

4. 关于固定资产折旧的明细分类，经查其运输工具 7 月购入但 8—11 月没有折旧，故在 11 月末科目余额表中累计折旧科目没有“运输工具”这个明细，现不予补提，在 12 月开始折旧，就自然新增了累计折旧的明细科目“运输工具”。

根据以上调整，对原科目余额表不必重新生成，学员直接录入即可。

第二节　账务处理及报表生成

一、账务处理

以下为上海 20 公司 2019 年 12 月全部业务原始凭证和事项及其会计分录，以此录入记账凭证并登记账簿

1. 先做如下调整分录：

借:管理费用——餐饮费　　　　　　　　　　−1 840.00

　　借:管理费用——业务招待费　　　　　　　1 840.00

借:管理费用——车辆通行费　　　　　　　　−5 925.00

　　借:管理费用——交通费　　　　　　　　　5 925.00

2. 业务 1:12 月 3 日,为上海 3 公司提供建筑服务,12 月 4 日开具专票,价款 91 743.12 元,税款 8 256.88 元,款未收到(见图表 4—2)。

图表 4—2

31001XXXXX　　**上海增值税专用发票**　　№ 4690XXXX　3101XXXXX　4690XXXX

此联不作报销、扣税凭证使用　　开票日期: 2019年12月04日

购买方	名　　称: 上海 3公司 纳税人识别号: 91310106MA1XXXXXX 地 址、电 话: 上海XXXXXX　XXXXXXXX 开户行及账号: 上海XXXXXXXX　XXXXXXXX	密码区	482>6/211>7814*0<2<4</+-+5< /1-4/<58-3/293-*44-8++-2980 /1989*9449<*>1650*05-3*46/> +85<>3955739901*-+>/4++<3<-

货物或应税劳务、服务名称	规格型号	单位	数 量	单 价	金 额	税率	税 额
*建筑服务*装修款			1	91743.119266	91743.12	9%	8256.88
合　　计					¥91743.12		¥8256.88
价税合计(大写)	⊗ 壹拾万圆整				(小写) ¥100000.00		

销售方	名　　称: 上海 20公司 纳税人识别号: 91310116575XXXXXX 地 址、电 话: 上海XXXXXX　XXXXXXXX 开户行及账号: 上海XXXXXXXX　XXXXXXXX	备注	

收款人: XX　　复核: XX　　开票人: XX　　销售方:(章)

税总函[2019]144号中钞光华印制有限公司

第一联: 记账联　销售方记账凭证

会计分录:

借:应收账款——3 公司　　　　　　　　　100 000

　　贷:主营业务收入　　　　　　　　　　　　91 743.12

　　　　应交税费——应交增值税(销项税额)　　8 256.88

会计分录说明:(1)本业务提供服务,如果是几天内一次性完成,可以直接确认主业务收入,否则应先记入“工程结算”科目。本例为一次性完成。

(2)在确认主营业务收入的情况下,同时应结转主营业务成本。只有在该服务成本只有人工,而工资又计入了当月管理费用,方可只确认主营业务收入,而不确认主营业务成本。本例为该业务只发生工资,且工资无法直接对应该服务,计入了管理费用。

3. 业务 2:12 月 4 日,销售给 4 公司板材一批,12 月 19 日开具专票,价款 87 830.73 元,税款 11 418 元,款未收到,该板材成本 61 481.5 元(见图表 4—3)。

会计分录:

借:应收账款——4 公司　　　　　　　　　99 248.73

　　贷:主营业务收入　　　　　　　　　　　　87 830.73

　　　　应交税费——应交增值税(销项税额)　　11 418

借:主营业务成本　　　　　　　　　　　　61 481.51

　　贷: 库存商品　　　　　　　　　　　　　　61 481.51

图表 4—3

上海增值税专用发票

310019XXXX　　No 4690XXXX　3100 XXXXX　4690 XXXX

此联不作报销、扣税凭证使用　　开票日期：2019年12月19日

购买方	名　　称：辽阳市4公司 纳税人识别号：91211000MA0YXXXXXX 地 址、电 话：辽宁省XXXXXX　XXXXXXXX 开户行及账号：辽宁XXXXXX　XXXXXXXX	密码区	-5><<3<74<63254--*+10>41<<5 389+73138483+6377<061<+23>5 >/256145*72++07<3/8<</818>1 0*<51+-+7+73+*0-46276+2088/

货物或应税劳务、服务名称	规格型号	单位	数量	单价	金额	税率	税额
*木制品*板材		立方米	60	1463.8456451	87830.73	13%	11418.00
合　　计					¥87830.73		¥11418.00
价税合计（大写）	⊗玖万玖仟贰佰肆拾捌圆柒角叁分				（小写）¥99248.73		

销售方	名　　称：上海20公司 纳税人识别号：91310116575XXXXXX 地 址、电 话：上海XXXXXX　XXXXXXXX 开户行及账号：上海XXXXXXXX　XXXXXXXX	备注	

收款人：XX　　复核：XX　　开票人：XX　　销售方：（章）

税总函[2019]144号中钞光华印制有限公司

第一联：记账联　销售方记账凭证

4. 业务3：12月4日，为5公司提供建筑服务，12月19日开具专票，价款97 087.38元，税款2 912.62元，款未收到（见图表4—4）。

图表 4—4

上海增值税专用发票

31001XXXXX　　No 4690XXXX　3100 1XXXXX　4690 XXXX

此联不作报销、扣税凭证使用　　开票日期：2019年12月19日

购买方	名　　称：苏州5公司 纳税人识别号：91320506MA1XXXXXX 地 址、电 话：江苏XXXXXX　XXXXXXXX 开户行及账号：苏州XXXXXXXX　XXXXXXXX	密码区	7>+/773>355441*22/*401*/857 82*1-/2>18/*43/4<19<4/965-- 1-8-+-1653>2/-4959077*<4819 *+57+0<0344<3/1656877118/9*

货物或应税劳务、服务名称	规格型号	单位	数量	单价	金额	税率	税额
*建筑服务*工程款			1	97087.378641	97087.38	3%	2912.62
合　　计					¥97087.38		¥2912.62
价税合计（大写）	⊗壹拾万圆整				（小写）¥100000.00		

销售方	名　　称：上海20公司 纳税人识别号：91310116575XXXXXX 地 址、电 话：上海XXXXXX　XXXXXXXX 开户行及账号：上海XXXXXXXX　XXXXXXXX	备注	工程名称：民德花苑二期 工程地址：上海市静安区

收款人：XX　　复核：XX　　开票人：XX　　销售方：（章）

税总函[2019]144号中钞光华印制有限公司

第一联：记账联　销售方记账凭证

会计分录：

借：应收账款——5公司　　100 000.00

　贷：主营业务收入　　97 087.38

　　应交税费——应交增值税（销项税额）　　2 912.62

会计分录说明:见业务 1 的分录说明。

5. 业务 4:12 月 5 日,为 6 公司提供信息技术服务,12 月 24 日开具专票,价款 30 503.14 元,税款 1 830.19 元,款未收到(见图表 4—5)。

图表 4—5

31001XXXXX　　上海增值税专用发票　　№ 4732XXXX　3100XXXXXX　4732XXXX

此联不作报销、扣税凭证使用　　开票日期:2019年12月24日

购买方	名称:上海6公司 纳税人识别号:91310000MA1FXXXXXX 地址、电话:上海XXXXXX　XXXXXXXX 开户行及账号:上海XXXXXX　XXXXXXXX				密码区	>4-9<-+32+8**>2>79+++2549+- 38<3+6-*><+88810*-8*3669>-8 >3642002*>6<*491/7<+288+220 5-+-1+*3+>////65/9149>+++23	
货物或应税劳务、服务名称	规格型号	单位	数量	单价	金额	税率	税额
*信息技术服务*工程运维服务		次	1	30503.141509	30503.14	6%	1830.19
合计					¥30503.14		¥1830.19
价税合计(大写)	⊗叁万贰仟叁佰叁拾叁圆叁角叁分				(小写)¥32333.33		
销售方	名称:上海20公司 纳税人识别号:91310116575XXXXXX 地址、电话:上海XXXXXX　XXXXXXXX 开户行及账号:上海XXXXXXXX　XXXXXXXX				备注		

收款人:XX　复核:XX　开票人:XX　销售方:(章)

税总函[2019]144号中钞光华印制有限公司　第一联:记账联　销售方记账凭证

会计分录:

借:应收账款——6 公司　　32 333.33

　贷:主营业务收入　　30 503.14

　　应交税费——应交增值税(销项税额)　　1 830.19

会计分录说明:见业务 1 的分录说明。

6. 业务 5:12 月 6 日,向 9 公司购买生态板,取得 12 月 20 日开具的专票,价款 800 884.96 元,税款 104 115.04 元,款未付,生态板已入库(见图表 4—6)。

图表 4—6

45001XXXXX　　广西增值税专用发票　　№ 0112XXXX　4500XXXXXX　0112XXXX

发票联　　开票日期:2019年12月20日

购买方	名称:上海20公司 纳税人识别号:91310116575XXXXXX 地址、电话:上海XXXXXX　XXXXXXXX 开户行及账号:上海XXXXXXXX　XXXXXXXX				密码区	18192743*+58**2*1-6*8-4/10+ **1-88<>234>*5816*81895<9<4 410<81>-11133<75/8<*2+708*1 *0*<+<3+04-+3147*0936*+7197	
货物或应税劳务、服务名称	规格型号	单位	数量	单价	金额	税率	税额
*木制品*生态板	2440*1220*17	张	5000	160.17699115	800884.96	13%	104115.04
合计					¥800884.96		¥104115.04
价税合计(大写)	⊗玖拾万伍仟圆整				(小写)¥905000.00		
销售方	名称:广西9公司 纳税人识别号:914512250737XXXXXX 地址、电话:广西省XXXXXX　XXXXXXXX 开户行及账号:广西XXXXXX　XXXXXX				备注		

收款人:XX　复核:XX　开票人:XX　销售方:(章)

税总函[2017]212号海南华森实业公司　第三联:发票联　购买方记账凭证

会计分录：

借：库存商品　　800 884.96

　应交税费——应交增值税(进项税额)　　104 115.04

　贷：应付账款——9 公司　　905 000.00

会计分录说明：(1)本业务中既然生态板已经入库，就计入了库存商品，附件除原始凭证外，就应该还有验收入库单。

(2)这个板材如果是购入后直接出售，可以入到“库存商品”；如果将来工程使用，应该入到“工程物资”科目。本例该板材为直接销售，故直接计入“库存商品”。

7. 业务 6：12 月 6 日，向 10 公司购买板材，取得 12 月 23 日开具的专票，价款 88 495.58 元，税款 11 504.42 元，款未付(见图表 4—7)。

图表 4—7

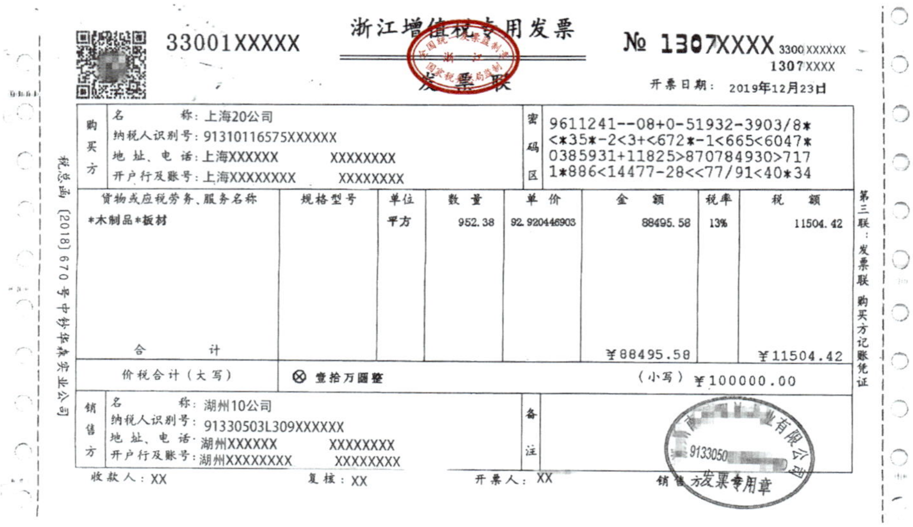

浙江增值税专用发票

33001XXXXX　　№ 1307XXXX　3300XXXXXX　1307XXXX

发票联　　开票日期：2019年12月23日

购买方　名称：上海20公司
纳税人识别号：91310116575XXXXXX
地址、电话：上海XXXXXX　XXXXXXXX
开户行及账号：上海XXXXXXXX　XXXXXXXX

密码区　9611241--08+0-51932-3903/8*
<*35*-2<3+<672*-1<665<6047*
0385931+11825>870784930>717
1*886<14477-28<<77/91<40*34

货物或应税劳务、服务名称	规格型号	单位	数量	单价	金额	税率	税额
*木制品*板材		平方	952.38	92.920446903	88495.58	13%	11504.42
合计					¥88495.58		¥11504.42

价税合计（大写）　⊗壹拾万圆整　（小写）¥100000.00

销售方　名称：湖州10公司
纳税人识别号：91330503L309XXXXXX
地址、电话：湖州XXXXXX　XXXXXXXX
开户行及账号：湖州XXXXXXXX　XXXXXXXX

备注

收款人：XX　复核：XX　开票人：XX　销售方：(章)

税总函[2018]670号中钞华森实业公司

第三联：发票联　购买方记账凭证

会计分录：

借：主营业务成本　　88 495.58

　应交税费——应交增值税(进项税额)　　11 504.42

　贷：应付账款——10 公司　　100 000.00

会计分录说明：(1)本业务只有在直接领用到某施工项目上，方可直接计入“主营业务成本”；否则，应有入库过程，计入“库存商品”或“工程物资”。本业务购入的板材直接投入工程施工，故直接计入“主营业务成本”。

(2)即使直接计入“主营业务成本”，也应附有验收单。

8. 业务 7：12 月 7 日，向上海 11 公司购买电线，取得 12 月 3 日开具的专票，价款 88 495.57 元，税款 11 504.43 元，款未付(见图表 4—8)。

会计分录：

借：主营业务成本　　88 495.57

　应交税费——应交增值税(进项税额)　　11 504.43

　贷：应付账款——11 公司　　100 000.00

会计分录说明：见业务 6 的分录说明。

图表 4—8

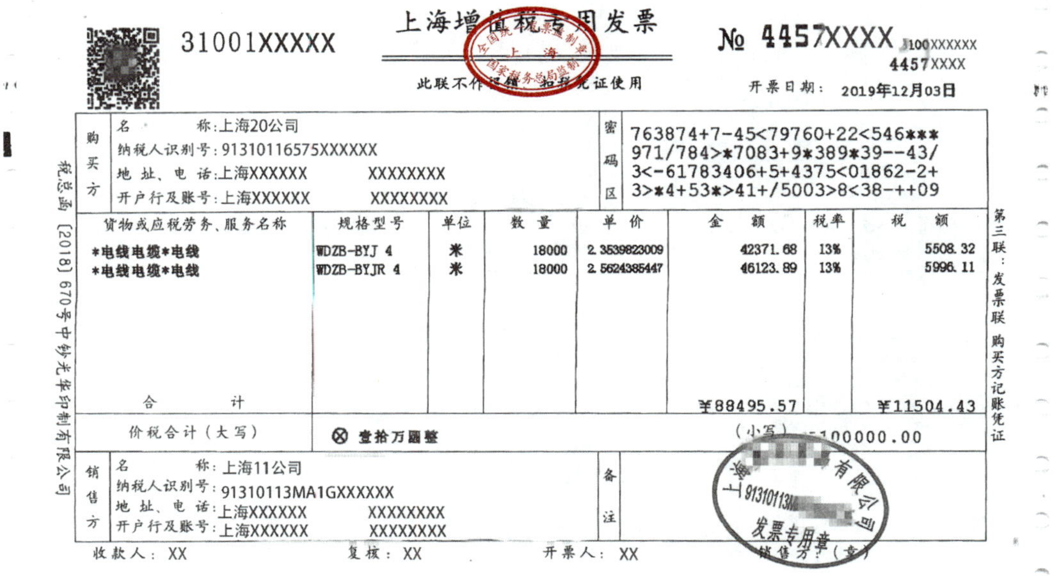

上海增值税专用发票

31001XXXXX　　№ 4457XXXX　3100XXXXXX　4457XXXX

此联不作报销、扣税凭证使用　　开票日期：2019年12月03日

购买方	名　　称：上海20公司 纳税人识别号：91310116575XXXXXX 地 址、电 话：上海XXXXXX　XXXXXXXX 开户行及账号：上海XXXXXX　XXXXXXXX	密码区	763874+7-45<79760+22<546*** 971/784>*7083+9*389*39--43/ 3<-61783406+5+4375<01862-2+ 3>*4+53*>41+/5003>8<38-++09

货物或应税劳务、服务名称	规格型号	单位	数量	单价	金额	税率	税额
*电线电缆*电线	WDZB-BYJ 4	米	18000	2.3539823009	42371.68	13%	5508.32
*电线电缆*电线	WDZB-BYJR 4	米	18000	2.5624385447	46123.89	13%	5996.11
合　　计					¥88495.57		¥11504.43
价税合计（大写）	⊗壹拾万圆整				（小写）¥100000.00		

销售方	名　　称：上海11公司 纳税人识别号：91310113MA1GXXXXXX 地 址、电 话：上海XXXXXX　XXXXXXXX 开户行及账号：上海XXXXXX　XXXXXXXX	备注	

收款人：XX　　复核：XX　　开票人：XX　　销售方：（章）

第三联：发票联　购买方记账凭证

税总函〔2018〕670号中钞光华印制有限公司

9. 业务 8：12 月 8 日，向中国 17 公司购买综合保险，取得 12 月 2 日开具的专票，价款 3 584.91 元，税额 215.09 元，款未付(见图表 4—9)。

图表 4—9

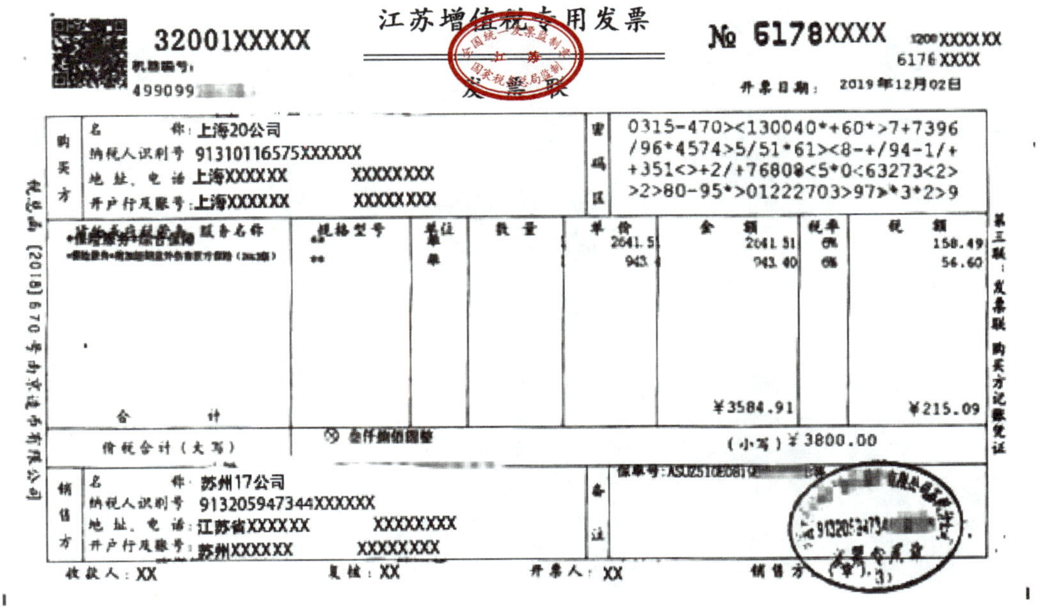

江苏增值税专用发票

32001XXXXX　　№ 6178XXXX　3200XXXXXX　6178XXXX

机器编号：499099

发票联　　开票日期：2019年12月02日

购买方	名　　称：上海20公司 纳税人识别号：91310116575XXXXXX 地 址、电 话：上海XXXXXX　XXXXXXXX 开户行及账号：上海XXXXXX　XXXXXXXX	密码区	0315-470><130040*+60*>7+7396 /96*4574>5/51*61><8-+/94-1/+ +351<>+2/+76808<5*0<63273<2> >2>80-95*>01222703>97>*3*2>9

货物或应税劳务、服务名称	规格型号	单位	数量	单价	金额	税率	税额
[illegible]				2641.5	2641.51	6%	158.49
[illegible]				943.4	943.40	6%	56.60
合　　计					¥3584.91		¥215.09
价税合计（大写）	⊗叁仟捌佰圆整				（小写）¥3800.00		

销售方	名　　称：苏州17公司 纳税人识别号：913205947344XXXXXX 地 址、电 话：江苏省XXXXXX　XXXXXXXX 开户行及账号：苏州XXXXXX　XXXXXXX	备注	保单号：ASU2510E0819

收款人：XX　　复核：XX　　开票人：XX　　销售方：（章）

第三联：发票联　购买方记账凭证

税总函〔2018〕670号南京造币有限公司

会计分录：

借：管理费用——保险费　　　　3 584.91

　　应交税费——应交增值税(进项税额)　　　　215.09

　　贷：其他应付款——17 公司　　　　3 800.00

10. 业务 9：12 月 9 日，向上海 19 公司购买现代服务(代理记账费)，取得 12 月 30 日开具的专票，价款 5 000 元，税额 150 元，款未付(见图表 4—10)。

会计分录：

借：管理费用——服务费　　5 000.00

　应交税费——应交增值税（进项税额）　　150.00

　贷：应付账款——19 公司　　5 150.00

图表 4—10

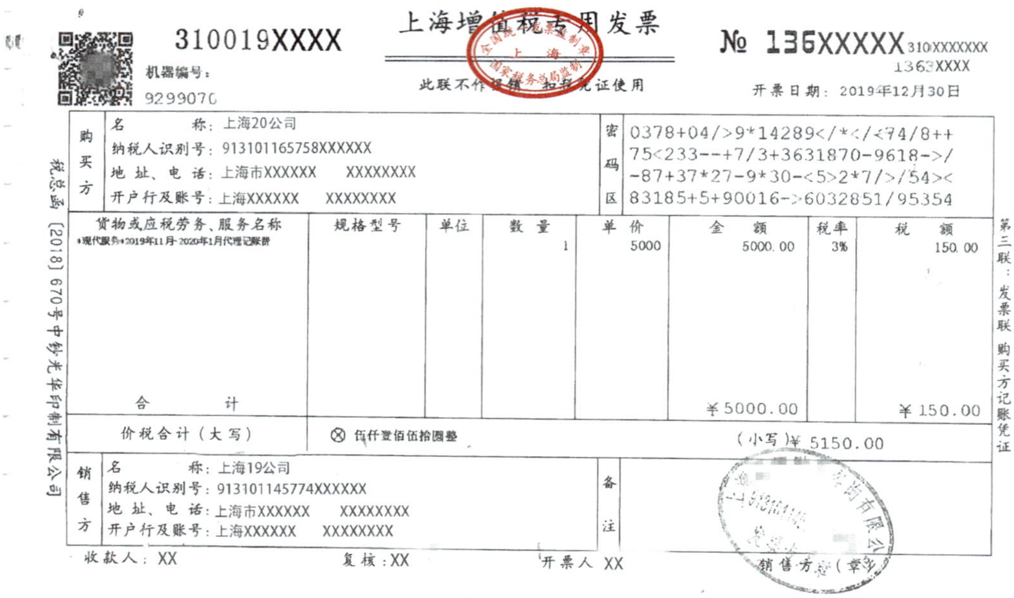

310019XXXX　上海增值税专用发票　№ 136XXXXX 310XXXXXXX 1363XXXX

机器编号：9299070

此联不作报销、扣税凭证使用　开票日期：2019年12月30日

购买方	名　称：上海20公司 纳税人识别号：913101165758XXXXXX 地 址、电 话：上海市XXXXXX　XXXXXXXX 开户行及账号：上海XXXXXX　XXXXXXXX	密码区	0378+04/>9*14289</*</<74/8++ 75<233--+7/3+3631870-9618->/ -87+37*27-9*30-<5>2*7/>/54>< 83185+5+90016->6032851/95354

货物或应税劳务、服务名称	规格型号	单位	数量	单价	金额	税率	税额
*现代服务*2019年11月-2020年1月代理记账费			1	5000	5000.00	3%	150.00
合　计					￥5000.00		￥150.00
价税合计（大写）	⊗伍仟壹佰伍拾圆整				（小写）￥5150.00		

销售方	名　称：上海19公司 纳税人识别号：913101145774XXXXXX 地 址、电 话：上海市XXXXXX　XXXXXXXX 开户行及账号：上海XXXXXX　XXXXXXXX	备注	

收款人：XX　复核：XX　开票人：XX　销售方：（章）

税总函〔2018〕670号中钞光华印制有限公司

第三联：发票联 购买方记账凭证

11. 业务 10：8 杨××报销通行费 15 元整，之前已经借用备用金（见图表 4—11）。

图表 4—11

上海高速公路

车辆通行费发票

发票代码：131XXXXXXXXX

发票号码：114XXXXX

金　额

壹拾伍（15）元

入口　出口

G15沪松　S26沪苏

车型　打印号

监督电话：12122

地址：武

统一社会信用代码：913XXXXXXXXXXXXXX

手写无效

会计分录：

借：管理费用——交通费　　15.00

贷:其他应收款——8 杨×× 15.00

12. 业务 11:8 杨××报销过路费 20 元整,原已借用备用金(见图表 4—12)。

会计分录:

借:管理费用——交通费 20.00

贷:其他应收款——8 杨×× 20.00

图表 4—12

苏州绕城高速公路有限公司机打发票
国家税务总局
发票联
1320519814131349XXXXXXX
发票代码 132051XXXXXX
发票号码 1349XXXX
贰拾元整
发票专用章
手写无效

13. 业务 12:8 杨××报销停车费 7 元整,原已借用备用金(见图表 4—13)。

图表 4—13

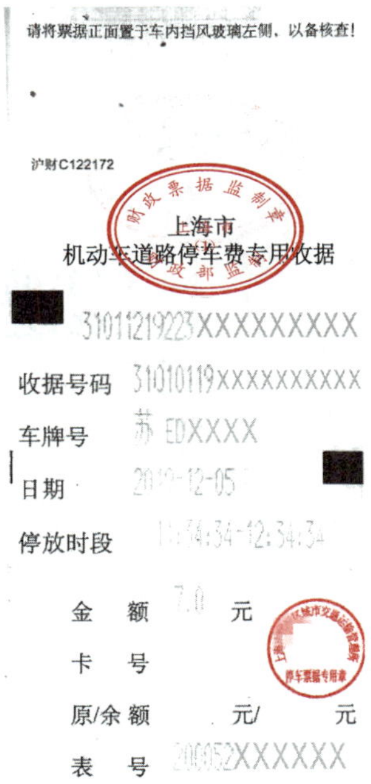
请将票据正面置于车内挡风玻璃左侧，以备核查！
沪财C122172
财政票据监制章
上海市
机动车道路停车费专用收据
[redacted] 31011219223XXXXXXXXX
收据号码 31010119XXXXXXXXXX
车牌号 苏 EDXXXX
[redacted]
日期 2012-12-05
停放时段
金 额 7.0 元
卡 号
原/余额 元/ 元
表 号 XXXXXX
停车票据专用章

会计分录:

借:管理费用——停车费 7.00

贷:其他应收款——8 杨×× 7.00

14. 业务 13:8 杨××报销出差汽油费 375 元整,原已借用备用金(见图表 4—14)。

会计分录：

借：管理费用——加油费　　375.00

　　贷：其他应收款——8 杨××　　375.00

图表 4—14

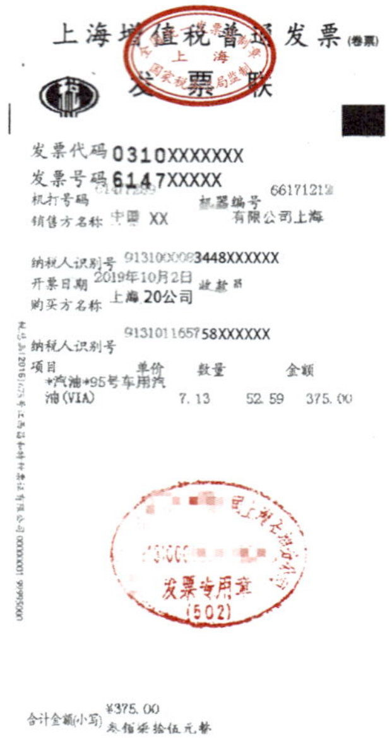
上海增值税普通发票(卷票)

发票联

[redacted]

发票代码 0310XXXXXXX

发票号码 6147XXXXX

机打号码　　机器编号 66171212

销售方名称 中国 XX 有限公司上海

纳税人识别号 9131000083448XXXXXX

开票日期 2019年10月2日 收款员

购买方名称 上海20公司

纳税人识别号 913101165758XXXXXX

项目	单价	数量	金额
*汽油*95号车用汽油(VIA)	7.13	52.59	375.00

发票专用章 (502)

合计金额(小写) ¥375.00

叁佰柒拾伍元整

15. 业务 14：8 杨××报销停车费 10 元整，原已借用备用金（见图表 4—15）。

图表 4—15

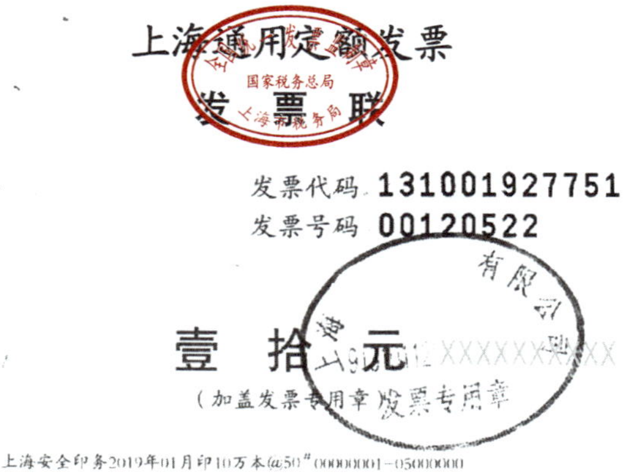
上海通用定额发票

发票联

发票代码 131001927751

发票号码 00120522

壹　拾　元

（加盖发票专用章）

有限公司 发票专用章

上海安全印务2019年01月印10万本@50"00000001-05000000

会计分录：

借：管理费用——停车费　　10.00

　　贷：其他应收款——8 杨××　　10.00

16. 业务 15：8 杨××购入手机膜一个，交来 10 月 12 日开具的电子普票，价款 42.48 元，税款 5.52 元，原已借用备用金（见图表 4—16）。

会计分录：

借：管理费用——办公费　　48.00

贷:其他应收款——8 杨××　　48.00

会计分录说明:手机膜的报销入账前提是该手机必须属于公司公务手机。本业务发票为公司抬头,对应管理制度有公务手机规定,可以如此做账务处理。

图表 4—16

深圳增值税电子普通发票

发票代码: 0440319XXXXX
发票号码: 890XXXXX
开票日期: 2019年10月12日
校验码: 097XXXXXXXX6XXXXXX571

机器编号: 499099223XXX

购买方	名称: 上海20公司 纳税人识别号: 913101165758OXXXXXX 地址、电话: 开户行及账号:	密码区	033+867->+>-757<99184>*39235 +170232-680*72623>463-94900* <94/90>5+60116160*>18248->75 1324<402*9012-9019<18+/58+-1

货物或应税劳务、服务名称	规格型号	单位	数量	单价	金额	税率	税额
*移动通信设备*信思华为p30pro钢化膜p30全屏覆盖mate20手机膜p		个	1	42.48	42.48	13%	5.52
合计					¥42.48		¥5.52
价税合计(大写)	⊗肆拾捌元整				(小写)¥48.00		

销售方	名称: 深圳XX有限公司 纳税人识别号: 914403005571XXXXXX 地址、电话: 深圳市XXXX　XXXXXX 开户行及账号: 招商银行XXXXXX支行	备注	

收款人: XX　　复核: XX　　开票人: XX　　销售方:(章)

17. 业务 16:12 月 10 日,向上海 12 公司购买建筑服务,取得 12 月 7 日开具的普票,价款 21 941.75 元,税额 658.25 元,款未付(见图表 4—17)。

图表 4—17

0310018XXXXX　上海增值税普通发票　№ 3395XXXX　0310018XXXXX　3395XXXX

发票联

校验码 48990XXXXX XXXXX XXXXX 77458　　开票日期: 2019年12月07日

购买方	名称: 上海20公司 纳税人识别号: 913101165758XXXXXX 地址、电话: 上海市XXXXXX　XXXXXXXX 开户行及账号: 上海XXXXXX　XXXXXXXX	密码区	+*0+-4*469312/8+<5<<6/8+7>2 >-349>5/<*035942/5//<0/50>- 382<79-18009872*0/1*>7+23-8 /0+2-9151308><0-5*50/5>-77>

货物或应税劳务、服务名称	规格型号	单位	数量	单价	金额	税率	税额
*建筑服务*工程款			1	21941.747573	21941.75	3%	658.25
合计					¥21941.75		¥658.25
价税合计(大写)	⊗贰万贰仟陆佰圆整				(小写)¥22600.00		

销售方	名称: 上海12公司 纳税人识别号: 913101145774XXXXXX 地址、电话: 上海市XXXXXX　XXXXXXXX 开户行及账号: 上海市XXXXXX　XXXXXXXX	备注	垃圾清理

收款人: XX　　复核: XX　　开票人: XX　　销售方:(章)

第二联:发票联 购买方记账凭证

税总函[2017]523号西安西正印制有限公司

会计分录：

借：主营业务成本　　22 600.00

　贷：应付账款——12 公司　　22 600.00

18. 业务 17：12 月 11 日，向上海 13 公司购买彩钢围挡一批，取得 12 月 5 日开具的普票，价款 33 388.35 元，税额 1001.65 元，款未付（见图表 4—18）。

图表 4—18

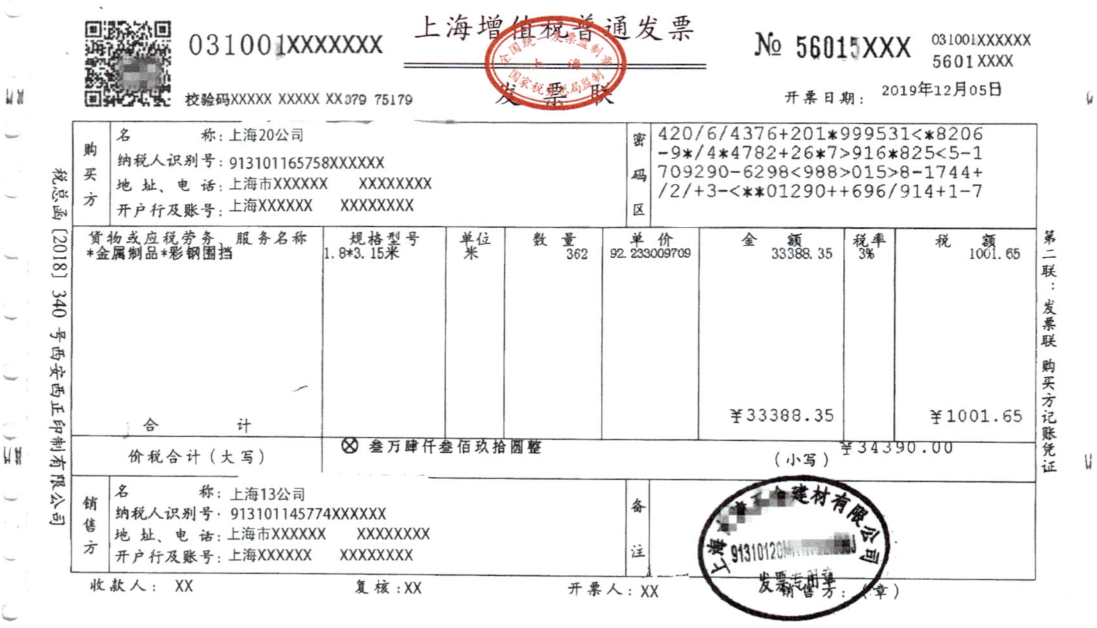

上海增值税普通发票

031001XXXXXXX　　№ 56015XXX　　031001XXXXXXX　5601XXXX

发票联

校验码XXXXX XXXXX XX079 75179　　开票日期：2019年12月05日

税总函［2018］340 号西安西正印制有限公司

购买方　名称：上海20公司
纳税人识别号：913101165758XXXXXX
地址、电话：上海市XXXXXX　XXXXXXXX
开户行及账号：上海XXXXXX　XXXXXXXX

密码区：420/6/4376+201*999531<*8206
-9*/4*4782+26*7>916*825<5-1
709290-6298<988>015>8-1744+
/2/+3-<**01290++696/914+1-7

货物或应税劳务、服务名称	规格型号	单位	数量	单价	金额	税率	税额
*金属制品*彩钢围挡	1.8*3.15米	米	362	92.233009709	33388.35	3%	1001.65
合计					¥33388.35		¥1001.65
价税合计（大写）	⊗叁万肆仟叁佰玖拾圆整				（小写）¥34390.00		

销售方　名称：上海13公司
纳税人识别号：913101145774XXXXXX
地址、电话：上海市XXXXXX　XXXXXXXX
开户行及账号：上海XXXXXX　XXXXXXXX

备注

收款人：XX　　复核：XX　　开票人：XX　　销售方：（章）

第二联：发票联　购买方记账凭证

会计分录：

借：主营业务成本　　34 390.00

　贷：应付账款——13 公司　　34 390.00

会计分录说明：(1)购买的该彩钢围板只有在直接领用到某工程上，方能直接计入“主营业务成本”，否则应计入“周转材料——低值易耗品”。

(2)即使直接计入“主营业务成本”，也应附“验收单”。

(3)彩钢围板一般是多次使用，不应一次性进工程成本。

故正确分录为：

(1)借：周转材料——低值易耗品(在库)　　34 390.00

　贷：应付账款——13 公司　　34 390.00

(2)第一次领用：

借：周转材料——低值易耗品(在用)　　34 390.00

　贷：周转材料——低值易耗品(在库)　　34 390.00

(3)同时五五摊销：

借：主营业务成本　　17 195.00

　贷：周转材料——低值易耗品(摊销)　　17 195.00

(4)报废时(现在不做)：

借:主营业务成本　　17 195.00
　　贷:周转材料——低值易耗品(摊销)　　17 195.00
借:周转材料——低值易耗品(摊销)　　34 390.00
　　贷:周转材料——低值易耗品(在用)　　34 390.00

请学员按正确分录录入。

19. 业务 18:12 月 13 日,发生意外事件住院津贴,取得 12 月 2 日开具的普票,价款 200 元,款已付(见图表 4—19)。(8 杨××报销备用金支出。)

图表 4—19

江苏增值税普通发票　发票联

32001XXXXXX　№ 6105XXXX　3200XXXXXX　6105XXXX

机器编号:1990991XXXXX　开票日期:2019年12月02日

税总函〔2016〕507号上海东港安全印刷有限公司

购买方	名　称:上海20公司 纳税人识别号:913101165758XXXXXX 地址、电话:上海市XXXXXX　XXXXXXXX 开户行及账号:上海XXXXXX　XXXXXXXX			密码区	037053791<+2<-*5+90*5+3279/0 99/3705>*5-*<17931/3/4<*7246 39/<92287+05/97638653/1*46/9 <6>1++7+9801222706<355<5+04>		
货物或应税劳务、服务名称	规格型号	单位	数量	单价	金额	税率	税额
*保险服务*意外住院津贴	**	单	1	200	200.00	免税	***
合计					¥200.00		***
价税合计(大写)	⊗贰佰圆整				(小写)¥200.00		
销售方	名　称:中国XX股份有限公司XX分公司 纳税人识别号:913205947344XXXXXX 地址、电话:苏州市XXXX X　XXXXXXXX 开户行及账号:苏州市XXXXXX　XXXXXXXX			备注	校验码 04135 43037 XXXXX XX805 保单号:ASUZ510E08XXXXXXXXXXB		

收款人:XX　复核:XX　开票人:XX　销售方:(章)

发票专用章　913205947　(3)

第二联:发票联　购买方记账凭证

会计分录:

借:管理费用——职工福利费　　200.00
　　贷:其他应收款——8 杨某某　　200.00

会计分录说明:本分录没有通过应付职工薪酬,是错误的。

正确分录为:

(1)借:管理费用——职工福利费　　200.00
　　贷:应付职工薪酬——职工福利费　　200.00
(2)借:应付职工薪酬——职工福利费　　200.00
　　贷:其他应收款——8 杨××　　200.00

请学员按正确分录录入。

20. 业务 19:12 月 14 日,购买 3 套家具,取得 12 月 14 日开具的普票,价款 15 728.16 元,税款 471.84 元,款已付(见图表 4—20)。(8 杨某某报销备用金支出。)

会计分录:

借:固定资产——器具工具家具　　16 200.00
　　贷:其他应收款——8 杨××　　16 200.00

图表 4—20

福建增值税普通发票

发票联

03500180XXXX　　№ 2315XXXX　　035001XXXXXX　2315XXXX

校验码 77731 802XX XXXXX XXXXX　　开票日期：2019年12月14日

购买方	名　　称：上海20公司 纳税人识别号：913101165758XXXXXX 地 址、电 话：上海市XXXXXX　XXXXXXXX 开户行及账号：上海XXXXXX　XXXXXXXX	密码区	325-*59+74+>--3//15*12/5+82 6->81278<6<81/934397848/*8+ *<*40<02/0>-8482+-+-<358>08 128<29/99<2/>4<0188143-110+

货物或应税劳务、服务名称	规格型号	单位	数量	单价	金额	税率	税额
*家具*置物架			3	5242.7184466	15728.16	3%	471.84
合　计					¥15728.16		¥471.84
价税合计（大写）	⊗壹万陆仟贰佰圆整				（小写）¥16200.00		

销售方	名　　称：福建XX有限公司 纳税人识别号：91350524MA31XXXXXX 地 址、电 话：福建XXXXXXX　XXXXXXXXX 开户行及账号：	备注	

收款人：XX　　复核：XX　　开票人：XX　　销售方：（章）

税总函〔2018〕340号 郑州东港安全印刷有限公司

第二联：发票联 购买方记账凭证

21. 业务 20：7 仇××报销餐饮费，交来 12 月 25 日开具的电子普票，价款 497.17 元，税款 29.83 元，原已借用备用金（见图表 4—21）。

会计分录：

借：管理费用——业务招待费　　527.00

　　贷：其他应收款——7 仇××　　527.00

图表 4—21

上海增值税电子普通发票

机器编号：661921924978

发票代码：0310XXXXXXXX
发票号码：987XXXXX
开票日期：2019 年 12 月 25 日
校 验 码：84236 XXXXX 05912 XXXXX

购买方	名　　称：上海20公司 纳税人识别号：913101165758XXXXXX 地 址、电 话：上海市XXXXXX　XXXXXXXX 开户行及账号：上海XXXXXX　XXXXXXXX	密码区	8+9++21>>+41<41+7<4>13*3964 <20+7<>7<+727580*-358777/4- 7*2-<82186/2145*>48*6*0>73+ 0>38602->2+2>87+7092*-13185

货物或应税劳务、服务名称	规格型号	单位	数量	单价	金额	税率	税额
*餐饮服务*餐饮费			1	497.16981132	497.17	6%	29.83
合　计					¥497.17		¥29.83
价税合计（大写）	⊗伍佰贰拾柒圆整				（小写）¥527.00		

销售方	名　　称：上海XX有限公司 纳税人识别号：91310114MA1GXXXXXXX 地 址、电 话：上海市XXXXXX　XXXXXXXX 开户行及账号：上海XXXXXX　XXXXXXXX	备注	

收款人：XX　　复核：XX　　开票人：XX　　销售方：（章）

22. 业务 21：7 仇××报销餐饮服务，交来 12 月 18 日开具的普票，价款 153.40 元，税额 4.60 元，原已借用备用金(见图表 4—22)。

图表 4—22

上海增值税普通发票

0310019XXXXX　　发票联　　№ 0082XXX　0310019XXXXX　0082XXXX

校验码 61118 93180 10484 28279　　开票日期：2019年12月18日

购买方	名　　称：上海20公司 纳税人识别号：913101165758XXXXXX 地 址、电 话：上海市XXXXXX　XXXXXXXX 开户行及账号：上海XXXXXX　XXXXXXXX				密码区	165><608>5*4+/1-0/4>-2/46>9 1/6433/6>+225-*5-/>/0-<59/> 43454<<4>2/5<0*+-/8/1>1>-91 47>19>45->83<82+5</7-//-9**	
货物或应税劳务、服务名称	规格型号	单位	数量	单价	金额	税率	税额
*餐饮服务*餐饮服务			1	153.39805825	153.40	3%	4.60
合　　计					￥153.40		￥4.60
价税合计(大写)	⊗壹佰伍拾捌圆整				(小写)￥158.00		
销售方	名　　称：上海XX茶餐厅 纳税人识别号：92310104MA1KXXXXXX 地 址、电 话：上海市XXXXXX　XXXXXXXX 开户行及账号：上海XXXXXX　XXXXXXXX				备注		

收款人：XX　　复核：XX　　开票人：XX　　销售方：(章)

税总函[2018]670号西安西正印制有限公司　　第二联：发票联　购买方记账凭证

会计分录：

借：管理费用——业务招待费　　158.00

　贷：其他应收款——7 仇××　　158.00

23. 业务 22：12 月 15 日，向 18 公司购买团体人身意外伤害保险，取得 11 月 15 日开具的专票，价款 3 031.13 元，税额 181.87 元，款未付(见图表 4—23)。

图表 4—23

上海增值税专用发票

310019XXXX　　发票联　　№ 1866XXXX　3100XXXX　1866XXXX

机器编号：499099XXXXXX　　开票日期：2019年11月15日

购买方	名　　称：上海20公司 纳税人识别号：913101165758XXXXXX 地 址、电 话：上海市XXXXXX　XXXXXXXX 开户行及账号：上海XXXXXX　XXXXXXXX				密码区	033+8273+38>3*80>8+6*+68>3*1 488090-68006*>5*09*80<<61*94 65--014<>11/8-6/-8606/*555/> 5-15*</-/701+/9103+-//92/9/8	
货物或应税劳务、服务名称	规格型号	单位	数量	单价	金额	税率	税额
*保险服务*团体人身意外伤害保险(B款)	**	单	1	3031.13	3031.13	6%	181.87
合　　计					￥3031.13		￥181.87
价税合计(大写)	⊗叁仟贰佰壹拾叁圆整				(小写)￥3213.00		
销售方	名　　称：中国XX股份有限公司上海分公司 纳税人识别号：913100007362XXXXXX 地 址、电 话：上海市XXXXX　XXXXXX 开户行及账号：上海市XXXXX　XXXXXXX				备注	保单号：ASHH441J101XXXXXXXXXX	

收款人：XX　　复核：XX　　开票人：XX　　销售方：(章)

税总函[2018]670号中钞光华印制有限公司　　第三联：发票联　购买方记账凭证

会计分录：

借：管理费用——保险费　　3 031.13

　　应交税费——应交增值税(进项税额)　　181.87

　　贷：其他应付款——18 公司　　3 213.00

会计分录说明：人身意外险只有在特殊行业方可税前扣除(本企业是建筑行业，是可以的)。

24. 业务 23：12 月 16 日，向 14 公司购买业务宣传服务，取得 10 月 30 日开具的专票，价款 9 433.97 元，税额 566.03 元，款未付(见图表 4—24)。

图表 4—24

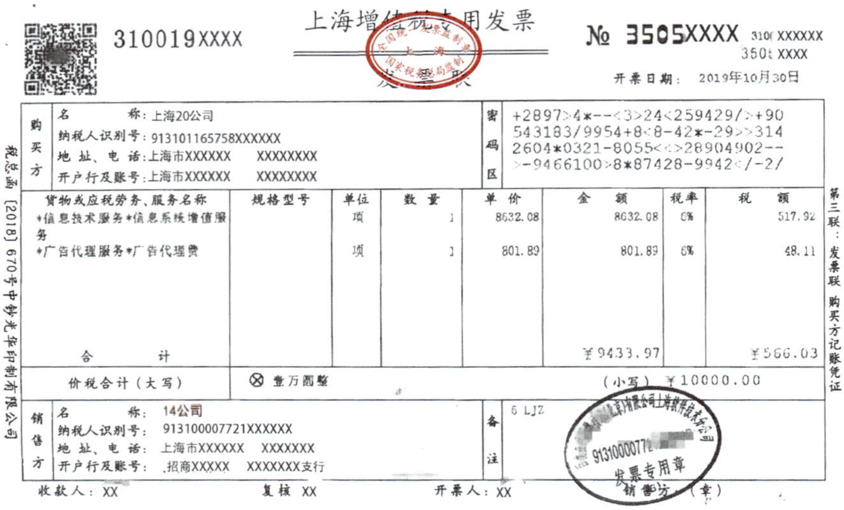

上海增值税专用发票

310019XXXX　　№ 3505XXXX　310(XXXXXX　350t XXXX

开票日期：2019年10月30日

购买方　名称：上海20公司　纳税人识别号：913101165758XXXXXX　地址、电话：上海市XXXXXX　XXXXXXXX　开户行及账号：上海市XXXXXX　XXXXXXXX

密码区　+2897>4*--<3>24<259429/>+90　543183/9954+8<8-42*-29>>314　2604*0321-8055<<>28904902--　>-9466100>8*87428-9942</-2/

货物或应税劳务、服务名称	规格型号	单位	数量	单价	金额	税率	税额
*信息技术服务*信息系统增值服务		项	1	8632.08	8632.08	6%	517.92
*广告代理服务*广告代理费		项	1	801.89	801.89	6%	48.11
合　计					¥9433.97		¥566.03
价税合计(大写)	⊗壹万圆整				(小写)¥10000.00		

销售方　名称：14公司　纳税人识别号：913100007721XXXXXX　地址、电话：上海市XXXXXX　XXXXXXX　开户行及账号：.招商XXXXX　XXXXXXX支行

备注　6 LJZ

收款人：XX　复核　XX　开票人：XX　销售方：(章)

第三联：发票联　购买方记账凭证

税总函[2018]670号中钞光华印制有限公司

会计分录：

借：销售费用——广告费和业务宣传费　　9 433.97

　　应交税费——应交增值税(进项税额)　　566.03

　　贷：应付账款——14 公司　　10 000.00

25. 业务 24：12 月 17 日，向上海 15 公司购买楼梯 4 套，取得 12 月 25 日开具的专票，价款 4 674.84 元，税额 607.73 元，款未付(见图表 4—25)。

会计分录：

借：主营业务成本　　4 674.84

　　应交税费——应交增值税(进项税额)　　607.73

　　贷：应付账款——15 公司　　5 282.57

会计分录说明：(1)本业务购买楼梯，显然不是一次性完成的建筑服务，应计入“工程施工”，不应直接计入“主营业务成本”。

正确分录：

借：工程施工　　4 674.84

　　应交税费——应交增值税(进项税额)　　607.73

　　贷：应付账款——15 公司　　5 282.57

请学员按正确分录录入。

(2)附件原始凭证还应有“验收单”，体现验收过程。

图表 4—25

上海增值税专用发票　　310019XXXX　　№ 5417XXXX　3100XXXXXX　5417XXXX

发票联　　开票日期：2019年12月25日

购买方	名　　称：上海20公司 纳税人识别号：913101165758XXXXXX 地 址、电 话：上海市XXXXXX　XXXXXXXX 开户行及账号：上海XXXXXX　XXXXXXXX	密码区	/91212->+0/*9>453*+/7344*6+ +0>-287</6/83*556<+8348+7<7 7696-8+936724<*193/32<</<65 6*7692/++42-*4/039476<8<+-+

货物或应税劳务、服务名称	规格型号	单位	数量	单价	金额	税率	税额
*木制品*楼梯		套	4	1168.710177	4674.84	13%	607.73
合　计					¥4674.84		¥607.73
价税合计（大写）	⊗伍仟贰佰捌拾贰圆伍角柒分				（小写）¥5282.57		

销售方	名　　称：上海15公司 纳税人识别号：91310113 MA1XXXXXX 地 址、电 话：上海市XXXXXX　XXXXXXXX 开户行及账号：上海XXXXXX　XXXXXXXX	备注	

收款人：XX　　复核：XX　　开票人：XX　　销售方：（章）

税总函[2019]144号中钞光华印制有限公司

第三联：发票联　购买方记账凭证

26. 业务 25：12 月 18 日，向上海 16 公司购买混凝土一批，取得 12 月 25 日开具的普票，价款 9 708.74 元，税额 291.26 元，款未付(见图表 4—26)。

图表 4—26

上海增值税普通发票　　03100190XXXX　　№ 3779XXXX　031001XXXXXX　3779XXXX

发票联　　开票日期：2019年12月25日

校验码 72735 85826 28380 35148

购买方	名　　称：上海20公司 纳税人识别号：913101165758XXXXXX 地 址、电 话：上海市XXXXXX　XXXXXXXX 开户行及账号：上海市XXXXXX　XXXXXXXX	密码区	74-0-49>400+929<0*7949-7+3< /1/9*+34-6>-9806736>724>*>6 0/82150--052+<179<081<391<0 482<*3>84661+4>39/147349</6

货物或应税劳务、服务名称	规格型号	单位	数量	单价	金额	税率	税额
*非金属矿物制品*混凝土		立方	20	485.4368932	9708.74	3%	291.26
合　计					¥9708.74		¥291.26
价税合计（大写）	⊗壹万圆整				（小写）¥10000.00		

销售方	名　　称：上海16公司 纳税人识别号：91310113MA1XXXXXX 地 址、电 话：上海市XXXXXX　XXXXXXXX 开户行及账号：上海市XXXXXX　XXXXXXXX	备注	

收款人：XX　　复核：XX　　开票人：XX　　销售方：（章）

税总函[2018]670号西安西正印制有限公司

第二联：发票联　购买方记账凭证

会计分录：

借：主营业务成本　　10 000.00

　　贷：应付账款——16 公司　　10 000.00

会计分录说明：(1)属于一次性完成的业务，可以直接计入“主营业务成本”；否则，应计入“工程施工”或“工程物资”。

(2)应附有入库单、出库单或验收单。

28. 业务 27：12 月 19 日，7 仇××报销，支付物业管理费，取得 12 月 8 日开具的普票，价款 2 966.38 元，税额 177.98 元，原已借用备用金(见图表 4—27)。

图表 4—27

上海增值税普通发票

03100190XXXX　　№ 0898XXXX　03100XXXXXX 0898XXXX

校验码 71352 XXXXX 24954　　开票日期：2019年12月08日

购买方	
名　　称：	上海20公司
纳税人识别号：	913101165758XXXXXX
地 址、电 话：	上海市XXXXXX　XXXXXXXX
开户行及账号：	上海XXXXXX　XXXXXXXX

密码区：5193/+*226<54+*0*2>14>7664-769*7+47<*5791*/90290761-3<2+/>08289<0>*8<85<*7-0/14/267*>54-/>612><5>94/>900>91+

货物或应税劳务、服务名称	规格型号	单位	数量	单价	金额	税率	税额
*企业管理服务*9-701管理费			12	205.08490566	2461.02	6%	147.66
*企业管理服务*9-701运行费			12	42.113207547	505.36	6%	30.32
合　　计					¥2966.38		¥177.98

价税合计（大写）：⊗叁仟壹佰肆拾肆圆叁角陆分　（小写）¥3144.36

销售方	
名　　称：	上海XX有限公司
纳税人识别号：	913101057878XXXXXX
地 址、电 话：	上海市XXXXXX　XXXXXXXX
开户行及账号：	上海市XXXXXX　XXXXXXXX

备注：2019.1-12

收款人：XX　复核：XX　开票人：XX　销售方：（章）

税总函［2018］670号西安西正印制有限公司　第二联：发票联　购买方记账凭证

会计分录：

借：管理费用——物业费　　3 144.36

　　贷：其他应收款——7 仇××　　3 144.36

28. 业务 28：8 杨××报销客人住宿费，交来 11 月 5 日开具的普票，价款 192.23 元，税额 5.77 元，原已借用备用金（见图表 4—28）。

图表 4—28

上海增值税普通发票

03100180XXXX　　№ 2153XXXX　03100IXXXXXX 2153XXXX

校验码 65536 60966 13522 91954　　开票日期：2019年11月05日

购买方	
名　　称：	上海20公司
纳税人识别号：	913101165758XXXXXX
地 址、电 话：	
开户行及账号：	

密码区：0359/6739/0>3*63346*5+>5090481*58>647><5627<7759294-4*><2461<282-<73122*66-67059/41965+3//4+355>65335<7530+-

货物或应税劳务、服务名称	规格型号	单位	数量	单价	金额	税率	税额
*住宿服务*住宿费		天	1	192.23300971	192.23	3%	5.77
合　　计					¥192.23		¥5.77

价税合计（大写）：⊗壹佰玖拾捌圆整　（小写）¥198.00

销售方	
名　　称：	上海XX有限公司
纳税人识别号：	913101145887XXXXXX
地 址、电 话：	上海市XXXX　XXXXXX
开户行及账号：	上海市XXXX　XXXXXX

备注：

收款人：XX　复核：XX　开票人：XX　销售方：（章）

税总函［2018］340号西安西正印制有限公司　第二联：发票联　购买方记账凭证

会计分录：

借：管理费用——业务招待费　　198.00

　　贷：其他应收款——8 杨××　　198.00

30. 业务 29：计提本月工资 320 773 元（包含年终奖金 202 500 元），代扣个人养老社保 5 000.20 元、医疗保险 1 250.60 元，失业保险 313.20 元，个税 6 075 元（见图表 4—29）。

图表 4—29

2019年12月上海20公司员工工资明细表

序号	职位	姓名	身份证	手机号码		月计薪天数	出勤天数	基本工资			绩效基准	绩效	奖金	请假扣款				应发合计	社保基数	个人					税前工资	个税	实发	备注
									饭补	全勤				病假	事假	其他	小计			养老	医疗	失业	公积金7%	个人部合计				
1		崔××	×××	×××	正常工资薪金			4 929.00										4 929.00		0	0	0	0	0	4 929.00	0	4 929.00	
2		孙××	×××	×××	正常工资薪金			4 929.00										4 929.00		0	0	0	0	0	4 929.00	0	4 929.00	
3		崔××	×××	×××	正常工资薪金			4 929.00										4 929.00		0	0	0	0	0	4 929.00	0	4 929.00	
4		孙××	×××	×××	正常工资薪金			4 929.00										4 929.00		0	0	0	0	0	4 929.00	0	4 929.00	
5		仇××	×××	×××	正常工资薪金			4 929.00										4 929.00		0	0	0	0	0	4 929.00	0	4 929.00	
6		符××	×××	×××	正常工资薪金			4 929.00										4 929.00		0	0	0	0	0	4 929.00	0	4 929.00	
7		仇××	×××	×××	正常工资薪金			4 929.00										4 929.00		0	0	0	0	0	4 929.00	0	4 929.00	
8		崔××	×××	×××	正常工资薪金			4 929.00										4 929.00		0	0	0	0	0	4 929.00	0	4 929.00	
9		刘××	×××	×××	正常工资薪金			4 929.00										4 929.00		0	0	0	0	0	4 929.00	0	4 929.00	
10		汪××	×××	×××	正常工资薪金			4 929.00										4 929.00		0	0	0	0	0	4 929.00	0	4 929.00	
11		翁××	×××	×××	正常工资薪金			4 929.00										4 929.00		0	0	0	0	0	4 929.00	0	4 929.00	
12		谈××	×××	×××	正常工资薪金			4 929.00										4 929.00		0	0	0	0	0	4 929.00	0	4 929.00	
13		蒋××	×××	×××	正常工资薪金			4 929.00										4 929.00		0	0	0	0	0	4 929.00	0	4 929.00	
14		王××	×××	×××	正常工资薪金			4 929.00										4 929.00		0	0	0	0	0	4 929.00	0	4 929.00	
15		仇××	×××	×××	正常工资薪金			5 446.50										5 446.50		394.20	98.60	24.70	0	517.50	4 929.00	0	4 929.00	
16		仇××	×××	×××	全年一次性奖金收入			34 000.00										34 000.00		0	0	0	0	0	34 000.00	1 020.00	32 980.00	
17		惠××	×××	×××	正常工资薪金			517.50										517.50		394.20	98.60	24.70	0	517.50	0	0	0	
18		惠××	×××	×××	全年一次性奖金收入			35 500.00										35 500.00		0	0	0	0	0	35 500.00	1 065.00	34 435.00	
19		沈××	×××	×××	正常工资薪金			5 446.50										5 446.50		394.20	98.60	24.70	0	517.50	4 929.00	0	4 929.00	

续表

序号	职位	姓名	身份证	手机号码		月计薪天数	出勤天数	基本工资			绩效基准	绩效	奖金	请假扣款				应发合计	社保基数	个人					税前工资	个税	实发	备注
									饭补	全勤				病假	事假	其他	小计			养老	医疗	失业	公积金7%	个人部合计				
20		沈××	×××	×××	全年一次性奖金收入			35 000.00										35 000.00		0	0	0	0	0	35 000.00	1 050.00	33 950.00	
21		杨××	×××	×××	正常工资薪金			9 071.50										9 071.50		664.00	166.00	41.50	0	871.50	8 200.00	0	8 200.00	
22		杨××	×××	×××	全年一次性奖金收入			36 000.00										36 000.00		0	0	0	0	0	36 000.00	1 080.00	34 920.00	
23		陈××	×××	×××	正常工资薪金			517.50										517.50		394.20	98.60	24.70	0	517.50	0	0	0	
24		朱××	×××	×××	正常工资薪金			517.50										517.50		394.20	98.60	24.70	0	517.50	0	0	0	
25		沈×	×××	×××	正常工资薪金			5 446.50										5 446.50		394.20	98.60	24.70	0	517.50	4 929.00	0	4 929.00	
26		沈×	×××	×××	全年一次性奖金收入			30 000.00										30 000.00		0	0	0	0	0	30 000.00	900.00	29 100.00	
27		朱××	×××	×××	正常工资薪金			517.50										517.50		394.20	98.60	24.70	0	517.50	0	0	0	
28		陈××	×××	×××	正常工资薪金			5 446.50										5 446.50		394.20	98.60	24.70	0	517.50	4 929.00	0	4 929.00	
29		陈××	×××	×××	全年一次性奖金收入			32 000.00										32 000.00		0	0	0	0	0	32 000.00	960.00	31 040.00	
30		黄×	×××	×××	正常工资薪金			5 446.50										5 446.50		394.20	98.60	24.70	0	517.50	4 929.00	0	4 929.00	
31		方×	×××	×××	正常工资薪金			5 446.50										5 446.50		394.20	98.60	24.70	0	517.50	4 929.00	0	4 929.00	
32		张××	×××	×××	正常工资薪金			5 446.50										5 446.50		394.20	98.60	24.70	0	517.50	4 929.00	0	4 929.00	
								320 773.00										320 773.00		5 000.20	1 250.60	313.20	0	6 564.00	314 209.00	6 075.00	308 134.00	

会计分录：

借:管理费用——职工薪酬　　118 273.00
　　　　——奖金　　202 500.00
　贷：应付职工薪酬——职工工资　　118 273.00
　　　　　　——奖金　　202 500.00
借:应付职工薪酬——职工工资　　118 273.00
　　　　——奖金　　202 500.00
　贷:其他应付款——社会保险费——基本养老保险　　5 000.20
　　　　——社会保险费——基本医疗保险　　1 250.60
　　　　——社会保险费——失业保险　　313.20
　　　　——职工工资　　111 709.00
　　　　——奖金　　196 425.00
　　应交税费——个人所得税　　6 075.00

会计分录说明:(1)如果工资奖金已按时发放,则第二笔会计分录贷方就不是“其他应付款——工资、奖金”了,而是“银行存款”。现在没有发放,所以是“其他应付款”。在工资奖金还没有发放的情况下,也可以在借方只冲减社保、公积金、个税部分,而贷方也不形成“其他应付款——工资、奖金”,这部分仍然挂在“应付职工薪酬——工资、奖金”贷方;待发放时再抵冲。

(2)本例个税的计算:平时每月个税属于预扣缴,待年末后由个人申报汇算清缴。本例工资累计未超过 60 000 元,没有预扣。六笔奖金共 202 500 元,预扣税率 3%,形成个税 6 075 元。

(3)本例社保金的计算:2019 年上海社保金缴纳基数为上年社会职工平均工资 4 927 元。

(4)本例应付职工薪酬二级科目“工资”与“奖金”分设是不可以的,应合并为“工资奖金津贴补贴”。正确分录为:

借:管理费用——职工薪酬　　118 273.00
　　　　——奖金　　202 500.00
　贷：应付职工薪酬——工资奖金津贴补贴　　320 773.00
借:应付职工薪酬——工资奖金津贴补贴　　320 773.00
　贷:其他应付款——社会保险费——基本养老保险　　5 000.20
　　　　——社会保险费——基本医疗保险　　1 250.60
　　　　——社会保险费——失业保险　　313.20
　　　　——工资奖金津贴补贴　　308 134.00
　　应交税费——个人所得税　　6 075.00

请学员按正确分录录入。

缴纳比例见图表 4—30:

图表 4—30

险种	公司负担部分	个人负担部分	合　计	备　考
养老保险	16%	8%	24%	具体计算见工资明细表
医疗保险	9.5%	2%	11.5	
失业保险	0.5%	0.5%	1%	
工伤保险	0.16%—1.52%		0.16%—1.52%	
生育保险	1%		1%	
合　计	27.16%	10.5%	37.66%	

31. 业务 30：计提固定资产折旧(见图表 4—31)。

图表 4—31

固定资产折旧计算单

2019年12月

单位：元

编码	资产名称	资产类别	使用部门	购入月份	原值	数量	预计使用月数	残值率（%）	期初累计折旧	净值	月折旧额	本月折旧	状态	录入月份	计提费用科目	累计折旧科目
00001	家具	器具工具家具		201909	9,940.00		60	5.00	472.14	9,310.48	157.38	157.38	在用	201912	560201管理费用-折旧费	160202累计折旧-器具工
00002	绿能电动车	运输工具		201907	3,180.00		48	5.00	62.94	3,054.12	62.94	62.94	在用	201912	560201管理费用-折旧费	160203累计折旧-运输工
00003	家具	器具工具家具		201912	15,728.16		60	5.00		15,479.13	249.03	249.03	在用	201912	560201管理费用-折旧费	160202累计折旧-器具工
合　计					28,848.16				535.08	27,843.73	469.35	469.35				

核算单位：

图表 4—31 中编码 00003 下的固定资产是本月新增的固定资产，其余是以前月份增加的。

会计分录：

借：管理费用——折旧费　　220.32

　　贷：累计折旧——器具工具家具　　157.38

　　　　　　　　——运输工具　　62.94

32. 业务 31：计提印花税。

会计分录：

借：税金及附加——印花税　　99.50

　　贷：应交税费——应交印花税　　99.50

会计分录说明：原规定印花税是不用经过计提的，直接贷“银行存款”缴纳；因为现在印花税也是全年集中缴纳一次或两次，所以本例经过计提，也是可以的。

33. 业务 32：预提企业所得税。

会计分录：

借：所得税费用　　11 579.06

　　贷：应交税费——应交所得税　　11 579.06

34. 业务 33：结转损益。

会计分录：

借：本年利润　　339 527.54

　　主营业务收入　　307 164.37

　　贷：主营业务成本　　288 267.66

　　　　税金及附加——印花税　　99.50

　　　　销售费用——广告费和业务宣传费　　9 433.97

　　　　　　　　——折旧费　　220.32

　　　　　　　　——办公费　　48.00

——业务招待费 2 723.00
——职工薪酬 118 273.00
——职工福利费 200.00
——物业费 3 144.36
——停车费 17.00
——车辆通行费 −5 925.00
——加油费 375.00
——交通费 5 960.00
——服务费 5 000.00
——餐饮费 −1 840.00
——保险费 6 616.04
——奖金 202 500.00
所得税费用 11 579.06

35. 业务 34:结转本年利润。

会计分录:

借:利润分配——未分配利润 452 054.72
贷:本年利润 452 054.72

二、生成会计报表

(一)资产负债表(见图表 4—32)

图表 4—32 **资产负债表**

纳税人识别号:91310116575××××××　　会小企 01 表

核算单位:上海 20 公司　　2019—12—31　　单位:元

资　产	行次	期末余额	年初余额	负债和所有者权益	行次	期末余额	年初余额
流动资产:				流动负债:			
货币资金	1	320 719.60	18 330.73	短期借款	31	0.00	0.00
短期投资	2	0.00	0.00	应付票据	32	0.00	0.00
应收票据	3	0.00	0.00	应付账款	33	5 854 768.33	965 788.83
应收账款	4	8 120 075.15	2 358 298.38	预收账款	34	191 100.00	0.00
预付账款	5	2 723 868.27	2 738 868.27	应付职工薪酬	35	572 149.90	0.00
应收股利	6	0.00	0.00	应交税费	36	−115 555.29	0.00
应收利息	7	0.00	0.00	应付利息	37	0.00	0.00
其他应收款	8	1 363 319.36	1 565 075.52	应付利润	38	0.00	0.00
存货	9	867 357.72	0.00	其他应付款	39	1 892 044.48	1 144 419.01
其中:原材料	10	0.00	0.00				
在产品	11	4 674.84	0.00				
库存商品	12	845 487.88	0.00				
周转材料	13	17 195.00	0.00				
其他流动资产	14	0.00	0.00	其他流动负债	40	0.00	0.00
流动资产合计	15	13 395 340.10	6 680 572.90	流动负债合计	41	8 394 507.42	2 110 207.84
非流动资产:				非流动负债:			

续表

资　产	行次	期末余额	年初余额	负债和所有者权益	行次	期末余额	年初余额
长期债券投资	16	0.00	0.00	长期借款	42	0.00	0.00
长期股权投资	17	0.00	0.00	长期应付款	43	0.00	0.00
固定资产原价	18	64 530.00	35 210.00	递延收益	44	0.00	0.00
减:累计折旧	19	33 827.20	26 094.30	其他非流动负债	45	0.00	0.00
固定资产账面价值	20	30 702.80	9 115.70	非流动负债合计	46	0.00	0.00
在建工程	21	0.00	0.00	负债合计	47	8 394 507.42	2 110 207.84
工程物资	22	0.00	0.00				
固定资产清理	23	0.00	0.00				
生产性生物资产	24	0.00	0.00	所有者权益（或股东权益）			
无形资产	25	0.00	0.00	实收资本(或股本)	48	5 000 000.00	5 000 000.00
开发支出	26	0.00	0.00	资本公积	49	0.00	0.00
长期待摊费用	27	0.00	0.00	盈余公积	50	0.00	0.00
其他非流动资产	28	0.00	0.00	未分配利润	51	31 535.48	−420 519.24
非流动资产合计	29	30 702.80	9 115.70	所有者权益(或股东权益)合计	52	5 031 535.48	4 579 480.76
资产总计	30	13 426 042.90	6 689 688.60	负债和所有者权益(或股东权益)总计	53	13 426 042.90	6 689 688.60

（二）利润表(见图表 4—33)

图表 4—33　　利润表

纳税人识别号:91310116575××××××　　会小企 02 表

核算单位:上海 20 公司　　2019—12　　单位:元

项　目	行次	本年累计金额	本月金额
一、营业收入	1	5 833 543.15	307 164.37
减:营业成本	2	3 976 414.21	288 267.66
税金及附加	3	1 578.41	99.50
其中:消费税	4	0.00	0.00
营业税	5	0.00	0.00
城市维护建设税	6	434.81	0.00
资源税	7	0.00	0.00
土地增值税	8	0.00	0.00
城镇土地使用税、房产税、车船税、印花税	9	0.00	0.00
教育费附加、矿产资源补偿费、排污费	10	15.40	0.00
销售费用	11	9 433.97	9 433.97
其中:商品维修费	12	0.00	0.00
广告费和业务宣传费	13	9 433.97	9 433.97
管理费用	14	1 382 425.21	337 311.72
其中:开办费	15	0.00	0.00
业务招待费	16	33 545.05	2 723.00

续表

项　目	行次	本年累计金额	本月金额
研究费用	17	0.00	0.00
财务费用	18	134.00	0.00
其中:利息费用(收入以“—”号填列)	19	0.00	0.00
加:投资收益(损失以“—”号填列)	20	0.00	0.00
二、营业利润(亏损以“—”号填列)	21	463 557.35	—327 948.48
加:营业外收入	22	76.43	0.00
其中:政府补助	23	0.00	0.00
减:营业外支出	24	0.00	0.00
其中:坏账损失	25	0.00	0.00
无法收回的长期债券投资损失	26	0.00	0.00
无法收回的长期股权投资损失	27	0.00	0.00
自然灾害等不可抗力因素造成的损失	28	0.00	0.00
税收滞纳金	29	0.00	0.00
三、利润总额(亏损总额以“—”号填列)	30	463 633.78	—327 948.48
减:所得税费用	31	11 579.06	11 579.06
四、净利润(净亏损以“—”号填列)	32	452 054.72	—339 527.54

(三)现金流量表(见图表 4—34)

图表 4—34　　**现金流量表**

纳税人识别号:91310116575××××××　　会小企 03 表

核算单位:上海 20 公司　　2019—12　　单位:元

项　目	行次	本年累计金额	本月金额
一、经营活动产生的现金流量:			
销售产成品、商品、提供劳务收到的现金	1	729 883.97	
收到其他与经营活动有关的现金	2	50 000.00	
购买原材料、商品、接受劳务支付的现金	3	223 126.00	
支付的职工薪酬	4	56 006.32	
支付的税费	5	6 576.93	
支付其他与经营活动有关的现金	6	191 785.85	
经营活动产生的现金流量净额	7	302 388.87	
二、投资活动产生的现金流量:			
收回短期投资、长期债券投资和长期股权投资收到的现金	8		
取得投资收益收到的现金	9		
处置固定资产、无形资产和其他非流动资产收回的现金净额	10		
短期投资、长期债券投资和长期股权投资支付的现金	11		
购建固定资产、无形资产和其他非流动资产支付的现金	12		

续表

项　目	行次	本年累计金额	本月金额
投资活动产生的现金流量净额	13		
三、筹资活动产生的现金流量:			
取得借款收到的现金	14		
吸收投资者投资收到的现金	15		
偿还借款本金支付的现金	16		
偿还借款利息支付的现金	17		
分配利润支付的现金	18		
筹资活动产生的现金流量净额	19		
四、现金净增加额	20	302 388.87	
加:期初现金余额	21	18 330.73	320 719.60
五、期末现金余额	22	320 719.60	320 719.60

第三节　财务指标的基本分析

一、偿债能力分析

1. 流动比率:年初＝6 680 572.9/2 110 207.84＝3.17;年末＝13 395 340.10/8 394 507.42＝1.60。

分析:流动比率年末比年初下降,但也达到了1.60,存在短期偿债风险,但不严重。但流动资产中应收账款上升幅度和占比都较大;其他应收款虽然下降,但绝对额还是较高;预付账款金额也较大。这些都应予关注。

2. 速动比率:年初＝(6 680 572.9－0)/2 110 207.84＝3.17;年末＝(13 395 340.10－867 357.72)/8 394 507.42＝1.49。

分析:速动比率大于1,反映的短期偿债能力也比较好。与期初相比下降幅度较大,不是缺点,有可能反映了流动资产利用充分,解决了资金积压沉淀的问题。

3. 资产负债率:年初＝2 110 207.84/6 689 688.60×100%＝31.54%;年末＝8 394 507.42/13 426 042.90×100%＝62.52%。

分析:速动比率反映企业长期偿债能力,一般是不主张大于40%。该企业资产负债率比较正常。虽然年末比年初有提高,且超过了40%,但仍属于可承担的风险。考虑到库存商品没有积压情况,只需关注应收款项的坏账风险和如期收回的可能性。

二、营运能力

1. 应收账款周转率:假设上年收入4 965 348.03元,上年初应收账款3 061 548.44元,上年应收账款周转率＝4 965 348.03/(3 061 548.44＋2 358 298.38)/2＝1.83;本年应收账款周转率＝5 833 543.15/(2 358 298.38＋8 120 075.15)/2＝1.11。

分析:应收账款周转速度由于行业特点不同,故没有统一标准,但各行业有自己的经验数据。

本案例由于没有给出行业经验值,所以,采用本年与上年度纵向对比,看发展趋势。本案例今年比上年周转速度放缓。经查,原因在于应收账款年末比年初增长较快,增加百分比为 8 120 075.15/2 358 298.38×100%−1=244.32%。仍然需要关注应收账款的坏账风险和逾期风险。

(2)存货周转率:假设上年营业成本 3 025 662.15 元,上年初存货 256 987.56 元。

上年存货周转率=3 025 662.15/(256 987.56+0)/2=23.55

本年存货周转率=3 976 414.21/(0+867 357.72)/2=9.17

分析:应收账款周转速度由于行业特点不同,故也没有统一标准,但各行业有自己的经验数据。本案例由于没有给出行业经验值,所以,采用本年与上年度纵向对比,看发展趋势。上述计算看出,本年存货周转率比上年下降明显。查其原因,在于本年初存货为零,而年末存货增加为 845 487.88 元。这就需要查明年初存货为何为零(可疑)。而本年末存货 845 487.88 元,对于资产 1 300 万元的建筑企业来说并不算多。可以认为,该企业存货周转速度比较好。

三、盈利能力:

1. 毛利率:上年=(1−3 025 662.15/4 965 348.03)×100%=39.06%;本年=(1−3 976 414.21/5 833 543.15)×100%=31.84%。

分析:毛利率的对比对象一般为行业平均值、同行业先进企业及本企业历史水平。从前述计算看出,该企业毛利率本年比上年下降。下降原因在于成本的增长幅度(3 976 414.21/3 025 662.15×100%−1=31.42%)高于收入的增长幅度(5 833 543.15/4 965 348.03×100%−1=17.49%)。这就需要深入调查研究成本提高的具体项目与原因,对应制定遏制成本上升的对策。

2. 销售净利率:假设上年净利润 386 255.76 元。上年销售净利率=386 255.76/4 965 348.03×100%=7.78%;本年销售净利率=452 054.72/5 833 543.15×100%=7.75%。

分析:销售净利率下降,但小于毛利率下降幅度,说明期间费用与上年相比提高不大甚至可能稍有下降。这就需要注意调查了解具体期间费用项目本年与上年相比的变化情况,总结经验,查找不足。

3. 净资产收益率:假设上年初所有者权益 4 112 987.51 元。上年净资产收益率=386 255.76/(4 112 987.51+4 579 480.76)/2×100%=8.89%;本年净资产收益率=452 054.72/(4 579 480.76+5 031 535.48)/2×100%=9.41%。

分析:所有者权益净利率是综合性很强的财务指标,反映了所有者投入资本的最终收益。本案例本年较上年有所提高,且都在 9%上下,大于社会银行存款收益率(或者可以说基本达到社会投资平均利润率),说明所有者投资收益还不错。

本指标的因素综合分析方法,将在第五章中介绍。

第四节　企业纳税申报

一、一般纳税人的增值税纳税申报表

一般纳税人增值税的纳税期限为 1 天、3 天、5 天、10 天、15 天、1 个月,由税务机关根据企业业务规模情况具体核定。如果纳税期限为 1 个月,一般是在月末后 15 日内申报。其他纳税期限的,期满之日起 5 日内预缴,次月 1—15 日内申报纳税并结清上月税款。

（一）一般纳税人增值税纳税申报表（即主表）

本表见图表4—35。

图表4—35

增值税纳税申报表

（一般纳税人适用）

根据国家税收法律法规及增值税相关规定制定本表。纳税人不论有无销售额，均应按税务机关核定的纳税期限填写本表，并向当地税务机关申报。

税款所属时间：自 2019年12 月 01日至 2019年 12 月 31 填表日期： 年 月 日 金额单位：元至角分

纳税人识别号				所属行业：		
纳税人名称	（公章）	法定代表人姓名		注册地址	生产经营地址	
开户银行及账号		登记注册类型			电话号码	

	项目	栏次	一般项目		即征即退项目	
			本月数	本年累计	本月数	本年累计
销售额	（一）按适用税率计税销售额	1	210 076.99	4 944 632.24		
	其中：应税货物销售额	2		88 524.87		
	应税劳务销售额	3		861 504.63		
	纳税检查调整的销售额	4		0		
	（二）按简易办法计税销售额	5	97 087.38	97 087.38		
	其中：纳税检查调整的销售额	6				
	（三）免、抵、退办法出口销售额	7			—	—
	（四）免税销售额	8			—	—
	其中：免税货物销售额	9			—	—
	免税劳务销售额	10			—	—
税款计算	销项税额	11	21 505.07	440 350.25		
	进项税额	12	12 8844.61	547 381.9		
	上期留抵税额	13	0	0		—
	进项税额转出	14	0	0		
	免、抵、退应退税额	15	0	0	—	—
	按适用税率计算的纳税检查应补缴税额	16	0	0	—	—
	应抵扣税额合计	17=12+13-14-15+16	128 844.61	-		—
	实际抵扣税额	18（如17<11，则为17，否则为11）	21 505.07	0		
	应纳税额	19=11-18	0	307.89		
	期末留抵税额	20=17-18	107 339.54	0		—
	简易计税办法计算的应纳税额	21	2 912.62	2 912.62		
	按简易计税办法计算的纳税检查应补缴税额	22	0	0	—	—
	应纳税额减征额	23	0	0		
	应纳税额合计	24=19+21-23	0	307.89		
税款缴纳	期初未缴税额（多缴为负数）	25				
	实收出口开具专用缴款书退税额	26			—	—
	本期已缴税额	27=28+29+30+31				
	①分次预缴税额	28				—
	②出口开具专用缴款书预缴税额	29			—	—
	③本期缴纳上期应纳税额	30				
	④本期缴纳欠缴税额	31				
	期末未缴税额（多缴为负数）	32=24+25+26-27				
	其中：欠缴税额（≥0）	33=25+26-27				—
	本期应补(退)税额	34=24-28-29				—
	即征即退实际退税额	35				
	期初未缴查补税额	36			—	—
	本期入库查补税额	37			—	—
	期末未缴查补税额	38=16+22+36-37			—	—

授权声明	如果你已委托代理人申报，请填写下列资料： 为代理一切税务事宜，现授权 （地址） 为本纳税人的代理申报人，任何与本申报表有关的往来文件，都可寄予此人。 授权人签字：	申报人声明	本纳税申报表是根据国家税收法律法规及相关规定填报的，我确定它是真实的、可靠的、完整的。 声明人签字：

主管税务机关： 接收人： 接收日期：

表中数字填报说明如下：

1. 表中数字在填报了本表相关附表后自动跳出。

2. 其中13行“上期留抵税额”为11月末主表20行“期末留抵税额”。

3. 18行见表中计算说明。

(二)增值税纳税申报表附列资料(一)

本表见图表4—36。

本表为“本期销售情况明细”表，填列本期销项税额的计税依据。

表中数字填报说明如下：

本例涉及税率有13%、9%和6%三种，还有3%征收率的简易征收。

1. 1行“税率”13%。

13%税率的对应“销售额”87 830.73元，对应“税额”为87 830.73×13%=11 418元。

“销项税额”自动跳出，如遇相关凭证金额有尾差，以此为准。

2. 4行“税率”9%。

对应“销售额”91 743.12元，对应“税额”为91 743.12×9%=8 256.88元。

“销项税额”自动跳出，如遇相关凭证金额有尾差，以此为准。

3. 5行“税率”6%。

对应“销售额”30 503.14元，对应“税额”为30 503.14×6%=1 830.19元。

“销项税额”自动跳出，如遇相关凭证金额有尾差，以此为准。

4. 12行“征收率”3%。

对应“销售额”97 087.38元，对应“税额”为97 087.38×3%=2 912.62元。

“销项税额”自动跳出，如遇相关凭证金额有尾差，以此为准。

图表 4-36

增值税纳税申报表附列资料（一）

（本期销售情况明细）

税款所属时间：2019 年 12 月 01日至 2019 年 12 月 31 日

纳税人名称：（公章） 金额单位：元至角分

项目及栏次				开具增值税专用发票		开具其他发票		未开具发票		纳税检查调整		合计			服务、不动产和无形资产扣除项目本期实际扣除金额	扣除后	
				销售额	销项(应纳)税额	销售额	销项(应纳)税额	销售额	销项(应纳)税额	销售额	销项(应纳)税额	销售额	销项(应纳)税额	价税合计		含税(免税)销售额	销项(应纳)税额
				1	2	3	4	5	6	7	8	9=1+3+5+7	10=2+4+6+8	11=9+10	12	13=11-12	14=13÷(100%+税率或征收率)×税率或征收率
一、一般计税方法计税	全部征税项目	13%税率的货物及加工修理修配劳务	1	87 830.73	11 418							87 830.73	11 418	—	—	—	—
		13%税率的服务、不动产和无形资产	2														
		9%税率的货物及加工修理修配劳务	3														
		9%税率的服务、不动产和无形资产	4	91 743.12	8 256.88							91 743.12	82 56.88	100 000		100 000	8 256.88
		6%税率	5	30 503.14	1 830.19							30 503.14	18 30.19	32 333.33		32 333.33	1 830.19
	其中：即征即退项目	即征即退货物及加工修理修配劳务	6														
		即征即退服务、不动产和无形资产	7														
二、简易计税方法计税	全部征税项目	6%征收率	8														
		5%征收率的货物及加工修理修配劳务	9a							—	—			—	—	—	
		5%征收率的服务、不动产和无形资产	9b							—	—						
		4%征收率	10							—	—			—	—	—	
		3%征收率的货物及加工修理修配劳务	11							—	—			—	—	—	
		3%征收率的服务、不动产和无形资产	12	97 087.38	2 912.62					—	—	97 087.38	29 12.62	100 000		100 000	2 912.62
		预征率 %	13a							—	—						
		预征率 %	13b							—	—						
		预征率 %	13c							—	—						
	其中：即征即退项目	即征即退货物及加工修理修配劳务	14	—	—	—	—	—	—	—	—			—		—	—
		即征即退服务、不动产和无形资产	15	—	—	—	—	—	—	—	—						
三、免抵退税		货物及加工修理修配劳务	16	—	—		—		—	—	—		—	—	—	—	—
		服务、不动产和无形资产	17	—	—		—		—	—	—		—				—
四、免税		货物及加工修理修配劳务	18				—		—	—	—		—	—	—	—	—
		服务、不动产和无形资产	19	—	—		—		—	—	—		—				—

(三)增值税纳税申报表附列资料(二)

本表见图表 4—37。

图表 4—37

增值税纳税申报表附列资料（二）

（本期进项税额明细）

税款所属时间：2019 年　12 月　01 日至　2019　年　12月　31　日

纳税人名称：（公章）　　　　金额单位：元至角分

一、申报抵扣的进项税额				
项目	栏次	份数	金额	税额
（一）认证相符的增值税专用发票	1=2+3	8	1 003 600.96	128 844.61
其中：本期认证相符且本期申报抵扣	2	8	1 003 600.96	128 844.61
前期认证相符且本期申报抵扣	3			
（二）其他扣税凭证	4=5+6+7+8a+8b			
其中：海关进口增值税专用缴款书	5			
农产品收购发票或者销售发票	6			
代扣代缴税收缴款凭证	7			
加计扣除农产品进项税额	8a			
其他	8b			
（三）本期用于购建不动产的扣税凭证	9			
（四）本期用于抵扣的旅客运输服务扣税凭证	10			
（五）外贸企业进项税额抵扣证明	11			
当期申报抵扣进项税额合计	12=1+4+11	8	1 003 600.96	128 844.61
二、进项税额转出额				
项目	栏次	税额		
本期进项税额转出额	13=14至23之和			
其中：免税项目用	14			
集体福利、个人消费	15			
非正常损失	16			
简易计税方法征税项目用	17			
免抵退税办法不得抵扣的进项税额	18			
纳税检查调减进项税额	19			
红字专用发票信息表注明的进项税额	20			
上期留抵税额抵减欠税	21			
上期留抵税额退税	22			
其他应作进项税额转出的情形	23			
三、待抵扣进项税额				
项目	栏次	份数	金额	税额
（一）认证相符的增值税专用发票	24	—	—	—
期初已认证相符但未申报抵扣	25			
本期认证相符且本期未申报抵扣	26			
期末已认证相符但未申报抵扣	27			
其中：按照税法规定不允许抵扣	28			
（二）其他扣税凭证	29=30至33之和			
其中：海关进口增值税专用缴款书	30			
农产品收购发票或者销售发票	31			
代扣代缴税收缴款凭证	32		—	
其他	33			
	34			
四、其他				
项目	栏次	份数	金额	税额
本期认证相符的增值税专用发票	35	8	1 003 600.96	128 844.61
代扣代缴税额	36	—	—	

本表为本期进项税额明细表，填列本期应交增值税计算依据的本期进项税额。表中数字填列说明如下：

1. 35 栏“本期认证发票数”：本案例本月认证进项数额发票 8 份，不含税采购价格为

1 003 600.96 元，取自本月相关凭证或“本期进项税认证汇总表”（本案例未显示）；对应税额为 128 844.61 元（由于每笔采购商品或服务税率不一定相同，所以本数字取自相关发票，不一定是 1 003 600.96 ×某固定税率）。

2. 35 栏填列后，自动跳出 1 栏“本期认证相符的专用发票”的份数、金额、税额”和 2 栏的“本期认证相符且本期认证抵扣”的份数、金额、税额。

3. 12 栏“当期申报抵扣进项税合计”的份数、金额、税额自动跳出。

（四）增值税纳税申报表附列资料（三）

本表见图表 4—38。

图表 4—38

增值税纳税申报表附列资料（三）

（服务、不动产和无形资产扣除项目明细）

税款所属时间： 2019 年 12 月 1 日至 2019年 12月 31 日

纳税人名称：（公章） 金额单位：元至角分

项目及栏次		本期服务、不动产和无形资产价税合计额（免税销售额）	服务、不动产和无形资产扣除项目				
			期初余额	本期发生额	本期应扣除金额	本期实际扣除金额	期末余额
		1	2	3	4=2+3	5(5≤1且5≤4)	6=4-5
13%税率的项目	1						
9%税率的项目	2	100 000					
6%税率的项目（不含金融商品转让）	3	32 333.33					
6%税率的金融商品转让项目	4						
5%征收率的项目	5						
3%征收率的项目	6	100 000					
免抵退税的项目	7						
免税的项目	8						

本表为服务、不动产和无形资产扣除项目明细表。

1. 2 栏“9％税率的项目”：100 000 元，取自本月相关凭证。

2. 3 栏“6％税率的项目”：32 333.33 元，取自本月相关凭证。

3. 6 栏“3％税率的项目”：100 000 元，取自本月相关凭证。

4. 填写数据为本期服务、不动产和无形资产价税合计额（免税销售额）。

5. 本表为自动跳出，无须填写。

（五）增值税纳税申报表附列资料（四）

本表见图表 4—39。

本表为税额抵减情况表，填列按政策税额抵减和加计抵减的情况。表中数字填列情况如下：

1. 序号 3“建筑服务预征缴纳税款”：本期发生额、本期应抵减税额和本期实际抵减税额为 2 912.62 元（取自本月 3％的相关凭证）。

2. 第二部分“加计抵减情况”：本案例为建筑企业，不享受该政策。

图表 4—39

增值税纳税申报表附列资料（四）

（税额抵减情况表）

税款所属时间：　2019年 12月 1日至 2019年 12月 31日

纳税人名称：(公章)　　　　　　　　　　　　　　　　　　　　金额单位：元至角分

一、税额抵减情况						
序号	抵减项目	期初余额	本期发生额	本期应抵减税额	本期实际抵减税额	期末余额
		1	2	3=1+2	4≤3	5=3-4
1	增值税税控系统专用设备费及技术维护费					
2	分支机构预征缴纳税款					
3	建筑服务预征缴纳税款		2 912.62	2 912.62	2 912.62	
4	销售不动产预征缴纳税款					
5	出租不动产预征缴纳税款					

二、加计抵减情况							
序号	加计抵减项目	期初余额	本期发生额	本期调减额	本期可抵减额	本期实际抵减额	期末余额
		1	2	3	4=1+2-3	5	6=4-5
6	一般项目加计抵减额计算						
7	即征即退项目加计抵减额计算						
8	合计						

（六）增值税减免税申报明细表

本表见图表 4—40。

图表 4—40

增值税减免税申报明细表

税款所属时间：自 2019 年　12月 1 日至　2019　年　12 月31日

纳税人名称（公章）：　　　　　　　　　　　　　　　　金额单位：元至角分

一、减税项目						
减税性质代码及名称	栏次	期初余额	本期发生额	本期应抵减税额	本期实际抵减税额	期末余额
		1	2	3=1+2	4≤3	5=3-4
合计	1					
	2					
	3					
	4					
	5					
	6					

二、免税项目						
免税性质代码及名称	栏次	免征增值税项目销售额	免税销售额扣除项目本期实际扣除金额	扣除后免税销售额	免税销售额对应的进项税额	免税额
		1	2	3=1-2	4	5
合　计	7					
出口免税	8		——	——	——	——
其中：跨境服务	9		——	——	——	——
	10					
	11					
	12					
	13					
	14					
	15					
	16					

比如：按相关政策，购入金税盘 480 元与金税盘服务费 280 元，可全额抵减应交增值说。本案例无。

二、中华人民共和国企业所得税预缴纳税申报表(A 类)

本表的样式见第三章中的图表 3—42。

本案例为每季度预缴企业所得税。

说明如下：

1.“A 类”是企业所得税查账征收的企业填报。

2.1 行“营业收入”：取自本期利润表。

3.2 行“营业成本”：取自本期利润表。

4.3 行“利润总额”：取自本期利润表。

5.8 行“弥补以前年度亏损”：自动跳出

6.9 行“实际利润”：自动跳出。

7.10 行“税率”：本案例 25%。

8.11 行“应纳税所得额”：计算方式：9 行实际利润×10 行税率。

9.15 行“应补(退)的所得税额”计算方式：本例为 11 行－12 行。

10.“附报信息”部分：本企业全为“否”。

11.“按季度填报信息”部分：

“季初从业人数”：上季末人数。

“季末从业人数”：本季末最后一天在职人数。

“季初资产”：资产负债表本季初月份期初金额。

“季末资产”：资产负债表本季末月份期末金额。本案例属于 12 月份，“季末资产”即 12 月份资产负债表期末金额：1 342.6 万元。

三、印花税纳税申报(报告)表

本表见图表 4－41。

说明如下：

1.1 栏 1 列购销合同计税金额或件数为 331 582.06 元，填写依据为本月销项发票价税合计数。

2.1 栏 5 列本期应纳税额为 99.47 元，计税依据为：331 582.06×3‰＝99.47 元。

3.1 栏 10 列本期应补(退)税额为 99.5 元(四舍五入)。

4.1 栏 5 列和 1 栏 10 列皆为自动跳出。

第五节　个人所得税预扣缴申报

代扣代缴个人所得税，是税法赋予企业的义务。

由于本案例企业规模小、人员少、个税相关信息过于简略，故本部分申报表列示出完整报表模板(见图表 4－42、图表 4－43)，而不与本案例具体结合。

图表 4-41

印花税纳税申报（报告）表

纳税人名称：上海20公司　　　　纳税人识别号/社会信用代码：91310116758XXXXXX

填表日期：2020-01-14　　税款所属时间：2019年12月01日 至 2019年12月31日　　金额单位：元（元至角分）　面积单位：平方米

本期是否适用增值税小规模纳税人优惠政策	□是 ☑否	减免税代码：					增值税小规模纳税人享受减征比例（%）			
应税凭证	计税金额或件数	核定征收		适用税率	本期应纳税额	本期已缴税额	本期减免税额		增值税小规模纳税人减征额	本期应补（退）税额
		核定依据	核定比例				减免性质	减免额		
	1	2	3	4	5=1×4+2×3×4	6	7	8	9	10=5-6-8-9
购销合同	331 582.06	0.00	0.00	0.3‰	99.47	0.00		0.00	0.00	99.5
加工承揽合同	0.00	0.00	0.00	0.5‰	0.00	0.00		0.00	0.00	0.00
建设工程勘察设计合同	0.00	0.00	0.00	0.5‰	0.00	0.00		0.00	0.00	0.00
建筑安装工程承包合同	0	0.00	0.00	0.3‰	0	0.00		0.00	0.00	0
财产租赁合同	0.00	0.00	0.00	1‰	0.00	0.00		0.00	0.00	0.00
货物运输合同	0.00	0.00	0.00	0.5‰	0.00	0.00		0.00	0.00	0.00
仓储保管合同	0.00	0.00	0.00	1‰	0.00	0.00		0.00	0.00	0.00
借款合同	0.00	0.00	0.00	0.05‰	0.00	0.00		0.00	0.00	0.00
财产保险合同	0.00	0.00	0.00	1‰	0.00	0.00		0.00	0.00	0.00
技术合同	0.00	0.00	0.00	0.3‰	0.00	0.00		0.00	0.00	0.00
产权转移书据	0.00	0.00	0.00	0.5‰	0.00	0.00		0.00	0.00	0.00
营业帐簿（记载资金的帐簿）	0.00	—	0.00	0.5‰	0.00	0.00		0.00	0.00	0.00
营业帐簿（其他帐簿）	0.00	—	0.00	5元/件	0.00	0.00		0.00	0.00	0.00
权利、许可证照	0.00	—	0.00	5元/件	0.00	0.00		0.00	0.00	0.00
合计	—	—	0.00	—	99.47	0.00		0.00	0.00	99.5

上海市地方税务局关于金税三期系统上线后印花税申报、完税有关衔接问题的解答(1)

申报日期：2020-01-14

图表 4－42

个人所得税基础信息表(A表)

(适用于扣缴义务人填报)

扣缴义务人名称：

扣缴义务人纳税人识别号(统一社会信用代码)：□□□□□□□□□□□□□□□□□□□□□□□□

序号	纳税人基本信息(带*必填)						任职受雇从业信息					联系方式					银行账户		投资信息		其他信息		华侨、港澳台、外籍个人信息(带*必填)					备注
	纳税人识别号	*纳税人姓名	*身份证件类型	*身份证件号码	*出生日期	*国籍/地区	类型	职务	学历	任职受雇从业日期	离职日期	手机号码	户籍所在地	经常居住地	联系地址	电子邮箱	开户银行	银行账号	投资额(元)	投资比例	是否残疾/孤老/烈属	残疾/烈属证号	*出生地	*性别	*首次入境时间	*预计离境时间	*涉税事由	
1	2	3	4	5	6	7	8	9	10	11	12	13	14	15	16	17	18	19	20	21	22	23	24	25	26	27	28	29

谨声明：本表是根据国家税收法律法规及相关规定填报的，是真实的、可靠的、完整的。

扣缴义务人(签章)：　　　年　　月　　日

经办人签字：

经办人身份证件号码：

受理税务机关(章)：

代理机构统一社会信用代码：

受理人：

代理机构签章：

受理日期：　　　年　　月　　日

图表 4－43

附件

个人所得税专项附加扣除信息表

填表日期：　年　月　日　　　　　　　　扣除年度：

纳税人姓名：　　　　　　　　　　　　　纳税人识别号：

纳税人信息	手机号码				电子邮箱	
	联系地址				配偶情况	□有配偶　□无配偶
纳税人配偶信息	姓名		身份证件类型		身份证件号码	
一、子女教育						
较上次报送信息是否发生变化：□首次报送（请填写全部信息）　□无变化（不需重新填写）　□有变化（请填写发生变化项目的信息）						
子女一	姓名		身份证件类型		身份证件号码	
	出生日期		当前受教育阶段		□学前教育阶段　□义务教育　□高中阶段教育　□高等教育	
	当前受教育阶段起始时间	年　月	当前受教育阶段结束时间	年　月	子女教育终止时间 *不再受教育时填写	年　月
	就读国家（或地区）		就读学校		本人扣除比例	□100%（全额扣除）　□50%（平均扣除）
子女二	姓名		身份证件类型		身份证件号码	
	出生日期		当前受教育阶段		□学前教育阶段　□义务教育　□高中阶段教育　□高等教育	
	当前受教育阶段起始时间	年　月	当前受教育阶段结束时间	年　月	子女教育终止时间 *不再受教育时填写	年　月
	就读国家（或地区）		就读学校		本人扣除比例	□100%（全额扣除）　□50%（平均扣除）
二、继续教育						
较上次报送信息是否发生变化：□首次报送（请填写全部信息）　□无变化（不需重新填写）　□有变化（请填写发生变化项目的信息）						
学历（学位）继续教育	当前继续教育起始时间	年　月	当前继续教育结束时间	年　月	学历（学位）继续教育阶段	□专科　□本科　□硕士研究生 □博士研究生　□其他
职业资格继续教育	职业资格继续教育类型	□技能人员　□专业技术人员			证书名称	
	证书编号		发证机关		发证（批准）日期	
三、住房贷款利息						
较上次报送信息是否发生变化：□首次报送（请填写全部信息）　□无变化（不需重新填写）　□有变化（请填写发生变化项目的信息）						
房屋信息	住房坐落地址	＿＿省（市、区）＿＿市＿＿县（区）＿＿街道（乡、镇）＿＿				
	产权证号/不动产登记号/商品房买卖合同号/预售合同号					
房贷信息	本人是否借款人		□是　□否		是否婚前各自首套贷款，且婚后分别扣除 50%	□是　□否
	公积金贷款|贷款合同编号					
	贷款期限（月）				首次还款日期	
	商业贷款|贷款合同编号				贷款银行	
	贷款期限（月）				首次还款日期	
四、住房租金						
较上次报送信息是否发生变化：□首次报送（请填写全部信息）　□无变化（不需重新填写）　□有变化（请填写发生变化项目的信息）						
房屋信息	住房坐落地址	＿＿省（市、区）＿＿市＿＿县（区）＿＿街道（乡、镇）＿＿				
租赁情况	出租房（个人）姓名		身份证件类型		身份证件号码	
	出租房（单位）姓名				纳税人识别号（统一社会信用代码）	
	主要工作城市 （*填写市一级）				住房租赁合同编号 （非必填）	
	租赁期起				租赁期止	
五、赡养老人						
较上次报送信息是否发生变化：□首次报送（请填写全部信息）　□无变化（不需重新填写）　□有变化（请填写发生变化项目的信息）						
纳税人身份		□独生子女　□非独生子女				
被赡养人一	姓名		身份证件类型		身份证件号码	
	出生日期		与纳税人关系	□父亲　□母亲　□其他		
被赡养人二	姓名		身份证件类型		身份证件号码	
	出生日期		与纳税人关系	□父亲　□母亲　□其他		
共同赡养人信息	姓名		身份证件类型		身份证件号码	
	姓名		身份证件类型		身份证件号码	
	姓名		身份证件类型		身份证件号码	
	姓名		身份证件类型		身份证件号码	
分摊方式*独生子女不需填写		□平均分摊　□赡养人约定分摊　□被赡养人指定分摊			本年度月扣除金额	
六、大病医疗（仅限综合所得年度汇算清缴申报时填写）						
较上次报送信息是否发生变化：□首次报送（请填写全部信息）　□无变化（不需重新填写）　□有变化（请填写发生变化项目的信息）						
患者一	姓名		身份证件类型		身份证件号码	
	医药费用总金额		个人负担金额		与纳税人关系	□本人　□配偶　□未成年子女
患者二	姓名		身份证件类型		身份证件号码	
	医药费用总金额		个人负担金额		与纳税人关系	□本人　□配偶　□未成年子女
需要在任职受雇单位预扣预缴工资、薪金所得个人所得税时享受专项附加扣除的，填写本栏						
重要提示：当您填写本栏，表示您已同意该任职受雇单位使用本信息表为您办理专项附加扣除。						
扣缴义务人名称					扣缴义务人纳税人识别号 （统一社会信用代码）	
本人承诺：我已仔细阅读了填表说明，并根据《中华人民共和国个人所得税法》及其实施条例、《个人所得税专项附加扣除暂行办法》《个人所得税专项附加扣除操作办法（试行）》等相关法律法规规定填写本表。本人已就所填的扣除信息进行了核对，并对所填内容的真实性、准确性、完整性负责。 纳税人签字：　　　年　月　日						
扣缴义务人签章： 经办人签字： 接收日期：　年　月　日			代理机构签章： 代理机构统一社会信用代码： 经办人签字： 经办人身份证件号码：		受理人： 受理税务机关（章）： 受理日期：　年　月　日	

国家税务总局监制

第六节 建筑服务企业收入确认、成本结转问题

提供建筑、安装劳务与装修服务等行业的会计实务与其他行业相比，虽然都是执行《企业会计准则》等国家统一会计制度，但由于行业特点不同，也有许多不同之处。本教材在这里专门介绍一下提供劳务收入和成本确定的常用方法。

一、提供劳务的几种不同情况

1. 在同一会计期间开始并完成的劳务包括：

(1)一次就能完成的劳务。

(2)持续一段时间但同一会计期间能够完成的劳务。

2. 开始与完成分属不同期间的劳务(跨年度)包括：

(1)劳务结果能可靠估计的劳务。

(2)劳务结果不能可靠估计的劳务。

二、不同情况下提供劳务收入、结转成本的会计处理

(一)同一会计期间内开始并完成的劳务

1. 一次就能完成的劳务：在交易完成时确认收入；而劳务成本在发生当时暂不做会计处理，待劳务完成时(也就是收入确认时)直接计入劳务成本。

这种情况的会计处理特点是不用通过“劳务成本”科目核算，而是直接计入了“主营业务成本”或“其他业务成本”。

［例 1］ A 公司为一般纳税人。2019 年 9 月 2 日接受一项设备安装任务，该安装任务预计 9 月 8 日可完成；9 月 3 日领用安装材料，成本 100 元；9 月 8 日发生安装人员薪酬 500 元；9 月 8 日如期完成，开具增值税专票，价款 1 000 元，增值税 90 元，款项通过银行收到。

会计分录：

(1)9 月 8 日确认收入：

借：银行存款	1 090.00	
贷：主营业务收入		1 000.00
应交税费——应交增值税(销项税额)		90.00

(2)9 月 8 日确认成本：

借：主营业务成本	600.00	
贷：工程物资		100.00
应付职工薪酬——工资		500.00

会计分录说明：本业务由于是预计在当月的 6 天之后完成，属于能够一次性完成的情况，所以在 9 月 3 日领用材料发生成本、9 月 8 日发生人员薪酬成本时，都没有做会计处理。而是到 9 月 8 日完工时，同时确认了主营业务收入和主营业务成本。

从理论上讲，这是在贯彻权责发生制的前提下，简化了核算，又体现了重要性的会计信息质量要求。

2. 持续一段时间但在同一会计期间能够完成的劳务。

在劳务完成时确认收入；而劳务成本在发生时计入“劳务成本”，待劳务完成确认收入时，由“劳务成本”转入“主营业务成本”或“其他业务成本”。

[例 2]　A 公司为一般纳税人。2019 年 9 月 2 日接受一项设备安装任务，该安装任务预计 10 月 8 日可完成；9 月 3 日领用安装材料，成本 100 元；10 月 5 日发生安装人员薪酬 500 元；10 月 8 日如期完成，开具增值税专票，价款 1 000 元，增值税 90 元，款项通过银行收到。

会计分录：

(1)9 月 3 日领用安装材料：

借：劳务成本　　100.00

　　贷：工程物资　　100.00

(2)10 月 5 日发生安装人员薪酬：

借：劳务成本　　500.00

　　贷：应付职工薪酬　　500.00

(3)10 月 8 日完工确认收入、结转成本：

借：银行存款　　1 090.00

　　贷：主营业务收入　　1 000.00

　　　　应交税费——应交增值税(销项税额)　　90.00

借：主营业务成本　　600.00

　　贷：劳务成本　　600.00

会计分录说明：该业务虽然持续到下个月，但没跨年度，且金额不大，仍属于在同一会计期间完成。收入可以待完成时确认；但毕竟属于持续了一段时间，成本不能等待完工时再确认，而应在发生的当时计入“劳务成本”予以归集，待完工确认收入时，结转到主营业务成本。这既贯彻了权责发生制的执行，又保证了成本票据的核算及时性。

(二)劳务的开始和完成分属不同的会计期间

1. 提供劳务交易结果能可靠估计时采用完工百分比法。

提供劳务交易结果能可靠估计的条件：

(1)收入的金额能可靠计量(已收或应收的合同价款，可及时调整)。

(2)相关经济利益很可能流入企业(流入企业的可能性超过 50%)。

(3)交易的完工进度能可靠确定。确定完工进度的方法包括：已完成工作的专业测量；已提供劳务占应提供劳务总量的比例；已发生成本占估计总成本的比例。

(4)交易中已发生和将发生的成本能可靠计量(能合理估计，可随时修订)。

[例 3]　A 公司为增值税一般纳税人。2019 年 11 月 1 日，A 公司与 B 公司签订一项为期 4 个月的装修合同。合同约定总价款为 800 000 元，增值税税额为 72 000 元。合同签订当日预付总含税价款的 40%，装修完成时支付剩余的 60%。当日收到 B 公司预付款 348 800 元。截至 2019 年 12 月 31 日，已累计发生相关劳务成本 300 000 元，估计还将发生 350 000 元。该业务属于 A 公司主营业务，适用增值税率 9%，按一般方法计税，预征率 2%。按成本发生比例确定期末完工程度。

完工百分比法的应用和账务处理：

(1)2019 年 11 月 1 日收到预收款：

借：银行存款　　348 800.00

　　贷：预收账款　　348 800.00

(2)按预征率2%预缴增值税：

借：应交税费——预缴增值税 6 400.00

贷：银行存款 6 400.00

会计分录说明：按(财税〔2017〕58号)通知，纳税人提供建筑服务取得预收款，在收到预收款时，以取得的预收款扣除支付的分包款后的余额，按规定的预征率预缴增值税。适用一般计税方法的预征率2%，适用简易计税方法的预征率3%。本例预征增值税＝348 800/(1＋9%)×2%＝6 400元。

(3)2019年11月1日—12月31日发生成本：

借：劳务成本 300 000.00

贷：银行存款、工程物资等 300 000.00

会计分录说明：这里将发生劳务的多笔成本简化分录为一笔。

(4)2018年12月31日A公司账务处理：

完工程度＝300 000/(300 000＋350 000)×100%＝46.15%

年末应确认收入＝800 000×46.15%＝369 200元

年末应确认成本＝(300 000＋350 000)×46.15%＝299 975≈300 000元

借：预收账款 402 428.00

贷：主营业务收入 369 200.00

应交税费——应交增值税(销项税额) 33 228.00

借：主营业务成本 300 000.00

贷：劳务成本 300 000.00

借：应交税费——未交增值税 6 400.00

贷：应交税费——预缴增值税 6 400.00

会计分录说明：这是完工百分比法的关键一步计算与账务处理。完工程度计算依据是已发生成本占估计总成本的比例。年末确认收入和结转成本都依据这个比例计算；销项税额按确认的收入和法定税率计算；预缴增值税转为“未交增值税”借方，冲减了应交数额；劳务成本结转到主营业务成本。

2. 提供劳务交易结果不能可靠估计时无法采用完工百分比法。

当劳务不能同时满足前述4个条件时，即为劳务结果不能可靠估计，也就不能采用完工百分比法，此时要预计已发生的劳务成本是否能得到补偿。

要区别以下情况：

(1)已发生劳务成本全部能够得到补偿。此时按已收或预计能够收回的金额确认劳务收入，按已发生的劳务成本结转成本。

(2)已发生的劳务成本预计部分能够得到补偿。此时按能够得到补偿的成本金额确认劳务收入，按已发生的劳务成本结转成本。

(3)已发生的劳务成本全部不能得到补偿(也就是没有收入)。此时，不结转收入，按已发生劳务成本结转成本。

第五章　实务操作案例(三)

——外资企业案例

本章以上海9公司(外资企业)为例,给出该企业2019年11月末的科目余额和2019年1—11月份损益类科目发生额,以及12月份的基本业务,并由指导教师引领学员进行原始凭证审核、会计分录编制、记账凭证录入、账目登记(软件自动完成)、财务报表生成、财务指标分析等一系列实际操作。

第一节　基础资料

一、该企业基本情况

1. 企业名称:上海9公司。
2. 企业代码:913100005947××××××。
3. 归属行业:外资企业。
4. 增值税纳税人身份:增值税一般纳税人。
5. 执行的会计制度:《小企业会计准则》。
6. 企业规模:2019年初资产总额为294 545.98元;2019年初职工人数为3人;2018年营业收入为95 461.91元;2019年初注册资本为10 000 000元。
7. 经营范围:内衣、化妆品、皮革制品、服装、工艺品(文物除外)、日用品的批发、进出口、佣金代理(拍卖除外),并提供相关配套服务,商务信息咨询,会务服务(主办、承办展览展示除外)。(不涉及国营贸易管理商品,涉及配额、许可证管理商品的,按国家有关规定办理申请。)

二、2019年12月初科目余额表(含1—11月份损益类科目发生额)

(一)调整前科目余额表

调整前科目余额表见图表5—1。

图表5—1　　科目余额表

(2019年1月至2019年11月)

核算单位:上海9公司　　　　单位:元

科目编码	科目名称	期初余额		本期发生额		期末余额	
		借方	贷方	借方	贷方	借方	贷方
1001	库存现金	6 621.14		7 215.00	2 748.25	11 087.89	
1002	银行存款	79 403.94		200 394.39	224 037.29	55 761.04	
100201	1银行	61 603.39		200 394.39	224 037.29	37 960.49	

续表

科目编码	科目名称	期初余额		本期发生额		期末余额	
		借方	贷方	借方	贷方	借方	贷方
100202	2 银行	16 598.36				16 598.36	
100203	3 银行	306.00				306.00	
100204	4 银行	896.19				896.19	
1122	应收账款	15 194.00		88 139.24	68 271.37	35 061.87	
1122-00001	某 4	13 920.00				13 920.00	
1122-00002	5 公司		128 329.40	17 639.24	68 271.37		178 961.53
1122-00003	某 5	7 920.00				7 920.00	
1122-00004	某 6	7 920.00				7 920.00	
1122-00005	某 7	17 600.00				17 600.00	
1122-00006	某 8	7 920.00				7 920.00	
1122-00007	某 9	27 400.00				27 400.00	
1122-00008	某 10	10 848.95				10 848.95	
1122-00009	某 11	16 394.45				16 394.45	
1122-00010	某 12		5 600.00				5 600.00
1122-00011	某 13	17 600.00				17 600.00	
1122-00012	某 14		37 820.00				37 820.00
1122-00013	某 15	59 420.00				59 420.00	
1122-00014	某 16			9 800.00		9 800.00	
1122-00015	某 17			11 200.00		11 200.00	
1122-00016	某 18			16 700.00		16 700.00	
1122-00017	某 19			32 800.00		32 800.00	
1221	其他应收款	2 500.00			15 000.00		12 500.00
122105	张××	2 500.00				2 500.00	
122106	蔡××				15 000.00		15 000.00
1405	库存商品	11 045.21			8 125.00	2 920.21	
1601	固定资产	146 699.45				146 699.45	
1602	累计折旧		139 967.16				139 967.16
资产合计		261 463.74	139 967.16	295 748.63	318 181.91	251 530.46	152 467.16
2202	应付账款	635.00		6 250.00	1 830.00	5 055.00	
2202-00001	某 20	1 300.00		4 780.00		6 080.00	
2202-00002	6 公司		665.00	1 410.00	1 830.00		1 085.00
2202-00004	某 22			60.00		60.00	
2203	预收账款		70 502.39		117 059.70		187 562.09
2203-00002	5 公司		70 502.39		117 059.70		187 562.09
2211	应付职工薪酬		3 529.40	134 756.00	201 156.60		69 930.00
221101	职工工资			127 556.90	194 406.90		66 850.00

续表

科目编码	科目名称	期初余额		本期发生额		期末余额	
		借方	贷方	借方	贷方	借方	贷方
221108	应付福利费		3 080.00				3 080.00
221109	应付社会保险费		449.40	5 420.10	4 970.70		
221110	应付住房公积金			1 779.00	1 779.00		
2221	应交税费		7 760.05	31 587.17	23 845.06		17.94
222101	应交增值税	2 774.74		9 335.66	11 776.82	333.58	
22210101	进项税额	1 471.78		911.81		2 383.59	
22210102	已交税金	5 039.58			2 285.33	2 754.25	
22210103	转出未交增值税	14 891.82		8 423.85		23 315.67	
22210105	销项税额		18 628.44		9 491.49		28 119.93
222102	未交增值税		9 706.66	17 450.17	8 423.85		680.34
222104	应交印花税			12.10	17.40		5.30
222107	应交城市维护建设税		558.13	1 061.54	589.67		86.26
222108	应交个人所得税		270.00	2 970.00	2 970.00		270.00
222109	应交教育费附加				50.49		50.49
222110	应交地方教育费附加				16.83		16.83
222121	应交残疾人就业保障金			757.70		757.70	
2241	其他应付款		77 295.55	20 064.00	25 760.17		82 991.72
224101	法人		56 795.55		5 996.17		62 791.72
224102	某 1		20 500.00	15 350.00	15 350.00		20 500.00
224103	某 2			4 000.00	4 000.00		
224104	公积金			322.00	322.00		
224105	某 3			300.00		300.00	
224106	张××			92.00	92.00		
负债合计		635.00	159 087.39	192 657.17	369 651.53	5 055.00	340 501.75
3001	实收资本		943 500.00				943 500.00
3103	本年利润			219 552.59	20 124.95	199 427.64	
3104	利润分配	980 455.81				980 455.81	
310401	未分配利润	980 455.81				980 455.81	
	权益合计	980 455.81	943 500.00	219 552.59	20 124.95	1 179 883.45	943 500.00
5001	主营业务收入			78 647.75	78 647.75		
500101	销货			62 007.18	62 007.18		
500102	服务费			16 640.57	16 640.57		

续表

科目编码	科目名称	期初余额		本期发生额		期末余额	
		借方	贷方	借方	贷方	借方	贷方
5401	主营业务成本			8 125.00	8 125.00		
5403	税金及附加			674.39	674.39		
5601	销售费用			1 830.00	1 830.00		
560101	运输费			1 830.00	1 830.00		
5602	管理费用			267 216.41	267 216.41		
560205	差旅费			18 890.78	18 890.78		
560207	业务招待费			763.00	763.00		
560209	职工薪酬			204 126.60	204 126.60		
560210	社会保险费			14 834.20	14 834.20		
560213	住房公积金			1 062.00	1 062.00		
560221	交通费			235.94	235.94		
56022118	10 张×			212.00	212.00		
56022119	王××			23.94	23.94		
560223	电话费			251.41	251.41		
560223-00002	张×			251.41	251.41		
560230	快递费			1 319.00	1 319.00		
560231	服务费			20 097.08	20 097.08		
560232	通讯费			899.90	899.90		
560233	公积金			813.00	813.00		
560235	停车费			40.00	40.00		
560236	审计费			3 883.50	3 883.50		
5603	财务费用			229.18	229.18		
560301	利息费用			−63.32	−63.32		
560302	手续费			292.50	292.50		
5711	营业外支出			0.41	0.41		
571101	税收滞纳金、罚金、罚款			0.41	0.41		
损益合计				356 723.14	356 723.14		
合　计		1 242 554.55	1 242 554.55	1 064 681.53	1 064 681.53	1 436 468.91	1 436 468.91

科目余额表说明如下：

1. 所有者权益合计在系统中导出，叫作“权益合计”，这在名称上不严密。权益包括所有者权益和债权人权益，不只是“所有者权益”。

2. 其他应付款中有明细科目“法人”，这是不对的。“法人”是指企业主体本身。俗称的“法人”，其实应当叫“法人代表”。

3. 主营业务收入划分为两类：销货和服务。那么，主营业务成本也应划分为这两类明细。但该账套对成本没有划分。

4. 管理费用中，交通费下又设置张×、王××明细，没有意义。

5. 管理费用中明细项目有“电话费”,应在规章制度中明确公务电话的相关规定,否则,个人无法报销电话费。

6. 假定该电话费属于合法公务电话,就应当并入“通讯费”明细科目中。

7. 管理费用明细科目560233“公积金”属于重复设置。

8. 应付职工薪酬的二级科目不应该叫“职工工资”,而应该叫“工资奖金津贴补贴”。

(二)对原科目余额表调整

为保证年末会计报表的正确性,据此对原科目余额表进行如下调整:

1. 将“权益”改为“所有者权益”。

2. 将“法人”改为“法人代表”。

3. 将“主营业务成本”增设“销货成本”和“服务成本”两个明细科目。

4.“管理费用——交通费”之下的三级明细“张×”“王××”已经无法取消,故在12月份做分录调整。

5. 将“管理费用——电话费”并入“通讯费”,在12月份做分录调整。

6. 将“管理费用——公积金”在12月份做分录调入“管理费用——住房公积金”。

7. 将“应付职工薪酬”的二级科目“职工工资”和“奖金津贴补贴”在12月份调入“工资奖金津贴补贴”。

调整后,形成新的科目余额表,学员按此表录入(见图表5—2)。

图表5—2　　**科目余额表**

(2019年1月至2019年11月)

核算单位:上海9公司　　单位:元

科目编码	科目名称	期初余额		本期发生额		期末余额	
		借方	贷方	借方	贷方	借方	贷方
1001	库存现金	6 521.14		7 215.00	2 748.25	11 087.89	
1002	银行存款	79 403.94		200 394.39	224 037.29	55 761.04	
100201	1银行	61 603.39		200 394.39	224 037.29	37 960.49	
100202	2银行	16 598.36				16 598.36	
100203	3银行	306.00				306.00	
100204	4银行	896.19				896.19	
1122	应收账款	15 194.00		88 139.24	68 271.37	35 061.87	
1122-00001	某4	13 920.00				13 920.00	
1122-00002	5公司		128 329.40	17 639.24	68 271.37		178 961.53
1122-00003	某5	7 920.00				7 920.00	
1122-00004	某6	7 920.00				7 920.00	
1122-00005	某7	17 600.00				17 600.00	
1122-00006	某8	7 920.00				7 920.00	
1122-00007	某9	27 400.00				27 400.00	
1122-00008	某10	10 848.95				10 848.95	
1122-00009	某11	16 394.45				16 394.45	
1122-00010	某12		5 600.00				5 600.00

续表

科目编码	科目名称	期初余额		本期发生额		期末余额	
		借方	贷方	借方	贷方	借方	贷方
1122-00011	某 13	17 600.00				17 600.00	
1122-00012	某 14		37 820.00				37 820.00
1122-00013	某 15	59 420.00				59 420.00	
1122-00014	某 16			9 800.00		9 800.00	
1122-00015	某 17			11 200.00		11 200.00	
1122-00016	某 18			16 700.00		16 700.00	
1122-00017	某 19			32 800.00		32 800.00	
1221	其他应收款	2 500.00			15 000.00		12 500.00
122105	张××	2 500.00				2 500.00	
122106	蔡××				15 000.00		15 000.00
1405	库存商品	11 045.21			8 125.00	2 920.21	
1601	固定资产	146 699.45				146 699.45	
1602	累计折旧		139 967.16				139 967.16
资产合计		261 463.74	139 967.16	295 748.63	318 181.91	251 530.46	152 467.16
2202	应付账款	635.00		6 250.00	1 830.00	5 055.00	
2202-00001	某 20	1 300.00		4 780.00		6 080.00	
2202-00002	6 公司		665.00	1 410.00	1 830.00		1 085.00
2202-00004	某 22			60.00		60.00	
2203	预收账款		70 502.39		117 059.70		187 562.09
2203-00002	5 公司		70 502.39		117 059.70		187 562.09
2211	应付职工薪酬		3 529.40	134 756.00	201 156.60		69 930.00
221101	职工工资			127 556.90	194 406.90		66 850.00
221108	应付福利费		3 080.00				3 080.00
221109	应付社会保险费		449.40	5 420.10	4 970.70		
221110	应付住房公积金			1 779.00	1 779.00		
2221	应交税费		7 760.05	31 587.17	23 845.06		17.94
222101	应交增值税	2 774.74		9 335.66	11 776.82	333.58	
22210101	进项税额	1 471.78		911.81		2 383.59	
22210102	已交税金	5 039.58			2 285.33	2 754.25	
22210103	转出未交增值税	14 891.82		8 423.85		23 315.67	
22210105	销项税额		18 628.44		9 491.49		28 119.93
222102	未交增值税		9 706.66	17 450.17	8 423.85		680.34
222104	应交印花税			12.10	17.40		5.30
222107	应交城市维护建设税		558.13	1 061.54	589.67		86.26

续表

科目编码	科目名称	期初余额		本期发生额		期末余额	
		借方	贷方	借方	贷方	借方	贷方
222108	应交个人所得税		270.00	2 970.00	2 970.00		270.00
222109	应交教育费附加				50.49		50.49
222110	应交地方教育费附加				16.83		16.83
222121	应交残疾人就业保障金			757.70		757.70	
2241	其他应付款		77 295.55	20 064.00	25 760.17		82 991.72
224101	法人代表		56 795.55		5 996.17		62 791.72
224102	某 1		20 500.00	15 350.00	15 350.00		20 500.00
224103	某 2			4 000.00	4 000.00		
224104	公积金			322.00	322.00		
224105	某 3			300.00		300.00	
224106	张××			92.00	92.00		
负债合计		635.00	159 087.39	192 657.17	369 651.53	5 055.00	340 501.75
3001	实收资本		943 500.00				943 500.00
3103	本年利润			219 552.59	20 124.95	199 427.64	
3104	利润分配	980 455.81				980 455.81	
310401	未分配利润	980 455.81				980 455.81	
所有者权益合计		980 455.81	943 500.00	219 552.59	20 124.95	1 179 883.45	943 500.00
5001	主营业务收入			78 647.75	78 647.75		
500101	销货			62 007.18	62 007.18		
500102	服务费			16 640.57	16 640.57		
5401	主营业务成本			8 125.00	8 125.00		
540101	销货成本			8 125.00	8 125.00		
5403	税金及附加			674.39	674.39		
5601	销售费用			1 830.00	1 830.00		
560101	运输费			1 830.00	1 830.00		
5602	管理费用			267 216.41	267 216.41		
560205	差旅费			18 890.78	18 890.78		
560207	业务招待费			763.00	763.00		
560209	职工薪酬			204 126.60	204 126.60		
560210	社会保险费			14 834.20	14 834.20		
560213	住房公积金			1 062.00	1 062.00		
560221	交通费			235.94	235.94		
56022118	10 张×			212.00	212.00		
56022119	王××			23.94	23.94		

续表

科目编码	科目名称	期初余额		本期发生额		期末余额	
		借方	贷方	借方	贷方	借方	贷方
560223	电话费			251.41	251.41		
560223-00002	张×			251.41	251.41		
560230	快递费			1 319.00	1 319.00		
560231	服务费			20 097.08	20 097.08		
560232	通讯费			899.90	899.90		
560233	公积金			813.00	813.00		
560235	停车费			40.00	40.00		
560236	审计费			3 883.50	3 883.50		
5603	财务费用			229.18	229.18		
560301	利息费用			−63.32	−63.32		
560302	手续费			292.50	292.50		
5711	营业外支出			0.41	0.41		
571101	税收滞纳金、罚金、罚款			0.41	0.41		
损益合计				356 723.14	356 723.14		
合　计		1 242 554.55	1 242 554.55	1 064 681.53	1 064 681.53	1 436 468.91	1 436 468.91

第二节　账务处理及报表生成

一、账务处理

以下为上海9公司2019年12月份全部业务原始凭证和事项及其会计分录，以此录入记账凭证并登记账簿。

1. 先做如下调整分录：

(1)借：管理费用——交通费用　　235.94

借：管理费用——交通费——10张×　　−212

借：管理费用——交通费——王××　　−23.94

(2)借：管理费用——通讯费　　251.41

借：管理费用——电话费——00002张××　　−251.41

(3)借：管理费用——住房公积金　　813.00

借：管理费用——公积金　　−813.00

(4)借：应付职工薪酬——职工工资　　66 850.00

贷：应付职工薪酬——工资奖金津贴补贴　　66 850.00

2. 业务1：12月3日，销售给7公司服装一批，12月10日开具专票，价款8 849.56元，税款1 150.44元，款未收到(见图表5—3)。

图表 5—3

310018XXXX　　上海增值税专用发票　　№ 2244XXXX　310XXXXXX 224XXXX

此联不作报销、扣税凭证使用　　开票日期：2019年12月10日

购买方	名　　称：上海7公司 纳税人识别号：91310112MA1GXXXXXX 地 址、电 话：上海市XXXXXX　XXXXXXXX 开户行及账号：上海XXXXXX　XXXXXXXX				密码区	-><4265>3--0/486-1<55<-<9+< 7+99/+008/*/7863248+/913038 /+>+<75>6293/5-//4*3>3>916< >-++>8-95361+9*1*566+8**454	
货物或应税劳务、服务名称	规格型号	单位	数量	单价	金额	税率	税额
*服装*服装			1	8849.5575221	8849.56	13%	1150.44
合　计					¥8849.56		¥1150.44
价税合计（大写）	⊗壹万圆整				（小写）¥10000.00		
销售方	名　　称：上海9公司 纳税人识别号：913100005947XXXXXX 地 址、电 话：上海市XXXXXX　XXXXXXXX 开户行及账号：上海XXXXXX　XXXXXXXX				备注		

收款人：XX　　复核：XX　　开票人：XX　　销售方：（章）

税总函[2018]341号中钞光华印制有限公司　　第一联：记账联　销售方记账凭证

会计分录：

借：应收账款——7 公司　　10 000.00

　　贷：主营业务收入——销货　　8 849.56

　　　　应交税费——应交增值税(销项税额)　　1 150.44

3. 业务 2：支付“1 银行”手续费 0.9 元，2020 年 1 月 7 日取得银行回单(见图表 5—4)。

图表 5—4

上海银行 Bank of Shanghai

上海银行业务回单

打印次数:1

记账日期:2019年12月02日

回单编号:201912030XXXXXXX

币种:CNY

收费项目:对公网上银行

付款人名称：上海9公司

账号:31685803001XXXXXX

开户银行:

金额(大写):玖角　　金额(小写):0.90

上海银行 客户自助专用章 -1-

备注:

2019年11月企业网上银行跨行同城转账费用手续费

收费种类	结算（凭证）种类	凭证起讫号码	数量	单价	金额

回单验证码:XXXX-XXXX-XXXX-XXXX

打印时间:2020 01 07 16:06:51　01

会计分录：

借：财务费用——手续费　　0.90

　　贷：银行存款——1 银行　　0.90

4. 业务 3：支付“1 银行”年服务费 200 元，2020 年 1 月 7 日取得银行回单(见图表 5—5)。

图表 5—5

上海银行业务回单

打印次数:1

记账日期:2019年12月02日

回单编号:2019XXXXXXXXXXXX

收费项目:对公网上银行

币种:CNY

付款人名称: 上海9公司

账号:31685803001XXXXXX

开户银行:

金额(大写):贰佰元整

金额(小写):200.00

备注:

2019年度企业网上银行年服务费，开户不足一年按实际使用月份扣收。

收费种类	结算（凭证）种类	凭证起讫号码	数量	单价	金额
年服务费			1年	200.00	200.00

上海银行 客户自助专用章 -1-

回单验证码:XXXX-XXXX-XXXX-XXXX

打印时间:2020 01 07 16:06:51 01

会计分录:

借:财务费用——手续费 200.00

贷:银行存款——1 银行 200.00

5. 业务 4:收到“1 银行”存款利息 13.74 元,2020 年 1 月 7 日取得银行回单(原未确认)(见图表 5—6)。

图表 5—6

上海银行业务回单

打印次数:1

记账日期:2019年12月20日

回单编号:2XXXXXXXXXXXXXXX

计息类型:存款计息

币种:CNY

收款人名称: 上海9公司

帐号:31685803OXXXXXXXX

开户银行:CN00XXXXX

金额(大写):壹拾叁元柒角肆分

金额(小写):13.74

计息明细:

存款种类	计息账号	本金或积数	起息日	适用利率	计息额
存款	31685803	30,883.27	20190921	.3	13.74

上海银行 支行 客户自助专用章 -1-

回单验证码:XXXX-XXXX-XXXX-XXXX

打印时间:2020 01 07 16:06:51 01

会计分录:

借:银行存款——1 银行 13.74

贷:财务费用——利息 13.74

6. 业务 5:通过“1 银行”缴纳 2019 年 10 月税款 270 元(属于预缴个人所得税 270 元),2020 年 1 月 7 日取得银行回单(见图表 5—7、图表 5—8)。

会计分录:

借:应交税费——个人所得税 270.00

贷:银行存款——1 银行 270.00

图表 5—7

上海银行 Bank of Shanghai

上海银行电子缴税付款凭证

回单编号:201911140
回单验证码:XXXX-XXXX-XXXX-XXXX

纳税人全称及纳税人识别号: 上海9公司 31010459XXXXXXX
付款人全称: 上海9公司
付款人账号:03001XXXXXX
付款人开户银行:上海银行
小写(合计)金额:¥270.00
大写(合计)金额:贰佰柒拾元整
征收机关名称:国家税务总局上海市徐汇区税务局
收款国库(银行)名称:国家金库上海 XXXX 支库 XXXXXX
缴款书交易流水号:444XXXXX
税票号码:619111410XXXXXXXXX

税(费)种名称	所属时期	实缴金额
个人所得税	20191001 - 20191031	¥270.00

客户自助专用章 -1-

图表 5—8

上海银行业务回单

打印次数:1
记账日期:2019年12月13日
回单编号:XXXXXXXXXXXXXXXXX

业务类型:国库信息处理系统(TIPS)Tips业务　　币种:CNY
付款人名称: 上海9公司　　收款人名称:TIPS电子缴税业务待报解预算收入
付款人账号:03001XXXXXX　　收款人账号:CNY124XXXXXXXXXXXX
付款人开户行:上海银行XXXX支行　　收款人开户行:上海银行代理行
金额(大写):贰佰柒拾元整　　金额(小写):270.00
附加信息及用途:

扣款(缴税)
银行编号:FT193479XXXXXXXX

回单验证码:XXXX-XXXX-XXXX-XXXX
打印时间:2020 01 07 16:06:50　01

自助专用章 -1-

7. 业务6:通过“1银行”缴纳2019年11月税款733.26元(其中包括增值税680.34元、城市维护建设税47.62元、印花税5.3元),2020年1月7日取得银行回单(上月已计提增值税、附加税及印花税)(见图表5—9、图表5—10)。

图表 5—9

上海银行业务回单

打印次数:1
记账日期:2019年12月11日
回单编号:201912120XXXXXXX

业务类型:国库信息处理系统(TIPS)Tips业务　　币种:CNY
付款人名称: 上海9公司　　收款人名称:TIPS电子缴税业务待报解预算收入
付款人账号:0300XXXXXXX　　收款人账号:CNY124100XXXXXXX
付款人开户行:上海银行XX支行　　收款人开户行:上海银行代理行
金额(大写):柒佰叁拾叁元贰角陆分　　金额(小写):733.26
附加信息及用途:

扣款(缴税)
银行编号:FT19XXXXXXXXXXXX

回单验证码:XXXX-XXXX-XXXX-XXXX
打印时间:2020 01 07 16:06:50　01

客户自助专用章 -1-

图表 5－10

电子缴款凭证

打印日期：2020年5月13日　　　　No. 201912XXXXXXXX12

纳税人识别号	91310XXXXXXXXXXX8H		税务征收机关	国家税务总局上海市徐汇区税务局第二税务所	
纳税人名称	上海9公司		收款国库	国家金库上海 XXXX 支库	
开户银行	上海银行XXXXXXXXXX		银行账号	03001XXXXXX	
系统税票号	税（费）种	税（品）目	所属时期	实缴金额	缴款日期
331016191200403531	城市维护建设税	市区（增值税附征）	20191101-20191130	47.62	20191211
331016191200403531	增值税	商业(17%、16%、13%)	20191101-20191130	680.34	20191211
331016191200403531	印花税	购销合同	20191101-20191130	5.3	20191211
----以下空白----					
金额合计	（大写）　柒佰叁拾叁元贰角陆分			733.26	
本缴款凭证仅作为纳税人记账核算凭证使用，需与银行对账单电子划缴记录核对一致方有效。纳税人需开具完税证明，请凭税务登记证和有效身份证明，到主管税务机关开具《税收完税证明》。 税务机关（电子章）	电子签名串	1UMMQY7VHpIGSZM+mwmbTR7AOsB1fEb8FsmlXgLqZ7Lt4dQeuJkDKaylakpla6S/GxnW11PluGgIzW1273K48QIr2GbUWxXXTH7rp5iPfDVBd11wPflc3neuiVlhru8xhGc6ceW2iFjkS5bxiZnP9UDqLfwoK8wZpGOCoZoFd/c=			

（印章：国家税务总局上海市税务局 电子缴款 税收业务专用章）

第 1 页/共 1 页　　　　第 1 次打印

会计分录：

借：应交税费——未交增值税　　　　680.34

　　　　　　——印花税　　　　5.30

　　　　　　——应交城市维护建设税　　　　47.62

　　　贷:银行存款——1 银行　　　　　　　　　　　　　　　　　　　　733.26

会计分录说明:按已经学过的理论规定,印花税不通过应交税费核算,直接贷记“银行存款”。这是过去针对贴花办法的规定。现在印花税也是通过网上申报,也出现了应缴与实缴的结算过程,故也就通过“应交税费——印花税”核算了。

8. 通过“1 银行”支付 8 公司服务费 280 元,2020 年 1 月 7 日取得银行回单(原已计入应付账款)(见图表 5—11)。

图表 5—11

打印次数:1

上海银行业务回单

记账日期:2019年12月10日　　回单编号:XXXXXXXXXXXXXXXX

业务类型:大额普通贷记-借方	币种:CNY
付款人名称:上海9公司	收款人名称:上海8公司
付款人账号:0300XXXXXXX	收款人账号:100161340XXXXXXXXXX
付款人开户行:上海银行XXXX	收款人开户行:中国建设银行股份有限公司XXXXXXX
金额(大写):贰佰捌拾元整	金额(小写):280.00

附加信息及用途:

服务费

银行编号:FT1934XXXXXXXXXX

回单验证码:XXXX-XXXX-XXXX-XXXX
打印时间:2020 01 07 16:06:50　　01

会计分录:

　借:应付账款——8 公司　　　　　　　　　　　　　　　　280.00

　　贷:银行存款——1 银行　　　　　　　　　　　　　　　　280.00

9. 通过“1 银行”支付 6 公司运费 305 元,2020 年 1 月 7 日取得银行回单(原已入应付账款)(见图表 5—12)。

图表 5—12

打印次数:1

上海银行业务回单

记账日期:2019年12月06日　　回单编号:XXXXXXXXXXXXXXXX

业务类型:大额普通贷记-借方	币种:CNY
付款人名称:上海9公司	收款人名称:上海6公司
付款人账号:030018XXXXX	收款人账号:43647XXXXXXX
付款人开户行:上海银行XXXX	收款人开户行:中国银行XXXXXXXX
金额(大写):叁佰零伍元整	金额(小写):305.00

附加信息及用途:
9月

运费

银行编号:FT19340XXXXXXXXX

回单验证码:XXXX-XXXX-XXXX-XXXX
打印时间:2020 01 07 16:06:50　　01

会计分录：

借：应付账款——6 公司　　305.00

　贷：银行存款——1 银行　　305.00

10. 通过“1 银行”支付张××薪酬 3 313.5 元，2020 年 1 月 7 日取得银行回单（见图表 5—13）。

图表 5—13

上海银行 Bank of Shanghai

上海银行业务回单　　打印次数：1

记账日期：2019年12月06日　　回单编号：XXXXXXXXXXXXXXXX

业务类型：大额普通贷记-借方　　币种：CNY

付款人名称：上海9公司　　收款人名称：张XX

付款人账号：03001XXXXXX　　收款人账号：6222021001XXXXXXXX

付款人开户行：上海银行XXXX　　收款人开户行：中国工商银行XXXXXXXXXXX

金额（大写）：叁仟叁佰壹拾叁元伍角　　金额（小写）：3,313.50

附加信息及用途：

工资

银行编号：FT1934070XXXXXXX

回单验证码：XXXX-XXXX-XXXX-XXXX

打印时间：2020 01 07 16:06:50　　01

会计分录：

借：应付职工薪酬——工资奖金津贴补贴　　3 313.50

　贷：银行存款——1 银行　　3 313.50

11. 收到“1 银行”“三代”手续费 59.89 元，2020 年 1 月 7 日取得回单（见图表 5—14）。

图表 5—14

上海银行 Bank of Shanghai

上海银行业务回单　　打印次数：1

记账日期：2019年12月23日　　回单编号：XXXXXXXXXXXXXXXX

业务类型：小额普通贷记-贷方　　币种：CNY

付款人名称：国家税务总局上海市徐汇区税务局　　收款人名称：上海9公司

付款人账号：100122102XXXXXXXXXX　　收款人账号：03001841679

付款人开户行：中国工商银行XXXXXXXXXXX　　收款人开户行：上海银行 XX 支行

金额（大写）：伍拾玖元捌角玖分　　金额（小写）：59.89

附加信息及用途：

三代手续费

银行编号：FT19357XXXXXXXXX

回单验证码：XXXX-XXXX-XXXX-XXXX

打印时间：2020 01 07 16:06:51　　01

会计分录：

借：银行存款——1 银行　　59.89

　贷：营业外收入——政府补助　　59.89

会计分录说明：(1)“三代”手续费是指单位或个人受税务机关委托进行税款的代扣代缴、代收代缴或委托代证而由税务机关返还的奖励性质的款项，其用途为“三代”工作的管理性支出或对“三代”有功人员的鼓励与奖励。

(2)收到该款项应当单独核算，计入企业的收入，科目为“营业外收入”，并计算缴纳增值税(一般纳税人为6%，小规模纳税人为3%)。

正确分录为：

借：银行存款　　59.89

　　贷：营业外收入——政府补助　　56.30

　　　　应交税费——增值税(销项税额)　　3.59

请学员按此录入。

(3)如用于购买“三代”有关的管理用物品，计入管理费用即可。

(4)如用于奖励“三代”有功人员，则会计分录为：

借：管理费用

　　贷：应付职工薪酬——工资奖金津贴补贴

借：应付职工薪酬——工资奖金津贴补贴

　　贷：银行存款

注意：该奖金不需计算缴纳个人所得税。

12. 业务11：收到5公司通过1银行转来快钱POS款9 739.24元(原已入应收账款)，2020年1月7日取得回单(见图表5—15)。

图表5—15

上海银行业务回单　　打印次数:1

记账日期:2019年12月09日　　回单编号:XXXXXXXXXXXXXXXX

业务类型:小额定期贷记-贷方　　币种:CNY

付款人名称:上海5公司　　收款人名称:上海9公司

付款人账号:000030000XXXXXXX　　收款人账号:03001XXXXXX

付款人开户行:中国银行XXXXXX　　收款人开户行:上海银行XXXX

金额(大写):玖仟柒佰叁拾玖元贰角肆分　　金额(小写):9,739.24

附加信息及用途:

银行编号:BEA193430922XXXXXXXXX

(印章：银行　支行　客户自助专用章　-1-)

回单验证码:XXXX-XXXX-XXXX-XXXX

打印时间:2020 01 07 16:06:50　　01

会计分录：

借：银行存款——1银行　　9 739.24

　　贷：应收账款——5公司　　9 739.24

13. 业务12：“10张××”报销出差交通费16元，现金付款(见图表5—16)。

会计分录：

借：管理费用——交通费用　　16.00

　　贷：库存现金　　16.00

图表 5—16

存*12*01134 XXXXXXX
3444100 XXXXXXX
根

上海锦江汽车服务有限公司
TAXI
车费发票
FARE RECEIPT

发票代码:
1310018XXXXX
发票号码: 0085XXXX
统一社会信用代码:
913100001337367678
叫车电话: 96961
监督电话: 64169292
公司地址: 吴中路16号

手写无效

车号
证号 843002
日期 2019-01-21
上车 16:53
下车 16:56
单价 2.50元
[redacted]里程 0.6km
等候 00:01.16
金额 16.00 元
含电调费 元 燃油附加费 0.0元
卡号
原 额
余 额

伊诺尔印务 2018.9印 30万卷(100×1) 0000001-30000000

会计分录说明：管理费用下设交通费用二级科目即可，无需按报销人设置明细科目。

14. 业务 13：报销通信服务费 47.30 元，现金付款（见图表 5—17）。

图表 5—17

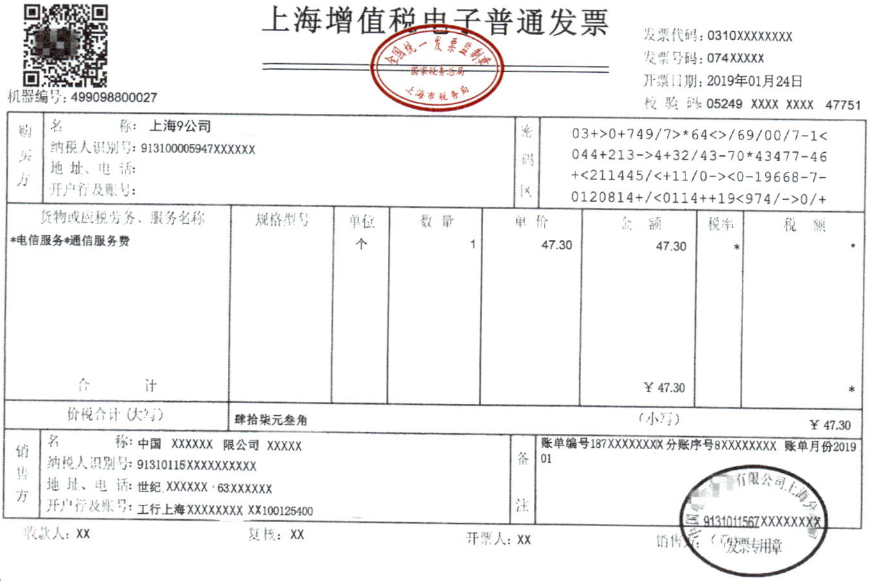

上海增值税电子普通发票

机器编号: 499098800027

发票代码: 0310XXXXXXXX
发票号码: 074XXXXX
开票日期: 2019年01月24日
校 验 码: 05249 XXXX XXXX 47751

购买方	名称: 上海9公司 纳税人识别号: 913100005947XXXXXX 地址、电话: 开户行及账号:				密码区	03+>0+749/7>*64<>/69/00/7-1< 044+213->4+32/43-70*43477-46 +<211445/<+11/0-><0-19668-7- 0120814+/<0114++19<974/->0/+	
货物或应税劳务、服务名称	规格型号	单位	数量	单价	金额	税率	税额
*电信服务*通信服务费		个	1	47.30	47.30	*	*
合计					￥47.30		*
价税合计（大写）	肆拾柒元叁角				（小写）	￥47.30	
销售方	名称: 中国 XXXXXX 限公司 XXXXX 纳税人识别号: 91310115XXXXXXXXXX 地址、电话: 世纪 XXXXXX 63XXXXXX 开户行及账号: 工行上海XXXXXXXX XX100125400				备注	账单编号187XXXXXXXX 分账序号8XXXXXXXX 账单月份201901	

收款人: XX　　复核: XX　　开票人: XX　　销售方:（章）

会计分录：

借：管理费用——通讯费　　47.30

　贷：库存现金　　47.30

15. 业务 14：报销快递服务费 23 元，现金付款（见图表 5—18）。

图表 5—18

上海增值税电子普通发票

全国统一发票监制章　国家税务总局　上海市税务局

机器编号：499099767311

发票代码：03100XXXXXX
发票号码：244XXXXX
开票日期：2019年01月08日
校 验 码：08018 XXXX XXXX 5802

购买方	名　　称：上海9公司 纳税人识别号：9131000059XXXXXXXX 地 址、电 话： 开户行及账号：	密码区	037-<+88745-2+2*21*0410*0359 >29767-890638617821796/1<8*> --531-3597/624819-8259>82>20 9347>8//54016>38194847-*-544

货物或应税劳务、服务名称	规格型号	单位	数量	单价	金额	税率	税额
物流辅助服务*收派服务费		次	1.000000	21.700000	21.70	6%	1.30
合　　计					¥ 21.70		¥ 1.30
价税合计(大写)	贰拾叁元整				(小写)		¥ 23.00

销售方	名　　称：上海 XXXX 南聚公司 纳税人识别号：91310118555XXXXXX 地 址、电 话：上海市XXXXXX　XXXXXXXX 开户行及账号：上海XXXXX　XXXXXXXX	备注	上海XXXX有限公司 91310118555XXXXXX 销售方 发票专用章

收款人：XX　　复核：XX　　开票人：XX

会计分录：

借：管理费用——快递费　　23.00

　　贷：现金　　23.00

16. 业务15：计提本月工资18 592元，代扣个人社保517.50元、公积金161元，个税270元(居民纳税人张××工资3 992元交社保及公积金，非居民纳税人黄××4 800元、蔡××9 800元不交社保公积金)(见图表5—19)。

会计分录：

借：管理费用——职工薪酬　　18 592.00

　　贷：应付职工薪酬——工资奖金津贴补贴　　18 592.00

借：应付职工薪酬——工资奖金津贴补贴　　948.50

　　贷：其他应付款——社会保险费　　517.50

　　　　　　　　　——公积金　　161.00

　　　　应交税费——应交个人所得税　　270.00

会计分录说明：基本养老保险＝4 927×8%＝394.16元；基本医疗保险＝4 927×2%＝98.54元；失业保险＝4 927×0.5%＝24.64元，社保合计＝517.5元。住房公积金的缴存比例为7%，本例属于确有困难，暂时降低缴纳额度。

17. 业务16：缴纳社保款1 860.8元(其中代扣代缴517.5元，单位负担1 343.3元)。通过“1银行”支付，2020年1月7日取得银行回单(见图表5—20、图表5—21)。

会计分录：

借：其他应付款——社会保险费　　517.50

　　管理费用——社会保险费　　1 343.30

　　贷：银行存款——1银行　　1 860.80

会计分录说明：本分录有误。本分录将单位负担的社保1 343.30元直接计入管理费用，通过银行存款缴纳了，忽略了“应付职工薪酬”。

图表 5—19

2019 年 12 月上海 9 公司员工工资明细表

序号	职位	姓名	身份证	手机号码	入职时间	月计薪天数	出勤天数	基本工资			绩效基准	绩效	奖金	应发合计	社保基数	个人					税前工资	个税	实发	备注
									饭补	全勤						养老	医疗	失业	公积金 7%	个人部合计				
1		张××	×××	×××		21.75	21.75	3 992.00						3 992.00	4 927.00	394.20	98.60	24.70	161.00	678.43	3 992.00		3 313.57	
2		黄××	×××	×××		21.75	21.75	4 800.00						4 800.00		0.00	0.00	0.00	0.00	0.00	4 800.00		4 800.00	
3		蔡××	×××	×××		21.75	21.75	9 800.00						9 800.00		0.00	0.00	0.00	0.00	0.00	9 800.00	270.00	9 530.00	
合计														18 592.00		394.16	98.59	24.68	161.00	678.43	18 592.00		17 643.57	

图表 5—20

上海银行 Bank of Shanghai

上海银行业务回单

打印次数:1

记账日期:2019年12月11日　　回单编号:201912XXXXXXXXXX

业务类型:上海市支付结算综合业务系统单笔代收-借方　　币种:CNY

付款人名称:上海9公司　　收款人名称:上海市社会保险事业管理中心

付款人账号:03001XXXXXX　　收款人账号:10012935XXXXXXXXXXX

付款人开户行:上海银行XXXX　　收款人开户行:上海银行股份有限公司

金额(大写):壹仟捌佰陆拾元捌角　　金额(小写):1,860.80

附加信息及用途:

银行编号:BEA193450XXXXXXXXXXXX

回单验证码:XXXX-XXXX-XXXX-XXXX

打印时间:2020 01 07 16:06:50　01

图表 5－21

201800
上海市嘉定区金 XXXXXXXXXXXX 一层
上海9公司
2019年12月　XXXXXX

友情提示：
　　若您对收据内容有疑义的，请与参保所在地的社保经办机构联系。

沪财 Y000031

上海市社会保险费征收专用收据（批）

收据联

（上海市 财政部监制）

No. 19XXXXXX829

2019 年 12 月

参 保 户 名 称：上海9公司
社会保险登记码：XXXXXXXX　缴纳日期：2020年01月10日　流水号：0000000000XXXXXXXX44
单位：元

项　目	类　型	金　额
社会保险费	委托收款	1860.80
合计(人民币大写)：壹仟捌佰陆拾元捌角整		

经办人：徐汇分中心　打印日期：2020年01月15日　收款单位(盖章)

（上海市社会保险事业管理中心 结算专用章）

上海市社会保险费征收明细

险种	项目明细	金额	险种	项目明细	金额
城镇养老	用人单位缴纳	788.40			
	用人单位职工缴纳（单位代扣代缴）	394.20			
城镇医疗	用人单位缴纳	468.20			
	用人单位职工缴纳（单位代扣代缴）	98.60			
城镇失业	用人单位缴纳	21.70			
	用人单位职工缴纳（单位代扣代缴）	24.70			
工伤保险	用人单位缴纳	12.70			
生育保险	用人单位缴纳	19.30			

打印编号：00263502 封装编号：63509858 1/1

上海东港安全印刷有限公司. 2019年09月. 329万份 #1909000001-1912290000

正确分录为：

借：管理费用——社会保险费　1 343.30
　　贷：应付职工薪酬——应付社会保险费　1 343.30
借：应付职工薪酬——应付社会保险费　1 343.30
　　其他应付款——社会保险费　517.50
　　贷：银行存款　1 860.80

请学员按正确分录录入。

18. 业务 17:缴纳公积金 338 元(其中代扣代缴 161 元,单位负担 177 元),通过“1 银行”支付,2020 年 1 月 7 日取得银行回单(见图表 5—22)。

图表 5—22

上海银行 Bank of Shanghai　　**上海银行业务回单**　　打印次数:1

记账日期:2019年12月05日　　回单编号:XXXXXXXXXXXXXXXX

业务类型:上海市支付结算综合业务系统实时代收-借方　　币种:CNY

付款人名称: 上海9公司　　收款人名称:上海市公积金管理中心

付款人账号:3168580300XXXXX　　收款人账号:310015025880500OXXXXXX

付款人开户行:上海银行XXXX　　收款人开户行:中国建设银行股份有限公XXXXXXX分行

金额(大写):叁佰叁拾捌元整　　金额(小写):338.00

附加信息及用途:
公积金业务

银行编号:BEA19339101XXXXXXX

回单验证码:XXXX-XXXX-XXXX-XXXX
打印时间:2020-01-07 16:06:50　01

会计分录:

借:其他应付款——公积金	161.00	
管理费用——住房公积金	177.00	
贷:银行存款——1 公司		338.00

会计分录说明:本分录有误。本分录将单位负担的住房公积金 177 元直接计入管理费用,通过银行存款缴纳了,忽略了“应付职工薪酬”。

正确分录为:

借:管理费用——住房公积金	177.00	
贷:应付职工薪酬——应付住房公积金		177.00
借:应付职工薪酬——应付住房公积金	177.00	
其他应付款——公积金	161.00	
贷:银行存款		338.00

请学员按正确分录录入。

19. 业务 18:计提印花税。

会计分录:

借:税金及附加	3.00	
贷:应交税费——印花税		3.00

20. 业务 19:计提增值税及附加税。

会计分录:

借:应交税费——应交增值税——转出未交增值税	1 150.44	
贷:应交税费——未交增值税		1 150.44
借:税金及附加	80.53	
贷:应交税费——应交城市维护建设税		80.53

会计分录说明:应交城建税=1 150.44×7%=80.53 元。

重要提示:本案例 2019 年 12 月第一笔业务是销售商品,确认了主营业务收入。但从全部分录来看,没有对应的库存商品出库、确认主营业务成本的账务处理。这是个严重问题。学员在实践中要特别注意这个问题,不要重蹈覆辙。

为此,下面新增一笔分录,请学员按此录入:

21. 业务 20:结转主营业务成本(见图表 5－23)。

会计分录:

借:主营业务成本——销货成本　1 500.00

　贷:库存商品　1 500.00

图表 5－23　**商品出库单**

出库单:CPRK2019120005　出库日期:2019－12－23　仓库:　成品仓

生产订单:　产品编码:　业务号:

出库类别:商品领用　业务类型:领料　审核日期:2019－12－27

备注:服装　出库

产品编码	产品名称	规格型号	主计量单位	数量	单价	金额	批号	项目编号
02011202001	服装		批	1	1 500	1 500		
合　计				1	1 500	1 500		

审批人　保管员　领用人

22. 业务 21:结转损益。

会计分录:

借:本年利润　13 063.43

　主营业务收入——销货　8 849.56

　营业外收入——政府补助　56.30

　贷:主营业务成本——销货成本　1 500.00

　　税金及附加　83.53

　　管理费用——职工薪酬　18 592.00

　　　——社会保险费　1343.30

　　　——住房公积金　990.00

　　　——交通费——10 张×　－212.00

　　　——交通费——王××　－23.94

　　　——电话费——00002 张×　－251.41

　　　——快递费　23.00

　　　——通讯费　298.71

　　　——公积金　－813.00

　　　——交通费用　251.94

　　　——利息费用　－13.74

　　财务费用——手续费　200.90

23. 业务 22:结转本年利润。

会计分录:

借:利润分配——未分配利润　212 491.07

贷:本年利润 212 491.07

会计分录说明:由于年度累计亏损,所以没有预缴企业所得税的分录。

二、生成会计报表

(一)资产负债表(见图表 5—24)

图表 5—24 **资产负债表**

纳税人识别号:913100005947×××××× 会小企 01 表

核算单位:上海 9 公司 2019—12—31 单位:元

资　产	行次	期末余额	年初余额	负债和所有者权益	行次	期末余额	年初余额
流动资产:				流动负债:			
货币资金	1	69 274.04	86 025.08	短期借款	31	0.00	0.00
短期投资	2	0.00	0.00	应付票据	32	0.00	0.00
应收票据	3	0.00	0.00	应付账款	33	780.00	665.00
应收账款	4	267 443.40	186 943.40	预收账款	34	419 682.86	242 251.79
预付账款	5	6 420.00	1 300.00	应付职工薪酬	35	84 260.00	3 529.40
应收股利	6	0.00	0.00	应交税费	36	522.24	7 760.05
应收利息	7	0.00	0.00	应付利息	37	0.00	0.00
其他应收款	8	2 800.00	2 500.00	应付利润	38	0.00	0.00
存货	9	1 420.21	11 045.21	其他应付款	39	98 291.72	77 295.55
其中:原材料	10	0.00	0.00				
在产品	11	0.00	0.00				
库存商品	12	1 420.21	11 045.21				
周转材料	13	0.00	0.00				
其他流动资产	14	0.00	0.00	其他流动负债	40	0.00	0.00
流动资产合计	15	347 357.65	287 813.69	流动负债合计	41	603 536.82	331 501.79
非流动资产:				非流动负债:			
长期债券投资	16	0.00	0.00	长期借款	42	0.00	0.00
长期股权投资	17	0.00	0.00	长期应付款	43	0.00	0.00
固定资产原价	18	146 699.45	146 699.45	递延收益	44	0.00	0.00
减:累计折旧	19	139 967.16	139 967.16	其他非流动负债	45	0.00	0.00
固定资产账面价值	20	6 732.29	6 732.29	非流动负债合计	46	0.00	0.00
在建工程	21	0.00	0.00	负债合计	47	603 536.82	331 501.79
工程物资	22	0.00	0.00				
固定资产清理	23	0.00	0.00				
生产性生物资产	24	0.00	0.00	所有者权益(或股东权益)			
无形资产	25	0.00	0.00	实收资本(或股本)	48	943 500.00	943 500.00
开发支出	26	0.00	0.00	资本公积	49	0.00	0.00
长期待摊费用	27	0.00	0.00	盈余公积	50	0.00	0.00
其他非流动资产	28	0.00	0.00	未分配利润	51	−1 192 946.88	−980 455.81
非流动资产合计	29	6 732.29	6 732.29	所有者权益(或股东权益)合计	52	−249 446.88	−36 955.81
资产总计	30	354 089.94	294 545.98	负债和所有者权益(或股东权益)总计	53	354 089.94	294 545.98

（二）利润表（见图表 5—25）

图表 5—25　**利润表**

纳税人识别号:913100005947××××××　会小企 02 表

核算单位:上海 9 公司　2019—12　单位:元

项　目	行次	本年累计金额	本月金额
一、营业收入	1	87 497.31	8 849.56
减:营业成本	2	9 625.00	1 500.00
税金及附加	3	757.92	83.53
其中:消费税	4	0.00	0.00
营业税	5	0.00	0.00
城市维护建设税	6	0.00	0.00
资源税	7	0.00	0.00
土地增值税	8	0.00	0.00
城镇土地使用税、房产税、车船税、印花税	9	0.00	0.00
教育费附加、矿产资源补偿费、排污费	10	0.00	0.00
销售费用	11	1 830.00	0.00
其中:商品维修费	12	0.00	0.00
广告费和业务宣传费	13	0.00	0.00
管理费用	14	287 415.01	20 198.60
其中:开办费	15	0.00	0.00
业务招待费	16	763.00	0.00
研究费用	17	0.00	0.00
财务费用	18	416.34	187.16
其中:利息费用(收入以“—”号填列)	19	—77.06	—13.74
加:投资收益(损失以“—”号填列)	20	0.00	0.00
二、营业利润(亏损以“—”号填列)	21	—212 546.96	—13 119.73
加:营业外收入	22	56.30	56.30
其中:政府补助	23	56.30	56.30
减:营业外支出	24	0.41	0.00
其中:坏账损失	25	0.00	0.00
无法收回的长期债券投资损失	26	0.00	0.00
无法收回的长期股权投资损失	27	0.00	0.00
自然灾害等不可抗力因素造成的损失	28	0.00	0.00
税收滞纳金	29	0.41	0.00
三、利润总额(亏损总额以“—”号填列)	30	—212 491.07	—13 063.43
减:所得税费用	31	0.00	0.00
四、净利润(净亏损以“—”号填列)	32	—212 491.07	—13 063.43

（三）现金流量表（见图表 5—26）

表 5—26 **现金流量表**

纳税人识别号：913100005947××××××　　会小企 03 表

核算单位：9 公司　　2019—12　　单位：元

项　目	行次	本年累计金额	本月金额
一、经营活动产生的现金流量：			
销售产成品、商品、提供劳务收到的现金	1	195 070.31	9 739.24
收到其他与经营活动有关的现金	2	15 136.95	73.63
购买原材料、商品、接受劳务支付的现金	3	6 835.00	585.00
支付的职工薪酬	4	158 565.00	5 103.80
支付的税费	5	17 729.44	733.26
支付其他与经营活动有关的现金	6	43 828.86	965.70
经营活动产生的现金流量净额	7	−16 751.04	2 425.11
二、投资活动产生的现金流量：			
收回短期投资、长期债券投资和长期股权投资收到的现金	8		
取得投资收益收到的现金	9		
处置固定资产、无形资产和其他非流动资产收回的现金净额	10		
短期投资、长期债券投资和长期股权投资支付的现金	11		
购建固定资产、无形资产和其他非流动资产支付的现金	12		
投资活动产生的现金流量净额	13		
三、筹资活动产生的现金流量：			
取得借款收到的现金	14		
吸收投资者投资收到的现金	15		
偿还借款本金支付的现金	16		
偿还借款利息支付的现金	17		
分配利润支付的现金	18		
筹资活动产生的现金流量净额	19		
四、现金净增加额	20	−16 751.04	2 425.11
加：期初现金余额	21	86 025.08	66 848.93
五、期末现金余额	22	69 274.04	69 274.04

会计报表说明：利润表中“税金及附加”项目中“营业税”已经过时了，前几年就营改增了。但软件的报表模板未调整。

第三节　财务指标的基本分析

前两个案例已经进行过财务指标的单项分析，所以本案例集中进行杜邦体系的综合分析。

一、杜邦体系基本关系式

杜邦体系基本关系式如下：

$$\text{净资产收益率}=\text{销售净利率}\times\text{总资产周转率}\times\text{权益乘数}$$

$$=\frac{\text{净利润}}{\text{销售收入}}\times\frac{\text{销售收入}}{\text{平均总资产}}\times\frac{\text{平均总资产}}{\text{平均所有者权益}}=\frac{\text{净利润}}{\text{平均所有者权益}}$$

式中：

$$\text{权益乘数}=\frac{1}{1-\text{资产负债率}}=\frac{1}{\frac{\text{平均总资产}-\text{平均总负债}}{\text{平均总资产}}}=\frac{\text{平均总资产}}{\text{平均所有者权益}}$$

销售净利率通过百元销售收入创造的净利润，反映企业成本费用消耗与盈利能力，即销售收入的含金量。

总资产周转率通过平均总资产在一年中创造的销售收入，反映企业资产的运营效率、营运能力，即资产效果的含金量。

权益乘数通过总资产与所有者权益的比值，间接反映企业负债情况，即偿债能力及资产本身的含金量与风险。

该体系的综合指标“净资产收益率”是销售净利率、总资产周转率、权益乘数综合作用的结果反映，也是所有者投资企业之前、之后所最关心的问题。

由此看来，净资产收益率综合了偿债能力、营运能力和盈利能力三大因素，因此被称为十分重要的综合分析指标。

二、因素分析法(连环替代法)的基本知识

前述杜邦体系基本关系式用于分析相关各因素(销售净利率、资产周转率、权益乘数)对综合指标“净资产收益率”的影响。典型的、常用的分析方法即为因素分析法，也称连环替代法。

现举一简单例子说明该方法的应用，然后结合这个简单例子介绍该方法的原理和步骤。

［例 1］　××公司某产品的运输费用上年为 210 000 元，本年为 286 440 元。相关影响因素为运输数量、运输距离和吨千米单价。有关数据资料如图表 5－27 所示。

图表 5－27　　××公司因素分析法例题资料

指标项目	上年	本年	变化幅度	变化(%)
运输数量(吨)	25	28	3	12.00%
运输距离(千米)	168	155	－13	－7.74%
单价(元/吨·千米)	50	66	16	32.00%
运输费用(元)	210 000	286 440	76 440	36.40%

通过表中计算可以看出，本年运费 286 440 元，上年运费 210 000 元，本年比上年增加 76 440 元，增加 36.40%。增加的原因有三个：一是运输数量的变化；二是运输距离的变化；三是吨千米单价的变化。这是能够一眼看出的。但各因素对运费总额的影响究竟是多少，需要通过连环替代法去具体分析。

(一)分析的步骤

1. 列出综合指标与其影响因素关系式。

运输费用＝运输数量×运输距离×吨千米单价

2. 代入上、下两年的数据：

本年运输费用＝28 吨×155 千米×66 元/吨·千米＝286 440 元

上年运输费用＝25 吨×168 千米×50 元/吨·千米＝210 000 元

A. 运量变化＝28 吨×168 千米×50 元/吨·千米＝235 200 元

B. 距离变化＝28 吨×155 千米×50 元/吨·千米＝217 000 元

C. 单价变化＝28 吨×155 千米×66 元/吨·千米＝286 440 元

3. 分析：运输费用本年比上年增加 76 440 元，其原因有三个方面：运输数量、运输距离和吨千米单价的变化。

其中：运输数量本年比上年增加 3 吨(28 吨－25 吨)，使运费增加 25 200 元，这是正常现象。

运输距离本年比上年下降 13 千米(155 千米－168 千米)，使运费下降 18 200 元。这是有利因素，应保持并继续完善运输路线。

吨千米单价本年比上年增加 16 元(66 元－50 元)，增幅较大，达到 32%。这一不利因素，使运费增加 69 440 元。要认真调查了解价格变化的原因，是属于市场供求变化，还是运输服务的采购存在问题。要查明真正原因，以便解决。若属于市场价格变化，企业只能努力适应，进一步通过优化运输路线等去消化价格变化的不利因素。

连环替代法的简便方法是差额法：

将前述计算比较过程整理，形成如下简单计算对比：

A. 运量变化影响＝(本年数量－上年数量)×上年距离×上年单价

＝(28－25)×168×50＝25 200 元

B. 距离变化影响＝本年数量×(本年距离－上年距离)×上年单价

＝28×(155－168)×50＝－18 200 元

C. 单价变化影响＝本年数量×本年距离×(本年单价－上年单价)

＝28×155×(66－50)＝69 440 元

合计影响＝25 200－18 200＋69 440＝76 440 元

(二)连环替代法的原理

综合指标的变化，往往受多重因素影响。这些因素有积极的，有消极的；有过去的，有现在的；有技术上的，有管理上的；等等。该方法通过因素分解，反映了各具体因素分别对综合指标的影响方向和影响程度，为指标的改善、管理措施的选择提供了依据和方向。

这种方法的步骤是：

(1)列出综合指标的影响因素关系式，比如：

运输费用＝运输数量×运输距离×吨千米单价

排列顺序是：数量指标在前，质量指标在后。

(2)分别计算上年的三个因素和本年的三个因素，并计算出上年和本年度综合指标。

(3)然后逐项按顺序变化个指标，用某因素变化后的计算结果与变化前的计算结果对比，就看出了该指标变化对综合指标的影响。

连环替代法的简便算法——差额法步骤是：

(1)列出前后两年的综合指标计算关系式，仍然是数量指标在前，质量指标在后。

(2)分析哪个指标时，该指标就在括号中本年－上年，括号后面的指标固定在基期；括号前面的指标固定在报告期。

(3)各指标括号中变化，分别计算出该指标的影响方向和影响程度。

三个因素对综合指标变化的影响方向和程度计算出来后，更关键的问题就是结合生产实际进行具体的有利因素和不利因素的查找和分析，并具体制定出有利因素的保持手段、不利因素的改进措施。

本方法的原理是一种哲学道理：量变引起质变，量变在前，质变在后。至于在众多影响因素中，如何区分质量指标和数量指标，本教材不展开叙述。

三、对本案例的财务指标进行杜邦体系分析

首先整理杜邦体系关系式所需的基本数据资料。

为了计算和分析方便，将前述期初余额表、期末会计报表中反映的相关资料计算于下表中(见图表5－28)：

图表5－28　利用杜邦体系对上海9公司进行综合财务分析基础数据及其指标计算

杜邦体系基础数据及其指标计算					单位：元
指　标	上年初	上年末或上年	本年末或本年	变动金额	变动(%)
销售收入		115 216.24	87 497.31	－27 718.93	－24.06
净利润		－253 005.56	－212 491.07	40 514.49	
资产总额	271 326.70	294 545.98	354 089.94	59 543.96	20.22
平均总资产		282 936.34	324 317.96	41 381.62	14.63
负债总额	55 276.95	331 501.79	603 536.82	272 035.03	82.06
平均总负债		193 389.37	467 519.31	274 129.94	141.75
所有者权益总额	216 049.75	－36 955.81	－249 446.88	－212 491.07	
平均所有者权益		89 546.97	－143 201.35	－232 748.32	－259.92
销售净利率		－219.59%	－242.85%		
总资产周转率		0.41	0.27		
权益乘数		分母负值无意义	分母负值无意义		
净资产收益率		－282.54%	分母平均所有者权益是负值，无法计算		

计算到这里发现，由于权益乘数的分母是负值，这就无法计算权益乘数，也就无法进行杜

邦体系分析了。下面,结合上述计算,简单介绍计算分析的方法与思路。

上年净资产收益率=上年销售净利率×上年资产周转率×上年权益乘数

=－219.59%×0.41×上年权益乘数

本年净资产收益率=本年销售净利率×本年资产周转率×本年权益乘数

=－241.14%×0.27×本年权益乘数

1. 销售净利润变化对净资产收益率的影响=

(本年销售净利率－上年销售净利率)×上年资产周转率×上年权益乘数

2. 资产周转率变化对净资产收益率的影响=

本年销售净利率×(本年资产周转率－上年资产周转率)×上年权益乘数

3. 权益乘数对净资产收益率的影响=

本年销售净利率×本年资产周转率×(本年权益乘数－上年权益乘数)

三个因素的影响之和,就是本年与上年净资产收益率的变化值。

前面介绍了基本思路。杜邦体系的具体应用,将在案例(四)中详细介绍。

第六章　实务操作案例(四)

——机械零件加工业企业案例

本章以上海 95 公司(机械零件加工业企业)为例,给出该企业 2019 年 11 月末的科目余额表(含 1—11 月份损益类科目发生额)和 12 月份的基本业务,并由指导教师引领学员进行原始凭证审核、会计分录编制、记账凭证录入、账目登记(软件自动完成)、财务报表生成、财务指标分析等一系列实际操作。

第一节　基础资料

一、该企业基本情况

1. 企业名称:上海 95 公司。

2. 企业代码:91310230091××××××。

3. 归属行业:机械零件加工企业。

4. 增值税纳税人身份:增值税一般纳税人。

5. 执行的会计制度:《小企业会计准则》。

6. 企业规模:2019 年初资产总额为 1 948 985.63 元;2019 年初职工人数为 4 人;2018 年营业收入为 3 064 081.25 元;2019 年初注册资金为 800 000 元。

7. 经营范围:机械设备(除特种设备)及零部件生产、加工、安装、维修,包装材料、五金交电、环保设备、化工原料及产品(除危险化学品、监控化学品、烟花爆竹、民用爆炸物品、易制毒化学品)、橡塑制品的销售。

二、2019 年 12 月初科目余额表(含 1—11 月份损益类科目发生额)

调整前科目余额表见图表 6—1。

图表 6—1　　科目余额表

(2019 年 1 月至 2019 年 11 月)

核算单位:上海 95 公司　　单位:元

科目编码	科目名称	期初余额		本期发生额		期末余额	
		借方	贷方	借方	贷方	借方	贷方
1001	库存现金	3 548.25		192 000.00	194 504.77	1 043.48	
1002	银行存款	905 270.27		4 177 202.21	4 292 544.58	789 927.90	
100201	浙江泰隆商业银行	844 547.39		4 127 202.21	4 220 754.54	750 995.06	

续表

科目编码	科目名称	期初余额		本期发生额		期末余额	
		借方	贷方	借方	贷方	借方	贷方
100202	工行社保户	60 722.88		50 000.00	71 790.04	38 932.84	
1122	应收账款	812 317.89		4 488 145.91	3 895 639.88	1 404 823.92	
1122-00001	1 公司	3 890.00		240 971.11	131 770.44	113 090.67	
1122-00002	2 公司	0.90				0.90	
1122-00003	3 公司	204 521.00		2 304 748.84	1 692 416.23	816 853.61	
1122-00005	4 公司	606 205.99		730 136.72	532 318.49	804 024.22	
1122-00007	5 公司			171 308.00	329 688.71		158 380.71
1122-00008	6 公司			400.00	400.00		
1122-00009	7 公司		2 300.00	2 300.00			
1122-00013	8 公司			1 038 281.24	1 209 046.01		170 764.77
1221	其他应收款	162 836.56		130 896.20	263 825.76	29 907.00	
122101	代扣代缴个人养老保险费			1 576.80	1 576.80		
122102	代扣代缴个人失业保险费			98.80	98.80		
122103	代扣代缴个人医疗保险费			394.40	394.40		
122106	9 公司——房屋押金	19 158.80				19 158.80	
122107	苏××	143 677.76		128 826.20	261 755.76	10 748.20	
1403	原材料			664 550.29		664 550.29	
1405	库存商品			1 779 781.12	1 329 100.57	450 680.55	
1601	固定资产	118 927.48		5 309.73		124 237.21	
160101	电脑	31 429.92				31 429.92	
160102	空调	6 835.90				6 835.90	
160103	设备	80 661.66				80 661.66	
160104	焊机			5 309.73		5 309.73	
1602	累计折旧		60 958.82		18 413.31		79 372.13
资产合计		2 002 900.45	60 958.82	11 437 885.46	9 994 028.87	3 465 170.35	79 372.13
2202	应付账款		566 977.02	2 414 959.86	2 729 351.14		881 368.30
2202-00002	10 公司		3 288.99		1 263.55		4 552.54
2202-00004	11 公司		22 140.71	813 547.26	1 022 268.88		230 862.33
2202-00009	12 公司	2 500.00		5 300.00	3 600.00	4 200.00	
2202-00013	13 公司			2 935.00	2 935.00		
2202-00015	14 公司	27 307.00		77 553.40	94 315.40	10 545.00	
2202-00018	15 公司		15 600.00	41 820.00	36 870.00		10 650.00
2202-00019	16 公司		496 273.63				496 273.63
2202-00022	17 公司			274.00		274.00	
2202-00025	18 公司				7 478.00		7 478.00

续表

科目编码	科目名称	期初余额		本期发生额		期末余额	
		借方	贷方	借方	贷方	借方	贷方
2202-00028	19 公司			1 650.00	1 650.00		
2202-00036	20 公司			49 000.00	49 000.00		
2202-00038	21 公司		44 800.00	387 250.00	401 250.00		58 800.00
2202-00041	22 公司			1 520.00		1 520.00	
2202-00048	23 公司						
2202-00052	24 公司			172 429.20	172 429.20		
2202-00053	25 公司	4 303.00		52 490.00	52 490.00	4 303.00	
2202-00056	26 公司				428.97		428.97
2202-00057	27 公司			14 330.00	14 330.00		
2202-00058	28 公司		9 587.94				9 587.94
2202-00059	29 公司		415.00				415.00
2202-00060	30 公司		12 680.75				12 680.75
2202-00061	31 公司			5 613.00	5 324.00	289.00	
2202-00062	32 公司			1 400.00	1 400.00		
2202-00063	33 公司			280.00	280.00		
2202-00064	34 公司			763 120.00	699 610.00	63 510.00	
2202-00065	35 公司			10 448.00	10 448.00		
2202-00066	36 公司				23 459.47		23 459.47
2202-00067	37 公司				1 340.00		1 340.00
2202-00068	38 公司				7 000.00		7 000.00
2202-00069	39 公司	3 700.00				3 700.00	
2202-00070	40 公司			6 800.00	6 800.00		
2202-00071	41 公司			3 600.00	3 600.00		
2202-00072	42 公司			3 600.00		3 600.00	
2202-00073	43 公司				109 200.67		109 200.67
2202-00074	44 公司				580.00		580.00
2211	应付职工薪酬			140 929.43	141 346.57		417.14
221101	职工工资			123 803.53	124 220.67		417.14
221110	应付社会保险费			17 125.90	17 125.90		
2221	应交税费		41 360.30	934 600.37	885 792.42	7 447.65	
222101	应交增值税	64 295.47		657 911.35	544 794.91	177 411.91	
22210101	进项税额	183 756.02		299 550.89	40 740.70	442 566.21	
22210102	已交税金	344 673.31		152 425.54		497 098.85	
22210103	转出未交增值税	38 780.63		205 654.92		244 435.55	
22210104	减免税款	280.00		280.00		560.00	
22210105	销项税额		499 967.75		502 944.36		1 002 912.11
22210108	转出多交增值税		2 810.88				2 810.88
22210109	进项税额转出		415.86		1 109.85		1 525.71

续表

科目编码	科目名称	期初余额		本期发生额		期末余额	
		借方	贷方	借方	贷方	借方	贷方
222102	未交增值税		102 877.58	98 023.02	250 728.56		255 583.12
222103	应交所得税		43 712.15	110 021.80	66 309.65		
222104	应交印花税			715.10	1 074.40		359.30
222107	应交城市维护建设税			12 522.42	12 536.42		14.00
222108	应交个人所得税			2.85	4.29		1.44
222109	应交教育费附加			7 513.46	7 521.86		8.40
222110	应交地方教育费附加			2 816.73	2 822.33		5.60
222130	转出未交增值税	40 933.96		45 073.64		86 007.60	
2241	其他应付款		98 926.30	13 392.00	370 600.79		456 135.09
224101	刘××		94 994.30	13 392.00	368 730.79		450 333.09
224102	45 公司		3 932.00		1 870.00		5 802.00
负债合计			707 263.62	3 503 881.66	4 127 090.92	7 447.65	1 337 920.53
3001	实收资本		800 000.00				800 000.00
300101	姚××		100 000.00				100 000.00
300102	刘××		700 000.00				700 000.00
3002	资本公积		186 186.70				186 186.70
3103	本年利润			1 030 928.44	1 857 445.82		826 517.38
3104	利润分配		255 535.31				255 535.31
310401	未分配利润		255 535.31				255 535.31
权益合计			1 241 722.01	1 030 928.44	1 857 445.82		2 068 239.39
4101	制造费用	7 044.00		5 870.05		12 914.05	
410103	折旧费用	7 044.00		5 870.05		12 914.05	
成本合计		7 044.00		5 870.05		12 914.05	
5001	主营业务收入			3 949 410.85	3 949 410.85		
5301	营业外收入			83 000.00	83 000.00		
530101	政府补助			83 000.00	83 000.00		
5401	主营业务成本			1 461 977.09	1 461 977.09		
5403	税金及附加			23 955.01	23 955.01		
5601	销售费用			86 329.58	86 329.58		
560101	运输费			56 131.58	56 131.58		
560108	差旅费			30 198.00	30 198.00		
5602	管理费用			1 571 223.38	1 571 223.38		
560203	办公费			39 232.80	39 232.80		
560204	水电费			12 597.63	12 597.63		

续表

科目编码	科目名称	期初余额		本期发生额		期末余额	
		借方	贷方	借方	贷方	借方	贷方
560205	差旅费			12 147.14	12 147.14		
560206	房租			72 000.00	72 000.00		
560207	业务招待费			50 136.96	50 136.96		
560209	职工薪酬			127 641.73	127 641.73		
560210	社会保险费			56 047.24	56 047.24		
560211	职工福利费			24 798.50	24 798.50		
560221	交通费			3 441.00	3 441.00		
560222	固定资产折旧			12 543.26	12 543.26		
560223	通讯费			594.10	594.10		
560224	车辆维护费			3 616.74	3 616.74		
560225	快递费			5 719.81	5 719.81		
560226	汽油费			635.53	635.53		
560227	服务费			3 530.10	3 530.10		
560228	通行费			297 652.20	297 652.20		
560229	停车费			3 770.00	3 770.00		
560233	日用品			669.11	669.11		
560234	汽车维修			500.00	500.00		
560236	保险费			23 743.65	23 743.65		
560239	服装费			2 700.00	2 700.00		
560240	其他			650.80	650.80		
560245	仓储费			112 137.42	112 137.42		
560246	汽车费用——维修费			15 701.01	15 701.01		
560247	差旅费——住宿费			9 809.58	9 809.58		
560248	汽车费用——租赁费			678 807.34	678 807.34		
560249	机油			309.73	309.73		
560250	意外险			90.00	90.00		
5603	财务费用			−3 901.24	−3 901.24		
560301	利息费用			−3 901.66	−3 901.66		
560302	手续费			0.42	0.42		
5801	所得税费用			66 309.65	66 309.65		
损益合计				7 238 304.32	7 238 304.32		
合　计		2 009 944.45	2 009 944.45	23 216 869.93	23 216 869.93	3 485 532.05	3 485 532.05

三、对科目余额表部分项目的说明

1. 应收账款明细科目的贷方余额，其性质是预收账款。

2. 应付账款明细科目的借方余额，其性质是预付账款。

3. 关于工资中代扣代缴的社保、公积金等，如果是先扣回再缴纳，应当形成其他应付款；但本案例是挂在其他应收款一级科目之下，性质应当属于之前已经缴纳，挂在其他应收款中，等待发放工资时扣回。本例在前11个月已经将其他应收款的二级科目“代扣代缴社保、公积金”结清，12月份就计入其他应付款中，这样就正常了。

4. 固定资产的二级科目设置不好，不应当设置为“电脑、空调、设备、焊机”；而应设置为“电子设备”“机械设备”“运输设备”“其他”等。

5. 制造费用在本例应该是生产成本的二级科目，但现在挂在一级科目中。同学们要注意：这是不对的。

6. 管理费用的“汽车维修”“车辆维护费”“汽车费用——维修费”这三个明细科目应当合并；“交通费”“通行费”应当合并；“日用品”应并入“办公费”；“差旅费——住宿费”应并入“差旅费”；“意外险”应并入“保险费”。

针对上述第4条、第5条，在12月份首先通过几笔调整分录，使12月初科目余额不当之处得以纠正，以保证12月末账务处理后，形成正确的年度财务会计报表。

(1)将“固定资产——电脑、空调、设备、焊机”分别转入“固定资产——电子设备、机械设备、运输设备、房屋建筑物、其他”。

(2)将“制造费用”转入“生产成本——制造费用”。

(3)“管理费用——通行费”不再使用，而是计入“管理费用——交通费”。

(4)“管理费用——日用品”不再使用，而是计入“管理费用——办公费”。

(5)“管理费用——差旅费——住宿费”的三级明细不再使用，以后就使用“管理费用——差旅费”即可。

(6)将“管理费用——意外险”不再使用，而是计入“管理费用——保险费”。

鉴于此，学员按原科目余额表录入即可，不必再形成新的科目余额表。

第二节 账务处理及报表生成

一、账务处理

以下为2019年12月份全部业务原始凭证和事项及其会计分录，以此录入记账凭证并登记账簿

1. 调整分录。

借：固定资产——电子设备	31 429.92	
——机械设备	53 116.29	
——运输设备	32 855.10	
——器具、工具、家具	6 835.90	
贷：固定资产——电脑		31 429.92

——空调	6 835.90
——设备	80 661.66
——焊机	5 309.73

借:生产成本——制造费用　　12 914.05

　贷:制造费用——折旧费用　　12 914.05

2. 业务 1:12 月 21 日,向 3 公司销售商品,当日开具专票,价款 7 620 元,税款 990.60 元,款未收到(见图表 6—2)。

图表 6—2

上海增值税专用发票

31001XXXXX　　№ 0737XXXX　3100XXXXXX　0737XXXX

机器编号:49990　　此联不作报销、扣税凭证使用　　开票日期:2019年12月21日

购买方 名称:上海3公司
纳税人识别号:91310115703XXXXXX
地址、电话:中国(上海)自由贸易 XXXXXXXXXXXX 室 021-321XXX
开户行及账号:花旗银行(中国)XXXXXXXXXX 分行 XXXXXXXXXX

密码区:
034>2-06<//5>*<-20>42+51+>-1
>3-9/8/6985-6+2226>3<*+09/41
22*85>*+*1<<9>9>+778>02-1214
475-0369->01*//9037+9-<><*-3

货物或应税劳务、服务名称	规格型号	单位	数量	单价	金额	税率	税额
*橡胶制品*减震器	2834201-0000	件	254	30	7620.00	13%	990.60
合计					¥7620.00		¥990.60
价税合计(大写)	⊗捌仟陆佰壹拾圆陆角整				(小写)¥8610.60		

销售方 名称:上海95公司
纳税人识别号:91310230091XXXXXX
地址、电话:上海市徐汇区华泾路 XXXXXXXXX 021-560XXX
开户行及账号:浙江泰隆 XXXXXX 上海 XX 支行31011XXXXX

备注:PO:919514073 SL2001

收款人:XX　复核:XX　开票人:XX　销售方:(章)

税总函[2018]670号中钞光华印制有限公司

第一联:记账联 销售方记账凭证

会计分录:

借:应收账款——3 公司　　8 610.60

　贷:主营业务收入——库存商品　　7 620.00

　　应交税费——应交增值税(销项税额)　　990.60

会计科目说明:主营业务收入的二级科目设置不好,不适合叫“库存商品”,可以叫“商品销售”。

正确分录:

借:应收账款——3 公司　　8 610.60

　贷:主营业务收入——商品销售　　7 620.00

　　应交税费——应交增值税(销项税额)　　990.60

请学员按正确分录录入。

3. 业务 2:12 月 21 日,向 3 公司销售商品,当日日开具专票,价款 3 990 元,税款 518.7 元,款未收到(见图表 6—3)。

会计分录:

借:应收账款——3 公司　　4 508.70

　贷:主营业务收入——库存商品　　3 990.00

应交税费——应交增值税(销项税额)　　　　518.70

会计分录说明:本分录仍然是将"主营业务收入——库存商品"改为"主营业务收入——商品销售"后录入。

图表 6—3

31001XXXXX　　**上海增值税专用发票**　　№ 0737XXXX　31001XXXXX　0737XXXX

机器编号:4999024XXXXX　　此联不作报销、扣税凭证使用　　开票日期:2019年12月21日

购买方	
名　　称:	上海3公司
纳税人识别号:	91310115703XXXXXXX
地 址、电 话:	中国(上海)自由贸易试验区 XXXXXXXXX 021-32XXXXXX
开户行及账号:	花旗银行XXXXXXXXXX公司上海分行1784XXXXXXX

密码区:
034*4-3++/-371309/1+>5940-47
210*17165-2->-4+0274/<<8/32-
276/-772<+-242++5+/2+2>><-93
<04--7-/3601*//903971<3*6089

货物或应税劳务、服务名称	规格型号	单位	数量	单价	金额	税率	税额
*橡胶制品*减震器	2834201-0000	件	133	30	3990.00	13%	518.70
合　计					¥3990.00		¥518.70
价税合计(大写)	⊗肆仟伍佰零捌圆柒角整				(小写)¥4508.70		

销售方	
名　　称:	上海95公司
纳税人识别号:	913102300XXXXXXXXX
地 址、电 话:	上海市徐汇区 XXXXXXXXXXXXXX 021-5605XXXX
开户行及账号:	浙江泰隆 XXXXXX上海徐汇支行3101180XXXXX

备注:P0:919455464 SL2000

收款人:XX　　复核:XX　　开票人:XXX　　销售方:(章)

税总函[2018]670号中钞光华印制有限公司

第一联:记账联 销售方记账凭证

4. 业务 3:12 月 21 日,向 3 公司销售商品,当日开具专票,价款 66 500 元,税款 8 645 元,款未收到(见图表 6—4)。

图表 6—4

31001XXXXX　　**上海增值税专用发票**　　№ 0737XXXX　31001XXXXX　0737XXXX

机器编号:499902XXXXXXX　　此联不作报销、扣税凭证使用　　开票日期:2019年12月21日

购买方	
名　　称:	上海3公司
纳税人识别号:	9131011570XXXXXXXX
地 址、电 话:	中国(上海)自由贸易试验 XXXXXXXXXX 021-321XXXXX
开户行及账号:	花旗银行(中国)XXXXXXXXX 分行178XXXXXXXX

密码区:
03<77/>-98<7>457/>0>028*-<8+
*0160<448<0*142*6+>>9335938*
*>3*528*47+12><21-/4<324*393
58/9-225*601*//903465103*07+

货物或应税劳务、服务名称	规格型号	单位	数量	单价	金额	税率	税额
*其他专用设备*轴套	3272910-0000	件	500	133	66500.00	13%	8645.00
合　计					¥66500.00		¥8645.00
价税合计(大写)	⊗柒万伍仟壹佰肆拾伍圆整				(小写)¥75145.00		

销售方	
名　　称:	上海95公司
纳税人识别号:	91310230091XXXXXXX
地 址、电 话:	上海市徐汇区华泾路 XXXXXXXXXX 021-560XXXXX
开户行及账号:	浙江泰隆商业银 XXXXXXXXX 行310118012XXXXXX

备注:P0:919424659 SL2000

收款人:XX　　复核:XX　　开票人:XXX　　销售方:(章)

税总函[2018]670号中钞光华印制有限公司

第一联:记账联 销售方记账凭证

会计分录：

借：应收账款——3 公司　　75 145.00

　贷：主营业务收入——库存商品　　66 500.00

　　应交税费——应交增值税(销项税额)　　8 645.00

会计分录说明：本分录仍然是将“主营业务收入——库存商品”改为“主营业务收入——商品销售”后录入。

5. 业务 4：12 月 21 日，向 3 公司销售商品，当日开具专票，价款 66 500 元，税款 8 645 元，款未收到(见图表 6—5)。

图表 6—5

31001XXXXX　　上海增值税专用发票　　№ 0738XXXX　　3100XXXXXX 0738XXXX

机器编号：499902XXXXXX　　此联不作报销、扣税凭证使用　　开票日期：2019年12月21日

(印章：全国统一发票监制章 上海 国家税务总局监制)

购买方	名称：上海3公司 纳税人识别号：9131011570XXXXXXX 地址、电话：中国（上海）自由贸易试验 XXXXXXXXXXX 021-3217XXXX 开户行及账号：花旗银行（中国） XXXXXXXXXXXXXXXXXXX 01XXXX	密码区	03/6856983+6+1+-1<89>>6689+> +5-5791*33>4*2*+>//6107->+5- 292*>090-2583><+/50/13793+-3 283*77+35901*//9037+6//48</8

货物或应税劳务、服务名称	规格型号	单位	数量	单价	金额	税率	税额
*其他专用设备*轴套	3272910-0000	件	500	133	66500.00	13%	8645.00
合计					¥66500.00		¥8645.00
价税合计（大写）	⊗柒万伍仟壹佰肆拾伍圆整				（小写）¥75145.00		

销售方	名称：上海95公司 纳税人识别号：913102300918XXXXXX 地址、电话：上海市徐汇区华泾路13 XXXXXXXX 21-560XXXXX 开户行及账号：浙江泰隆商业 XXXXXXXXXXXXXXX 11801201XXXXX	备注	PO:919424659 SL2000

收款人：XX　　复核：XX　　开票人：XXX　　销售方：（章）

税总函[2018]670号中钞光华印制有限公司

第一联：记账联 销售方记账凭证

会计分录：

借：应收账款——3 公司　　75 145.00

　贷：主营业务收入——库存商品　　66 500.00

　　应交税费——应交增值税(销项税额)　　8 645.00

会计分录说明：本分录仍然是将“主营业务收入——库存商品”改为“主营业务收入——商品销售”后录入。

6. 业务 5：12 月 21 日，向 3 公司销售商品，当日开具专票，价款 4 560 元，税款 592.8 元，款未收到(见图表 6—6)。

会计分录：

借：应收账款——3 公司　　5 152.80

　贷：主营业务收入——库存商品　　4 560.00

　　应交税费——应交增值税(销项税额)　　592.80

会计分录说明：本分录仍然是将“主营业务收入——库存商品”改为“主营业务收入——商品销售”后录入。

图表 6—6

31001XXXXX　　**上海增值税专用发票**　　№ 0738XXXX　3100XXXXXX　0738XXXX

机器编号：499902XXXXXX　　此联不作报销、扣税凭证使用　　开票日期：2019年12月21日

购买方	名称：上海3公司 纳税人识别号：91310115703XXXXXXX 地址、电话：中国（上海）自由贸易XXXXXXXXXXXX 021-3XXXXXXX 开户行及账号：花旗银行（中国）XXXXXXXXXXXXXXXX784XXXXX				密码区	037>>6-143684/+050<5436382*6 18549/<*4*///97+14/2->1-<8-- -1125*24543*04++5>0490>8**67 5<-97635+-01*//90364<9+9>241	
货物或应税劳务、服务名称	规格型号	单位	数量	单价	金额	税率	税额
*橡胶制品*减震器	2834201-0000	件	152	30	4560.00	13%	592.80
合计					¥4560.00		¥592.80
价税合计（大写）	⊗伍仟壹佰伍拾贰圆捌角整				（小写）¥5152.80		
销售方	名称：上海95公司 纳税人识别号：9131023009XXXXXXXX 地址、电话：上海市徐汇区华泾路XXXXXXXXX 021-56XXXXXX 开户行及账号：浙江泰隆商业XXXXXXXXXXXXX 1011801201XXXXX				备注	PO:919583108 SL2000	

收款人：XX　　复核：XX　　开票人：XX　　销售方：（章）

税总函[2018]670号中钞光华印制有限公司

第一联：记账联 销售方记账凭证

7. 业务6：12月27日，公司从11公司采购一批原材料，专票价款88 495.58元，税款11 504.42元，款未付，材料入库（见图表6—7、图表6—8）。

会计分录：

借：原材料——橡胶制品　　88 495.58

　　应交税费——应交增值税（进项税额）　　11 504.42

　贷：应付账款——11公司　　100 000.00

会计分录说明：6—12业务采购入库，除发票、货物清单之外，还应附有入库单，请学员注意。

图表 6—7

34001XXXXX　　**安徽增值税专用发票**　　№ 1061XXXX　34001XXXXX　1061XXXX

发票联　　开票日期：2019年12月27日

购买方	名称：上海95公司 纳税人识别号：91310230091XXXXXXX 地址、电话：上海市崇明县长兴镇潘园公路 XXXXXXXXX 021-5605XX 开户行及账号：浙江泰隆商业 XXXXXXXXXX 3101180120 XXXX				密码区	/6062>71/<553/+332<-165>-3/ >165-8>31<9<164934548047<>1 88/152367+8831782/6543>>9<3 <939>345-*>23*9+1259-0/21<2	
货物或应税劳务、服务名称	规格型号	单位	数量	单价	金额	税率	税额
（详见销货清单）					88495.58	13%	11504.42
合计					¥88495.58		¥11504.42
价税合计（大写）	⊗壹拾万圆整				（小写）¥100000.00		
销售方	名称：安徽11公司 纳税人识别号：91340124677XXXXXXX 地址、电话：庐江县白湖镇泉水村军二路南侧 XXXXXXXXXXXX 0551-87XXXXXX 开户行及账号：中国工商银行XXXXXXXX1315071009				备注		

收款人：XX　　复核：XX　　开票人：XX　　销售方：（章）

税总函[2019]144号中钞光华印制有限公司

第三联：发票联 购买方记账凭证

图表 6－8

销售货物或者提供应税劳务、服务清单

购买方名称：上海95公司

销售方名称：安徽11公司

所属增值税专用发票代码：XXXXXXXXXXXX号码 XXXXXXXXXXXX　　共 1 页 第 1 页

序号	货物（劳务）名称	规格型号	单位	数量	单价	金额	税率	税额
1	*橡胶制品*丁腈胶	43070345	只	300	72.566371681	21769.91	13%	2830.09
2	*橡胶制品*丁腈胶	43070072	只	250	39.82300885	9955.75	13%	1294.25
3	*橡胶制品*丁腈胶	43070583	只	420	8.407079646	3530.97	13%	459.03
4	*橡胶制品*绿氟胶	43070462	只	600	25.221238938	15132.74	13%	1967.26
5	*橡胶制品*绿氟胶	43070658	只	500	23.89380531	11946.90	13%	1553.10
6	*橡胶制品*绿氟胶	43070628	只	250	20.796460177	5199.12	13%	675.88
7	*橡胶制品*丁腈胶	43070456	只	800	3.3628318584	2690.27	13%	349.73
8	*橡胶制品*丁腈胶	43070288	只	350	11.946902655	4181.42	13%	543.58
9	*橡胶制品*丁腈胶	43075160	只	600	5.7522123894	3451.33	13%	448.67
10	*橡胶制品*丁腈胶	43072010	只	200	11.592920354	2318.58	13%	301.42
11	*橡胶制品*丁腈胶	43070727	只	600	7.0796460177	4247.79	13%	552.21
12	*橡胶制品*丁腈胶	43070598	只	500	8.1415929204	4070.80	13%	529.20
小计						88495.58		11504.42
总计						88495.58		11504.42
备注								

销售方(章)：XXXXXXXXX 发票专用章　　填开日期：2019年12月27日

8. 业务 7：12 月 17 日，公司从 11 公司采购一批原材料，专票价款 25 735.66 元，税款 3 345.64 元。款未付，材料入库(见图表 6－9 至图表 6－11)。

会计分录：

借：原材料——橡胶制品　　25 735.66

　应交税费——应交增值税(进项税额)　　3 345.64

　贷：应付账款——11 公司　　29 081.30

图表 6—9

安徽增值税专用发票

34001XXXXX　　　　发票联　　　　№ 1060XXXX　3400XXXXX　1060XXXX

开票日期：2019年12月17日

购买方	名　称：上海95公司 纳税人识别号：9131023009XXXXXXX 地址、电话：上海市崇明县长兴镇潘园公路 XXXXXXXXXX 021-560XXXXX 开户行及账号：浙江泰隆 XXXXXXXXXXX 31011801201XXXXX	密码区	9>5>0<8+0>96><47/2*+83<578+ *2*<>-56237773<>37944>6<06/ *5<41-6>5-73<0--<<81+3/<0-8 458<*0<<>>57017377>>-312/00

货物或应税劳务、服务名称	规格型号	单位	数量	单价	金额	税率	税额
（详见销货清单）					25735.66	13%	3345.64
合　计					￥25735.66		￥3345.64
价税合计（大写）	⊗贰万玖仟零捌拾壹圆叁角整				（小写）￥29081.30		

销售方	名　称：安徽11公司 纳税人识别号：9134012467XXXXXXXX 地址、电话：庐江县白湖镇泉水村军二 XXXXXXXXXXX 0551-873XXXXX 开户行及账号：中国工商XXXXXXXXXXXX50710093XXXXXXX	备注	

收款人：XX　　复核：XX　　开票人：XX　　销售方：（章）

税总函〔2019〕144号中钞光华印制有限公司

第三联：发票联　购买方记账凭证

图表 6—10

销售货物或者提供应税劳务、服务清单

购买方名称：上海95公司

销售方名称：安徽11公司

所属增值税专用发票代码：XXXXXXXXX　号码：XXXXXXXXX　　　共 2 页 第 1 页

序号	货物（劳务）名称	规格型号	单位	数量	单价	金额	税率	税额
1	*橡胶制品*模具	31010117300	副	1	1327.4336283	1327.43	13%	172.57
2	*橡胶制品*丁腈胶	43070672	只	100	16.371681416	1637.17	13%	212.83
3	*橡胶制品*丁腈胶	385*5	只	300	4.8407079646	1452.21	13%	188.79
4	*橡胶制品*丁腈胶	43070690	只	200	6.1504424779	1230.09	13%	159.91
5	*橡胶制品*丁腈胶	46*3	只	500	0.1681415929	84.07	13%	10.93
6	*橡胶制品*丁腈胶	43070623	只	300	4.2477876106	1274.34	13%	165.66
7	*橡胶制品*丁腈胶	132*3.5	只	100	0.7522123894	75.22	13%	9.78
8	*橡胶制品*丁腈胶	43030110	只	20	13.716814159	274.34	13%	35.66
9	*橡胶制品*丁腈胶	43070677	只	50	5.7522123894	287.61	13%	37.39
10	*橡胶制品*丁腈胶	271*3	只	200	0.7168141593	143.36	13%	18.64
11	*橡胶制品*丁腈胶	115*3	只	500	0.6460176991	323.01	13%	41.99
12	*橡胶制品*丁腈胶	144*3	只	200	0.8407079646	168.14	13%	21.86
13	*橡胶制品*丁腈胶	386*2	只	300	1.8938053097	568.14	13%	73.86
14	*橡胶制品*丁腈胶	420*2	只	200	2.1238938053	424.78	13%	55.22
15	*橡胶制品*丁腈胶	310100322001	只	50	23.716814159	1185.84	13%	154.16
16	*橡胶制品*丁腈胶	658*9	只	50	10.920353982	546.02	13%	70.98
17	*橡胶制品*丁腈胶	43070093	只	100	3.185840708	318.58	13%	41.42
18	*橡胶制品*丁腈胶	43070585	只	50	6.3716814159	318.58	13%	41.42
19	*橡胶制品*丁腈胶	43070498	只	100	4.0707964602	407.08	13%	52.92
20	*橡胶制品*丁腈胶	43070627	只	100	4.5132743363	451.33	13%	58.67
21	*橡胶制品*丁腈胶	96*3	只	200	0.4867256637	97.35	13%	12.65
22	*橡胶制品*丁腈胶	310*5	只	200	3.9026548673	780.53	13%	101.47
23	*橡胶制品*丁腈胶	350*2	只	200	1.7168141593	343.36	13%	44.64
24	*橡胶制品*丁腈胶	129.5*3	只	100	0.7522123894	75.22	13%	9.78
25	*橡胶制品*丁腈胶	43070588	只	500	3.3628318584	1681.42	13%	218.58
小计						15475.22		2011.78
总计						15475.22		2011.78
备注								

销售方（章）：　XXXXXXXX 发票专用章　　　　填开日期：2019年12月17日

图表 6－11

销售货物或者提供应税劳务、服务清单

购买方名称：上海95公司

销售方名称：安徽11公司

所属增值税专用发票代码：XXXXXXXXX　号码：XXXXXXXXX　共 2 页 第 2 页

序号	货物（劳务）名称	规格型号	单位	数　量	单　价	金　额	税率	税　额
26	*橡胶制品*绿氟胶	310101173001	只	50	10.17699115	508.85	13%	66.15
27	*橡胶制品*丁腈胶	13*3	只	100	0.0566371681	5.66	13%	0.74
28	*橡胶制品*丁腈胶	160*3.55	只	10	0.8849557522	8.85	13%	1.15
29	*橡胶制品*丁腈胶	43070686	只	300	5.7522123894	1725.66	13%	224.34
30	*橡胶制品*丁腈胶	460*5	只	100	6.796460177	679.65	13%	88.35
31	*橡胶制品*丁腈胶	310100322001	只	50	23.716814159	1185.84	13%	154.16
32	*橡胶制品*丁腈胶	614*10	只	50	20.982300885	1049.12	13%	136.38
33	*橡胶制品*丁腈胶	43070690	只	200	6.1504424779	1230.09	13%	159.91
34	*橡胶制品*丁腈胶	43070583	只	100	8.407079646	840.71	13%	109.29
35	*橡胶制品*丁腈胶	43070657	只	100	5.3097345133	530.97	13%	69.03
36	*橡胶制品*丁腈胶	43070584	只	100	5.0442477876	504.42	13%	65.58
37	*橡胶制品*丁腈胶	43070624	只	200	6.017699115	1203.54	13%	156.46
38	*橡胶制品*丁腈胶	43070627	只	100	4.5132743363	451.33	13%	58.67
39	*橡胶制品*丁腈胶	43070326	只	200	1.3274336283	265.49	13%	34.51
40	*橡胶制品*丁腈胶	43070660	只	8	3.3628318584	26.90	13%	3.50
41	*橡胶制品*丁腈胶	310101158001	只	14	3.0973451327	43.36	13%	5.64
小计						10260.44		1333.86
总计						25735.66		3345.64
备注								

销售方（章）：XXXXXXX 发票专用章　填开日期：2019年12月17日

9. 业务 8：12 月 18 日，公司从 11 公司采购一批原材料，专票价款 12 389.38 元，税款 1 610.62 元，款未付，材料入库(见图表 6－12)。

图表 6—12

32001XXXXX　　**江苏增值税专用发票**　　№ 007XXXXX　3200XXXXXX 0075XXXX

发票联

开票日期：2019年12月16日

购买方		密码区	
名　　称：	上海95公司		+8-51956+9765902542 8<11/741
纳税人识别号：	913102300918XXXXXX		5>2*194/28*5+/5390*5-79+*+-
地 址、电 话：	上海市XXXXXXX　XXXX　XXXXXXXX		/4-753560/6346//4541640*+76
开户行及账号：	浙江　XXXXXX　XXXXXXXXXXX		*6*>4/0*1/4*0+*-+94314432*>

货物或应税劳务、服务名称	规格型号	单位	数量	单价	金额	税率	税额
*模具*轴承		套	1000	12.3893805	12389.38	13%	1610.62
合　　计					¥12389.38		¥1610.62
价税合计（大写）	⊗壹万肆仟圆整				（小写）¥14000.00		

销售方		备注
名　　称：	江苏11公司	
纳税人识别号：	913205073139XXXXXX	
地 址、电 话：	苏州市XXXXXX　XXXXXX　XXXXXX	
开户行及账号：	中国银行XXXX　XXXX　XXXXX	

收款人：XX　　复核：XX　　开票人：XXX　　销售方：（章）9132050731XXXXX 发票专用章

第三联：发票联 购买方记账凭证

税总函[2018]341号南京造币有限公司

会计分录：

借：原材料——轴承　　12 389.38

　　应交税费——应交增值税（进项税额）　　1 610.62

　贷：应付账款——11 公司　　14 000.00

10. 业务 9：12 月 16 日，公司从 46 公司采购一批原材料，专票价款 4 380.53 元，税款 569.47 元，款未付，材料入库（见图表 6—13）。

图表 6—13

31001XXXXX　　**上海增值税专用发票**　　№ 604XXXXX　31001XXXXX 6048XXXX

发票联

开票日期：2019年12月16日

购买方		密码区	
名　　称：	上海95公司		8<2-32/484*688>+58531+5*559
纳税人识别号：	91310230091XXXXXXX		2939>+578621>33*94/5486-<5*
地 址、电 话：	上海市崇明县长兴岛潘园公路 XXXXXXXXXXX T:021-56XXXXXX		>92*5/9036196+/-94-/0+4-587
开户行及账号：	浙江泰隆商业XXXXXXXXXXXX31011801XXXXXXXX		<419+-19><56+425>72*1053/20

货物或应税劳务、服务名称	规格型号	单位	数量	单价	金额	税率	税额
*塑料制品*骨架油封		件	15	292.03539823	4380.53	13%	569.47
合　　计					¥4380.53		¥569.47
价税合计（大写）	⊗肆仟玖佰伍拾圆整				（小写）¥4950.00		

销售方		备注
名　　称：	上海46公司	
纳税人识别号：	9131011779XXXXXXXX	
地 址、电 话：	嘉定区海川路58弄XXXXXXX39111XXXXXX	
开户行及账号：	上海银行XXXXXX16117-0300XXXXXXXX	

收款人：XX　　复核：XX　　开票人：XX　　销售方：（章）

第三联：发票联 购买方记账凭证

税总函[2018]670号中钞光华印制有限公司

会计分录：

借：原材料——油封　　4 380.53

　　应交税费——应交增值税（进项税额）　　569.47

　贷：应付账款——46 公司　　4 950.00

11. 业务 10:12 月 3 日,公司从 47 公司采购一批原材料,专票价款 1 023.01 元,税款 132.99 元,款未付,材料入库(见图表 6—14)。

图表 6—14

上海增值税专用发票　31001XXXXX　№ 4966XXXX　31001XXXX　4966XXXX

发票联

开票日期：2019年12月03日

购买方	名称：上海95公司 纳税人识别号：913102300918XXXXXX 地址、电话：上海市崇明县长兴镇潘园公路 XXXXXXXXXXX T:021-5XXXXXXX 开户行及账号：浙江泰隆商业银XXXXXXXXX 3101180201XXXXXX	密码区	7*-/7*>/+*>1/26514-/3-23279 8<</181-7238682*3+06-9>4179 1<+01>06083042<**6+254-/-/3 30310**/1*1+503*6*3*-<802>9

货物或应税劳务、服务名称	规格型号	单位	数量	单价	金额	税率	税额
*塑料加工设备*侧喂料螺杆压帽	SH3	件	17	60.17699115	1023.01	13%	132.99
合计					¥1023.01		¥132.99
价税合计(大写)	⊗壹仟壹佰伍拾陆圆整				(小写) ¥1156.00		

销售方	名称：上海47公司 纳税人识别号：913101157340XXXXXX 地址、电话：上海市浦东新区航头镇南航XXXXXXXX 652XXXX 开户行及账号：中国银行上海市XXXXX 455592XXXXXXXXXX	备注	

收款人：XX　复核：XX　开票人：XX　销售方：(章)

第三联：发票联　购买方记账凭证

税总函[2018]670号中钞光华印制有限公司

会计分录:

借:原材料——橡胶制品　1 023.01

　应交税费——应交增值税(进项税额)　132.99

　贷:应付账款——47 公司　1 156.00

12. 业务 11:12 月 10 日,公司从 21 公司采购一批原材料,专票价款 12 389.38 元,税款 1 610.62 元,款未付,材料入库(见图表 6—15)。

图表 6—15

江苏增值税专用发票　32001XXXXX　№ 007XXXXX　32001XXXXX　007XXXXX

发票联

开票日期：2019年12月10日

购买方	名称：上海95公司 纳税人识别号：913102300918XXXXXX 地址、电话：上海市XXXXX XXXXX XXXXX 开户行及账号：浙江泰隆银行XXXX支行 XXXXXXXXXXXXX	密码区	66+44-/49395<8397+02977--20 94+*-1587-<<716</<7/69+*6105 17527/475>417*98347+4+2</1+ +++<88<-118*9*>312-/63500>+

货物或应税劳务、服务名称	规格型号	单位	数量	单价	金额	税率	税额
*模具*轴套		套	1000	12.38938053	12389.38	13%	1610.62
合计					¥12389.38		¥1610.62
价税合计(大写)	⊗壹万肆仟圆整				(小写) ¥14000.00		

销售方	名称：江苏21公司 纳税人识别号：913205073139XXXXXX 地址、电话：苏州市XXXXXXXXXXXXXXXX XXXX XXXXXXXX 开户行及账号：中国银行XXXXXXXXXXXX XXXXXXXXXXXX	备注	

收款人：XX　复核：XX　开票人：XX　销售方：(章)

第三联：发票联　购买方记账凭证

税总函[2018]341号南京造币有限公司

会计分录:

借:原材料——橡胶制品　12 389.38

应交税费——应交增值税(进项税额)　　1 610.62

贷:应付账款——21 公司　　14 000.00

13. 业务 12:12 月 2 日,公司从 22 公司采购一批原材料,价款 1 345.13 元,税款 174.87 元。款上月已预付(因为对 22 公司已经设置了应付账款明细科目,就无需再设置预付账款,而将预付账款计入了应付账款借方。12 月份付款了,就贷记“应付账款”,性质是冲减了预付账款)(见图表 6—16)。

图表 6—16

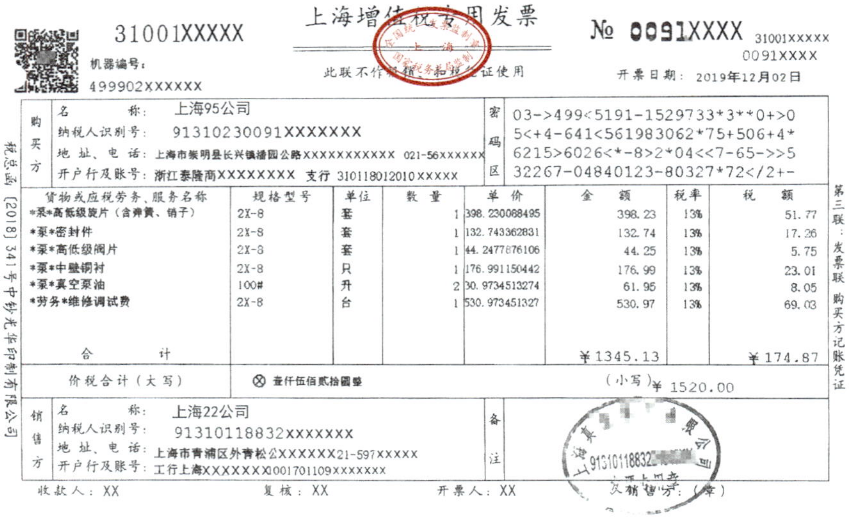

上海增值税专用发票

31001XXXXX　　№ 0091XXXX　31001XXXXX　0091XXXX

机器编号:499902XXXXXX

此联不作报销、扣税凭证使用

开票日期:2019年12月02日

购买方　名　　称:上海95公司
纳税人识别号:91310230091XXXXXXX
地 址、电 话:上海市崇明县长兴镇潘园公路XXXXXXXXXXX 021-56XXXXXX
开户行及账号:浙江泰隆商XXXXXXXX 支行 310118012010XXXXX

密码区：03->499<5191-1529733*3**0+>0
5<+4-641<561983062*75+506+4*
6215>6026<*-8>2*04<<7-65->>5
32267-04840123-80327*72</2+-

货物或应税劳务、服务名称	规格型号	单位	数量	单价	金额	税率	税额
*泵*高低级旋片(含弹簧、销子)	2X-8	套	1	398.230088495	398.23	13%	51.77
*泵*密封件	2X-8	套	1	132.743362831	132.74	13%	17.26
*泵*高低级阀片	2X-8	套	1	44.2477876106	44.25	13%	5.75
*泵*中壁铜衬	2X-8	只	1	176.991150442	176.99	13%	23.01
*泵*真空泵油	100#	升	2	30.9734513274	61.95	13%	8.05
*劳务*维修调试费	2X-8	台	1	530.973451327	530.97	13%	69.03
合计					¥1345.13		¥174.87

价税合计(大写)⊗壹仟伍佰贰拾圆整　(小写)¥1520.00

销售方　名　　称:上海22公司
纳税人识别号:91310118832XXXXXXX
地 址、电 话:上海市青浦区外青松公XXXXXX21-597XXXXX
开户行及账号:工行上海XXXXXXX001701109XXXXXXX

备注

收款人:XX　复核:XX　开票人:XX　销售方:(章)

第三联:发票联　购买方记账凭证

税总函[2018]341号中钞光华印制有限公司

会计分录:

借:原材料——像胶制品　　1 345.13

应交税费——应交增值税(进项税额)　　174.87

贷:应付账款——22 公司　　1 520.00

注意:业务 6 至业务 12 的原始凭证都缺少入库单。

14. 业务 13:2019 年 12 月 20 日收到专票,为 2019 年 12 月 19 日至 2020 年 3 月 19 日应付 24 公司的仓储费,价款 52 889.71 元,税额 1 586.69 元,款未付(见图表 6—17)。

会计分录:

借:生产成本——制造费用　　52 889.71

应交税费——应交增值税(进项税额)　　1 586.69

贷:其他应付款——24 公司　　54 476.40

会计分录说明:(1)既然是本月至 2020 年 3 月的仓储费,就不能直接全部计入本期制造费用,因为这违背了权责发生制,应当分 4 次摊销。本期应摊销价款:52 889.71/90×10=5 876.63 元。

正确分录为:

借:待摊费用——仓储费　　54 476.40

贷:应付账款——24 公司　　54 476.40

本月摊销:

借:生产成本——制造费用　　5 876.63

应交税费——应交增值税(进项税额)　176.30
　　——待抵扣税金　1 410.39
贷:待摊费用　7 463.32

请学员按正确分录录入。

下月摊销价款为 52 889.71/90×30=17 629.90 元。

借:生产成本——制造费用　17 629.90
　应交税费——应交增值税(进项税额)　528.90
　贷:应交税费——待抵扣税金　528.90
　　待摊费用　17 629.90

2020 年 2 月摊销分录同上。

2020 年 3 月摊销价款为 52 889.71－5 876.63－17 629.90×2=11 753.28 元。

借:生产成本——制造费用　11 753.28
　应交税费——应交增值税(进项税额)　352.59
　贷:应交税费——待抵扣税金　352.59
　　待摊费用　11 753.28

至此,价款摊销完毕,进项税抵扣完毕。

(2)在《企业会计准则》中,制造费用是一级科目。本案例是执行《小企业会计准则》,制造费用设在生产成本的二级科目。

(3)在《企业会计准则》和《小企业会计准则》中,都取消了待摊费用,但《小企业会计准则》允许在需要的时候,设置待摊费用一级科目。

图表 6—17

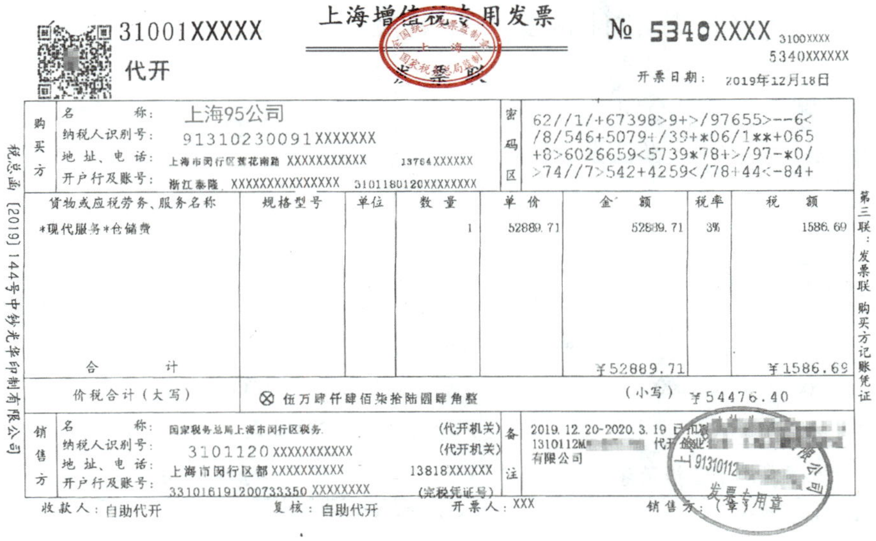
31001XXXXX　上海增值税专用发票　№ 5340XXXX　3100XXXX
代开　发票联　5340XXXXXX
开票日期:2019年12月18日

购买方	名称:上海95公司 纳税人识别号:91310230091XXXXXX 地址、电话:上海市闵行区莘花南路 XXXXXXXXXX 13764XXXXXX 开户行及账号:浙江泰隆 XXXXXXXXXXXXXXX 3101180120XXXXXXX			密码区	62//1/+67398>9+>/97655>--6< /8/546+5079+/39+*06/1**+065 +8>6026659<5739*78+>/97-*0/ >74//7>542+4259</78+44<-84+		
货物或应税劳务、服务名称	规格型号	单位	数量	单价	金额	税率	税额
*现代服务*仓储费			1	52889.71	52889.71	3%	1586.69
合计					¥52889.71		¥1586.69
价税合计(大写)	⊗伍万肆仟肆佰柒拾陆圆肆角整				(小写)¥54476.40		
销售方	名称:国家税务总局上海市闵行区税务 (代开机关) 纳税人识别号:3101120XXXXXXXXXX (代开机关) 地址、电话:上海市闵行区都XXXXXXXXXX 13818XXXXXX 开户行及账号:33101619120073335O XXXXXXXX (完税凭证号)			备注	2019.12.20-2020.3.19 1310112M 代开 有限公司		

收款人:自助代开　复核:自助代开　开票人:XXX　销售方:(章)

税总函[2019]144号中钞光华印制有限公司

第三联:发票联　购买方记账凭证

15. 业务 14:收到 27 公司专票,为 2019 年 9 月至 2019 年 12 月水电费,金额为 3 477 元,税额为 432.2 元,款未付(见图表 6—18)。

会计分录:

借:生产成本——制造费用　3 477.00
　应交税费——应交增值税(进项税额)　432.20

贷:其他应付款——27 公司　　3 909.20

会计科目说明:(1)该水电费都属于当年,金额不大,可以一次性摊销,无须分月。

(2)该水电费与前一个业务的仓储费只有认定都属于生产上发生,才能计入生产成本的制造费用;否则,应计入管理费用。

图表 6—18

31001XXXXX　　**上海增值税专用发票**　　№ 3249XXXX　31001XXXXX　3249XXXX

发票联

开票日期: 2019年12月09日

购买方	名称: 上海95公司 纳税人识别号: 91310230091XXXXXXX 地址、电话: 上海市崇明县XXXX潘园公路XXXXXXXXXXXXX 02156XXXXX 开户行及账号: 浙江泰隆XX银行XXXXXXXXXX 31011801201XXXXXXX			密码区	++6-0*///+0+<+97+0-494>05+2 4-3/-72021103*/1>*2<401089/ 90+0*+/078103417<2/222-010< 05++/91/-321031438*178+*/47		
货物或应税劳务、服务名称	规格型号	单位	数量	单价	金额	税率	税额
*水冰雪*水费		吨	30	6.6019417476	198.06	3%	5.94
*供电*用电基本费		月	3	376.10619469	1128.32	13%	146.68
*供电*电费		度	1676	1.2831858407	2150.62	13%	279.58
合计					¥3477.00		¥432.20
价税合计(大写)	⊗叁仟玖佰零玖圆贰角整				(小写) ¥3909.20		
销售方	名称: 上海27公司 纳税人识别号: 91310112598XXXXXXX 地址、电话: 上海市闵行区老沪闵XXXXXXXXXXXXXXX 18018XXXXXX 开户行及账号: 中国银行上海XXXXXXXX 442962XXXXXXXXXX			备注	水电时间: 2019.9.5-2019.12.9 基本费时间: 2019.9.20-2019.1 电读数: 8718-10394 水读数: 331-361		

收款人: XXX　　复核: XXX　　开票人: XXX　　销售方:(章)

税总函〔2018〕341号中钞光华印制有限公司

第三联:发票联 购买方记账凭证

16. 业务 15:12 月 31 日,支付 46 公司原材料款 4 950 元,取得银行回单(见图表 6—19)。

会计分录:

借:应付账款——46 公司　　4 950.00

贷:银行存款——浙江泰隆商业银行　　4 950.00

图表 6—19

泰隆银行

支付业务回单

交易日期: 2019-12-31 10:26:59

号: XXXXXXXXXXXXXXXXXXXX　　收款人账号: XXXXXXXXXXXXXXXXXX

人户名: 上海95公司　　收款人户名: 上海46公司

额: 人民币肆仟玖佰伍拾元整　　RMB:4,950.00

付款人开户行: XXXXXX　　付款人开户行号: XXXXXXXXX

收款人开户行: XXXXXXXXXX　　收款人开户行号: XXXXXXXXXXXX

业务种类: XXXXX　　流水号: XXXXXXXX

摘要: XXXX　　附言: XXXXX

打印方式:自助　　打印次数:第1次　　打印时间:2020-01-02 15:56:28

打印机构:310101800　　打印柜员:B107　　打印状态:正常

17. 业务 16:12 月 26 日,收到 3 公司货款 25 933.50 元,取得银行回单(见图表 6—20)。

会计分录:

借:银行存款——浙江泰隆商业银行　　25 933.50

　贷:应收账款——3 公司　　25 933.50

图表 6—20

TAILONG 泰隆银行

支 付 业 务 回 单

交易日期: 2019-12-26 17:01:10

付款人账号: XXXXXXXXXXXXXXXXXXX　　收款人账号: XXXXXXXXXXXXXXXXXX

付款人户名: 上海3公司　　收款人户名: 上海95公司

金额: 人民币贰万伍仟玖佰叁拾叁元伍角　　RMB:25,933.50

付款人开户行: XXXXXX　　付款人开户行号: XXXXXXXXX

收款人开户行: XXXXXXXXXX　　收款人开户行号: XXXXXXXXXXXX

业务种类: XXXXX　　流水号: XXXXXXXX

摘要: XXXX　　附言: XXXXX

打印方式:自助　　打印次数:第1次　　打印时间:2020-01-02 15:56:28

打印机构:310101800　　打印柜员:B107　　打印状态:正常

18. 业务 17:12 月 24 日,支付仓储费 54 476.40 元,取得银行回单(见图表 6—21)。

会计分录:

借:应付账款——24 公司　　54 476.40

　贷:银行存款——1 银行　　54 476.40

图表 6—21

LON 泰隆银行

支 付 业 务 回 单

交易日期: 2019-12-24 13:00:44

付款人账号: XXXXXXXXXXXXXXXXXXX　　收款人账号: XXXXXXXXXXXXXXXXXX

付款人户名: 上海95公司　　收款人户名: 上海24公司

金额: 人民币伍万肆仟肆佰柒拾陆元肆角　　RMB:54,476.40

付款人开户行: XXXXXX　　付款人开户行号: XXXXXXXXX

收款人开户行: XXXXXXXXXX　　收款人开户行号: XXXXXXXXXXXX

业务种类: XXXXX　　流水号: XXXXXXXX

摘要: XXXX　　附言: XXXXX

打印方式:自助　　打印次数:第1次　　打印时间:2020-01-02 15:56:28

打印机构:310101800　　打印柜员:B107　　打印状态:正常

19. 业务 18:12 月 19 日,收到 3 公司货款 300 580 元,取得银行回单(见图表 6—22)。

会计分录:

借:银行存款——浙江泰隆商业银行　　300 580.00

　贷:应收账款——3 公司　　300 580.00

图表 6—22

TAI LONG 泰隆银行

支付业务回单

交易日期：2019-12-19 14:10:14

付款人账号：XXXXXXXXXXXXXXXXXXX　　收款人账号：XXXXXXXXXXXXXXXXXX

付款人户名：上海3公司　　收款人户名：上海95公司

金额：人民币叁拾万零伍佰捌拾元整　　RMB：300,580.00

付款人开户行：XXXXXX　　付款人开户行号：XXXXXXXXX

收款人开户行：XXXXXXXXXX　　收款人开户行号：XXXXXXXXXXXX

业务种类：XXXXX　　流水号：XXXXXXXX

摘要：XXXX　　附言：XXXXX

打印机构：310101800　　打印次数：第1次　　打印时间：2020-01-02 15:56:28

打印柜员：B107　　打印状态：正常

20. 业务 19：刘××报销一笔餐饮费，金额为 870 元，未支付（见图表 6—23）。

会计分录：

借：管理费用——业务招待费　　870.00

　　贷：其他应付款——刘××　　870.00

图表 6—23

0340019XXX　　**安徽增值税普通发票**　　№ 426XXXXX　　334001XXXX　　4262XXXX

发票联

校验码 53152 01610 XXXXX　　开票日期：2019年12月14日

购买方	名称：上海95公司 纳税人识别号：91310230091XXXXXXX 地址、电话： 开户行及账号：	密码区	>*4+>/90>*><7-83/*7*28/+60+ 99-1<3-+02504*><04/68*1<8>< 9*/5787+*86913/36-15><10>95 *706*-91<7--205448<<80501>7

货物或应税劳务、服务名称	规格型号	单位	数量	单价	金额	税率	税额
*餐饮服务*餐饮费			1	820.75471698	820.75	6%	49.25
合计					¥820.75		¥49.25
价税合计（大写）	⊗捌佰柒拾圆整				（小写）¥870.00		

销售方	名称：安徽XXXXXX大酒店有限公司 纳税人识别号：91340124MAXXXXXXXX 地址、电话：合肥市庐江县庐城镇 XXXXXXXXXXXXXXXXXXXXXX（晨光综合农贸市场）0551-87XXXXXX 开户行及账号：中国工商XXXXXXXXXXXXXXXXX XXXXXXXXXXXXXX	备注	

收款人：XX　　复核：XX　　开票人：XX　　销售方：（章）

第二联：发票联 购买方记账凭证

税总函[2019] 144 号浙江莱织华印刷股份有限公司

21. 业务 20：刘××报销一笔通讯费 113.3 元，未支付（见图表 6—24）。

会计分录：

借：管理费用——通讯费　　113.30

　　贷：其他应付款——刘××　　113.30

图表 6—24

上海增值税电子普通发票

机器编号：499098XXXXXX

发票代码：03100XXXXX
发票号码：337XXXXX
开票日期：2019年12月02日
校 验 码 14178 21391 XXXXX XXXXX

购买方	名　　称：上海95公司 纳税人识别号：913102300XXXXXXXXX 地 址、电 话： 开户行及账号：	密码区	03<>209<83-863*576<+7+<263+2 8/+4*4+8<2+3+*4>*+5*083->*9> 35+7+24193->0/25+4<590739/*4 44<137305<0120++19>>*>96<6+/

货物或应税劳务、服务名称	规格型号	单位	数量	单价	金额	税率	税额
*电信服务*通信服务费		个	1	113.30	113.30	*	*
合　　计					¥113.30		*
价税合计（大写）	壹佰壹拾叁元叁角整				（小写）		¥113.30

销售方	名　　称：中国 XXXXXXXXXX 公司上海分公司 纳税人识别号：913101156XXXXXXXXX 地 址、电 话：世纪XXXXXXXX 6324 XXXXXX 开户行及账号：工行上海 XXXXXXXX，10012540090 XXXXXXXXX	备注	账单编号18821 XXXXXXX 分账序号99396 XXXXX，账单月份2019 11

收款人：XXX　　复核：XXX　　开票人：XX　　销售方：（章）

913101156XXXXXXXXX 发票专用章

会计分录说明：通讯费报销的发票必须是单位抬头。只有少量的、有证据为公务使用，并有规章制度规定的话费可以是个人抬头。

22. 业务 21：计提本月生产用固定资产折旧，金额为 12 914.05 元（见图表 6—25）。

会计分录：

借：生产成本——制造费用　　12 914.05

　贷：累计折旧　　12 914.05

图表 6—25　　折旧计算

编码	资产名称	资产类别	使用部门	购入月份	原值	数量	预计使用月数	残值率（%）	期初累计折旧	净值	月折旧额	本月折旧	状态	计提费用科目	累计折旧科目
00000	机械设备	生产设备		201608	1549686	1	120	0	516562	1033124	12914.05	12914.05	在用	生产成本—制造费用	1602 累计折旧
合　计					1549686				516562	1033124	12914.05	12914.05			

核算单位：上海 95 有限公司。

23. 业务 22：计提本月工资 31 645.00 元，代扣个人社保 2 070 元（见图表 6—26）。

图表 6—26

2019 年 12 月上海 95 公司员工工资表

工号	部门	姓名	出勤情况统计						应发工资									应扣/代扣工资				其他扣款项			实发工资
			应出勤天数	实际出勤天数	事假天数	病假天数	调休	年假	基本工资	高温费补贴	饭贴	住房补助	交通补助	延时加班费	周末加班费	年终奖金	合计	社保	公积金	当月个税预扣预缴税额	迟到/早退扣款	借支	罚款	其他	
001	办公室	苏××	24	24	0	0	0	0	3 517.5		330					3 000	6 847.50	517.5		0.00	0.00	0	0	0	6 330.00
002	办公室	刘××	24	24	0	0	0	0	3 517.5							3 000	6 517.50	517.5		0.00	0.00	0	0	0	6 000.00
003	生产	沈×	24	24	0	0	0	0	4 500		420					4 500	9 420.00	517.5		0.00	0.00	0	0	0	8 902.50
004	生产	张××	24	24	0	0	0	0	4 500		360					4 000	8 860.00	517.5		0.00	0.00	0	0	0	8 342.50
	合计																31 645.00								29 575.00

会计分录：

借：管理费用——职工薪酬　20 548.00

　生产成本——直接工人　11 907.00

　贷：应付职工薪酬——工资奖金津贴补贴　31 645.00

借：应付职工薪酬——职工工资　31 645.00

　贷：其他应付款——代扣代缴社保　2 070.00

　　　　　　　——工资　29 575.00

会计分录说明：本分录的含义是工资还没有支付，可以本月将应付职工薪酬结了，转入“其他应付款——代扣代缴社保”和“工资”。

24. 业务 23：12 月 31 日，确认产成品入库金额为 302 470.85 元(见图表 6—27)。

会计分录：

借：库存商品　302 470.85

　贷：原材料　263 050.00

　　生产成本——制造费用　34 982.05

　　　　　——直接人工　4 438.80

会计分录说明：原材料投入生产应当先领用计入生产成本，完工再从生产成本转入库存商品；这里从原材料直接转入库存商品是不对的。

正确分录为：

借：生产成本——直接材料　263 050.00

　贷：原材料　263 050.00

借：库存商品　302 470.85

　贷：生产成本——直接材料　263 050.00

　　　　　——制造费用　34 982.05

　　　　　——直接人工　4 438.80

请学员按正确分录录入。

图表 6—27　　产成品入库单

生产批号：　　入库日期：2019—12—03　　仓库：半成品仓

审核日期：2020—12—05　　部门：

产品名称	规格型号	主计量单位	数量	单价	金额	批号	项目编号
减震器	2834201—0000	件	3 175	27.75	88 095.85	BDQC2E—017	E2019001
抽套	3272910—0000	件	2 500	85.75	214 375.00	BDQC2E—018	E2019002
			5 675	113.50	302 470.85		

25. 业务 24：12 月 31 日，结转销售成本(见图表 6—28)。

会计分录：

借：主营业务成本　170 842.50

　贷：库存商品　170 842.50

说明：图表 6—28 的出库单应当是库存商品出库单或产成品出库单，不应当使用材料出库单。

图表 6－28 **材料出库单**

出库单：CPRK2019120005　　出库日期：2019－12－03　　仓库：成品仓

生产订单：　　产品编码：　　业务号：

出库类别：材料领用　　业务类型：领料　　审核日期：2019－12－07

备注：减震器　出库

产品编码	产品名称	规格型号	主计量单位	数量	单价	金额	批号	项目编号
02011202001	减震器	2834201－0000	件	285	27.75	7 907.82	BDQC2E－017	E2019001
02011202002	抽套	3272910－0000	件	1 500	85.75	128 625.00	BDQC2E－018	E2019002
02011202003	O 型圈		件	10 000	3.43	34 309.68	BDQC2E－019	E2019003
合　计				11 785	116.93	170 842.50		

26. 业务 25：计提本月管理用设备折旧，金额为 1 522.44 元（见图表 6－29）。

会计分录：

借：管理费用——折旧费　　1 522.44

　贷：累计折旧　　1 522.44

27. 业务 26：结转损益类科目。

会计分录：

借：主营业务收入　　208 050.00

　贷：主营业务成本　　170 842.50

　　管理费用——折旧费　　1 522.44

　　　　——业务招待费　　870.00

　　　　——职工薪酬　　20 548.00

　　　　——通讯费　　113.30

　　本年利润　　14 153.76

按当月利润总额预缴所得税（本月末预提，下月初预缴）。假设预缴所得税的依据是本月利润总额，则本月利润总额为 14 153.76 元；第四季度利润为－181 265.69 元，不需要预缴所得税；所以预交所得税的分录不用做。

28. 业务 27：将本年利润转入未分配利润。

会计分录：

借：本年利润　　840 671.14

　贷：利润分配——未分配利润　　840 671.14

注意：12 月初的本年利润为贷方余额 826 517.38 元，本月形成的本年利润为贷方发生额 14 153.76 元，全年累计本年利润为：826 517.38＋14 153.76＝840 671.14 元，属于贷方发生额，由借方转入“利润分配——未分配利润”贷方。

图表 6—29

固定资产折旧计算单

2019 年 12 月

单位:元

编码	资产名称	资产类别	使用部门	购入月份	原值	数量	预计使用月数	残值率(%)	期初累计折旧	净值	月折旧额	本月折旧	状态	计提费用科目	累计折旧科目
00001	电脑	电子设备		201405	31 429.92	1	60		31 429.92		523.83		在用	560223 管理费用——固定资产折旧	1602 累计折旧
00002	空调	器具工具家具		201405	6 835.90	1	60		6 835.90		113.93		在用	560223 管理费用——固定资产折旧	1602 累计折旧
00003	设备	生产设备		201703	33 504.27	1	36	5.00	28 292.48	4 327.65	884.14	884.14	在用	560223 管理费用——固定资产折旧	1602 累计折旧
00004	设备 2 台	生产设备		201711	14 871.80	2	120	5.00	2 825.76	11 928.30	117.74	117.74	在用	560223 管理费用——固定资产折旧	1602 累计折旧
00005	补焊机	生产设备		201712	7 350.43	1	120	5.00	1 338.37	5 953.87	58.19	58.19	在用	560223 管理费用——固定资产折旧	1602 累计折旧
00006	打标机	电子设备		201801	17 521.37	1	36	5.00	10 172.14	6 886.86	462.37	462.37	在用	560223 管理费用——固定资产折旧	1602 累计折旧
合　计					111 513.69				80 894.57	29 096.68	2 160.20	1 522.44			

核算单位:上海 95 有限公司。

二、生成会计报表

(一)资产负债表(见图表 6—30)

1. 表中各项目金额由软件自动生成。学员可在课余将本月各项业务计入 T 型账户,结出相关账户的发生额或余额,结合本案例给出的 12 月初科目余额(发生额)表,自行核对。

2. 由于本年度没有计提盈余公积,没有向投资者分配,所以:期末未分配利润=年初未分配利润+利润表的本年累计净利润=255 535.31+840 671.14=12 月初未分配利润+12 月初本年利润+12 月份本年利润=255 535.31+826 517.38+14 153.76==1 096 206.45 元。

图表 6—30 资产负债表

纳税人识别号:91310230091×××××× 会小企 01 表

核算单位:上海 95 公司 2019—12—31 单位:元

资　产	行次	期末余额	年初余额	负债和所有者权益	行次	期末余额	年初余额
流动资产:				流动负债:			
货币资金	1	1 058 058.48	908 818.52	短期借款	31	0.00	0.00
短期投资	2	0.00	0.00	应付票据	32	0.00	0.00
应收票据	3	0.00	0.00	应付账款	33	1 135 181.80	604 787.02
应收账款	4	1 642 552.40	814 617.89	预收账款	34	329 145.48	2 300.00
预付账款	5	90 147.00	37 810.00	应付职工薪酬	35	417.14	0.00
应收股利	6	0.00	0.00	应交税费	36	—1 368.67	41 360.30
应收利息	7	0.00	0.00	应付利息	37	0.00	0.00
其他应收款	8	29 907.00	162 836.56	应付利润	38	0.00	0.00
存货	9	1 183 438.82	7 044.00	其他应付款	39	488 763.39	98 926.30
其中:原材料	10	547 258.96	0.00				
在产品	11	53 870.96	7 044.00				
库存商品	12	582 308.90	0.00				
周转材料	13	0.00	0.00				
其他流动资产	14	0.00	0.00	其他流动负债	40	0.00	0.00
流动资产合计	15	4 004 103.70	1 931 126.97	流动负债合计	41	1 952 139.14	747 373.62
非流动资产:				非流动负债:			
长期债券投资	16	0.00	0.00	长期借款	42	0.00	0.00
长期股权投资	17	0.00	0.00	长期应付款	43	0.00	0.00
固定资产原价	18	124 237.21	118 927.48	递延收益	44	0.00	0.00
减:累计折旧	19	93 808.62	60 958.82	其他非流动负债	45	0.00	0.00
固定资产账面价值	20	30 428.59	57 968.66	非流动负债合计	46	0.00	0.00
在建工程	21	0.00	0.00	负债合计	47	1 952 139.14	747 373.62
工程物资	22	0.00	0.00				
固定资产清理	23	0.00	0.00				
生产性生物资产	24	0.00	0.00	所有者权益(或股东权益)			
无形资产	25	0.00	0.00	实收资本(或股本)	48	800 000.00	800 000.00

续表

资 产	行次	期末余额	年初余额	负债和所有者权益	行次	期末余额	年初余额
开发支出	26	0.00	0.00	资本公积	49	186 186.70	186 186.70
长期待摊费用	27	0.00	0.00	盈余公积	50	0.00	0.00
其他非流动资产	28	0.00	0.00	未分配利润	51	1 096 206.45	255 535.31
非流动资产合计	29	30 428.59	57 968.66	所有者权益(或股东权益)合计	52	2 082 393.15	1 241 722.01
资产总计	30	4 034 532.29	1 989 095.63	负债和所有者权益(或股东权益)总计	53	4 034 532.29	1 989 095.63

(二)利润表(见图表 6—31)

表中各项目金额由软件自动生成。学员可在课余将本月各项业务计入 T 型账户,结出相关账户的发生额或余额,结合本案例给出的 12 月初科目余额(发生额)表,自行核对。(注意:这里是 12 月利润表;如果是年度利润表,两个栏目分别为本年金额和上年金额。)

图表 6—31 **利润表**

纳税人识别号:91310230091×××××× 会小企 02 表

核算单位:上海 95 公司 2019—12 单位:元

项 目	行次	本年累计金额	本月金额
一、营业收入	1	4 157 460.85	208 050.00
减:营业成本	2	1 632 819.59	170 842.50
税金及附加	3	23 955.01	0.00
其中:消费税	4	0.00	0.00
营业税	5	0.00	0.00
城市维护建设税	6	0.00	0.00
资源税	7	0.00	0.00
土地增值税	8	0.00	0.00
城镇土地使用税、房产税、车船税、印花税	9	0.00	0.00
教育费附加、矿产资源补偿费、排污费	10	0.00	0.00
销售费用	11	86 329.58	0.00
其中:商品维修费	12	0.00	0.00
广告费和业务宣传费	13	0.00	0.00
管理费用	14	1 594 277.12	23 053.74
其中:开办费	15	0.00	0.00
业务招待费	16	51 006.96	870.00
研究费用	17	0.00	0.00
财务费用	18	−3 901.24	0.00
其中:利息费用(收入以"—"号填列)	19	−3 901.66	0.00
加:投资收益(损失以"—"号填列)	20	0.00	0.00

续表

项　目	行次	本年累计金额	本月金额
二、营业利润(亏损以"—"号填列)	21	823 980.79	14 153.76
加:营业外收入	22	83 000.00	0.00
其中:政府补助	23	83 000.00	0.00
减:营业外支出	24	0.00	0.00
其中:坏账损失	25	0.00	0.00
无法收回的长期债券投资损失	26	0.00	0.00
无法收回的长期股权投资损失	27	0.00	0.00
自然灾害等不可抗力因素造成的损失	28	0.00	0.00
税收滞纳金	29	0.00	0.00
三、利润总额(亏损总额以"—"号填列)	30	906 980.79	14 153.76
减:所得税费用	31	66 309.65	0.00
四、净利润(净亏损以"—"号填列)	32	840 671.14	14 153.76

(三)现金流量表(见图表6—32)

图表6—32　　现金流量表

纳税人识别号:91310230091××××××　　会小企03表

核算单位:上海95公司　　2019—12　　单位:元

项　目	行次	本年累计金额	本月金额
一、经营活动产生的现金流量:			
销售产成品、商品、提供劳务收到的现金	1	4 222 153.38	326 513.50
收到其他与经营活动有关的现金	2	274 901.66	
购买原材料、商品、接受劳务支付的现金	3	3 455 606.43	59 426.40
支付的职工薪酬	4	184 134.59	
支付的税费	5	384 038.07	
支付其他与经营活动有关的现金	6	324 035.99	
经营活动产生的现金流量净额	7	149 239.96	267 087.10
二、投资活动产生的现金流量:			
收回短期投资、长期债券投资和长期股权投资收到的现金	8		
取得投资收益收到的现金	9		
处置固定资产、无形资产和其他非流动资产收回的现金净额	10		
短期投资、长期债券投资和长期股权投资支付的现金	11		

续表

项 目	行次	本年累计金额	本月金额
购建固定资产、无形资产和其他非流动资产支付的现金	12		
投资活动产生的现金流量净额	13		
三、筹资活动产生的现金流量:			
取得借款收到的现金	14		
吸收投资者投资收到的现金	15		
偿还借款本金支付的现金	16		
偿还借款利息支付的现金	17		
分配利润支付的现金	18		
筹资活动产生的现金流量净额	19		
四、现金净增加额	20	149 239.96	267 087.10
加:期初现金余额	21	908 818.52	790 971.38
五、期末现金余额	22	1 058 058.48	1 058 058.48

表中各项目金额由软件自动生成。学员可在课余根据学校中课堂学习的现金流量表编写知识对各项目进行计算、核对。

表中的期初现金余额 908 818.52 元,对应资产负债表货币资金年初余额 908 818.52 元;期末现金余额 1 058 058.48 元,对应资产负债表货币资金期末余额 1 058 058.48 元;现金净增加额 149 239.96 元+期初现金余额 908 818.52 元=期末现金余额 1 058 058.48 元,形成勾稽关系。

第三节 财务指标的基本分析

一、主要指标对比分析

1. 货币资金期末比期初增加 149 239.96 元:从现金流量表可以看出,本年没有投资活动和筹资活动,主要是经营活动产生的现金流量。购买原材料、商品、接受劳务支付的现金 3 455 606.43 元,小于销售商品、提供劳务收到的现金 4 222 153.38 元,相当于增加现金 4 222 153.38－ 3 455 606.43 ＝ 766 546.95 元;再考虑支付的薪酬、税费和其他现金 184 134.59＋384 038.07＋324 035.99＝892 208.65 元,以及收到的其他与经营活动有关的现金 274 901.66 元,合计增加现金 766 546.95＋274 901.66－892 208.65＝149 239.96 元(近似于 15 万元)。

进一步分析发现,上述现金增加的主要原因表现在利润表和资产负债表上。本年净利润 84 万元,应付账款新增 53 万元,预收账款新增 33 万元,其他应付新增 39 万元,其他应收减少 13 万元;但被应收账款新增占用 83 万元,预付账款新增占用 6 万元,存货新增占用 117 万元。增减相抵:84＋53＋33＋39＋13－83－6－117＝16 万元,与资产负债表货币资金增加基本相符。

上述对比可以看出各相关项目变化，为进一步具体项目分析指明了方向。

2. 通过对应收账款的具体客户调查了解，发现欠款金额较大的3公司、4公司财务情况不好，而合同收款日即将到来，对方存在违约风险。针对此情况，公司决定派员上门协商催收，如确实暂时无力偿还，可以协商展期；另一方面，公司需强化信用管理，适当严格信用标准和信用条件，遏制应收账款上升的局面。

3. 存货新增117万元，应给予足够重视。原材料和库存商品期初为零，这是异常现象。作为一个持续经营的企业(2018年有销售收入306万元)，怎么在2018年末原材料和库存商品清空？下年生产何以为继？下年销售如何不断档？必须查明原因。而本年末原材料55万元，库存商品58万元，是否合理？原材料能否满足需要？是否有积压、不适用？库存商品属于保持销售连续性的必须，还是滞销？

4. 应付账款增加53万元。考虑到现金流量充足，所以要分析现金流量之外的原因：未到合同付款期？合理合法拖延，获取财务杠杆利益？有无违约风险？有无信用损失？

梳理合同发现，对16公司的应付账款高达49万元，且有两笔金额15万元左右的合同将到期，需及时准备资金偿还，避免造成信用损失。

二、利用杜邦体系对财务指标进行综合分析

本例略去偿债能力、营运能力、盈利能力、发展能力的部分具体指标分析，仅对影响综合指标"净资产收益率"的几个指标做具体计算，并通过杜邦体系利用因素分析法进行专题分析。

先对杜邦体系基本关系式所需要的指标进行计算对比(见图表6—33)。

图表6—33　上海95公司杜邦体系基础数据及其指标计算　单位:元

指标	上年初	上年末或上年	本年末或本年	变动金额	变动%
销售收入		3 064 081.25	4 157 460.85	1 093 379.60	35.68%
净利润		688 864.43	840 671.14	151 806.71	22.04%
资产总额	998 654.54	1 989 095.00	4 034 532.29	2 045 437.29	102.83%
平均总资产		1 493 874.77	3 011 813.65	1 517 938.88	101.61%
负债总额	663 478.71	747 373.62	1 952 139.14	1 204 765.52	161.20%
平均总负债		705 426.17	1 349 756.38	644 330.22	91.34%
所有者权益总额	335 175.83	1 241 722.01	2 082 393.15	840 671.14	67.70%
平均所有者权益		788 448.92	1 662 057.58	873 608.66	110.80%
销售净利率		22.48%	20.22%		
总资产周转率		2.05	1.38		
权益乘数		1.89	1.81		

因为净资产收益率＝销售净利率×资产周转率×权益乘数，所以本年净资产收益率＝20.22%×1.38×1.81＝50.51%，上年净资产收益率＝22.48%×2.05×1.89＝87.10%。本年比上年净资产收益率下降36.59%。

1. 销售净利率的影响＝(本年销售净利率－上年销售净利率)×上年资产周转率×上年权益乘数＝(20.22%－22.48%)×2.05×1.89＝－8.76%

2. 资产周转率影响＝本年销售净利率×(本年资产周转率－上年资产周转率)×上年权益乘数＝20.22%×(1.38－2.05)×1.89＝－25.60%

3. 权益乘数影响＝本年销售净利率×本年资产周转率×(本年权益乘数－上年权益乘数)＝20.22%×1.38×(1.81－1.89)＝－2.23%

上述分析可以看出，三个因素全面下降，造成了净资产收益率的下降。所以下一步分析的思路就在于搞清楚销售净利率下降、资产周转率下降、权益乘数下降的原因。

第四节　从增值税税负角度看一般纳税人与小规模纳税人的选择

按税法相关规定，增值税纳税人的身份选择主要有定性标准和定量标准两个方面：定量标准是年应税销售额50万元(加工业为主的纳税人)、80万元(流通业为主的纳税人)和500万元(其他行业的纳税人)，在这个标准以上为一般纳税人，在这个标准以下(含此标准)为小规模纳税人；定性标准是核算是否健全。

实务工作中，有些企业的年应税销售额恰恰在定量标准的上下波动，而核算已经健全。此时，选择自己增值税纳税人的身份就要考虑多种因素：

(1)定量标准；

(2)取得进项税抵扣的机会多与少；

(3)小规模纳税人开出增值税专票时，税率是3%，购买者只能抵扣3%；

(4)取得增值税专票时，小规模纳税人不能抵扣进项税，而一般纳税人可以抵扣进项税。

只有将这些因素综合起来，才能选择一个适合自己的纳税人身份。

下面仅仅从定量方面，根据特定情况，计算出“准增值率”，与“无差别点准增值率”对比，如果低于“无差别点准增值率”，选择一般纳税人税负率低；反之，小规模纳税人税负率低。

$$准增值率=\frac{销售价格-购进价格}{销售价格}\times 100\%$$

之所以称之为“准增值率”，是因为增值率＝$\frac{销售价格-购进价格}{购进价格}$，而现在需要的计算公式分母是销售价格，不是购进价格，所以，姑且称之为“准增值率”。

至于对比标准“无差别点准增值率”的计算公式及其推导过程，见图表6－34。

图表6－34　　一般纳税人与小规模纳税人平衡点的计算

公式推导	含税平衡点准增值率	$\frac{含税售价-含税进价}{1+税率}\times 税率=\frac{含税售价}{1+征收率}\times 征收率$ $\frac{(含税售价-含税进价)}{含税售价}=\frac{征收率}{税率}\times\frac{1+税率}{1+征收率}$
	不含税平衡点准增值率	$(不含税售价-不含税进价)\times 税率=不含税售价\times 征收率$ $\frac{(不含税售价-不含税进价)}{不含税售价}=\frac{征收率}{税率}$

续表

组合		含税平衡点	不含税平衡点
一般纳税人	小规模纳税人		
13%	3%	25.32%	23.08%
9%	3%	35.28%	33.33%
6%	3%	51.46%	50.00%

[例] 某商品流通企业，增值税率13%。主要商品含税进价100元，含税售价125元。

该企业含税准增值率$=\frac{125-100}{125}\times100\%=20\%$，小于25.32%，应选择一般纳税人。

验证：

一般纳税人应纳税额$=\frac{125}{1+13\%}\times13\%-\frac{100}{1+13\%}\times13\%=2.88$元

小规模纳税人应纳税额$=\frac{125}{1+3\%}\times3\%=3.64$元

可以看出，选择一般纳税人，税负较低。

用不含税准增值率的测算，学员可自行练习。

第七章　实务操作案例(五)

——软件高新企业案例

本章以上海96有限公司(软件高新企业)为例,给出该软件高新企业2019年11月末科目余额表(含2019年1—11月份损益类科目发生额)和12月份的基本业务,并由指导教师引领学员进行原始凭证审核、会计分录编制、记账凭证录入、账目登记(软件自动完成)、财务报表生成、企业所得税汇算清缴、高新技术企业所得税优惠政策、高新技术企业申报等一系列实际操作。

第一节　基础资料

一、该企业基本情况

1. 企业名称:上海96有限公司。

2. 企业代码:913101165574××××××。

3. 归属行业:软件高新企业。

4. 增值税纳税人身份:增值税一般纳税人。

5. 执行的会计制度:《小企业会计准则》。

6. 企业规模:2019年初资产总额为6 789 081.54元;2019年初职工人数为14人;2018年营业收入为7 079 660.86元;2019年初注册资金为3 000 000元。

7. 经营范围:从事"自动化系统、制冷、电子、机械、计算机"领域内技术开发、技术服务,电子产品,工业自动化控制设备,机械设备及配件,计算机、软件及辅助设备(除计算机信息系统安全专用产品)销售,市场信息咨询与调查(不得从事社会调查、社会调研、民意调查、民意测验),会务会展服务,电脑图文设计制作,机电工程(除特种设备)。

二、2019年12月初科目余额表(含1—11月份损益类科目发生额)

(一)调整前科目余额表(见图表7—1)

图表 7—1

科目余额表

（2019 年 1 月至 2019 年 11 月）

核算单位：上海 96 有限公司　　单位：元

科目编码	科目名称	期初余额		本期发生额		期末余额	
		借方	贷方	借方	贷方	借方	贷方
1001	库存现金			1 070.00		1 070.00	
1002	银行存款	1 145 433.06		21 988 171.63	20 638 206.12	2 495 398.57	
100201	中国邮政	322 221.93		2 702 273.83	3 002 727.71	21 768.05	
100202	招商银行	586 530.84		15 709 550.03	15 388 996.02	907 084.85	
100203	工行社保	236 680.29		90 366.40	310 607.36	16 439.33	
100204	招商银行南京分公司			3 485 981.37	1 935 875.03	1 550 106.34	
1101	短期投资	500 000.00		1 500 000.00	2 000 000.00		
110101	基金	500 000.00		1 500 000.00	2 000 000.00		
1122	应收账款	4 377 942.77		21 044 037.22	16 226 442.73	9 195 537.26	
1122-00006	1 公司	192 786.80			100 000.00	92 786.80	
1122-00007	2 公司			28 800.00		28 800.00	
1122-00008	3 公司	43 110.00		104 970.00	139 970.00	8 110.00	
1122-00009	4 公司	1 100.00		2 230.00	2 230.00	1 100.00	
1122-00010	5 公司	2 900.00				2 900.00	
1122-00011	6 公司		2 415.00				2 415.00
1122-00012	7 公司	100.00				100.00	
1122-00013	8 公司		400.00				400.00
1122-00014	9 公司	300.00				300.00	
1122-00015	10 公司		12 151.00				12 151.00
1122-00016	11 公司		13 600.00				13 600.00
1122-00017	12 公司	3 100.00				3 100.00	
1122-00019	13 公司		1 750.00				1 750.00
1122-00020	14 公司	119 515.00		486 389.70	242 646.08	363 258.62	
1122-00021	15 公司	12 828.51			12 533.45	295.06	
1122-00022	16 公司		2 900.00				2 900.00
1122-00023	17 公司	7 260.00		18 525.00	23 895.00	1 890.00	
1122-00024	18 公司		102 820.00	1 237 883.63	1 257 462.77		122 399.14
1122-00025	19 公司	261 604.00				261 604.00	
1122-00026	20 公司	21 050.00				21 050.00	
1122-00027	21 公司		3 760.00	3 000.00	3 000.00		3 760.00
1122-00028	22 公司	1 500.00				1 500.00	
1122-00029	23 公司	6 000.00				6 000.00	
1122-00030	24 公司		1 000.00				1 000.00
1122-00031	25 公司		2 100.00				2 100.00
1122-00032	26 公司	57 550.00		636 550.00	256 200.00	437 900.00	
1122-00035	27 公司		2 220.00				2 220.00

续表

科目编码	科目名称	期初余额		本期发生额		期末余额	
		借方	贷方	借方	贷方	借方	贷方
1122-00036	28公司			38 600.00	3 600.00	35 000.00	
1122-00037	29公司	1 460.00				1 460.00	
1122-00038	30公司	3 715.34				3 715.34	
1122-00039	31公司		8 200.00				8 200.00
1122-00040	32公司	22 902.00				22 902.00	
1122-00041	33公司	295.06				295.06	
1122-00042	34公司		45 606.00				45 606.00
1122-00043	35公司		16 500.00				16 500.00
1122-00044	36公司		5 600.00				5 600.00
1122-00047	37公司			1 456 446.25	615 514.50	840 931.75	
1122-00050	38公司	467 171.54			85 368.71	381 802.83	
1122-00051	39公司		100 000.00	100 000.00			
1122-00057	40公司	35 240.00				35 240.00	
1122-00058	41公司	38 960.00				38 960.00	
1122-00059	42公司		1 140.00				1 140.00
1122-00062	43公司		7 000.00				7 000.00
1122-00063	44公司		0.94				0.94
1122-00064	45公司		960.00				960.00
1122-00065	46公司		23 870.00	23 870.00			
1122-00066	47公司	10.00				10.00	
1122-00071	48公司		1 760.00		11 000.00		12 760.00
1122-00072	49公司			95 400.00	29 380.00	66 020.00	
1122-00073	50公司	16 695.00		29 695.00	16 695.00	29 695.00	
1122-00074	51公司		5 000.00				5 000.00
1122-00075	52公司		12 840.00				12 840.00
1122-00078	53公司		10 970.00	26 274.26	15 304.26		
1122-00081	54公司	32 999.92				32 999.92	
1122-00084	55公司			9 000.00	9 000.00		
1122-00091	56公司			2 400.00	2 400.00		
1122-00092	57公司			630 000.00	630 000.00		
1122-00104	58公司			1 560.00	1 560.00		
1122-00105	59公司			19 500.00	19 500.00		
1122-00108	60公司	120 744.00			62 044.00	58 700.00	
1122-00110	61公司		13 000.00	22 180.00	9 180.00		
1122-00112	62公司	24 750.00			24 750.00		
1122-00113	63公司		18 500.00	39 756.00	21 256.00		
1122-00114	64公司		40 000.00	40 000.00			
1122-00115	65公司		205 000.00				205 000.00
1122-00118	66公司		12 000.00	76 520.00	98 920.00		34 400.00

续表

科目编码	科目名称	期初余额		本期发生额		期末余额	
		借方	贷方	借方	贷方	借方	贷方
1122-00120	67 公司	146 118.28		79 650.86	225 769.14		
1122-00121	68 公司	182 954.66		562 722.11	745 676.77		
1122-00122	69 公司	18 096.00		141 384.00	71 340.00	88 140.00	
1122-00124	70 公司	3 207 119.60		10 277 422.35	7 529 136.70	5 955 405.25	
1122-00126	71 公司	1 070.00			1 070.00		
1122-00131	72 公司			7 844.00	7 844.00		
1122-00132	73 公司			7 000.00	7 000.00		
1122-00133	74 公司			1 320.00	1 320.00		
1122-00134	75 公司				13 650.00		13 650.00
1122-00135	76 公司			76 900.00	76 900.00		
1122-00140	77 公司			187 150.00	187 150.00		
1122-00141	78 公司			9 900.00	9 900.00		
1122-00142	79 公司			52 600.00	35 000.00	17 600.00	
1122-00143	80 公司			800.05	800.05		
1122-00144	81 公司			25 100.00	25 100.00		
1122-00145	82 公司			1 860.30	1 860.30		
1122-00146	83 公司			30 246.00	30 246.00		
1122-00147	84 公司			37 000.00	37 000.00		
1122-00148	85 公司			3 863 798.71	3 375 000.00	488 798.71	
1122-00149	86 公司			47 900.00	25 500.00	22 400.00	
1122-00150	87 公司			22 500.00	9 000.00	13 500.00	
1122-00151	88 公司			9 000.00	9 000.00		
1122-00153	89 公司				4 620.00		4 620.00
1122-00154	90 公司			13 200.00	13 200.00		
1122-00155	91 公司			9 700.00	9 700.00		
1122-00156	92 公司				11 800.00		11 800.00
1122-00157	93 公司			10 400.00	10 400.00		
1122-00158	94 公司			225 000.00		225 000.00	
1122-00159	95 公司			155 889.00		155 889.00	
1122-00160	96 公司			36 700.00	36 700.00		
1122-00161	97 公司			16 500.00		16 500.00	
1122-00162	98 公司			5 000.00	5 000.00		
1122-00163	99 公司				9 000.00		9 000.00
1122-00164	100 公司				1 600.00		1 600.00
1122-00165	101 公司				5 750.00		5 750.00
1221	其他应收款	196 700.00		1 155 292.17	567 704.26	784 287.91	
122101	代扣代缴个人养老保险费	196 700.00		1 155 292.17	567 704.26	784 287.91	
1403	原材料			18 569.38	17 457.02	1 112.36	

续表

科目编码	科目名称	期初余额		本期发生额		期末余额	
		借方	贷方	借方	贷方	借方	贷方
1403-00005	配件			4 967.64	4 967.64		
1403-00006	电线电缆			10 900.00	10 900.00		
1403-00029	物联网数据采集网关 LM Gateway-201-IoT			729.20	729.20		
1403-00051	山特电池组			860.18	860.18		
1403-00060	网线			1 112.36		1 112.36	
1405	库存商品	244 982.45		3 916 227.59	4 086 292.34	74 917.70	
140501	库存商品	244 982.45		3 916 227.59	4 086 292.34	74 917.70	
140501-00004	控制器	52 250.00		150 061.61	202 311.61		
140501-00005	配件	35 966.47		739 304.31	775 270.78		
140501-00006	电线电缆	14 744.02		429 087.20	443 831.22		
140501-00007	电器柜	50 121.57		10 864.71	60 986.28		
140501-00008	传感器			10 956.18	10 956.18		
140501-00009	色料粉	52 539.94			52 539.94		
140501-00011	软件	39 360.45		22 763.45	62 123.90		
140501-00014	苏果项目相关			16 300.58	16 300.58		
140501-00018	电子元器件			1 746.20	1 746.20		
140501-00019	线路板			8 583.19	8 583.19		
140501-00020	配电箱 L101 L202 L302 L401			247 787.68	247 787.68		
140501-00021	配电箱 L501 L606 L605			176 991.20	176 991.20		
140501-00023	机柜			3 823.01	3 823.01		
140501-00024	串口服务器 USR-TCP232-302			2 781.42	2 781.42		
140501-00025	AKS12 温度探头 5 米 30/盒			90 584.70	90 584.70		
140501-00026	开关电源 MS-35-24			3 262.04	3 262.04		
140501-00027	显示器 22MK430H-B			6 734.52	6 734.52		
140501-00028	机柜 1000 * 600 * 600			2 389.39	2 389.39		
140501-00029	物联网数据采集网关 LM Gateway-201-IoT			729.20	729.20		
140501-00030	网关 LM Gateway 203-IoT			394.69	394.69		
140501-00031	罗米测控嵌入式数据采集软件 V1.0			4 385.84	4 385.84		
140501-00032	物联网数据采集网关			1 371.68	1 371.68		
140501-00033	温湿度变送器			36 781.41	36 781.41		
140501-00038	不锈钢支架			283.19	283.19		

续表

科目编码	科目名称	期初余额		本期发生额		期末余额	
		借方	贷方	借方	贷方	借方	贷方
140501-00040	天线			600.00	600.00		
140501-00041	下载线			71.00	71.00		
140501-00042	数据线			62.50	62.50		
140501-00043	弹簧			371.68	371.68		
140501-00044	电源适配器 5V4A			299.00	299.00		
140501-00045	集成电路			1 240.20	1 240.20		
140501-00046	电能表 DTSU9001-3			4 132.75	4 132.75		
140501-00047	锂电池 ER10450			6 752.22	5 734.00	1 018.22	
140501-00048	4G 无线数据传输终端 4G RTU-02			28 905.32	28 905.32		
140501-00050	不间断电源			7 290.26	1 495.29	5 794.97	
140501-00054	路由器			3 000.00	3 000.00		
140501-00055	断路器			370.00	370.00		
140501-00056	电子膨胀阀			5 250.00	5 250.00		
140501-00057	液晶显示屏 RS485 接口			9 500.00	9 500.00		
140501-00058	推拉风机			53 893.80	53 893.80		
140501-00059	配件箱			7 982.30	7 982.30		
140501-00060	网线			296.45	296.45		
140501-00061	电池			23 775.32	23 775.32		
140501-00062	胶水			27.31	27.31		
140501-00064	方管			50 700.00	50 700.00		
140501-00065	保温板 导流板			216 743.38	216 743.38		
140501-00066	镀铝锌板 1300 * 350			13 274.34	793.45	12 480.89	
140501-00067	秋叶原（CHOSEAL)原装超五类网线【工程版】非屏蔽纯铜线箱线灰色 305 米 QS2608AT305S			−159.29			159.29
140501-00068	秋叶原（CHOSEAL)原装超五类网线【工程版】非屏蔽纯铜线箱线灰色 305 米 QS2608AT305S QS2608AT305			1 218.58		1 218.58	
140501-00069	不间断供电电源 C1KS			1 017.70		1 017.70	
140501-00070	铅酸蓄电池 BAT SHAN TE C12-18 12V18AH			623.89	582.00	41.89	
140501-00071	电池柜 A1			48.67		48.67	
140501-00072	电缆线 YJV 3 * 185+2			194 230.09	194 230.09		

续表

科目编码	科目名称	期初余额		本期发生额		期末余额	
		借方	贷方	借方	贷方	借方	贷方
140501-00073	电缆线 YJV 4＊240＋1			194 115.05	194 115.05		
140501-00074	电缆线 YJV 4＊50＋1			95 575.22	95 575.22		
140501-00075	铜塑线 BV2.5			35 247.79	35 247.79		
140501-00076	温度探头安装			39 823.01	39 823.01		
140501-00077	接头 1/4 转 1/8 内丝			243.36		243.36	
140501-00078	AK-CC 525/550 接线柱 084B8162			210.00		210.00	
140501-00079	风压变送器			5 839.82	5 503.06	336.76	
140501-00080	温湿度传感器			3 708.85	3 708.85		
140501-00081	二氧化碳变送器			8 447.78	6 046.00	2 401.78	
140501-00082	电子膨胀阀 AKV 10P4 068F5214			7 376.11	7 376.11		
140501-00083	工控机 HT590			2 200.00	2 200.00		
140501-00084	负压风机			395 442.48	395 442.48		
140501-00085	铝合金型材			15 955.75	7 426.00	8 529.75	
140501-00089	电动推杆 GRA-D10-600			12 106.19	12 106.19		
140501-00090	电动推杆 GRA-D10-450			7 858.41	7 858.41		
140501-00091	物联网数据采集网关 LM Gateway203-IoT			1 769.91	1 769.91		
140501-00092	侧墙进风小窗 外形尺寸:1200＊360 安装尺寸:1170＊340			79 733.63	79 733.63		
140501-00093	湿帘纸 95g-740			354 902.66	354 902.66		
140501-00094	湿帘纸			21 026.55		21 026.55	
140501-00095	天坛阻燃护套线(ZRRVV) GB 黑 2＊0.75mm2(95M/盘)			1 327.43		1 327.43	
140501-00096	海康威视 监控摄像头 网络高清监控红外 夜视监控 H.265 编码带 POE 供电 B12H 8mm DS-IPC-B12H-I			241.59		241.59	
140501-00097	海康威视 监控摄像头 网络高清监控红外 夜视监控 H.265 编码带 POE 供电 B12H 8mm			−35.40			35.40
140501-00098	湿帘高 1.94＊0.6＊0.15 米＊401 块			24 535.40	5 361.15	19 174.25	
140501-00099	小米电视			9 091.13	9 091.13		

续表

科目编码	科目名称	期初余额		本期发生额		期末余额	
		借方	贷方	借方	贷方	借方	贷方
1406	发出商品			74 717.38		74 717.38	
140601	服务成本			74 717.38		74 717.38	
1511	长期股权投资	166 500.00		300 000.00		466 500.00	
151101	103 公司	166 500.00		300 000.00		466 500.00	
1601	固定资产	166 056.77		1 225 567.65		1 391 624.42	
160101	电子设备	47 209.40				47 209.40	
160102	办公设备	109 305.98				109 305.98	
160103	文创项目	9 541.39		1 225 567.65		1 235 109.04	
1602	累计折旧		108 533.51		131 734.51		240 268.02
160201	电子设备		41 982.45		109 093.10		151 075.55
160202	办公设备		66 551.06		19 871.72		86 422.78
160203	文创项目				2 769.69		2 769.69
1604	在建工程	100 000.00		2 490 331.95	2 590 331.95		
160401	软件购置费	100 000.00		1 264 764.30	1 364 764.30		
160401-00002	文创项目	100 000.00		1 264 764.30	1 364 764.30		
160402	设备购置费			1 225 567.65	1 225 567.65		
160402-00002	文创项目			1 225 567.65	1 225 567.65		
1701	无形资产			1 364 764.30		1 364 764.30	
170101	文创			1 364 764.30		1 364 764.30	
1702	累计摊销				45 492.16		45 492.16
170201	文创项目				45 492.16		45 492.16
资产合计		6 897 615.05	108 533.51	55 078 749.27	46 303 661.09	15 849 929.90	285 760.18
2202	应付账款	536 521.98		10 528 379.41	11 214 839.08		149 937.69
2202-00002	104 公司	343 726.31		436 405.15	393 542.85	386 588.61	
2202-00004	廖×	63 913.00				63 913.00	
2202-00005	陈××	800.00				800.00	
2202-00006	105 公司		18 302.00				18 302.00
2202-00007	106 公司		945.00	1 794.50	1 794.50		945.00
2202-00008	107 公司	4 600.00				4 600.00	
2202-00009	108 公司	41 596.00			40 000.00	1 596.00	
2202-00010	109 公司	1 000.00				1 000.00	
2202-00011	110 公司		4 128.00				4 128.00
2202-00012	111 公司		110 518.56				110 518.56
2202-00013	112 公司		49 999.00				49 999.00
2202-00014	113 公司	900.00				900.00	
2202-00015	114 公司	600.00				600.00	
2202-00016	115 公司		49 800.00				49 800.00
2202-00017	116 公司		54 000.00				54 000.00
2202-00018	117 公司		600.00				600.00

续表

科目编码	科目名称	期初余额		本期发生额		期末余额	
		借方	贷方	借方	贷方	借方	贷方
2202-00019	118 公司	5 300.00				5 300.00	
2202-00020	119 公司	99.00				99.00	
2202-00021	120 公司	9 387.50				9 387.50	
2202-00022	121 公司	7 650.00				7 650.00	
2202-00023	122 公司	3 000.00				3 000.00	
2202-00024	123 公司	3 800.00				3 800.00	
2202-00025	124 公司	1 200.00				1 200.00	
2202-00027	125 公司	215.00				215.00	
2202-00028	126 公司	9 160.00				9 160.00	
2202-00029	127 公司	473 513.22		894 214.93	1 367 728.15		
2202-00030	128 公司	4 726.80				4 726.80	
2202-00031	129 公司		521.00				521.00
2202-00032	130 公司		3 650.00				3 650.00
2202-00033	131 公司	1 500.00				1 500.00	
2202-00034	132 公司		440.00				440.00
2202-00035	133 公司		223 605.90	173 198.64			50 407.26
2202-00037	134 公司	1 192.00				1 192.00	
2202-00038	135 公司		293 800.00	11 296.00	28 360.00		310 864.00
2202-00040	136 公司	2 925.73		6 269.98	385.00	8 810.71	
2202-00041	137 公司	1 500.00				1 500.00	
2202-00042	138 公司		1 460.00				1 460.00
2202-00043	139 公司	3 550.00		8 110.00	9 760.00	1 900.00	
2202-00044	140 公司		24 032.40	51 592.60	46 759.87		19 199.67
2202-00045	141 公司		6 711.00				6 711.00
2202-00046	142 公司		9 301.00				9 301.00
2202-00047	143 公司	950.00				950.00	
2202-00048	144 公司	1 350.00				1 350.00	
2202-00049	145 公司		24 180.00				24 180.00
2202-00050	146 公司		949.50				949.50
2202-00051	147 公司	30 000.00				30 000.00	
2202-00052	148 公司	4 600.00				4 600.00	
2202-00053	149 公司		56 891.97	56 891.97			
2202-00054	150 公司		26 000.00				26 000.00
2202-00055	151 公司	8 400.00				8 400.00	
2202-00056	152 公司	2 500.00				2 500.00	
2202-00057	153 公司	5 000.00			1 178.92	3 821.08	
2202-00058	154 公司		48 204.26	48 000.00	9 000.00		9 204.26
2202-00059	155 公司		2 664.00				2 664.00
2202-00060	156 公司			75 153.00	57 953.00	17 200.00	

续表

科目编码	科目名称	期初余额		本期发生额		期末余额	
		借方	贷方	借方	贷方	借方	贷方
2202-00061	157 公司	53 727.50			23 870.00	29 857.50	
2202-00062	158 公司		8 110.00	6 250.00	6 599.00		8 459.00
2202-00063	159 公司	11 345.20				11 345.20	
2202-00064	160 公司	27 750.00		35 515.00	57 940.00	5 325.00	
2202-00065	161 公司		3 351.00				3 351.00
2202-00066	162 公司		3 687.00	9 922.00	9 922.00		3 687.00
2202-00067	163 公司	6 506.94				6 506.94	
2202-00068	164 公司	36 610.00				36 610.00	
2202-00069	165 公司		2 380.00				2 380.00
2202-00070	166 公司		1 160.00				1 160.00
2202-00071	167 公司	4 515.00				4 515.00	
2202-00072	168 公司	9 130.00				9 130.00	
2202-00073	169 公司		8 564.80				8 564.80
2202-00074	170 公司		7 170.40	11 578.00	11 578.00		7 170.40
2202-00075	171 公司		1 358.60				1 358.60
2202-00076	172 公司	9.00		6 825.60	5 956.20	878.40	
2202-00078	173 公司	369 499.14		651 540.00	911 540.00	109 499.14	
2202-00079	174 公司		5 000.00				5 000.00
2202-00080	175 公司		1.00				1.00
2202-00081	176 公司	33 034.00				33 034.00	
2202-00082	177 公司	10 550.00				10 550.00	
2202-00083	178 公司	13 200.00				13 200.00	
2202-00084	179 公司			2 000.00	2 000.00		
2202-00085	180 公司	2 300.00				2 300.00	
2202-00086	181 公司		92 730.00				92 730.00
2202-00091	182 公司			36 070.00	36 070.00		
2202-00093	18 公司		0.03				0.03
2202-00094	184 公司		12.35				12.35
2202-00096	185 公司			412.50	412.50		
2202-00101	186 公司	1 800.00			1 800.00		
2202-00109	187 公司				2 400.00		2 400.00
2202-00110	188 公司			725 000.00	725 000.00		
2202-00112	189 公司	2 300.00			2 300.00		
2202-00117	190 公司	0.01				0.01	
2202-00118	191 公司			234 732.04	274 288.89		39 556.85
2202-00119	192 公司	1 120.00		156 815.71	81 159.71	76 776.00	
2202-00121	193 公司	1 050.00				1 050.00	
2202-00122	194 公司			1 170.00	1 170.00		
2202-00123	195 公司		10 240.04		18 000.00		28 240.04

续表

科目编码	科目名称	期初余额		本期发生额		期末余额	
		借方	贷方	借方	贷方	借方	贷方
2202-00129	196 公司			19 260.00	19 260.00		
2202-00134	197 公司	983.00		7 270.00	8 253.00		
2202-00137	198 公司	1 215.00		2 253.00	3 468.00		
2202-00138	199 公司			9 699.00	9 699.00		
2202-00143	200 公司			7 488.00	7 488.00		
2202-00144	201 公司	1 900.00		25 100.00	27 000.00		
2202-00145	202 公司		1 489.26				1 489.26
2202-00148	203 公司	15 320.00		170 235.00	185 555.00		
2202-00150	204 公司	500.00				500.00	
2202-00151	205 公司	1 350.00				1 350.00	
2202-00152	206 公司			257 740.00	257 740.00		
2202-00153	207 公司			1 950.00	1 950.00		
2202-00154	208 公司			25 445.00	25 445.00		
2202-00158	209 公司	120.00		16 832.00	16 272.00	680.00	
2202-00159	210 公司	754.00		5 915.00	4 465.50	2 203.50	
2202-00160	211 公司	7 250.70		368 517.64	424 563.65		48 795.31
2202-00161	212 公司	12 456.00			12 456.00		
2202-00163	213 公司	2 750.00		2 750.00	5 500.00		
2202-00164	214 公司	5 280.00		5 640.00	10 920.00		
2202-00165	215 公司			5 221.00	5 221.00		
2202-00168	216 公司			1 050.00	1 050.00		
2202-00169	217 公司			15 040.00	15 040.00		
2202-00170	218 公司		85 500.00	171 000.00	85 500.00		
2202-00171	219 公司	5 000.00		5 300.00	10 300.00		
2202-00172	220 公司	100 000.00		790 000.00	890 000.00		
2202-00175	221 公司			7 400.00	7 400.00		
2202-00176	222 公司			9 698.00	9 698.00		
2202-00177	223 公司			1 320.00	1 320.00		
2202-00178	224 公司			29 760.00	31 310.00		1 550.00
2202-00179	225 公司			2 000.00	2 000.00		
2202-00180	226 公司			4 290.00	4 290.00		
2202-00181	227 公司			13 700.00	13 700.00		
2202-00182	228 公司			9 984.00	9 984.00		
2202-00183	229 公司			89 748.83	94 472.48		4 723.65
2202-00184	230 公司			13 638.00	13 638.00		
2202-00186	231 公司			15 322.00	15 322.00		
2202-00187	232 公司			100 000.00	100 000.00		
2202-00188	233 公司			90 768.00	129 627.92		38 859.92
2202-00189	234 公司			5 025.00	6 793.00		1 768.00

续表

科目编码	科目名称	期初余额		本期发生额		期末余额	
		借方	贷方	借方	贷方	借方	贷方
2202-00190	235公司			2 304.00	2 304.00		
2202-00191	236公司			450 000.00	630 000.00		180 000.00
2202-00192	237公司			123 420.00	123 420.00		
2202-00193	238公司			44 500.00	44 500.00		
2202-00194	239公司			7 900.00	7 900.00		
2202-00195	240公司			6 890.00	6 890.00		
2202-00196	241公司			10 790.00	11 570.00		780.00
2202-00197	242公司			35 759.25	35 757.43	1.82	
2202-00198	243公司			3 500.00	2 777.00	723.00	
2202-00201	244公司			173 642.87	91 700.00	81 942.87	
2202-00202	245公司			570 000.00	560 000.00	10 000.00	
2202-00203	246公司			149 463.80		149 463.80	
2202-00204	247公司			78 580.00		78 580.00	
2202-00205	248公司			13 000.00	13 000.00		
2202-00206	249公司			3 500.00	3 500.00		
2202-00207	250公司			1 300.00	1 300.00		
2202-00208	251公司			150 000.00	150 000.00		
2202-00209	252公司			4 860.00	4 860.00		
2202-00211	253公司			1 329.00	1 329.00		
2202-00212	254公司			2 860.00	2 860.00		
2202-00213	255公司			9 452.00	7 130.00	2 322.00	
2202-00214	256公司			1 800.00	1 800.00		
2202-00215	257公司			1 540.00	1 540.00		
2202-00216	258公司			6 160.00	6 160.00		
2202-00217	259公司			831.00	831.00		
2202-00218	260公司			15 000.00	15 000.00		
2202-00219	261公司			1 860.30	1 860.30		
2202-00220	262公司			10 254.75	10 254.75		
2202-00221	263公司			1 500.00		1 500.00	
2202-00222	264公司			1 860.30	1 860.30		
2202-00223	265公司			1 550.00	1 550.00		
2202-00224	266公司			5 016.00	5 016.00		
2202-00225	267公司			24 000.00	24 000.00		
2202-00226	268公司			2 145.00	2 145.00		
2202-00227	269公司			3 840.00	3 840.00		
2202-00228	270公司			500.00		500.00	
2202-00229	271公司			6 935.25	6 935.25		
2202-00230	272公司			5 500.00	5 500.00		
2202-00231	273公司			79 020.00	94 020.00		15 000.00

续表

科目编码	科目名称	期初余额		本期发生额		期末余额	
		借方	贷方	借方	贷方	借方	贷方
2202-00232	274 公司			5 226.00	5 226.00		
2202-00233	275 公司			69 306.00	60 900.00	8 406.00	
2202-00234	276 公司			45 120.00	45 120.00		
2202-00235	277 公司			113 265.00	113 265.00		
2202-00236	278 公司			553 896.00	541 530.00	12 366.00	
2202-00237	279 公司			674 278.00	674 338.00		60.00
2202-00238	280 公司			31 500.00		31 500.00	
2202-00239	281 公司			7 244.91	7 244.91		
2202-00240	282 公司			72 100.00	53 620.00	18 480.00	
2202-00241	283 公司				1 948.00		1 948.00
2202-00242	284 公司			22 239.00	22 239.00		
2202-00244	285 公司			3 180.00	3 180.00		
2202-00245	286 公司			2 388.00	2 388.00		
2202-00246	287 公司				2 000.00		2 000.00
2202-00248	288 公司			4 095.00	4 095.00		
2202-00249	289 公司			11 520.00	11 520.00		
2202-00251	290 公司			23 130.80		23 130.80	
2202-00252	291 公司			22 500.00	45 000.00		22 500.00
2202-00253	292 公司			3 000.00	5 800.00		2 800.00
2202-00254	293 公司				5 400.00		5 400.00
2202-00255	294 公司			23 760.00	23 760.00		
2202-00256	295 公司			23 140.00		23 140.00	
2202-00257	296 公司			54 514.00	36 060.00	18 454.00	
2202-00258	297 公司			26 160.30		26 160.30	
2202-00259	298 公司			27 100.00	27 100.00		
2202-00261	299 公司				13 500.00		13 500.00
2202-00262	300 公司			401 040.00	401 040.00		
2202-00264	301 公司			7 016.00		7 016.00	
2202-00265	302 公司			1 394.00		1 394.00	
2202-00266	303 公司			5 980.00		5 980.00	
2202-00268	304 公司			27 725.00	27 725.00		
2202-00269	305 公司			7 077.00		7 077.00	
2202-00270	306 公司			206 610.00		206 610.00	
2202-00271	307 公司				586 660.00		586 660.00
2202-00272	308 公司				8 400.00		8 400.00
2202-00274	309 公司				7 500.00		7 500.00
2202-00283	310 公司			89 127.79		89 127.79	
2202-00288	311 公司			4 266.00		4 266.00	
2211	应付职工薪酬		37 162.35	879 642.46	847 524.26		5 044.15

续表

科目编码	科目名称	期初余额		本期发生额		期末余额	
		借方	贷方	借方	贷方	借方	贷方
221101	职工工资	29 194.52		685 889.59	720 128.26		5 044.15
22110101	成×	29 194.52		438 079.81	467 274.33		
22110102	蒋××			8 729.00	13 093.50		4 364.50
22110103	张××			8 739.00	13 108.50		4 369.50
22110104	成××			10 985.00	16 500.00		5 515.00
22110105	代发工资			219 356.78	87 863.08	131 493.70	
22110106	郑××				13 447.50		13 447.50
22110107	邹×				13 066.50		13 066.50
22110108	唐××				12 502.50		12 502.50
22110109	吴××				12 480.00		12 480.00
22110110	刘××				15 363.75		15 363.75
22110111	任××				17 910.00		17 910.00
22110112	耿×				13 114.50		13 114.50
22110113	夏××				12 796.50		12 796.50
22110114	王××				11 607.60		11 607.60
221103	职工福利费			500.00	500.00		
221104	社会保险费		66 356.87	147 308.87	80 952.00		
22110401	基本养老保险		66 356.87	147 308.87	80 952.00		
221105	住房公积金			45 944.00	45 944.00		
2221	应交税费		301 215.20	4 610 605.78	4 249 077.98	60 312.60	
222101	应交增值税	44 528.52		2 279 469.74	2 279 288.36	44 709.90	
22210101	进项税额	986 681.98		1 143 999.80	34 355.85	2 096 325.93	
2221010101	5%	107 880.20		6 748.31		114 628.51	
2221010102	6%	33 523.80		125 638.33	3 817.92	155 344.21	
2221010103	17%	554 816.44		437.88		555 254.32	
2221010104	3%	10 261.88		96 807.73		107 069.61	
2221010105	11%	1 299.90				1 299.90	
2221010106	16%	278 899.76		159 915.33		438 815.09	
2221010107	13%			735 388.43	30 537.93	704 850.50	
2221010108	9%			19 063.79		19 063.79	
22210103	转出未交增值税			854 495.57		854 495.57	
22210105	销项税额		1 927 967.53	9 119.24	2 244 932.51		4 163 780.80
2221010501	6%		266 538.26	9 119.24	173 081.10		430 500.12
2221010502	17%		926 471.23				926 471.23
2221010503	16%		734 958.04		388 575.89		1 123 533.93
2221010504	13%				1 683 275.52		1 683 275.52
22210109	进项税额转出		31 492.87				31 492.87
22210113	应交未交增值税	1 017 306.94		271 855.13		1 289 162.07	
222102	未交增值税		329 201.15	1 474 470.19	1 126 257.05	19 011.99	

续表

科目编码	科目名称	期初余额		本期发生额		期末余额	
		借方	贷方	借方	贷方	借方	贷方
222103	应交所得税			740 860.69	740 860.69		
222104	应交印花税			5 906.20	7 484.30		1 578.10
222107	应交城市维护建设税		3 292.01	14 745.64	11 711.54		257.91
222108	应交个人所得税		82.52	29 894.72	29 875.95		63.75
222109	应交教育费附加		9 876.03	44 056.94	35 134.62		953.71
222110	应交地方教育费附加		3 292.01	21 201.66	18 465.47		555.82
2241	其他应付款		473 925.72	1 471 839.43	4 612 906.30		3 614 992.59
224101	代扣代缴社保		101 164.80	132 816.07	45 388.64		13 737.37
224102	代扣代缴公积金		24 599.00	14 669.00	18 649.00		28 579.00
224103	张×		2 300.00				2 300.00
224104	张×1		400 000.00				400 000.00
224105	宋×		50 000.00				50 000.00
224106	职员	104 138.08		310 834.22	258 089.52	156 882.78	
22410601	毛××		7 460.00				7 460.00
22410602	成××	134 597.58		269 611.76	201 611.94	202 597.40	
22410603	郑××		22 999.50	17 571.69	14 047.98		19 475.79
22410604	耿×			5 811.62	24 590.45		18 778.83
22410608	张××			10 536.75	10 536.75		
22410609	许××			7 302.40	7 302.40		
224113	方×				75 000.00		75 000.00
224114	赵××				75 000.00		75 000.00
224115	谭××				95 000.00		95 000.00
224116	张××			10 682.94	10 682.94		
224117	靳×				4 000.00		4 000.00
224118	312 公司			30 800.00	21 600.00	9 200.00	
224119	袁××			2 115.00	2 115.00		
224120	邹×			21 000.00	21 000.00		
224121	王××			1 732.20	1 732.20		
224122	夏××			12 897.00	12 897.00		
224123	313 公司			927 750.00	3 965 250.00		3 037 500.00
224124	314 公司				4 100.00		4 100.00
224125	汪××				2 402.00		2 402.00
224126	蒋××			6 543.00		6 543.00	
负债合计		536 521.98	812 303.27	17 490 467.08	20 924 347.62	60 312.60	3 769 974.43
3001	实收资本		500 000.00				500 000.00
3103	本年利润			501 884.75	5 847 804.39		5 345 919.64
3104	利润分配		6 013 300.25				6 013 300.25
310401	未分配利润		6 013 300.25				6 013 300.25

续表

科目编码	科目名称	期初余额		本期发生额		期末余额	
		借方	贷方	借方	贷方	借方	贷方
权益合计			6 513 300.25	501 884.75	5 847 804.39		11 859 219.89
4301	研发支出			573 289.60	568 577.60	4 712.00	
430101	费用化支出			573 289.60	568 577.60	4 712.00	
43010101	工资			302 704.20	302 704.20		
43010101-00001	移动冷藏运输车信息系统软件			119 966.80	119 966.80		
43010101-00002	文创项目			102 772.40	102 772.40		
43010101-00004	研发部			13 447.50	13 447.50		
43010101-00006	开发部			66 517.50	66 517.50		
43010102	社保			59 613.76	59 613.76		
43010102-00001	移动冷藏运输车信息系统软件			27 906.43	27 906.43		
43010102-00002	文创项目			22 347.33	22 347.33		
43010102-00004	研发部			1 552.50	1 552.50		
43010102-00006	开发部			7 807.50	7 807.50		
43010103	公积金			21 630.00	21 630.00		
43010103-00001	移动冷藏运输车信息系统软件			9 315.00	9 315.00		
43010103-00002	文创项目			6 411.00	6 411.00		
43010103-00004	研发部			1 029.00	1 029.00		
43010103-00006	开发部			4 875.00	4 875.00		
43010104	差旅费			71 421.53	69 624.03	1 797.50	
43010104-00001	移动冷藏运输车信息系统软件			26 036.94	26 036.94		
43010104-00002	文创项目			14 988.94	14 988.94		
43010104-00003	南京苏果			14 650.00	14 650.00		
43010104-00004	研发部			14 321.65	13 948.15	373.50	
43010104-00006	开发部			1 424.00		1 424.00	
43010105	办公费			250.00	250.00		
43010105-00001	移动冷藏运输车信息系统软件			250.00	250.00		
43010106	职工福利费			500.00	500.00		
43010106-00001	移动冷藏运输车信息系统软件			500.00	500.00		
43010109	快递费			120.00	120.00		
43010109-00003	南京苏果			120.00	120.00		
43010111	设计研发费			2 337.87	2 337.87		
43010111-00004	研发部			2 337.87	2 337.87		
43010112	配件			6 343.33	3 428.83	2 914.50	
43010112-00003	南京苏果			3 428.83	3 428.83		
43010112-00004	研发部			2 914.50		2 914.50	
43010113	改造服务费			99 024.57	99 024.57		

续表

科目编码	科目名称	期初余额		本期发生额		期末余额	
		借方	贷方	借方	贷方	借方	贷方
43010113-00003	南京苏果			99 024.57	99 024.57		
43010114	研发用品			9 344.34	9 344.34		
43010114-00004	研发部			9 344.34	9 344.34		
成本合计				573 289.60	568 577.60	4 712.00	
5001	主营业务收入			18 586 562.56	18 586 562.56		
500101	主营业务收入			18 586 562.56	18 586 562.56		
500101-00001	销售业务收入			9 730 481.58	9 730 481.58		
500101-00002	劳务业务收入			6 017 339.47	6 017 339.47		
500101-00003	销售软件收入			2 838 741.51	2 838 741.51		
5111	投资收益			10 263.00	10 263.00		
5301	营业外收入			111 000.01	111 000.01		
530101	政府补助			108 000.00	108 000.00		
530106	其他			0.01	0.01		
530109	专利补贴			3 000.00	3 000.00		
5401	主营业务成本			5 425 738.48	5 425 738.48		
540101	主营业务成本			3 888 745.46	3 888 745.46		
540102	通用富士			2 687.00	2 687.00		
540103	北京永辉			6 603.20	6 603.20		
540104	诚达创意园			572.00	572.00		
540105	德清园鸡舍			1 470 046.37	1 470 046.37		
540106	福州金政捷永辉			4 411.00	4 411.00		
540107	广东天翔永辉			16 674.00	16 674.00		
540108	海尔开利			1 940.00	1 940.00		
540109	济川一雄志			2 486.00	2 486.00		
540110	江苏科立德			3 320.00	3 320.00		
540111	上海康德乐			150.00	150.00		
540112	上海玺阳			3 090.00	3 090.00		
540113	上海雪乐制冷			5 050.00	5 050.00		
540114	顺义大库			1 720.00	1 720.00		
540115	丝芙兰			736.00	736.00		
540116	永辉一广州天翔			6 046.00	6 046.00		
540117	郑总测试			793.45	793.45		
540118	重庆创金			4 106.00	4 106.00		
540119	重庆永辉			582.00	582.00		
540120	综保区			5 980.00	5 980.00		
5403	税金及附加			73 035.89	73 035.89		
540303	城市维护建设税			11 711.54	11 711.54		
540304	印花税			7 484.30	7 484.30		
540305	教育费附加			35 314.59	35 314.59		

续表

科目编码	科目名称	期初余额		本期发生额		期末余额	
		借方	贷方	借方	贷方	借方	贷方
540306	地方教育费附加			18 525.46	18 525.46		
5601	销售费用			4 289 198.88	4 289 198.88		
560101	运输费			51 310.00	51 310.00		
560104	广告费和业务宣传费			1 800.00	1 800.00		
560107	业务招待费			21 733.23	21 733.23		
560108	差旅费			37 858.18	37 858.18		
560109	办公费			48 332.73	48 332.73		
560114	社会保险费			8 456.40	8 456.40		
560115	职工薪酬			151 806.78	151 806.78		
56011501	工资			123 230.98	123 230.98		
56011502	社保			20 431.80	20 431.80		
56011503	公积金			8 144.00	8 144.00		
560120	维修费			2 800.00	2 800.00		
560121	快递费			24 762.83	24 762.83		
560122	折旧费			1 187.89	1 187.89		
560123	通讯费			335.22	335.22		
560124	服务费			2 977 661.66	2 977 661.66		
560125	管理费			602.94	602.94		
560127	运行服务费			118 160.38	118 160.38		
560127-00002	文创项目			118 160.38	118 160.38		
560129	改造装修费			280 675.95	280 675.95		
560129-00002	文创项目			181 651.38	181 651.38		
560129-00003	南京苏果			99 024.57	99 024.57		
560130	调研费			111 491.39	111 491.39		
560130-00002	文创项目			96 984.89	96 984.89		
560130-00007	永辉贵阳项目			1 956.00	1 956.00		
560130-00008	昆山农贸市场现场调研			138.00	138.00		
560130-00009	19183			9 141.50	9 141.50		
560130-00010	19191			2 730.00	2 730.00		
560130-00011	19060			541.00	541.00		
560131	停车费			2 427.00	2 427.00		
560132	交通费			3 836.00	3 836.00		
560133	不可预见费			145 511.74	145 511.74		
560133-00002	文创项目			145 511.74	145 511.74		
560134	办公用品			807.11	807.11		
56013401	纸制品			55.75	55.75		
56013402	卡座			42.00	42.00		
56013403	管线			6.37	6.37		

续表

科目编码	科目名称	期初余额		本期发生额		期末余额	
		借方	贷方	借方	贷方	借方	贷方
56013404	标签纸			4.30	4.30		
56013405	矿泉水			43.91	43.91		
56013406	餐巾纸			64.90	64.90		
56013407	捕鼠工具			81.24	81.24		
56013408	LED			400.00	400.00		
56013409	文具			108.64	108.64		
560135	系统集成费			297 641.45	297 641.45		
560135-00002	文创项目			297 641.45	297 641.45		
560136	累计折旧						
560136-00002	文创项目						
5602	管理费用			2 955 029.12	2 955 029.12		
560201	折旧费			130 546.62	130 546.62		
560203	办公费			103 559.58	103 559.58		
560204	水电费			20 246.21	20 246.21		
560205	差旅费			21 812.30	21 812.30		
560206	房租			145 333.30	145 333.30		
560207	业务招待费			675.00	675.00		
560209	职工薪酬			342 764.63	342 764.63		
56020901	工资			306 882.85	306 882.85		
56020902	社保			19 924.78	19 924.78		
56020903	公积金			14 957.00	14 957.00		
56020904	职工福利费			1 000.00	1 000.00		
560210	社会保险费			129 808.06	129 808.06		
560211	职工福利费			6 490.00	6 490.00		
560213	住房公积金			8 241.00	8 241.00		
560221	电费			2 251.54	2 251.54		
560222	研发费用			1 927 892.36	1 927 892.36		
56022201	工资			302 704.20	302 704.20		
56022201-00001	移动冷藏运输车信息系统软件			135 366.80	135 366.80		
56022201-00002	文创项目			87 372.40	87 372.40		
56022201-00004	研发部			13 447.50	13 447.50		
56022201-00006	开发部			66 517.50	66 517.50		
56022202	社保			59 613.76	59 613.76		
56022202-00001	移动冷藏运输车信息系统软件			31 848.46	31 848.46		
56022202-00002	文创项目			18 404.30	18 404.30		
56022202-00004	研发部			1 553.50	1 553.50		
56022202-00006	开发部			7 807.50	7 807.50		
56022203	公积金			20 675.00	20 675.00		

续表

科目编码	科目名称	期初余额		本期发生额		期末余额	
		借方	贷方	借方	贷方	借方	贷方
56022203-00001	移动冷藏运输车信息系统软件			9 315.00	9 315.00		
56022203-00002	文创项目			5 456.00	5 456.00		
56022203-00004	研发部			1 029.00	1 029.00		
56022203-00006	开发部			4 875.00	4 875.00		
56022204	差旅费			75 086.24	75 086.24		
56022204-00001	移动冷藏运输车信息系统软件			35 805.15	35 805.15		
56022204-00002	文创项目			10 682.94	10 682.94		
56022204-00003	南京苏果			14 650.00	14 650.00		
56022204-00004	研发部			13 948.15	13 948.15		
56022205	办公费			250.00	250.00		
56022205-00001	移动冷藏运输车信息系统软件			250.00	250.00		
56022207	职工福利费			500.00	500.00		
56022207-00001	移动冷藏运输车信息系统软件			500.00	500.00		
56022209	快递费			120.00	120.00		
56022209-00003	南京苏果			120.00	120.00		
56022212	文创项目			1 468 943.16	1 468 943.16		
56022212-00002	文创项目			1 468 943.16	1 468 943.16		
560223	咨询费			−78 475.47	−78 475.47		
560224	快递费			17 319.99	17 319.99		
560225	通讯费			4 521.78	4 521.78		
560228	服务费			64 977.70	64 977.70		
560229	南京分公司			22 358.23	22 358.23		
56022901	办公费			1 550.00	1 550.00		
56022902	差旅费			3 872.23	3 872.23		
56022904	房租			16 680.00	16 680.00		
56022905	快递费			56.00	56.00		
56022906	招待费			200.00	200.00		
560230	交通费			22 241.80	22 241.80		
560231	专利费			360.00	360.00		
560232	累计摊销			45 492.16	45 492.16		
560232-00002	文创项目			45 492.16	45 492.16		
560233	物业费			1 620.75	1 620.75		
560234	软件使用费			1 504.42	1 504.42		
560235	低值易耗品			13 487.16	13 487.16		
5603	财务费用			−134.74	−134.74		
560301	利息费用			−2 488.65	−2 488.65		
560302	手续费			2 353.91	2 353.91		

续表

科目编码	科目名称	期初余额		本期发生额		期末余额	
		借方	贷方	借方	贷方	借方	贷方
5801	所得税费用			740 860.69	740 860.69		
损益合计				32 191 553.89	32 191 553.89		
合　计		7 434 137.03	7 434 137.03	105 835 944.59	105 835 944.59	15 914 954.50	15 914 954.50

对科目余额表部分项目的说明如下：

1. 应收账款明细科目的贷方余额，其性质是预收账款。

2. 应付账款明细科目的借方余额，其性质是预付账款。

3. 其他应收款下设置“代扣代缴社会保险”二级科目，这并不合适，应当放在“其他应付款”之下的二级科目。（在 11 月的调整后的科目余额表中解决。）

4. 原材料、库存商品明细科目设置烦琐，应归类。

库存商品之下二级科目与一级科目重复，应去掉。将三级科目变成二级科目。（这是启用账套问题。）

5. 发出商品之下设置了“服务成本”，属于错误。（在 11 月的调整后的科目余额表中解决。）

6. 固定资产、累计折旧、在建工程、无形资产、累计摊销之下都设置了“文创项目”二级科目，这个名词不合适，一律调整为“文创系统”。

7.“应付职工薪酬——职工工资”之下体现了职工姓名三级明细，这是不必要的。

8.“权益合计”名词使用不对，应为“所有者权益合计”。

9. 主营业务收入之下的二级科目又是一个主营业务收入，三级科目分类为销售和服务。这个二级科目与一级科目重复，应去掉。

10. 主营业务成本之下的二级科目又是主营业务成本，应变化名称。

11. 主营业务成本之下出现一系列供应商的名字，明细科目不应该设置这么细，应当按主营业务收入的分类相对应分类。

12. 销售费用明细中不应该含有“业务招待费”，招待费应并入管理费用。（本错误在形成调整后科目余额表时手动调整。）

13. 销售费用的明细科目应归类（参照其他案例），比如二级科目“管理费”“办公用品”应并入“办公费”。

“销售费用——职工薪酬”下设的“工资”“社保”“公积金”三级明细中的“社保”“公积金”应为单位负担的部分，而个人负担的存在于“工资”之中。

14. 管理费用中的招待费金额过小，就是因为销售费用中含有招待费。

15.“4301 研发支出——费用化支出”有余额是不对的，应与 12 月份的费用化支出一并转入管理费用，使之结零。

16.“销售费用”“管理费用”二级科目设置太细、烦琐，应归类。

（二）调整后的科目余额表（见图表 7—2）

根据前述说明，对 11 月末的科目余额表进行调整。请学员按此录入。

图表 7—2

科目余额表

（2019 年 1 月至 2019 年 11 月）

核算单位：上海 96 有限公司　　　　单位：元

科目编码	科目名称	期初余额		本期发生额		期末余额	
		借方	贷方	借方	贷方	借方	贷方
1001	库存现金			1 070.00		1 070.00	
1002	银行存款	1 145 433.06		21 988 171.63	20 638 206.12	2 495 398.57	
100201	中国邮政	322 221.93		2 702 273.83	3 002 727.71	21 768.05	
100202	招商银行	586 530.84		15 709 550.03	15 388 996.02	907 084.85	
100203	工行社保	236 680.29		90 366.40	310 607.36	16 439.33	
100204	招商银行南京分公司			3 485 981.37	1 935 875.03	1 550 106.34	
1101	短期投资	500 000.00		1 500 000.00	2 000 000.00		
110101	基金	500 000.00		1 500 000.00	2 000 000.00		
1122	应收账款	4 377 942.77		21 044 037.22	16 226 442.73	9 195 537.26	
1122-00006	1 公司	192 786.80			100 000.00	92 786.80	
1122-00007	2 公司			28 800.00		28 800.00	
1122-00008	3 公司	43 110.00		104 970.00	139 970.00	8 110.00	
1122-00009	4 公司	1 100.00		2 230.00	2 230.00	1 100.00	
1122-00010	5 公司	2 900.00				2 900.00	
1122-00011	6 公司		2 415.00				2 415.00
1122-00012	7 公司	100.00				100.00	
1122-00013	8 公司		400.00				400.00
1122-00014	9 公司	300.00				300.00	
1122-00015	10 公司		12 151.00				12 151.00
1122-00016	11 公司		13 600.00				13 600.00
1122-00017	12 公司	3 100.00				3 100.00	
1122-00019	13 公司		1 750.00				1 750.00
1122-00020	14 公司	119 515.00		486 389.70	242 646.08	363 258.62	
1122-00021	15 公司	12 828.51			12 533.45	295.06	
1122-00022	16 公司		2 900.00				2 900.00
1122-00023	17 公司	7 260.00		18 525.00	23 895.00	1 890.00	
1122-00024	18 公司		102 820.00	1 237 883.63	1 257 462.77		122 399.14
1122-00025	19 公司	261 604.00				261 604.00	
1122-00026	20 公司	21 050.00				21 050.00	
1122-00027	21 公司		3 760.00	3 000.00	3 000.00		3 760.00
1122-00028	22 公司	1 500.00				1 500.00	
1122-00029	23 公司	6 000.00				6 000.00	
1122-00030	24 公司		1 000.00				1 000.00
1122-00031	25 公司		2 100.00				2 100.00
1122-00032	26 公司	57 550.00		636 550.00	256 200.00	437 900.00	
1122-00035	27 公司		2 220.00				2 220.00

续表

科目编码	科目名称	期初余额		本期发生额		期末余额	
		借方	贷方	借方	贷方	借方	贷方
1122-00036	28 公司			38 600.00	3 600.00	35 000.00	
1122-00037	29 公司	1 460.00				1 460.00	
1122-00038	30 公司	3 715.34				3 715.34	
1122-00039	31 公司		8 200.00				8 200.00
1122-00040	32 公司	22 902.00				22 902.00	
1122-00041	33 公司	295.06				295.06	
1122-00042	34 公司		45 606.00				45 606.00
1122-00043	35 公司		16 500.00				16 500.00
1122-00044	36 公司		5 600.00				5 600.00
1122-00047	37 公司			1 456 446.25	615 514.50	840 931.75	
1122-00050	38 公司	467 171.54			85 368.71	381 802.83	
1122-00051	39 公司		100 000.00	100 000.00			
1122-00057	40 公司	35 240.00				35 240.00	
1122-00058	41 公司	38 960.00				38 960.00	
1122-00059	42 公司		1 140.00				1 140.00
1122-00062	43 公司		7 000.00				7 000.00
1122-00063	44 公司		0.94				0.94
1122-00064	45 公司		960				960
1122-00065	46 公司		23 870.00	23 870.00			
1122-00066	47 公司	10.00				10.00	
1122-00071	48 公司		1 760.00		11 000.00		12 760.00
1122-00072	49 公司			95 400.00	29 380.00	66 020.00	
1122-00073	50 公司	16 695.00		29 695.00	16 695.00	29 695.00	
1122-00074	51 公司		5 000.00				5 000.00
1122-00075	52 公司		12 840.00				12 840.00
1122-00078	53 公司		10 970.00	26 274.26	15 304.26		
1122-00081	54 公司	32 999.92				32 999.92	
1122-00084	55 公司			9 000.00	9 000.00		
1122-00091	56 公司			2 400.00	2 400.00		
1122-00092	57 公司			630 000.00	630 000.00		
1122-00104	58 公司			1 560.00	1 560.00		
1122-00105	59 公司			19 500.00	19 500.00		
1122-00108	60 公司	120 744.00			62 044.00	58 700.00	
1122-00110	61 公司		13 000.00	22 180.00	9 180.00		
1122-00112	62 公司	24 750.00			24 750.00		
1122-00113	63 公司		18 500.00	39 756.00	21 256.00		
1122-00114	64 公司		40 000.00	40 000.00			
1122-00115	65 公司		205 000.00				205 000.00
1122-00118	66 公司		12 000.00	76 520.00	98 920.00		34 400.00

续表

科目编码	科目名称	期初余额		本期发生额		期末余额	
		借方	贷方	借方	贷方	借方	贷方
1122-00120	67 公司	146 118.28		79 650.86	225 769.14		
1122-00121	68 公司	182 954.66		562 722.11	745 676.77		
1122-00122	69 公司	18 096.00		141 384.00	71 340.00	88 140.00	
1122-00124	70 公司	3 207 119.60		10 277 422.35	7 529 136.70	5 955 405.25	
1122-00126	71 公司	1 070.00			1 070.00		
1122-00131	72 公司			7 844.00	7 844.00		
1122-00132	73 公司			7 000.00	7 000.00		
1122-00133	74 公司			1 320.00	1 320.00		
1122-00134	75 公司				13 650.00		13 650.00
1122-00135	76 公司			76 900.00	76 900.00		
1122-00140	77 公司			187 150.00	187 150.00		
1122-00141	78 公司			9 900.00	9 900.00		
1122-00142	79 公司			52 600.00	35 000.00	17 600.00	
1122-00143	80 公司			800.05	800.05		
1122-00144	81 公司			25 100.00	25 100.00		
1122-00145	82 公司			1 860.30	1 860.30		
1122-00146	83 公司			30 246.00	30 246.00		
1122-00147	84 公司			37 000.00	37 000.00		
1122-00148	85 公司			3 863 798.71	3 375 000.00	488 798.71	
1122-00149	86 公司			47 900.00	25 500.00	22 400.00	
1122-00150	87 公司			22 500.00	9 000.00	13 500.00	
1122-00151	88 公司			9 000.00	9 000.00		
1122-00153	89 公司				4 620.00		4 620.00
1122-00154	90 公司			13 200.00	13 200.00		
1122-00155	91 公司			9 700.00	9 700.00		
1122-00156	92 公司				11 800.00		11 800.00
1122-00157	93 公司			10 400.00	10 400.00		
1122-00158	94 公司			225 000.00		225 000.00	
1122-00159	95 公司			155 889.00		155 889.00	
1122-00160	96 公司			36 700.00	36 700.00		
1122-00161	97 公司			16 500.00		16 500.00	
1122-00162	98 公司			5 000.00	5 000.00		
1122-00163	99 公司				9 000.00		9 000.00
1122-00164	100 公司				1 600.00		1 600.00
1122-00165	101 公司				5 750.00		5 750.00
1221	其他应收款	196 700.00		1 155 292.17	1 351 992.17		
122101	代扣代缴个人养老保险费	196 700.00		1 155 292.17	1 351 992.17		
1403	原材料			18 569.38	17 457.02	1 112.36	

续表

科目编码	科目名称	期初余额		本期发生额		期末余额	
		借方	贷方	借方	贷方	借方	贷方
1405	库存商品	244 982.45		3 916 227.59	4 086 292.34	74 917.70	
140501	电子类商品	195 985.96		3 132 982.07	3 269 033.87	59 934.16	
140502	非电子类商品	48 996.49		783 245.52	817 258.47	14 983.54	
1406	发出商品			74 717.38	74 717.38		
140601	服务成本			74 717.38	74 717.38		
1511	长期股权投资	166 500.00		300 000.00		466 500.00	
151101	103 公司	166 500.00		300 000.00		466 500.00	
1601	固定资产	166 056.77		1 225 567.65		1 391 624.42	
160101	电子设备	47 209.40				47 209.40	
160102	办公设备	109 305.98				109 305.98	
160103	文创系统	9 541.39		1 225 567.65		1 235 109.04	
1602	累计折旧		108 533.51		131 734.51		240 268.02
160201	电子设备		41 982.45		109 093.10		151 075.55
160202	办公设备		66 551.06		19 871.72		86 422.78
160203	文创系统				2 769.69		2 769.69
1604	在建工程	100 000.00		2 490 331.95	2 590 331.95		
160401	软件购置费	100 000.00		1 264 764.30	1 364 764.30		
160401-00002	文创系统	100 000.00		1 264 764.30	1 364 764.30		
160402	设备购置费			1 225 567.65	1 225 567.65		
160402-00002	文创系统			1 225 567.65	1 225 567.65		
1701	无形资产			1 364 764.30		1 364 764.30	
170101	文创			1 364 764.30		1 364 764.30	
1702	累计摊销				45 492.16		45 492.16
170201	文创系统				45 492.16		45 492.16
资产合计		6 897 615.05	108 533.51	55 078 749.27	47 162 666.38	14 990 924.61	285 760.18
2202	应付账款	536 521.98		10 528 379.41	11 214 839.08		149 937.69
2202-00002	104 公司	343 726.31		436 405.15	393 542.85	386 588.61	
2202-00004	廖×	63 913.00				63 913.00	
2202-00005	陈××	800.00				800.00	
2202-00006	105 公司		18 302.00				18 302.00
2202-00007	106 公司		945.00	1 794.50	1 794.50		945.00
2202-00008	107 公司	4 600.00				4 600.00	
2202-00009	108 公司	41 596.00			40 000.00	1 596.00	
2202-00010	109 公司	1 000.00				1 000.00	
2202-00011	110 公司		4 128.00				4 128.00

续表

科目编码	科目名称	期初余额		本期发生额		期末余额	
		借方	贷方	借方	贷方	借方	贷方
2202-00012	111 公司		110 518.56				110 518.56
2202-00013	112 公司		49 999.00				49 999.00
2202-00014	113 公司	900.00				900.00	
2202-00015	114 公司	600.00				600.00	
2202-00016	115 公司		49 800.00				49 800.00
2202-00017	116 公司		54 000.00				54 000.00
2202-00018	117 公司		600.00				600.00
2202-00019	118 公司	5 300.00				5 300.00	
2202-00020	119 公司	99.00				99.00	
2202-00021	120 公司	9 387.50				9 387.50	
2202-00022	121 公司	7 650.00				7 650.00	
2202-00023	122 公司	3 000.00				3 000.00	
2202-00024	123 公司	3 800.00				3 800.00	
2202-00025	124 公司	1 200.00				1 200.00	
2202-00027	125 公司	215.00				215.00	
2202-00028	126 公司	9 160.00				9 160.00	
2202-00029	127 公司	473 513.22		894 214.93	1 367 728.15		
2202-00030	128 公司	4 726.80				4 726.80	
2202-00031	129 公司		521.00				521.00
2202-00032	130 公司		3 650.00				3 650.00
2202-00033	131 公司	1 500.00				1 500.00	
2202-00034	132 公司		440.00				440.00
2202-00035	133 公司		223 605.90	173 198.64			50 407.26
2202-00037	134 公司	1 192.00				1 192.00	
2202-00038	135 公司		293 800.00	11 296.00	28 360.00		310 864.00
2202-00040	136 公司	2 925.73		6 269.98	385.00	8 810.71	
2202-00041	137 公司	1 500.00				1 500.00	
2202-00042	138 公司		1 460.00				1 460.00
2202-00043	139 公司	3 550.00		8 110.00	9 760.00	1 900.00	
2202-00044	140 公司		24 032.40	51 592.60	46 759.87		19 199.67
2202-00045	141 公司		6 711.00				6 711.00
2202-00046	142 公司		9 301.00				9 301.00
2202-00047	143 公司	950.00				950.00	
2202-00048	144 公司	1 350.00				1 350.00	
2202-00049	145 公司		24 180.00				24 180.00
2202-00050	146 公司		949.50				949.50
2202-00051	147 公司	30 000.00				30 000.00	

续表

科目编码	科目名称	期初余额		本期发生额		期末余额	
		借方	贷方	借方	贷方	借方	贷方
2202-00052	148 公司	4 600.00				4 600.00	
2202-00053	149 公司		56 891.97	56 891.97			
2202-00054	150 公司		26 000.00				26 000.00
2202-00055	151 公司	8 400.00				8 400.00	
2202-00056	152 公司	2 500.00				2 500.00	
2202-00057	153 公司	5 000.00			1 178.92	3 821.08	
2202-00058	154 公司		48 204.26	48 000.00	9 000.00		9 204.26
2202-00059	155 公司		2 664.00				2 664.00
2202-00060	156 公司			75 153.00	57 953.00	17 200.00	
2202-00061	157 公司	53 727.50			23 870.00	29 857.50	
2202-00062	158 公司		8 110.00	6 250.00	6 599.00		8 459.00
2202-00063	159 公司	11 345.20				11 345.20	
2202-00064	160 公司	27 750.00		35 515.00	57 940.00	5 325.00	
2202-00065	161 公司		3 351.00				3 351.00
2202-00066	162 公司		3 687.00	9 922.00	9 922.00		3 687.00
2202-00067	163 公司	6 506.94				6 506.94	
2202-00068	164 公司	36 610.00				36 610.00	
2202-00069	165 公司		2 380.00				2 380.00
2202-00070	166 公司		1 160.00				1 160.00
2202-00071	167 公司	4 515.00				4 515.00	
2202-00072	168 公司	9 130.00				9 130.00	
2202-00073	169 公司		8 564.80				8 564.80
2202-00074	170 公司		7 170.40	11 578.00	11 578.00		7 170.40
2202-00075	171 公司		1 358.60				1 358.60
2202-00076	172 公司	9.00		6 825.60	5 956.20	878.4	
2202-00078	173 公司	369 499.14		651 540.00	911 540.00	109 499.14	
2202-00079	174 公司		5 000.00				5 000.00
2202-00080	175 公司		1.00				1.00
2202-00081	176 公司	33 034.00				33 034.00	
2202-00082	177 公司	10 550.00				10 550.00	
2202-00083	178 公司	13 200.00				13 200.00	
2202-00084	179 公司			2 000.00	2 000.00		
2202-00085	180 公司	2 300.00				2 300.00	
2202-00086	181 公司		92 730.00				92 730.00
2202-00091	182 公司			36 070.00	36 070.00		
2202-00093	18 公司		0.03				0.03
2202-00094	184 公司		12.35				12.35

续表

科目编码	科目名称	期初余额		本期发生额		期末余额	
		借方	贷方	借方	贷方	借方	贷方
2202-00096	185 公司			412.5	412.5		
2202-00101	186 公司	1 800.00			1 800.00		
2202-00109	187 公司				2 400.00		2 400.00
2202-00110	188 公司			725 000.00	725 000.00		
2202-00112	189 公司	2 300.00			2 300.00		
2202-00117	190 公司	0.01				0.01	
2202-00118	191 公司			234 732.04	274 288.89		39 556.85
2202-00119	192 公司	1 120.00		156 815.71	81 159.71	76 776.00	
2202-00121	193 公司	1 050.00				1 050.00	
2202-00122	194 公司			1 170.00	1 170.00		
2202-00123	195 公司		10 240.04		18 000.00		28 240.04
2202-00129	196 公司			19 260.00	19 260.00		
2202-00134	197 公司	983.00		7 270.00	8 253.00		
2202-00137	198 公司	1 215.00		2 253.00	3 468.00		
2202-00138	199 公司			9 699.00	9 699.00		
2202-00143	200 公司			7 488.00	7 488.00		
2202-00144	201 公司	1 900.00		25 100.00	27 000.00		
2202-00145	202 公司		1 489.26				1 489.26
2202-00148	203 公司	15 320.00		170 235.00	185 555.00		
2202-00150	204 公司	500.00				500.00	
2202-00151	205 公司	1 350.00				1 350.00	
2202-00152	206 公司			257 740.00	257 740.00		
2202-00153	207 公司			1 950.00	1 950.00		
2202-00154	208 公司			25 445.00	25 445.00		
2202-00158	209 公司	120.00		16 832.00	16 272.00	680.00	
2202-00159	210 公司	754.00		5 915.00	4 465.50	2 203.50	
2202-00160	211 公司	7 250.70		368 517.64	424 563.65		48 795.31
2202-00161	212 公司	12 456.00			12 456.00		
2202-00163	213 公司	2 750.00		2 750.00	5 500.00		
2202-00164	214 公司	5 280.00		5 640.00	10 920.00		
2202-00165	215 公司			5 221.00	5 221.00		
2202-00168	216 公司			1 050.00	1 050.00		
2202-00169	217 公司			15 040.00	15 040.00		
2202-00170	218 公司		85 500.00	171 000.00	85 500.00		
2202-00171	219 公司	5 000.00		5 300.00	10 300.00		
2202-00172	220 公司	100 000.00		790 000.00	890 000.00		
2202-00175	221 公司			7 400.00	7 400.00		

续表

科目编码	科目名称	期初余额		本期发生额		期末余额	
		借方	贷方	借方	贷方	借方	贷方
2202-00176	222 公司			9 698.00	9 698.00		
2202-00177	223 公司			1 320.00	1 320.00		
2202-00178	224 公司			29 760.00	31 310.00		1 550.00
2202-00179	225 公司			2 000.00	2 000.00		
2202-00180	226 公司			4 290.00	4 290.00		
2202-00181	227 公司			13 700.00	13 700.00		
2202-00182	228 公司			9 984.00	9 984.00		
2202-00183	229 公司			89 748.83	94 472.48		4 723.65
2202-00184	230 公司			13 638.00	13 638.00		
2202-00186	231 公司			15 322.00	15 322.00		
2202-00187	232 公司			100 000.00	100 000.00		
2202-00188	233 公司			90 768.00	129 627.92		38 859.92
2202-00189	234 公司			5 025.00	6 793.00		1 768.00
2202-00190	235 公司			2 304.00	2 304.00		
2202-00191	236 公司			450 000.00	630 000.00		180 000.00
2202-00192	237 公司			123 420.00	123 420.00		
2202-00193	238 公司			44 500.00	44 500.00		
2202-00194	239 公司			7 900.00	7 900.00		
2202-00195	240 公司			6 890.00	6 890.00		
2202-00196	241 公司			10 790.00	11 570.00		780.00
2202-00197	242 公司			35 759.25	35 757.43	1.82	
2202-00198	243 公司			3 500.00	2 777.00	723	
2202-00201	244 公司			173 642.87	91 700.00	81 942.87	
2202-00202	245 公司			570 000.00	560 000.00	10 000.00	
2202-00203	246 公司			149 463.80		149 463.80	
2202-00204	247 公司			78 580.00		78 580.00	
2202-00205	248 公司			13 000.00	13 000.00		
2202-00206	249 公司			3 500.00	3 500.00		
2202-00207	250 公司			1 300.00	1 300.00		
2202-00208	251 公司			150 000.00	150 000.00		
2202-00209	252 公司			4 860.00	4 860.00		
2202-00211	253 公司			1 329.00	1 329.00		
2202-00212	254 公司			2 860.00	2 860.00		
2202-00213	255 公司			9 452.00	7 130.00	2 322.00	
2202-00214	256 公司			1 800.00	1 800.00		
2202-00215	257 公司			1 540.00	1 540.00		
2202-00216	258 公司			6 160.00	6 160.00		

续表

科目编码	科目名称	期初余额		本期发生额		期末余额	
		借方	贷方	借方	贷方	借方	贷方
2202-00217	259 公司			831.00	831.00		
2202-00218	260 公司			15 000.00	15 000.00		
2202-00219	261 公司			1 860.30	1 860.30		
2202-00220	262 公司			10 254.75	10 254.75		
2202-00221	263 公司			1 500.00		1 500.00	
2202-00222	264 公司			1 860.30	1 860.30		
2202-00223	265 公司			1 550.00	1 550.00		
2202-00224	266 公司			5 016.00	5 016.00		
2202-00225	267 公司			24 000.00	24 000.00		
2202-00226	268 公司			2 145.00	2 145.00		
2202-00227	269 公司			3 840.00	3 840.00		
2202-00228	270 公司			500.00		500.00	
2202-00229	271 公司			6 935.25	6 935.25		
2202-00230	272 公司			5 500.00	5 500.00		
2202-00231	273 公司			79 020.00	94 020.00		15 000.00
2202-00232	274 公司			5 226.00	5 226.00		
2202-00233	275 公司			69 306.00	60 900.00	8 406.00	
2202-00234	276 公司			45 120.00	45 120.00		
2202-00235	277 公司			113 265.00	113 265.00		
2202-00236	278 公司			553 896.00	541 530.00	12 366.00	
2202-00237	279 公司			674 278.00	674 338.00		60.00
2202-00238	280 公司			31 500.00		31 500.00	
2202-00239	281 公司			7 244.91	7 244.91		
2202-00240	282 公司			72 100.00	53 620.00	18 480.00	
2202-00241	283 公司				1 948.00		1 948.00
2202-00242	284 公司			22 239.00	22 239.00		
2202-00244	285 公司			3 180.00	3 180.00		
2202-00245	286 公司			2 388.00	2 388.00		
2202-00246	287 公司				2 000.00		2 000.00
2202-00248	288 公司			4 095.00	4 095.00		
2202-00249	289 公司			11 520.00	11 520.00		
2202-00251	290 公司			23 130.80		23 130.80	
2202-00252	291 公司			22 500.00	45 000.00		22 500.00
2202-00253	292 公司			3 000.00	5 800.00		2 800.00
2202-00254	293 公司				5 400.00		5 400.00
2202-00255	294 公司			23 760.00	23 760.00		
2202-00256	295 公司			23 140.00		23 140.00	

续表

科目编码	科目名称	期初余额		本期发生额		期末余额	
		借方	贷方	借方	贷方	借方	贷方
2202-00257	296 公司			54 514.00	36 060.00	18 454.00	
2202-00258	297 公司			26 160.30		26 160.30	
2202-00259	298 公司			27 100.00	27 100.00		
2202-00261	299 公司				13 500.00		13 500.00
2202-00262	300 公司			401 040.00	401 040.00		
2202-00264	301 公司			7 016.00		7 016.00	
2202-00265	302 公司			1 394.00		1 394.00	
2202-00266	303 公司			5 980.00		5 980.00	
2202-00268	304 公司			27 725.00	27 725.00		
2202-00269	305 公司			7 077.00		7 077.00	
2202-00270	306 公司			206 610.00		206 610.00	
2202-00271	307 公司				586 660.00		586 660.00
2202-00272	308 公司				8 400.00		8 400.00
2202-00274	309 公司				7 500.00		7 500.00
2202-00283	310 公司			89 127.79		89 127.79	
2202-00288	311 公司			4 266.00		4 266.00	
2211	应付职工薪酬		37 162.35	879 642.46	847 524.26		5 044.15
221101	职工工资	29 194.52		685 889.59	720 128.26		5 044.15
221103	职工福利费			500.00	500.00		
221104	社会保险费		66 356.87	147 308.87	80 952.00		
221105	住房公积金			45 944.00	45 944.00		
2221	应交税费		301 215.20	4 610 605.78	4 249 077.98	60 312.60	
222101	应交增值税	44 528.52		2 279 469.74	2 279 288.36	44 709.90	
22210101	进项税额	986 681.98		1 143 999.80	34 355.85	2 096 325.93	
2221010101	5%	107 880.20		6 748.31		114 628.51	
2221010102	6%	33 523.80		125 638.33	3 817.92	155 344.21	
2221010103	17%	554 816.44		437.88		555 254.32	
2221010104	3%	10 261.88		96 807.73		107 069.61	
2221010105	11%	1 299.90				1 299.90	
2221010106	16%	278 899.76		159 915.33		438 815.09	
2221010107	13%			735 388.43	30 537.93	704 850.50	
2221010108	9%			19 063.79		19 063.79	
22210103	转出未交增值税			854 495.57		854 495.57	
22210105	销项税额		1 927 967.53	9 119.24	2 244 932.51		4 163 780.80
2221010501	6%		266 538.26	9 119.24	173 081.10		430 500.12
2221010502	17%		926 471.23				926 471.23
2221010503	16%		734 958.04		388 575.89		1 123 533.93

续表

科目编码	科目名称	期初余额		本期发生额		期末余额	
		借方	贷方	借方	贷方	借方	贷方
2221010504	13%				1 683 275.52		1 683 275.52
22210109	进项税额转出		31 492.87				31 492.87
22210113	应交未交增值税	1 017 306.94		271 855.13		1 289 162.07	
222102	未交增值税		329 201.15	1 474 470.19	1 126 257.05	19 011.99	
222103	应交所得税			740 860.69	740 860.69		
222104	应交印花税			5 906.20	7 484.30		1 578.10
222107	应交城市维护建设税		3 292.01	14 745.64	11 711.54		257.91
222108	应交个人所得税		82.52	29 894.72	29 875.95		63.75
222109	应交教育费附加		9 876.03	44 056.94	35 134.62		953.71
222110	应交地方教育费附加		3 292.01	21 201.66	18 465.47		555.82
2241	其他应付款		473 925.72	2 256 127.34	4 612 906.30		2 830 704.68
224101	代扣代缴社保		101 164.80	917 103.98	50 231.14	765 708.04	
224102	代扣代缴公积金		24 599.00	14 669.00	18 649.00		28 579.00
224103	张×		2 300.00				2 300.00
224104	张×1		400 000.00				400 000.00
224105	宋×		50 000.00				50 000.00
224106	职员	104 138.08		310 834.22	258 089.52	156 882.78	
22410601	毛××		7 460.00				7 460.00
22410602	成××	134 597.58		269 611.76	201 611.94	202 597.40	
22410603	郑××		22 999.50	17 571.69	14 047.98		19 475.79
22410604	耿×			5 811.62	24 590.45		18 778.83
22410608	张××			10 536.75	10 536.75		
22410609	许××			7 302.40	7 302.40		
224113	方×				75 000.00		75 000.00
224114	赵××				75 000.00		75 000.00
224115	谭××				95 000.00		95 000.00
224116	张××			10 682.94	10 682.94		
224117	靳×				4 000.00		4 000.00
224118	312 公司			30 800.00	21 600.00	9 200.00	
224119	袁××			2 115.00	2 115.00		
224120	邹×			21 000.00	21 000.00		
224121	王××			1 732.20	1 732.20		
224122	夏××			12 897.00	12 897.00		
224123	313 公司			927 750.00	3 965 250.00		3 037 500.00
224124	314 公司				4 100.00		4 100.00
224125	汪××				2 402.00		2 402.00

续表

科目编码	科目名称	期初余额		本期发生额		期末余额	
		借方	贷方	借方	贷方	借方	贷方
224126	蒋××			6 543.00		6 543.00	
负债合计		536 521.98	812 303.27	18 274 754.99	20 924 347.62	60 312.60	2 985 686.52
3001	实收资本		500 000.00				500 000.00
3103	本年利润			561 641.33	5 832 843.59		5 271 202.26
3104	利润分配		6 013 300.25				6 013 300.25
310401	未分配利润		6 013 300.25				6 013 300.25
所有者权益合计			6 513 300.25	561 641.33	5 832 843.59		11 784 502.51
4301	研发支出			573 289.60	568 577.60	4 712.00	
430101	费用化支出			573 289.60	568 577.60	4 712.00	
43010101	工资			302 704.20	302 704.20		
43010101-00001	移动冷藏运输车信息系统软件			119 966.80	119 966.80		
43010101-00002	文创系统			102 772.40	102 772.40		
43010101-00004	研发部			13 447.50	13 447.50		
43010101-00006	开发部			66 517.50	66 517.50		
43010102	社保			59 613.76	59 613.76		
43010102-00001	移动冷藏运输车信息系统软件			27 906.43	27 906.43		
43010102-00002	文创系统			22 347.33	22 347.33		
43010102-00004	研发部			1 552.50	1 552.50		
43010102-00006	开发部			7 807.50	7 807.50		
43010103	公积金			21 630.00	21 630.00		
43010103-00001	移动冷藏运输车信息系统软件			9 315.00	9 315.00		
43010103-00002	文创系统			6 411.00	6 411.00		
43010103-00004	研发部			1 029.00	1 029.00		
43010103-00006	开发部			4 875.00	4 875.00		
43010104	差旅费			71 421.53	69 624.03	1 797.50	
43010104-00001	移动冷藏运输车信息系统软件			26 036.94	26 036.94		
43010104-00002	文创系统			14 988.94	14 988.94		
43010104-00003	南京苏果			14 650.00	14 650.00		
43010104-00004	研发部			14 321.65	13 948.15	373.50	
43010104-00006	开发部			1 424.00		1 424.00	
43010105	办公费			250.00	250.00		
43010105-00001	移动冷藏运输车信息系统软件			250.00	250.00		
43010106	职工福利费			500.00	500.00		
43010106-00001	移动冷藏运输车信息系统软件			500.00	500.00		
43010109	快递费			120.00	120.00		
43010109-00003	南京苏果			120.00	120.00		

续表

科目编码	科目名称	期初余额		本期发生额		期末余额	
		借方	贷方	借方	贷方	借方	贷方
43010111	设计研发费			2 337.87	2 337.87		
43010111-00004	研发部			2 337.87	2 337.87		
43010112	配件			6 343.33	3 428.83	2 914.50	
43010112-00003	南京苏果			3 428.83	3 428.83		
43010112-00004	研发部			2 914.50		2 914.50	
43010113	改造服务费			99 024.57	99 024.57		
43010113-00003	南京苏果			99 024.57	99 024.57		
43010114	研发用品			9 344.34	9 344.34		
43010114-00004	研发部			9 344.34	9 344.34		
成本合计				573 289.60	568 577.60	4 712.00	
5001	主营业务收入			18 586 562.56	18 586 562.56		
500101-00001	销售业务收入			9 730 481.58	9 730 481.58		
500101-00002	劳务业务收入			6 017 339.47	6 017 339.47		
500101-00003	销售软件收入			2 838 741.51	2 838 741.51		
5111	投资收益			10 263.00	10 263.00		
5301	营业外收入			111 000.01	111 000.01		
530101	政府补助			108 000.00	108 000.00		
530106	其他			0.01	0.01		
530109	专利补贴			3 000.00	3 000.00		
5401	主营业务成本			5 425 738.48	5 425 738.48		
540101	销售业务成本			5 358 791.83	5 358 791.83		
540102	劳务业务成本			30 947.20	30 947.20		
540103	销售软件成本			35 999.45	35 999.45		
5403	税金及附加			73 035.89	73 035.89		
540303	城市维护建设税			11 711.54	11 711.54		
540304	印花税			7 484.30	7 484.30		
540305	教育费附加			35 314.59	35 314.59		
540306	地方教育费附加			18 525.46	18 525.46		
5601	销售费用			4 267 465.65	4 267 465.65		
560101	运输费			51 310.00	51 310.00		
560104	广告费和业务宣传费			1 800.00	1 800.00		
560108	差旅费			37 858.18	37 858.18		
560109	办公费			49 742.78	49 742.78		
560115	职工薪酬			160 263.18	160 263.18		
56011501	工资			123 230.98	123 230.98		
56011502	社保			28 888.20	28 888.20		
56011503	公积金			8 144.00	8 144.00		

续表

科目编码	科目名称	期初余额		本期发生额		期末余额	
		借方	贷方	借方	贷方	借方	贷方
560120	维修费			2 800.00	2 800.00		
560121	快递费			24 762.83	24 762.83		
560122	折旧费			1 187.89	1 187.89		
560123	通讯费			335.22	335.22		
560124	服务费			2 977 661.66	2 977 661.66		
560127	运行服务费			118 160.38	118 160.38		
560127-00002	文创系统			118 160.38	118 160.38		
560129	改造装修费			280 675.95	280 675.95		
560129-00002	文创系统			181 651.38	181 651.38		
560129-00003	南京苏果			99 024.57	99 024.57		
560130	调研费			111 491.39	111 491.39		
560130-00002	文创系统			96 984.89	96 984.89		
560130-00007	永辉贵阳项目			1 956.00	1 956.00		
560130-00008	昆山农贸市场现场调研			138.00	138.00		
560130-00009	19183			9 141.50	9 141.50		
560130-00010	19191			2 730.00	2 730.00		
560130-00011	19060			541.00	541.00		
560132	交通费			6 263.00	6 263.00		
560133	不可预见费			145 511.74	145 511.74		
560133-00002	文创系统			145 511.74	145 511.74		
560135	系统集成费			297 641.45	297 641.45		
560135-00002	文创系统			297 641.45	297 641.45		
5602	管理费用			3 051 479.73	3 051 479.73		
560201	折旧费			130 546.62	130 546.62		
560203	办公费			105 109.58	105 109.58		
560204	水电费			22 497.75	22 497.75		
560205	差旅费			25 684.53	25 684.53		
560206	房租			162 013.30	162 013.30		
560207	业务招待费			22 608.23	22 608.23		
560209	职工薪酬			306 882.85	306 882.85		
560210	社会保险费			149 732.84	149 732.84		
560211	职工福利费			7 490.00	7 490.00		
560213	住房公积金			23 198.00	23 198.00		
560222	研发费用			1 927 892.36	1 927 892.36		
56022201	工资			302 704.20	302 704.20		
56022201-00001	移动冷藏运输车信息系统软件			135 366.80	135 366.80		
56022201-00002	文创系统			87 372.40	87 372.40		

续表

科目编码	科目名称	期初余额		本期发生额		期末余额	
		借方	贷方	借方	贷方	借方	贷方
56022201-00004	研发部			13 447.50	13 447.50		
56022201-00006	开发部			66 517.50	66 517.50		
56022202	社保			59 613.76	59 613.76		
56022202-00001	移动冷藏运输车信息系统软件			31 848.46	31 848.46		
56022202-00002	文创系统			18 404.30	18 404.30		
56022202-00004	研发部			1 553.50	1 553.50		
56022202-00006	开发部			7 807.50	7 807.50		
56022203	公积金			20 675.00	20 675.00		
56022203-00001	移动冷藏运输车信息系统软件			9 315.00	9 315.00		
56022203-00002	文创系统			5 456.00	5 456.00		
56022203-00004	研发部			1 029.00	1 029.00		
56022203-00006	开发部			4 875.00	4 875.00		
56022204	差旅费			75 086.24	75 086.24		
56022204-00001	移动冷藏运输车信息系统软件			35 805.15	35 805.15		
56022204-00002	文创系统			10 682.94	10 682.94		
56022204-00003	南京苏果			14 650.00	14 650.00		
56022204-00004	研发部			13 948.15	13 948.15		
56022205	办公费			250.00	250.00		
56022205-00001	移动冷藏运输车信息系统软件			250.00	250.00		
56022207	职工福利费			500.00	500.00		
56022207-00001	移动冷藏运输车信息系统软件			500.00	500.00		
56022209	快递费			120.00	120.00		
56022209-00003	南京苏果			120.00	120.00		
56022212	文创系统			1 468 943.16	1 468 943.16		
560223	咨询费			−78 475.47	−78 475.47		
560224	快递费			17 375.99	17 375.99		
560225	通讯费			4 521.78	4 521.78		
560228	服务费			139 695.08	139 695.08		
560230	交通费			22 241.80	22 241.80		
560231	专利费			360.00	360.00		
560232	累计摊销			45 492.16	45 492.16		
560232-00002	文创系统			45 492.16	45 492.16		
560233	物业费			1 620.75	1 620.75		
560234	软件使用费			1 504.42	1 504.42		
560235	低值易耗品			13 487.16	13 487.16		

续表

科目编码	科目名称	期初余额		本期发生额		期末余额	
		借方	贷方	借方	贷方	借方	贷方
5603	财务费用			—134.74	—134.74		
560301	利息费用			—2 488.65	—2 488.65		
560302	手续费			2 353.91	2 353.91		
5801	所得税费用			740 860.69	740 860.69		
损益合计				32 266 271.27	32 266 271.27		
合　计		7 434 137.03	7 434 137.03	106 754 706.46	106 754 706.46	15 055 949.21	15 055 949.21

第二节　账务处理及报表生成

一、账务处理

1. 业务1:12月4日,向312公司销售库存商品,12月4日开具专票,价款71 750.55元,税款9 327.57元,款未收到(见图表7—3、图表7—4)。

会计分录:

借:应收账款——312公司　　81 078.12

　贷:主营业务收入——销售业务收入　　71 750.55

　　应交税费——应交增值税(销项税额)(13%)　　9 327.57

说明:这个销售清单不代表出库单,而是当销售货物种类多,发票现有栏目无法分项全部填列时,必须附列的清单;而出库单要作为结转销售成本时的附件。

图表7—3

310019XXXX　　上海增值税专用发票　　№ 37328XXXX

3100193XXXX
37328XXXX

此联不作报销、扣税凭证使用　　开票日期: 2019年12月04日

购买方	名　　称: 北京312公司 纳税人识别号: 911101135858XXXXXX 地 址、电 话: 北京市XXXXX　XXXXXXXX 开户行及账号: 华夏银行北京XX支行　XXXXXXX	密码区	++*+6>*-*416<27/8*-/461</17 --+8845910>60*<87/701+23021 >-727<712-062+0->+38>/+/*16 <*53-988440*32>285*875>6873

货物或应税劳务、服务名称	规格型号	单位	数量	单价	金额	税率	税额
(详见销货清单)					71750.55	13%	9327.57
合　计					¥71750.55		¥9327.57
价税合计(大写)	⊗捌万壹仟零柒拾捌圆壹角贰分				(小写) ¥81078.12		

销售方	名　　称: 上海96有限公司 纳税人识别号: 913101165574XXXXXX 地 址、电 话: 上海市XXXXXX　XXXXXXX 开户行及账号: 招商银行上海XX支行　XXXXXXXXX	备注	合同编号: 19-ZLXXX

收款人: 夏XX　　复核: 吴XX　　开票人: 程XX　　销售方:(章)

税总函[2019]144号中钞光华印制有限公司

第一联: 记账联　销售方记账凭证

图表 7—4

销售货物或者提供应税劳务、服务清单

购买方名称：北京312有限公司

销售方名称：上海96有限公司

所属增值税专用发票代码： 310019XXXX 号码： 3732XXXX 共 1 页 第 1 页

序号	货物（劳务）名称	规格型号	单位	数量	单价	金额	税率	税额
1	*敏感元件及传感器*温湿度传感器	CoolSensor-485	个	112	548.67256637	61451.33	13%	7988.67
2	*敏感元件及传感器*温湿度传感器					-3811.82	13%	-495.54
3	*电子计算机*管理主机与本地显示	CoolGate	套	1	5752.2123894	5752.21	13%	747.79
4	*电子计算机*管理主机与本地显示					-356.81	13%	-46.39
5	*计算机配套产品*不间断电源	*	套	1	3982.300885	3982.30	13%	517.70
6	*计算机配套产品*不间断电源					-247.03	13%	-32.11
7	*软件*数据采集和传输程序	*	套	1	5309.7345133	5309.73	13%	690.27
8	*软件*数据采集和传输程序					-329.36	13%	-42.82
9	原价合计					76495.57	13%	9944.43
10	折扣额合计					-4745.02	13%	-616.86
小计						71750.55		9327.57
总计						71750.55		9327.57
备注	合同编号：19-ZL003							

销售方（章）： 填开日期： 2019年12月04日

2. 业务 2:12 月 4 日，向 312 公司销售库存商品，当日开具专票，价款 48 946.98 元，税款 6 363.12 元，款未收到（见图表 7—5、图表 7—6）。

会计分录：

借：应收账款——312 公司 55 310.00

贷：主营业务收入——销售业务收入 48 946.88

应交税费——应交增值税（销项税额）(13%) 6 363.12

图表 7—5

上海增值税专用发票

310019XXXX　　№ 3732€XXXX　3100193XXXX　37328XXXX

[印章：全国统一发票监制章　上海　国家税务总局监制]

此联不作报销、扣税凭证使用　　开票日期：2019年12月04日

购买方	名　　称：北京312公司 纳税人识别号：911101135858XXXXXX 地 址、电 话：北京市XXXXX　XXXXXXXX 开户行及账号：华夏银行北京XX支行　XXXXXXX	密码区	/<8*630>92<5<6417/33+454174 91141*8536227-<7-/870/0>40- 5*3*0+3727*27*>8><040*23232 40309334/*/01426>2*7-501921

货物或应税劳务、服务名称	规格型号	单位	数量	单价	金额	税率	税额
(详见销货清单)					48946.88	13%	6363.12
合　　计					￥48946.88		￥6363.12
价税合计（大写）	⊗伍万伍仟叁佰壹拾圆整				（小写）￥55310.00		

销售方	名　　称：上海96有限公司 纳税人识别号：913101165574XXXXXX 地 址、电 话：上海市XXXXXX　XXXXXXX 开户行及账号：招商银行上海XX支行　XXXXXXXXX	备注	合同编号：19-ZL003

收款人：夏XX　　复核：吴XX　　开票人：程XX　　销售方：（章）

税总函[2019] 144号中钞光华印制有限公司

第一联：记账联　销售方记账凭证

图表 7—6

销售货物或者提供应税劳务、服务清单

购买方名称：北京312有限公司

销售方名称：上海96有限公司

所属增值税专用发票代码：　310019XXXX　号码：　3732XXXX　　　共 1 页 第 1 页

序号	货物（劳务）名称	规格型号	单位	数量	单价	金额	税率	税额
1	*工业仪表*报警采集输入模块	*	只	4	929.20353982	3716.81	13%	483.19
2	*电力电子元器件*门磁传感器	*	只	3	44.247787611	132.74	13%	17.26
3	*公共安全设备*报警器	*	只	4	26.548672566	106.19	13%	13.81
4	*金属制品*不间断电源机柜	*	只	1	2761.0619469	2761.06	13%	358.94
5	*电线电缆*RVV电源线	RVV	米	2300	2.6548672566	6106.19	13%	793.81
6	*电线电缆*RVSP2*1mm 通讯线	RVSP2*1	米	2800	6.3716814159	17840.71	13%	2319.29
7	*电线电缆*信号线	*	米	200	2.4778761062	495.58	13%	64.42
8	*黑色金属冶炼压延品*JDG镀锌线管	*	米	2000	6.3716814159	12743.36	13%	1656.64
9	*电线电缆*电源进线	*	米	200	4.8672566372	973.45	13%	126.55
10	*黑色金属冶炼压延品*强电线管	*	米	150	3.5398230088	530.97	13%	69.03
11	*塑料制品*固定线管、电器用固定件及辅材	*	项	1	3539.8230088	3539.82	13%	460.18
小计						48946.88		6363.12
总计						48946.88		6363.12
备注	合同编号：19-ZL003							

销售方（章）：　　　　填开日期：　2019年12月04日

3. 业务 3:12 月 4 日,向 312 公司销售库存商品,当日开具专票,价款 65 660.10 元,税款 8 535.80 元,款未收到(见图表 7—7、图表 7—8)。

会计分录:

借:应收账款——312 公司　　74 195.90

　贷:主营业务收入——销售业务收入　　65 660.10

　　应交税费——应交增值税(销项税额)(13%)　　8 535.80

图表 7—7

310019XXXX　上海增值税专用发票　№ 3732XXXX

310019XXXX
3732XXXX

此联不作报销、扣税凭证使用　开票日期: 2019年12月04日

购买方	名称:北京312公司 纳税人识别号:911101135858XXXXXX 地址、电话:北京市XXXXX　XXXXXXXX 开户行及账号:华夏银行北京XX支行　XXXXXXX	密码区	-*6+1+>1><7>>527143-8+/1<84 1*66++6->5*+5303962/6<04355 800+68/15<3*1062</62652-0/+ 1>*01<466+3</7*</+239<+->/1

货物或应税劳务、服务名称	规格型号	单位	数量	单价	金额	税率	税额
(详见销货清单)					65660.10	13%	8535.80
合计					¥65660.10		¥8535.80
价税合计(大写)	⊗柒万肆仟壹佰玖拾伍圆玖角整				(小写) ¥74195.90		

销售方	名称:上海96有限公司 纳税人识别号:913101165574XXXXXX 地址、电话:上海市XXXXXX　XXXXXXX 开户行及账号:招商银行上海XX支行　XXXXXXXXX	备注	合同编号: 19-ZL003

收款人:夏XX　复核:吴XX　开票人:程XX　销售方:(章)

第一联:记账联 销售方记账凭证

税总函[2019]144号中钞光华印制有限公司

4. 业务 4:12 月 4 日,向 67 公司提供服务收入,12 月 4 日开具专票,价款 6 188.68 元,税款 371.32 元,款未收到(见图表 7—9)。

会计分录:

借:应收账款——67 公司　　6 560.00

　贷:主营业务收入——服务业务收入　　6 188.68

　　应交税费——应交增值税(销项税额)(6%)　　371.32

5. 业务 5:12 月 4 日,为 67 公司提供鉴证服务,12 月 5 日开具专票,价款 18 867.92 元,税款 1 132.08 元,款未收到(见图表 7—10)。

会计分录:

借:应收账款——67 公司　　20 000.00

　贷:主营业务收入——服务业务收入　　18 867.92

　　应交税费——应交增值税(销项税额)(6%)　　1 132.08

6. 业务 6:12 月 4 日,向 49 公司提供服务收入,12 月 4 日开具专票,价款 6 745.28 元,税款 404.72 元,款未收到(见图表 7—11)。

会计分录:

借:应收账款——49 公司　　7 150.00

　贷:主营业务收入——服务业务收入　　6 745.28

应交税费——应交增值税(销项税额)(6%)　　404.72

图表 7—8

销售货物或者提供应税劳务、服务清单

购买方名称：北京312有限公司

销售方名称：上海96有限公司

所属增值税专用发票代码：　310019XXXX　号码：　3732XXXX　　　共　1　页　第　1　页

序号	货物（劳务）名称	规格型号	单位	数　量	单　价	金　额	税率	税　额
1	*劳务*安装费	*	项	1	60407.079646	60407.08	13%	7852.92
2	*劳务*安装费					-6782.88	13%	-881.78
3	*劳务*现场设备调试	*	项	1	7079.6460177	7079.65	13%	920.35
4	*劳务*现场设备调试					-439.15	13%	-57.09
5	*软件*系统对接部署	*	项	1	5752.2123894	5752.21	13%	747.79
6	*软件*系统对接部署					-356.81	13%	-46.39
7	原价合计					73238.94	13%	9521.06
8	折扣额合计					-7578.84	13%	-985.26
小计						65660.10		8535.80
总计						65660.10		8535.80
备注	合同编号：19-ZL003							

销售方（章）：　　　　填开日期：　2019年12月04日

图表 7—9

310019XXXX　　**上海增值税专用发票**　　№ 3732XXXX

全国统一发票监制章 上海 国家税务总局监制

此联不作报销、扣税凭证使用

310019XXXX
3732XXXX
开票日期：　2019年12月04日

购买方	名　　称：67公司 纳税人识别号：911100007178XXXXXX 地 址、电 话：北京市XXXXX　XXXXXXXX 开户行及账号：渣打银行北京XX支行　XXXXXXX	密码区	8869/424823701<9><58-8>1417 <53018<8490886581248-044232 -6-05*/290<96*2+19+*8>483>8 1553<7101*9>4-0*<>78105<2+7

货物或应税劳务、服务名称	规格型号	单位	数　量	单　价	金　额	税率	税　额
*信息技术服务*传感器校准		项	1	6188.6792453	6188.68	6%	371.32
合　　计					¥6188.68		¥371.32
价税合计（大写）	⊗陆仟伍佰陆拾圆整				（小写）　¥6560.00		

销售方	名　　称：上海96有限公司 纳税人识别号：913101165574XXXXXX 地 址、电 话：上海市XXXXXX　XXXXXXX 开户行及账号：招商银行上海XX支行　XXXXXXXXX	备注	非保库

收款人：　夏XX　　复核：　王XX　　开票人：陈XX　　销售方：（章）

第一联：记账联　销售方记账凭证

税总函〔2019〕144号中钞光华印制有限公司

图表 7—10

310019XXXX　　**上海增值税专用发票**　　№ 3732XXXX

此联不作销售、扣税凭证使用　　310019XXXX　3732XXXX　开票日期：2019年12月04日

购买方	名　　称：北京XX有限公司 纳税人识别号：911100007178XXXXXX 地 址、电 话：北京市XXXXX　XXXXXXXX 开户行及账号：渣打银行北京XX支行　XXXXXXX	密码区	*<*2012>2*625+++<-9/+84/1-3 01440</+9<98784*<++250077>0 0/*41+7945<2*27>42<>9+8/2>3 /0>703640++/9*9*116*<8-4**3

货物或应税劳务、服务名称	规格型号	单位	数 量	单 价	金 额	税率	税 额
*鉴证咨询服务*验证服务			1	18867.924528	18867.92	6%	1132.08
合　计					¥18867.92		¥1132.08
价税合计（大写）	⊗ 贰万圆整				（小写）¥20000.00		

销售方	名　　称：上海96有限公司 纳税人识别号：913101165574XXXXXX 地 址、电 话：上海市XXXXXX　XXXXXXX 开户行及账号：招商银行上海XX支行　XXXXXXXXX	备注	

收款人：夏XX　复核：王XX　开票人：陈XX　销售方：（章）

税总函〔2019〕144号中钞光华印制有限公司

第一联：记账联　销售方记账凭证

图表 7—11

310019XXXX　　**上海增值税专用发票**　　№ 3732XXXX

此联不作销售、扣税凭证使用　　310019XXXX　3732XXXX　开票日期：2019年12月04日

购买方	名　　称：67公司 纳税人识别号：911101135891XXXXXX 地 址、电 话：北京市XXXXX　XXXXXXXX 开户行及账号：中国工商北京XX支行　XXXXXXXXX	密码区	1*0-*3/+*<>495*4149-3828/0> 551//9284-77<6/0/05*60-*946 ><1+*8-0871720<98/81658-->5 8*4-573/19716-3>/4*19+4+>*3

货物或应税劳务、服务名称	规格型号	单位	数 量	单 价	金 额	税率	税 额
*现代服务*探头租赁			110	61.320754717	6745.28	6%	404.72
合　计					¥6745.28		¥404.72
价税合计（大写）	⊗ 柒仟壹佰伍拾圆整				（小写）¥7150.00		

销售方	名　　称：上海96有限公司 纳税人识别号：913101165574XXXXXX 地 址、电 话：上海市XXXXXX　XXXXXXX 开户行及账号：招商银行上海XX支行　XXXXXXXXX	备注	

收款人：夏XX　复核：王XX　开票人：陈XX　销售方：（章）

税总函〔2019〕144号中钞光华印制有限公司

第一联：记账联　销售方记账凭证

7. 业务 7：12 月 6 日，向 68 公司提供平台升级服务，当日开具专票，价款 20 716.98 元，税款 1 243.02 元，款未收到（见图表 7—12）。

会计分录：

借：应收账款——68 公司　　21 960.00

　　贷：主营业务收入——服务业务收入　　20 716.98

　　　　应交税费——应交增值税（销项税额）（6%）　　1 243.02

图表 7—12

310019XXXX　　上海增值税专用发票　　№ 3732XXXX

3100193XXXX
37328XXXX

此联不作报销、扣税凭证使用　　开票日期：2019年12月06日

购买方
名　　称：上海68有限公司
纳税人识别号：913100007659XXXXXX
地 址、电 话：上海市XXXXX　XXXXXXXX
开户行及账号：渣打银行上海XX支行　XXXXXXXXX

密码区
78-+>></733-**68029<-9/1*<-
-8-15</75/>>>127364*<8/9*39
9269+*01--209/26/42/738<3<+
1/+>-+9156+24>->88267<3+77/

货物或应税劳务、服务名称	规格型号	单位	数量	单价	金额	税率	税额
*信息技术服务*平台升级服务					20716.98	6%	1243.02
合　计					¥20716.98		¥1243.02

价税合计（大写）　⊗贰万壹仟玖佰陆拾圆整　（小写）¥21960.00

销售方
名　　称：上海96有限公司
纳税人识别号：913101165574XXXXXX
地 址、电 话：上海市XXXXX　XXXXXXX
开户行及账号：招商银行上海XX支行　XXXXXXXXX

备注：康德乐北京CTM温湿度监测平台升级费尾款50%

收款人：夏XX　复核：吴XX　开票人：程XX　销售方：（章）

第一联：记账联　销售方记账凭证

8. 业务 8:12 月 9 日,向 68 公司提供维护服务,12 月 9 日开具专票,价款 109 556.61 元,税款 6 573.39 元,款未收到(见图表 7—13、图表 7—14)。

会计分录:

借:应收账款——83 公司	116 130.00	
贷:主营业务收入——服务业务收入		109 556.61
应交税费——应交增值税(销项税额)(6%)		6 573.39

图表 7—13

310019XXXX　　上海增值税专用发票　　№ 3732XXXX

3100193XXXX
37328XXXX

此联不作报销、扣税凭证使用　　开票日期：2019年12月09日

购买方
名　　称：上海68有限公司
纳税人识别号：913100007659XXXXXX
地 址、电 话：上海市XXXXX　XXXXXXXX
开户行及账号：渣打银行上海XX支行　XXXXXXXXX

密码区
2>-32+---/17//73622/*6804**
17>4/20/-+4++/6*>+>40>14001
*310>-086<76530+*536133/41>
058815/4/+78+80+/46/-2829>1

货物或应税劳务、服务名称	规格型号	单位	数量	单价	金额	税率	税额
*信息技术服务*2019年9月-2020年2月九亭1、九亭2巡检维护费		月	6	6915.0943396	41490.57	6%	2489.43
*信息技术服务*2019年10月-2019年2月临港巡检维护费		月	5	3084.9056604	15424.53	6%	925.47
合　计					¥56915.10		¥3414.90

价税合计（大写）　⊗陆万零叁佰叁拾圆整　（小写）¥60330.00

销售方
名　　称：上海96有限公司
纳税人识别号：913101165574XXXXXX
地 址、电 话：上海市XXXXXX　XXXXXXX
开户行及账号：招商银行上海XX支行　XXXXXXXXX

备注：九亭1、九亭2、临港、巡检维护费合同首付款50%，其中临港巡检费已付至9月，所以扣除1个月费用

收款人：夏XX　复核：吴XX　开票人：程XX　销售方：（章）

税总函〔2019〕144号中钞光华印制有限公司

第一联：记账联　销售方记账凭证

图表 7—14

310019XXXX 上海增值税专用发票 № 3732XXXX

3100193XXXX
37328XXXX

此联不作报销、扣税凭证使用 开票日期：2019年12月09日

购买方	名 称：上海68有限公司 纳税人识别号：913100007659XXXXXX 地 址、电 话：上海市XXXXX XXXXXXXX 开户行及账号：渣打银行上海XX支行 XXXXXXXXX			密码区	9/48<3001*-32*3>46*469>20-9 27+2076*0>5/-55+905<3+0*-*0 4->649>3+7*/>2+<347+37/4<<8 21>/2582070-0>95274-1*28+62		
货物或应税劳务、服务名称	规格型号	单位	数量	单价	金额	税率	税额
*信息技术服务*2019年9-2020年2月巡检维护费		月	6	8773.5849057	52641.51	6%	3158.49
合 计					¥52641.51		¥3158.49
价税合计（大写）	⊗伍万伍仟捌佰圆整				（小写）¥55800.00		
销售方	名 称：上海96有限公司 纳税人识别号：913101165574XXXXXX 地 址、电 话：上海市XXXXXX XXXXXXX 开户行及账号：招商银行上海XX支行 XXXXXXXXX			备注	外高桥82#库、外高桥83#库巡检维护费合同首付款50%		

收款人：夏XX 复核：吴XX 开票人：程XX 销售方：（章）

税总函[2019]144号中钞光华印制有限公司

第一联：记账联 销售方记账凭证

9. 业务9：12月3日，支付246公司货款54 688元，取得银行回单（见图表7—15）。

会计分录：

借：应付账款——246公司 54 688.00

贷：银行存款——招商银行 54 688.00

图表 7—15

付款回单 招商银行 CHINA MERCHANTS BANK

日期：2019年12月03日 业务类型：移动支票 流水号：G92093TC0XXXXXX

付款账号：1219232136XXXXXX

户名：上海96有限公司

开户行：招商银行

金额（大写）：人民币伍万肆仟陆佰捌拾捌元整

（小写）：CNY54,688.00

收款人户名：上海246有限公司

收款人账号：31001522917050XXXXXX

收款人开户行：中国建设银行上海XX支行

凭证种类： 凭证号码： 业务编号：0080455690

摘要：尾款

经办：G92093 回单编号：8020 20200103

招商银行股份有限公司 FP64XXXXXX 电子回单专用章

提示：1. 电子回单验证码相同表示同一笔业务回单，请勿重复记账使用。
2. 已在银行柜台领用业务回单的单位，请注意核对，勿重复记账使用。

打印时间：2020年01月03日15时44分

10. 业务10：12月3日，支付276公司货款18 120元，取得银行回单（见图表7—16）。

会计分录：

借：应付账款——276公司 18 120.00

贷：银行存款——招商银行 18 120.00

图表 7—16

付款回单

招商银行 CHINA MERCHANTS BANK

日期：2019年12月03日　业务类型：移动支票　流水号：G92093TC0XXXXXX
付款账号：121923213XXXXXXX
户名：上海96有限公司
开户行：招商银行上海XX支行
金额（大写）：人民币壹万捌仟壹佰贰拾元整
（小写）：　CNY18,120.00
收款人户名：东莞276厂
收款人账号：1301001900010XXXXXX
收款人开户行：东莞农村商业银行XX支行
凭证种类：　凭证号码：　业务编号：0060XXXXXX
摘要：电动推杆货款
经办：G92093　回单编号：8020059XXXXXX　20200103

招商银行股份有限公司 6P6TXXXXXX 电子回单专用章

提示：1. 电子回单验证码相同表示同一笔业务回单，请勿重复记账使用。
2. 已在银行柜台领用业务回单的单位，请注意核对，勿重复记账使用。

打印时间：2020年01月03日15时44分

11. 业务 11：12 月 4 日，收到 94 公司货款 225 000 元，取得银行回单(见图表 7—17)。

会计分录：

借：银行存款——招商银行　225 000.00

　贷：应收账款——94 公司　225 000.00

图表 7—17

收款回单

招商银行 CHINA MERCHANTS BANK

日期：2019年12月04日　流水号：19R7007009XXXXXX
收款账号：121923213XXXXXX
户名：上海96有限公司
开户行：招商银行
金额（大写）：人民币贰拾贰万伍仟元整
（小写）：　CNY225,000.00
付款人账号：691774440
付款人户名：94公司
付款人开户行：中国
摘要：货款
19R7009262198
经办：G16391　回单编号：8020059XXXXXX　20200103

招商银行股份有限公司 ME9KXXXXXX 电子回单专用章

提示：1. 电子回单验证码相同表示同一笔业务回单，请勿重复记账使用。
2. 已在银行柜台领用业务回单的单位，请注意核对，勿重复记账使用。

打印时间：2020年01月03日15时44分

12. 业务 12：12 月 10 日，支付代发工资，取得银行回单（见图表 7—18）。

会计分录：

借：应付职工薪酬——职工工资——代发工资　65 873.50

　贷：银行存款——招商银行　65 873.50

会计分录说明：此分录错误。

正确分录为：

借：应付职工薪酬——代发工资　65 873.50

　贷：银行存款——招商银行　65 873.50

图表 7—18

付款回单

招商银行 CHINA MERCHANTS BANK

日期：2019年12月10日　业务类型：企业银行　代发工资　流水号：KV9952TC1XXXXXX

付款账号：121923213XXXXXX　户名：上海96有限公司

开户行：上海XX支行

金额(大写)：人民币陆万伍仟捌佰柒拾叁元伍角

金额(小写)：CNY65,873.50

业务编号：20191210XXXXXX

摘要：代发工资　批次号：P058938074

经办：ICONET　回单编号：8020059XXXXXX　20200103

招商银行股份有限公司 4FXXXXXX 电子回单专用章

提示：1.电子回单验证码相同表示同一笔业务回单，请勿重复记账使用。
2.已在银行柜台领用业务回单的单位，请注意核对，勿重复记账使用。

打印时间：2020年01月03日15时44分

请学员按正确分录录入。

13. 业务 13:12 月 16 日，支付航天税控盘发票，取得银行回单（见图表 7—19）。

会计分录：

借：应付账款——上海爱信诺航天信息有限公司　　280.00

　贷：银行存款——招商银行　　280.00

图表 7—19

付款回单

招商银行 CHINA MERCHANTS BANK

日期：2019年12月16日　业务类型：移动支票　流水号：G39030TC1XXXXXX

付款账号：121923213XXXXXX

户名：上海96有限公司

开户行：招商银行

金额（大写）：人民币贰佰捌拾元整

（小写）：CNY280.00

收款人户名：上海XX有限公司

收款人账号：3100161340205OXXXXXX

收款人开户行：中国建设银行股份有限公司上海XX支行

凭证种类：　凭证号码：　业务编号：00811XXXXXX

摘要：续签金税盘年费

经办：G39030　回单编号：8020059XXXXXX　20200103

招商银行股份有限公司 2EXXXXXX 电子回单专用章

提示：1.电子回单验证码相同表示同一笔业务回单，请勿重复记账使用。
2.已在银行柜台领用业务回单的单位，请注意核对，勿重复记账使用。

打印时间：2020年01月03日15时45分

会计分录说明：此处是先支付款项，尚未取得发票，本应计入预付账款，但对该服务商已经设置了应付账款，就利用“应付账款”账户计入了借方。

后面在第 19 笔业务取得发票，计入了“应付账款”贷方。

14. 业务 14:12 月 30 日，支付张××报销款，专票价款 37 535.57 元，税款 1 633.63 元，取得银行回单（见图表 7—20、图表 7—21）。

会计分录：

借:管理费用——低值易耗品　37 535.57

　应交税费——应交增值税(进项税额)(13%)　1 633.63

　贷:银行存款——招商银行　39 169.20

图表 7—20

310019XXXX　**上海增值税专用发票**　№ 3800XXXX

310019XXXX
3800XXXX

发票联

开票日期: 2019年11月07日

购买方	名　称:上海96有限公司 纳税人识别号:913101165574XXXXXX 地址、电话:上海市XXXXXX　XXXXXXXX 开户行及账号:中国农业银行股份有限公司XX支行　XXXXXXX				密码区	1+<>+-100//3+1932*>680-31<7 /4-37116/572>514+1<1+*42**4 07*6*854+>//<3><+1053<-2598 543><692>541*47+8215<5<7370		
货物或应税劳务、服务名称	规格型号	单位	数量	单价	金额	税率	税额	
*空调*米家互联网立式空调C1 2匹变频冷暖 一级能效 静音立体送风 智能控制 柜机KFR-51LW/V1C1 小	KFR-51LW/V1C1	台	1	37535.57	37535.57	13%	1633.63	
合　计					¥37535.57		¥1633.63	
价税合计(大写)	⊗叁万玖仟壹佰陆拾玖				(小写)¥39169.20			
销售方	名　称:上海XX有限公司 纳税人识别号:91310120MA1XXXXXX 地址、电话:上海市XXXXXX　XXXXXXXX 开户行及账号:广发银行XXXXXXXX　XXXXXXXX				备注	dd7202052125800001,105575		

收款人:王XX　复核:李XX　开票人:陈XX　销售方:(章)

发票专用章

第三联:发票联　购买方记账凭证

税总函[2018]670号中钞光华印制有限公司

图表 7—21

招商银行 CHINA MERCHANTS BANK

付款回单

日期:2019年12月30日　业务类型:移动支票　流水号:G17069T030XXXXXX

付款账号:121923213XXXXXX

户名:上海96有限公司

开户行:招商银行上海分行

金额(大写):人民币叁万玖仟壹佰陆拾玖元贰角

(小写):CNY39,169.20

收款人户名:张XX

收款人账号:62305200300035XXXXXX

收款人开户行:中国农业银行上海XX支行

凭证种类:　凭证号码:　业务编号:0081XXXXXX

摘要:报销

经办:G17069　回单编号:8020060XXXXXX　20200103

招商银行股份有限公司　PCXXXXXX　电子回单专用章

提示:1.电子回单验证码相同表示同一笔业务回单,请勿重复记账使用。
2.已在银行柜台领用业务回单的单位,请注意核对,勿重复记账使用。

打印时间:2020年01月03日15时39分

15. 业务15:12月6日,支付公积金7 958元,取得银行回单(见图表7—22)。

会计分录:借:应付职工薪酬——住房公积金　3 559.00

　管理费用——住房公积金　4 399.00

　贷:银行存款——招商银行　7 958.00

会计分录说明:此处把单位负担的住房公积金直接计入管理费用了,这是不对的,应当通过“应付职工薪酬”科目。

假设应付工资总额 62 843 元，住房公积金个人与单位各负担 7%，则正确分录为(忽略社保和个税)：

(1)计提工资：

借：管理费用——工资　　62 843.00

　　——公积金　　4 399.00(单位部分)

　贷：应付职工薪酬——工资奖金津贴补贴　　62 843.00

　　——公积金　　4 399.00(单位部分)

(2)发放工资：

借：应付职工薪酬——工资奖金津贴补贴　　62 843.00

　　——公积金　　4 399.00(单位部分)

　贷：其他应付款——公积金　　8 798.00 (单位与个人 4 399.00+4 399.00)

　　银行存款　　58 444.00(62 843.00−4 399.00)

(3)支付公积金：

借：其他应付款——公积金　　8 798.00

　贷：银行存款　　8 798.00

请学员按正确分录录入。

图表 7—22

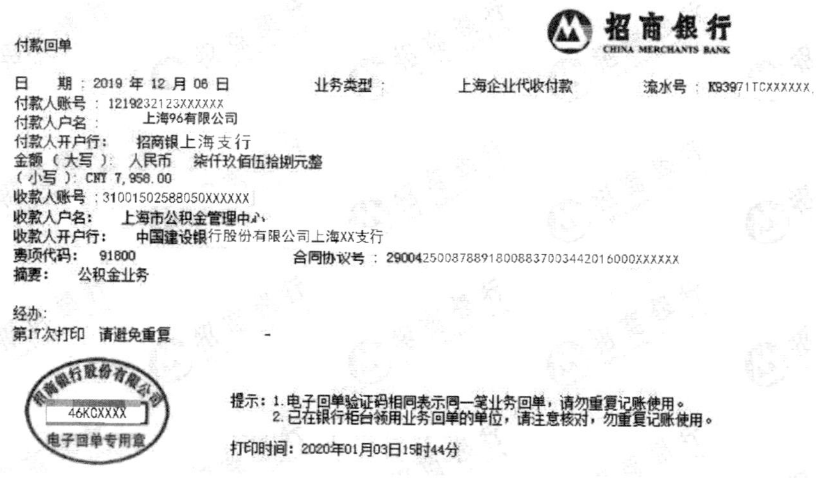
招商银行 CHINA MERCHANTS BANK

付款回单

日　期：2019 年 12 月 06 日　业务类型：上海企业代收付款　流水号：K93971TCXXXXXX

付款人账号：1219232123XXXXXX

付款人户名：上海96有限公司

付款人开户行：招商银上海支行

金额（大写）：人民币　柒仟玖佰伍拾捌元整

（小写）：CNY 7,958.00

收款人账号：31001502588050XXXXXX

收款人户名：上海市公积金管理中心

收款人开户行：中国建设银行股份有限公司上海XX支行

费项代码：91800　合同协议号：2900425008788918008837003442016000XXXXXX

摘要：公积金业务

经办：

第17次打印　请避免重复

招商银行股份有限公司 46KCXXXX 电子回单专用章

提示：1.电子回单验证码相同表示同一笔业务回单，请勿重复记账使用。

2.已在银行柜台领用业务回单的单位，请注意核对，勿重复记账使用。

打印时间：2020年01月03日15时44分

16. 业务 16：12 月 4 日，收到 14 公司的货款 151 226.42 元，取得银行回单(见图表 7—23)。

会计分录：

借：银行存款——中国邮政　　151 226.42

　贷：应收账款——14 公司　　151 226.42

图表 7—23

中国邮政储蓄银行 POSTAL SAVINGS BANK OF CHINA　　企业网上银行电子回单

电子回单号码：2909129910　　(第1次补打)

回单类型：柜面交易					
付款方	户名	14公司	收款方	户名	上海96有限公司
	账号	98190078801180XXXXXX		账号	100424450610XXXXXX
	开户银行	上海浦东发展银行XX支行		开户银行	中国邮政储蓄银行上海X X支行
金额	小写：151226.42　大写：人民币　壹拾伍万壹仟贰佰贰拾陆圆肆角贰分				
附言	货款				
中国邮政储蓄银行 电子回单专用章	付款用途		摘要	小额来账自动入账	
	交易流水号	31360328			
	验证码	hvi			
	交易日期	2019-12-04	打印日期	2020-01-02 11:10:33	

重要提示：本回单不作为收款方发货依据，并请勿重复记账

17. 业务 17：12 月 16 日，发生 312 公司的技术服务费，取得专票，价款 305 439.99 元，税款 9 163.21 元，款未支付(见图表 7—24 至图表 7—27)。

会计分录：

借：管理费用——服务费	305 439.99	
应交税费——应交增值税(进项税额)(6%)	9 163.21	
贷：应付账款——312 公司		314 603.20

图表 7—24

310019XXXX　　上海增值税专用发票　　№ 4711XXXX　310019XXXX 4711XXXX

代开　　发票联　　开票日期：2019年12月16日

购买方	名称：上海96有限公司 纳税人识别号：913101165574XXXXXX 地址、电话：上海市XXXXXX XXXXXXX 开户行及账号：招商银行上海XX支行 XXXXXXXXX				密码区	*46073<><+3453619*/+9750/>8 <<8>9-+-1908/3253>9-0568050 <60++5/-37+*<+3092619*/7>27 41/><1+<1>>*0800+4247-9/942	
货物或应税劳务、服务名称	规格型号	单位	数量	单价	金额	税率	税额
*研发和技术服务*技术服务费			1	18255.53	18255.53	3%	547.67
合计					¥18255.53		¥547.67
价税合计(大写)	⊗壹万捌仟捌佰零叁圆贰角整				(小写) ¥18803.20		
销售方	名称：国家税务总局上海XX税务局 纳税人识别号：31011300DXXXXXX 地址、电话：上海市XXXXXX XXXXXXX 开户行及账号：331016191200XXXXXX				备注	代开企业税号：91310113MA1GXXXX　代开企业名称：上海312有限公司	

收款人：XX　　复核：XX　　开票人：XX　　销售方：(章)

税总函[2019]144号中钞光华印制有限公司

第三联：发票联　购买方记账凭证

图表 7—25

310019XXXX 代开

上海增值税专用发票

发票联

№ 4711XXXX

310019XXXX
4711XXXX

开票日期：2019年12月16日

购买方	名　　称：上海96有限公司 纳税人识别号：913101165574XXXXXX 地址、电话：上海市XXXXXX　XXXXXXX 开户行及账号：招商银行上海XX支行　XXXXXXXXX			密码区	<9<+95750/5+43414*8/1-/*798 4437-+9>802**269+04/8<331+9 >7<28851/1360/5<82414*807<> 8-->4-163<*89124-568<44-197		
货物或应税劳务、服务名称	规格型号	单位	数量	单价	金额	税率	税额
*研发和技术服务*技术服务费			1	95048.54	95048.54	3%	2851.46
合计					¥95048.54		¥2851.46
价税合计（大写）	⊗玖万柒仟玖佰圆整				（小写）¥97900.00		
销售方	名　　称：国家税务总局上海XX税务局 纳税人识别号：31011300DXXXXXX 地址、电话：上海市XXXXXX　XXXXXXX 开户行及账号：331016191200XXXXXX			备注	代开企业税号：91310113MA1GXXXXXX 代开企业名称：上海312有限公司		

收款人：自助代开　复核：自助代开　开票人：BSDK_04　销售方：（章）

税总函［2019］144号中钞光华印制有限公司

第三联：发票联 购买方记账凭证

图表 7—26

310019XXXX 代开

上海增值税专用发票

发票联

№ 4711XXXX

310019XXXX
4711XXXX

开票日期：[illegible]

购买方	名　　称：上海96有限公司 纳税人识别号：913101165574XXXXXX 地址、电话：上海市XXXXXX　XXXXXXX 开户行及账号：招商银行上海XX支行　XXXXXXXXX			密码区	/81+16514>3541>+370>+5>+*-+ /7>423*3++915437**<810>2127 36>7-9+152124>3180>+3702*0/ <09//8/5+794--99233688<<83-		
货物或应税劳务、服务名称	规格型号	单位	数量	单价	金额	税率	税额
*研发和技术服务*技术服务费			1	96990.29	96990.29	3%	2909.71
合计					¥96990.29		¥2909.71
价税合计（大写）	⊗玖万玖仟玖佰圆整				（小写）¥99900.00		
销售方	名　　称：国家税务局上海XX税务局 纳税人识别号：31011300DXXXXXX 地址、电话：上海市XXXXXX　XXXXXXX 开户行及账号：331016200XXXXXX			备注	代开企业税号：91310113MA1GXXXXXX 代开企业名称：上海312有限公司		

收款人：自助代开　复核：自助代开　开票人：BSDK_04　销售方：（章）

税总函［2019］144号中钞光华印制有限公司

第三联：发票联 购买方记账凭证

图表 7—27

3100193XXXX
代开

上海增值税专用发票
发票联

№ 4711XXXX
3100193XXXX
4711XXXX
开票日期：2019年12月16日

购买方	名　　称：上海96有限公司 纳税人识别号：913101165574XXXXXX 地 址、电 话：上海市XXXXXX　XXXXXXX 开户行及账号：招商银行上海XX支行　XXXXXXXXX	密码区	59*6-47218-9679/2*-*-053>35 7404*12/8*7*>4+-8/--48421-< 1025387/>03118-/+69/2*-1/57 73127-25457+9/7483++*9-//60

货物或应税劳务、服务名称	规格型号	单位	数量	单价	金额	税率	税额
*研发和技术服务*技术服务费			1	95145.63	95145.63	3%	2854.37
合　　计					¥95145.63		¥2854.37
价税合计（大写）	⊗玖万捌仟圆整				（小写）¥98000.00		

销售方	名　　称：国家税务总局上海市XX税务局（代开机关） 纳税人识别号：31011300DXXXXXX（代开机关） 地 址、电 话：上海XXXXXX　XXXXXXX 开户行及账号：33101619 1200XXXXXX（完税凭证号）	备注	代开企业税号:91310113MA1GXXXXXXX 代开企业名称:上海312服务中心

收款人：自助代开　复核：自助代开　开票人：BSDK_04　销售方：（章）

税总函[2019]144号中钞光华印制有限公司

第三联：发票联　购买方记账凭证

18. 业务 18：12 月 11 日，发生 246 公司的装饰设计费，取得专票，价款为 97 087.38 元，税额为 2 912.62 元，款未支付（见图表 7—28）。

会计分录：

借：管理费用——设计费　97 087.38

　　应交税费——应交增值税（进项税额）（6%）　2 912.62

　贷：应付账款——246 公司　100 000.00

图表 7—28

310016XXXX
机器编号：
499922009175

上海增值税专用发票
发票联

№ 01C7XXXX
310016XXXX
0107XXXX
开票日期：2019年12月11日

购买方	名　　称：上海96有限公司 纳税人识别号：913101165574XXXXXX 地 址、电 话：上海市XXXXXX　XXXXXXX 开户行及账号：招商银行上海XX支行　XXXXXXXXX	密码区	03<24/+40<363<4/2+3081618*0+ 6>>6-5+-59/9<580<15569+0/973 -7><*0-8946>13*6*958-5757559 */831+2/1901<090031112939+>-

货物或应税劳务、服务名称	规格型号	单位	数量	单价	金额	税率	税额
*建筑服务*设计装饰		次			97087.38	3%	2912.62
合　　计					¥97087.38		¥2912.62
价税合计（大写）	⊗壹拾万圆整				（小写）¥100000.00		

销售方	名　　称：246公司 纳税人识别号：913101127862XXXXXX 地 址、电 话：上海市XXXXXX　XXXXXXX 开户行及账号：建设银行上海XX支行　XXXXXXXXX	备注	

收款人：XX　复核：XX　开票人：XX　销售方：（章）发票专用章

税总函[2016]311号中钞光华印制有限公司

第三联：发票联　购买方记账凭证

19. 业务 19:12 月 17 日,发生金税盘年度服务费,12 月 16 日已支付(见图表 7—29)。

会计分录:

借:管理费用——金税盘服务费	280.00	
贷:应付账款——上海爱信诺航天信息有限公司		280.00
借:应交税费——应交增值税(减免税款)	280.00	
贷:管理费用——金税盘服务费		280.00

会计分录说明:(1)本业务在第 13 笔已经计入了应付账款借方(相当于预付账款),现在取得发票,在贷方冲减了预付账款。

(2)金税盘服务费按政策可以全额抵减增值税。

图表 7—29

上海增值税电子普通发票

机器编号: 661616336707

发票代码: 031001XXXXXX
发票号码: 28XXXXXXX
开票日期: 2019 年12 月17日
校 验 码: 51639 XXXXX XXXXX 30055

购买方	名 称: 上海96有限公司 纳税人识别号: 913101165574XXXXXX 地 址、电 话: 开户行及账号:			密码区	*+4240342/143*548973/335>65 36-2**7*<4258/+7*9+*-<84318 793>92>944>9*3192*130-57950 5>+/5493482->52/>++68/++21*		
货物或应税劳务、服务名称	规格型号	单位	数 量	单 价	金 额	税率	税 额
*信息技术服务*增值税发票税控技术维护费			1	264.15	264.15	6%	15.85
合 计					¥264.15		¥15.85
价税合计(大写)	⊗贰佰捌拾圆整				(小写)¥280.00		
销售方	名 称: 上海爱信诺航天信息有限公司 纳税人识别号: 913101047989XXXXXX 地 址、电 话: 钦州北路XXXXX XXXXXX 开户行及账号: 工行XX支行 XXXXXXXXX			备注	2019年度维护费		

收款人: 爱信诺　复核: 爱信诺　开票人: 爱信诺　销售方:(章)

需要说明的是,该发票的签章不对,应为爱信诺公司具体责任人的名字。

20. 业务 20:12 月 16 日,支付上月个人所得税,已取得银行回单(见图表 7—30)。

会计分录:

借:应交税费——应交个人所得税	63.75	
贷:银行存款——中国邮政		63.75

21. 业务 21:12 月 16 日,支付上月附加税及增值税,取得银行回单(见图表 7—31)。

会计分录:

借:应交税费——应交地方教育费附加	517.70
——应交教育费附加	776.55
——未交增值税	25 884.96
——应交城市维护建设税	258.85
——应交印花税	1 578.10

贷:银行存款——中国邮政　　29 016.16

图表 7—30

中国邮政储蓄银行 POSTAL SAVINGS BANK OF CHINA　　企业网上银行电子回单

电子回单号码：29091　　(第1次补打)

回单类型：柜面交易					
付款方	户名	上海96有限公司	收款方	户名	
	账号	10042446061OXXXXXXX		账号	
	开户银行	中国邮政储蓄银行股份有限公司上海XX支行		开户银行	
金额	小写：63.75　大写：人民币　陆拾叁圆柒角伍分				
附言					
电子回单专用章	付款用途		摘要	实时转帐扣收税款	
	交易流水号	83890484			
	验证码	atXXXXXXXXX			
	交易日期	2019-12-16	打印日期	2020-01-02 11:10:33	

重要提示：本回单不作为收款方发货依据，并请勿重复记账

图表 7—31

中国邮政储蓄银行 POSTAL SAVINGS BANK OF CHINA　　企业网上银行电子回单

电子回单号码：290912　　(第1次补打)

回单类型：柜面交易					
付款方	户名	上海96有限公司	收款方	户名	
	账号	10042446061OXXXXXXX		账号	
	开户银行	中国邮政储蓄		开户银行	
金额	小写：29016.16　大写：人民币　贰万玖仟零壹拾陆圆壹角陆分				
附言					
电子回单专用章	付款用途		摘要	实时转帐扣收税款	
	交易流水号	79XXXXXXX			
	验证码	YE XXXXXXXXX			
	交易日期	2019-12-16	打印日期	2020-01-02 11:10:33	

重要提示：本回单不作为收款方发货依据，并请勿重复记账

22. 业务 22:12 月 12 日,收到 70 公司货款 1 748 505 元,已取得银行回单(见图表 7—32)。

会计分录:

借:银行存款——招商银行南京分公司　　1 748 505.00

贷:应收账款——70 公司　　1 748 505.00

图表 7—32

收款回单

招商银行 CHINA MERCHANTS BANK

日期：2019年12月12日 流水号：19B XXXXXXX
收款账号：121923213XXXXXX
户名：上海96有限公司
开户行：招商银行上海XX支行
金额（大写）：人民币壹佰柒拾肆万捌仟伍佰零伍元整
（小写）： CNY1,748,505.00
付款人账号：8110501013001XXXXXX
付款人户名：江苏70有限公司
付款人开户行：中信银行XX支行
摘要：货款及工程款
19B5009580291
经办：G67165 回单编号：6030019XXXXXX 20200102

招商银行股份有限公司 FKC2RARE 电子回单专用章

提示：1.电子回单验证码相同表示同一笔业务回单，请勿重复记账使用。
2.已在银行柜台领用业务回单的单位，请注意核对，勿重复记账使用。

打印时间：2020年01月02日11时24分

23. 业务23：12月17日，取得313公司设备安装费专票，价款117 000元，税款3 510元，款未支付（见图表7—33、图表7—34）。

会计分录：

借：销售费用——安装费——太仆寺旗鸡舍项目 117 000.00

应交税费——应交增值税（进项税额）（3%） 3 510.00

贷：应付账款——313公司 120 510.00

会计分录说明：该安装费属于销售设备后按合同约定为客户免费安装发生的安装费用，所以计入了"销售费用——安装费"科目。

图表 7—33

370219XXXX 青岛增值税专用发票 № 0144XXXX

发票联

370219XXXX
0144XXXX
开票日期：2019年12月17日

购买方	名称：上海96有限公司 纳税人识别号：913101165574XXXXXX 地址、电话：上海市XXXXXX XXXXXXXX 开户行及账号：招商银行上海XX支行 XXXXXXXX				密码区	147528<0032<9<014119404377 <+7++3*4>669/8<1<->45250777 939>0*/37/*6>2338<97737101< 667>>85-2793<761+><0+>>2*71	
货物或应税劳务、服务名称	规格型号	单位	数量	单价	金额	税率	税额
*通用设备*设备安装			1	19912.621359	19912.62	3%	597.38
合计					¥19912.62		¥597.38
价税合计（大写）	⊗贰万零伍佰壹拾圆整				（小写）¥20510.00		
销售方	名称：青岛313有限公司 纳税人识别号：91370214MA3QXXXXXX 地址、电话：山东省XXXXXX XXXXXXX 开户行及账号：青岛XX支行 XXXXXXXXXX				备注		

收款人：XX 复核：XX 开票人：XX 销售方：（章）发票专用章

第三联：发票联 购买方记账凭证

税总函[2019]144号中钞华森实业公司

图表 7—34

370219XXXX　　青岛增值税专用发票　　№ 0144XXXX

发票联

370219XXXX
0144XXXX
开票日期：2019年12月17日

购买方　名称：上海96有限公司
纳税人识别号：913101165574XXXXXX
地址、电话：上海市XXXXXX　XXXXXXXX
开户行及账号：招商银行上海XX支行　XXXXXXXX

密码区
+9>2*-63/0243+**<71*9*0+>*9
>+>7<042817+*65979></610<<
1>48-1549<452139>+5+/574>/+
><*-<8/664159072-1583/>84/5

货物或应税劳务、服务名称	规格型号	单位	数量	单价	金额	税率	税额
*通用设备*设备安装			1	97087.378641	97087.38	3%	2912.62
合计					¥97087.38		¥2912.62

价税合计（大写）　⊗壹拾万圆整　　（小写）¥100000.00

销售方　名称：青岛313有限公司
纳税人识别号：91370214MA3QXXXXXX
地址、电话：山东省XXXXXX　XXXXXXX
开户行及账号：青岛XX支行　XXXXXXXXXX

备注

收款人：XX　　复核：XX　　开票人：李XX　　销售方：（章）

税总函[2019]144号中钞华森实业公司

第三联：发票联　购买方记账凭证

24. 业务 24：12 月 6 日，取得 310 公司安装服务费专票，价款 346 127.33 元，税款 10 383.81 元，款未支付(见图表 7—35 至图表 7—38)。

会计分录：

借：销售费用——服务费　　346 127.33

　应交税费——应交增值税(进项税额)(6%)　　10 383.81

　贷：应付账款——310 公司　　356 511.14

会计分录说明：该服务费属于销售设备后免费为客户安装发生的相关服务费，所以计入了“销售费用——服务费”科目。

图表 7—35

320019XXXX　　江苏增值税专用发票　　№ 2235XXXX

发票联

320019XXXX
2235XXXX
开票日期：2019年12月06日

购买方　名称：上海96有限公司
纳税人识别号：913101165574XXXXXX
地址、电话：上海市XXXXXX　XXXXXXXX
开户行及账号：招商银行上海XX支行　XXXXXXXX

密码区
031+6--6<28976<<-50<607>/+9<
06<4+/16486<-98>6>32/+-1/-*+
0*62>>8/8+>184*32+><4011-158
+7-+*619<70169-2038837/+8/4<

货物或应税劳务、服务名称	规格型号	单位	数量	单价	金额	税率	税额
*现代服务*安装服务费		项	1	86407.7669902	86407.77	3%	2592.23
合计					¥86407.77		¥2592.23

价税合计（大写）　⊗捌万玖仟圆整　　（小写）¥89000.00

销售方　名称：淮安310中心（有限合伙）
纳税人识别号：91320829MA1XXXXXX
地址、电话：淮安市XXXXXX　XXXXXXX
开户行及账号：中国农业银行股份有限公司XX支行

备注

收款人：XX　　复核：XX　　开票人：XX　　销售方：（章）发票专用章

税总函[2018]670号南京造币有限公司

第三联：发票联　购买方记账凭证

图表 7—36

320019XXXX　　**江苏增值税专用发票**　　№ 2235XXXX

发票联　　320019XXXX 2235XXXX

开票日期：2019年12月06日

购买方	名称：上海96有限公司 纳税人识别号：913101165574XXXXXX 地址、电话：上海市XXXXXX XXXXXXXX 开户行及账号：招商银行上海XX支行 XXXXXXXX	密码区	036-*+5838/5521-61<03<5608+> 2329*733*01*+311680/5>6-3957 715+6>711714-625833875>/-30/ <*447+-+310169-20318*4>9/<36

货物或应税劳务、服务名称	规格型号	单位	数量	单价	金额	税率	税额
*现代服务*安装服务费		项	1	85156.4466019	85156.45	3%	2554.69
合计					¥85156.45		¥2554.69
价税合计（大写）	⊗捌万柒仟柒佰壹拾壹圆壹角肆分				（小写）¥87711.14		

销售方	名称：淮安310中心（有限合伙） 纳税人识别号：91320829MA1XXXXXX 地址、电话：淮安市XXXXXX XXXXXXX 开户行及账号：中国农业银行股份有限公司XX支行	备注	

收款人：陈XX　　复核：陈XX　　开票人：吴XX　　销售方：（章）发票专用章

税总函[2018]670号南京造币有限公司

第三联：发票联　购买方记账凭证

图表 7—37

320019XXXX　　**江苏增值税专用发票**　　№ 2235XXXX

发票联　　320019XXXX 2235XXXX

机器编号：929912240190

开票日期：2019年12月06日

购买方	名称：上海96有限公司 纳税人识别号：913101165574XXXXXX 地址、电话：上海市XXXXXX XXXXXXXX 开户行及账号：招商银行上海XX支行 XXXXXXXX	密码区	03+65231><<</+2/174<3>50<401 1-9<*12/20+6>7*77005-*89>4-> <9-68*8<0041-50<4+0*892184-2 3<59<7>3820169-203081-22*+>1

货物或应税劳务、服务名称	规格型号	单位	数量	单价	金额	税率	税额
*现代服务*安装服务费		项	1	87184.4660194	87184.47	3%	2615.53
合计					¥87184.47		¥2615.53
价税合计（大写）	⊗捌万玖仟捌佰圆整				（小写）¥89800.00		

销售方	名称：淮安310中心（有限合伙） 纳税人识别号：91320829MA1XXXXXX 地址、电话：淮安市XXXXXX XXXXXXX 开户行及账号：中国农业银行股份有限公司XX支行 XXXXXXXXX	备注	

收款人：王XX　　复核：王XX　　开票人：陈XX　　销售方：（章）发票专用章

税总函[2018]670号南京造币有限公司

第三联：发票联　购买方记账凭证

图表 7—38

320019XXXX　江苏增值税专用发票　№ 2235XXXX

320019XXXX
2235XXXX

机器编号：929912240190　发票联　开票日期：2019年12月06日

购买方	名　　称：上海96有限公司 纳税人识别号：913101165574XXXXXX 地 址、电 话：上海市XXXXXX　XXXXXXXX 开户行及账号：中国农业银行股份有限公司XX支行　XXXXXXX	密码区	03<8>853*6+3/7-567241*1/3-2- 43<*31>5+655<03**047477+2/<7 *861/<30<23568**>/-4>>31<-30 8*/7>*67250169-203+0<309<648

货物或应税劳务、服务名称	规格型号	单位	数量	单价	金额	税率	税额
*现代服务*安装服务费		项	1	87378.6407766	87378.64	3%	2621.36
合　计					¥87378.64		¥2621.36
价税合计（大写）	⊗ 玖万圆整			（小写）¥90000.00			

销售方	名　　称：淮安310中心（有限合伙） 纳税人识别号：91320829MA1XXXXXX 地 址、电 话：淮安市XXXXXX　XXXXXXX 开户行及账号：中国农业银行股份有限公司XX支行　XXXXXXXXX	备注	发票专用章

收款人：陈XX　复核：陈XX　开票人：吴XX　销售方：（章）

税总函[2018]670号南京造币有限公司　第三联：发票联　购买方记账凭证

25. 业务 25:12 月 19 日，取得 173 公司服务费发票，价款 182 027.74 元，税款 10 921.67 元，款未支付(见图表 7—39、图表 7—40)。

会计分录：

借：销售费用——服务费　　182 027.74

　　应交税费——应交增值税(进项税额)(6%)　　10 921.67

　　贷：应付账款——173 公司　　192 949.41

会计分录说明：业务 23、24、25 的设备安装费、服务费在明确了是销售部门设备发生的，方可计入销售费用。

图表 7—39

310019XXXX　上海增值税专用发票　№ 3962XXXX

310019XXXX
3962XXXX

发票联　开票日期：2019年12月19日

购买方	名　　称：上海96有限公司 纳税人识别号：913101165574XXXXXX 地 址、电 话：上海市XXXXXX　XXXXXXXX 开户行及账号：中国农业银行股份有限公司XX支行　XXXXXXX	密码区	*<*784273-97+3*-918<2+5<0/9 582>8/32<16374+49-9584+>0+- 26+5+*7**0<+/58+-34*009<6-/ *2/-4+0<0965>06-03+5/>9315<

货物或应税劳务、服务名称	规格型号	单位	数量	单价	金额	税率	税额
*研发和技术服务*技术服务费					94339.62	6%	5660.38
合　计					¥94339.62		¥5660.38
价税合计（大写）	⊗ 壹拾万圆整			（小写）¥100000.00			

销售方	名　　称：上海173有限公司 纳税人识别号：913101147694XXXXXX 地 址、电 话：上海市XXXXXX　XXXXXXX 开户行及账号：招行上海XX支行　XXXXXXXXXX	备注	发票专用章

收款人：绍XX　复核：徐XX　开票人：安XX　销售方：（章）

税总函[2019]144号中钞光华印制有限公司　第三联：发票联　购买方记账凭证

图表 7—40

310019XXXX　　**上海增值税专用发票**　　№ 3962XXXX

发票联

310019XXXX
3962XXXX

开票日期：2019年12月19日

购买方	名　　称：上海96有限公司 纳税人识别号：913101165574XXXXXX 地 址、电 话：上海市XXXXXX　XXXXXXXX 开户行及账号：中国农业银行股份有限公司XX支行 XXXXXXX	密码区	57/57<++>396<37/4--*09087/1 1*542*50024>*0*11<2166-0632 >//5356<3+671/8->3>+/++*488 +5/30<75+8071347-7*05+27>9>

货物或应税劳务、服务名称	规格型号	单位	数量	单价	金额	税率	税额
*研发和技术服务*技术服务费					87688.12	6%	5261.29
合　　计					￥87688.12		￥5261.29
价税合计（大写）	⊗玖万贰仟玖佰肆拾玖圆肆角壹分				（小写）￥92949.41		

销售方	名　　称：上海173有限公司 纳税人识别号：913101147694XXXXXX 地 址、电 话：上海市XXXXXX　XXXXXXX 开户行及账号：招行上海XX支行　XXXXXXXXXX	备注	9131011476941988XG 发票专用章

收款人：绍XX　　复核：徐XX　　开票人：安XX　　销售方（章）

税总函〔2019〕144号中钞光华印制有限公司

第三联：发票联　购买方记账凭证

26. 业务 26：12 月 13 日，取得 315 公司技术服务费发票，价款为 656 603.76 元，税款 39 396.24 元，款未支付（见图表 7—41 至图表 7—47）。

会计分录：

借：管理费用——服务费　　656 603.76

　　应交税费——应交增值税（进项税额）（6%）　　39 396.24

　　贷：应付账款——315 公司　　696 000.00

图表 7—41

310019XXXX　　**上海增值税专用发票**　　№ 4735XXXX

发票联

310019XXXX
4735XXXX

开票日期：2019年12月13日

购买方	名　　称：上海96有限公司 纳税人识别号：913101165574XXXXXX 地 址、电 话 上海市XXXXXX　XXXXXXXX 开户行及账号：中国农业银行股份有限公司XX支行 XXXXXXX	密码区	65<71*3525*1-27<137<3+04-*4 >/86>9911/9927><604/96>2540 >8-0955/48>8*-/*-<<8013<+/1 33<4/>+77/*60*9150>>244-0--

货物或应税劳务、服务名称	规格型号	单位	数量	单价	金额	税率	税额
*研发和技术服务*技术服务费			1	94339.622642	94339.62	6%	5660.38
合　　计					￥94339.62		￥5660.38
价税合计（大写）	⊗壹拾万圆整				（小写）￥100000.00		

销售方	名　　称：上海315服务中心 纳税人识别号：91310113MA1GXXXXXX 地 址、电 话：上海市XXXXXX　XXXXXXX 开户行及账号：招商银行股份有限公司上海XX支行　XXXXXX	备注	发票专用章

收款人 毕XX　　复核：胡XX　　开票人：李XX　　销售方

税总函〔2019〕144号中钞光华印制有限公司

第三联：发票联　购买方记账凭证

图表 7—42

310019XXXX　　上海增值税专用发票　　№ 4735XXXX

310019XXXX
4735XXXX

发票联

开票日期：2019年12月13日

购买方	名　　称：上海96有限公司 纳税人识别号：913101165574XXXXXX 地 址、电 话：上海市XXXXXX　XXXXXXXX 开户行及账号：中国农业银行股份有限公司XX支行　XXXXXXX				密码区	7>92-8870>7</5-67+>5>>*+593 0<684/+9>150*+-8*>/<572857< +2/<8>28<*4+<163/92068-568/ //-32*49*9><<058-/-98-/8*36		
货物或应税劳务、服务名称	规格型号	单位	数量	单价	金额	税率	税额	
*研发和技术服务*技术服务费			1	94339.622642	94339.62	6%	5660.38	
合　　计					¥94339.62		¥5660.38	
价税合计（大写）	⊗壹拾万圆整				（小写）¥100000.00			
销售方	名　　称：上海315服务中心 纳税人识别号：91310113MA1GXXXXXX 地 址、电 话：上海市XXXXXX　XXXXXXX 开户行及账号：招商银行股份有限公司上海XX支行　XXXXXX				备注			

收款人：毕XX　　复核：胡XX　　开票人：李XX　　销售方（章）发票专用章

税总函[2019]144号中钞光华印制有限公司

第三联：发票联　购买方记账凭证

图表 7—43

310019XXXX　　上海增值税专用发票　　№ 4735XXXX

310019XXXX
4735XXXX

发票联

开票日期：2019年12月13日

购买方	名　　称：上海96有限公司 纳税人识别号：913101165574XXXXXX 地 址、电 话：上海市XXXXXX　XXXXXXXX 开户行及账号：中国农业银行股份有限公司XX支行　XXXXXXX				密码区	7>92-8870>7</5-67+>5>>*+593 0<684/+9>150*+-8*>/<572857< +2/<8>28<*4+<163/92068-568/ //-32*49*9><<058-/-98-/8*36		
货物或应税劳务、服务名称	规格型号	单位	数量	单价	金额	税率	税额	
*研发和技术服务*技术服务费			1	94339.622642	94339.62	6%	5660.38	
合　　计					¥94339.62		¥5660.38	
价税合计（大写）	⊗壹拾万圆整				（小写）¥100000.00			
销售方	名　　称：上海315服务中心 纳税人识别号：91310113MA1GXXXXXX 地 址、电 话：上海市XXXXXX　XXXXXXX 开户行及账号：招商银行股份有限公司上海XX支行　XXXXXX				备注			

收款人：毕XX　　复核：胡XX　　开票人：李XX　　销售方（章）发票专用章

税总函[2019]144号中钞光华印制有限公司

第三联：发票联　购买方记账凭证

图表 7—44

310019XXXX 上海增值税专用发票 № 4735XXXX

发票联

310019XXXX
4735XXXX

开票日期：2019年12月13日

税总函〔2019〕144号中钞光华印制有限公司

购买方
名　称：上海96有限公司
纳税人识别号：913101165574XXXXXX
地址、电话：上海市XXXXXX　XXXXXXXX
开户行及账号：中国农业银行股份有限公司XX支行　XXXXXXX

密码区
7>92-8870>7</5-67+>5>>*+593
0<684/+9>150*+-8*>/<572857<
+2/<8>28<*4+<163/92068-568/
//-32*49*9><<058-/-98-/8*36

货物或应税劳务、服务名称	规格型号	单位	数量	单价	金额	税率	税额
*研发和技术服务*技术服务费			1	94339.622642	94339.62	6%	5660.38
合　计					￥94339.62		￥5660.38
价税合计（大写）	⊗ 壹拾万圆整				（小写）￥100000.00		

销售方
名　称：上海315服务中心
纳税人识别号：91310113MA1GXXXXXX
地址、电话：上海市XXXXXX　XXXXXXX
开户行及账号：招商银行股份有限公司上海XX支行　XXXXXX

备注

收款人：毕XX　复核：胡XX　开票人：李XX　销售方发票专用章

第三联：发票联 购买方记账凭证

图表 7—45

310019XXXX 上海增值税专用发票 № 4735XXXX

发票联

310019XXXX
4735XXXX

开票日期：2019年12月13日

税总函〔2019〕144号中钞光华印制有限公司

购买方
名　称：上海96有限公司
纳税人识别号：913101165574XXXXXX
地址、电话　上海市XXXXXX　XXXXXXXX
开户行及账号：中国农业银行股份有限公司XX支行　XXXXXXX

密码区
65<71*3525*1-27<137<3+04-*4
>/86>9911/9927><604/96>2540
>8-0955/48>8*-/*-<<8013<+/1
33<4/>+77/*60*9150>>244-0--

货物或应税劳务、服务名称	规格型号	单位	数量	单价	金额	税率	税额
*研发和技术服务*技术服务费			1	94339.622642	94339.62	6%	5660.38
合　计					￥94339.62		￥5660.38
价税合计（大写）	⊗ 壹拾万圆整				（小写）￥100000.00		

销售方
名　称：上海315服务中心
纳税人识别号：91310113MA1GXXXXXX
地址、电话：上海市XXXXXX　XXXXXXX
开户行及账号：招商银行股份有限公司上海XX支行　XXXXXX

备注

收款人　毕XX　复核：胡XX　开票人：李XX　销售方发票专用章

第三联：发票联 购买方记账凭证

图表 7—46

310019XXXX　　**上海增值税专用发票**　　№ 4735XXXX

310019XXXX
4735XXXX

发票联

开票日期：2019年12月13日

购买方	名　　称：上海96有限公司 纳税人识别号：913101165574XXXXXX 地 址、电 话：上海市XXXXXX　XXXXXXXX 开户行及账号：中国农业银行股份有限公司XX支行　XXXXXXX	密码区	65<71*3525*1-27<137<3+04-*4 >/86>9911/9927><604/96>2540 >8-0955/48>8*-/*-<<8013<+/1 33<4/>+77/*60*9150>>244-0--

货物或应税劳务、服务名称	规格型号	单位	数 量	单 价	金 额	税率	税 额
*研发和技术服务*技术服务费			1	94339.622642	94339.62	6%	5660.38
合　　计					￥94339.62		￥5660.38
价税合计（大写）	⊗ 壹拾万圆整				（小写）￥100000.00		

销售方	名　　称：上海315服务中心 纳税人识别号：91310113MA1GXXXXXX 地 址、电 话：上海市XXXXXX　XXXXXXX 开户行及账号：招商银行股份有限公司上海XX支行　XXXXXX	备注	

收款人：毕XX　　复核：胡XX　　开票人：李XX　　销售方：（章）发票专用章

税总函[2019]144号中钞光华印制有限公司

第三联：发票联 购买方记账凭证

图表 7—47

310019XXXX　　**上海增值税专用发票**　　№ 4735XXXX

310019XXXX
4735XXXX

发票联

开票日期：2019年12月13日

购买方	名　　称：上海96有限公司 纳税人识别号：913101165574XXXXXX 地 址、电 话：上海市XXXXXX　XXXXXXXX 开户行及账号：中国农业银行股份有限公司XX支行　XXXXXXX	密码区	963*21/86-7239194/314589-9< 40>+61*9/*34/<275<>6/<//072 47<*66867515856>358>5>71/29 <3-<62/-<59<*/3*+9261+>0419

货物或应税劳务、服务名称	规格型号	单位	数 量	单 价	金 额	税率	税 额
*研发和技术服务*技术服务费			1	90566.037736	90566.04	6%	5433.96
合　　计					￥90566.04		￥5433.96
价税合计（大写）	⊗ 玖万陆仟圆整				（小写）￥96000.00		

销售方	名　　称：上海315服务中心 纳税人识别号：91310113MA1GXXXXXX 地 址、电 话：上海市XXXXXX　XXXXXXX 开户行及账号：招商银行股份有限公司上海XX支行　XXXXXX	备注	

收款人：毕XX　　复核　胡XX　　开票人：李XX　　销售方：（章）发票专用章

税总函[2019]144号中钞光华印制有限公司

第三联：发票联 购买方记账凭证

27. 业务 27：12 月 13 日，取得 315 公司技术服务费发票，价款 668 640.76 元，税款 20 059.24 元，款未支付（见图表 7—48 至图表 7—55）。

会计分录：

借：管理费用——服务费	668 640.76	
应交税费——应交增值税(进项税额)(6%)	20 059.24	
贷：应付账款——315 公司		688 700.00

图表 7—48

310019XXXX 上海增值税专用发票 代开

发票联

№ 4746XXXX

310019XXXX
4746XXXX

开票日期：2019年12月13日

购买方	名称：上海96有限公司 纳税人识别号：913101165574XXXXXX 地址、电话：上海市XXXXXX XXXXXXXX 开户行及账号：中国农业银行股份有限公司XX支行 XXXXXXX				密码区	659/</955*06<68<2735+4158+2 9*9/7936<+881>8>47*/7+>+016 16863<26+9/65*02268>2738+11 549-83-*>/61>-80688<03*-<2-		
货物或应税劳务、服务名称	规格型号	单位	数量	单价	金额	税率	税额
*研发和技术服务*技术服务费			1	96087.38	96087.38	3%	2882.62
合计					¥96087.36		¥2882.62
价税合计（大写）	⊗玖万捌仟玖佰柒拾圆整				（小写）¥98970.00		
销售方	名称：国家税务总局上海XX税务所 纳税人识别号：31010700DXXXXXX 地址、电话：上海市XXXXXX XXXXXXXX 开户行及账号：331016191200XXXXXX				备注	代开企业税号 91310113MA1XXXXXX 代开企业名称：315公司	

收款人：自助代开　　复核：自助代开　　开票人：dk_04　　销售方：（章）

税总函［2019］144号中钞光华印制有限公司

第三联：发票联 购买方记账凭证

图表 7—49

310019XXXX 上海增值税专用发票 代开

发票联

№ 4746XXXX

310019XXXX
4746XXXX

开票日期：2019年12月13日

购买方	名称：上海96有限公司 纳税人识别号：913101165574XXXXXX 地址、电话：上海市XXXXXX XXXXXXXX 开户行及账号：中国农业银行股份有限公司XX支行 XXXXXXX				密码区	63*1*0+8/1245<*4/7/55159035 392+*<2*2><89159<51>2160>/+ 983>387+84<-/1209<*5/7/8545 9*0*260-4+7-3<<0<658+119-<2		
货物或应税劳务、服务名称	规格型号	单位	数量	单价	金额	税率	税额
*研发和技术服务*技术服务费			1	97067.96	97067.96	3%	2912.04
合计					¥97067.96		¥2912.04
价税合计（大写）	⊗玖万玖仟玖佰捌拾圆整				（小写）¥99980.00		
销售方	名称：国家税务总局上海XX税务所 纳税人识别号：31010700DXXXXXX 地址、电话：上海市XXXXXX XXXXXXXX 开户行及账号：331016191200XXXXXX				备注	代开企业税号 91310113MA1XXXXXX 代开企业名称：315公司	

收款人：自助代开　　复核：自助代开　　开票人：dk_04　　销售方：（章）

税总函［2019］144号中钞光华印制有限公司

第三联：发票联 购买方记账凭证

图表 7—50

310019XXXX　　上海增值税专用发票　　№ 4746XXXX

代开　　发票联　　310019XXXX　4746XXXX

开票日期：2019年12月13日

税总函[2019]144号中钞光华印制有限公司

购买方	名　　称：上海96有限公司 纳税人识别号：913101165574XXXXXX 地 址、电 话：上海市XXXXXX　XXXXXXXX 开户行及账号：中国农业银行股份有限公司XX支行 XXXXXXX	密码区	9<+-/7+036666-/-<<9<>1023/2 +9/>>983+45-953<</97*46+-37 /6<5*51093<33662+-/+<<93>40 2><--6><7//4-553<23>+991532

货物或应税劳务、服务名称	规格型号	单位	数 量	单 价	金 额	税率	税 额
*研发和技术服务*技术服务费			1	97058.25	97058.25	3%	2911.75
合　　计					￥97058.25		￥2911.75
价税合计（大写）	⊗玖万玖仟玖佰柒拾圆整				（小写）￥99970.00		

销售方	名　　称：国家税务总局上海XX税务所 纳税人识别号：31010700DXXXXXX 地 址、电 话：上海市XXXXXX　XXXXXXXX 开户行及账号：331016191200XXXXXX	备注	代开企业税号：91310113MA1XXXXXX 代开企业名称：315公司

收款人：自助代开　　复核：自助代开　　开票人：dk_04　　销售方：（章）

第三联：发票联 购买方记账凭证

图表 7—51

310019XXXX　　上海增值税专用发票　　№ 4746XXXX

代开　　发票联　　310019XXXX　4746XXXX

开票日期：2019年12月13日

税总函[2019]144号中钞光华印制有限公司

购买方	名　　称：上海96有限公司 纳税人识别号：913101165574XXXXXX 地 址、电 话：上海市XXXXXX　XXXXXXXX 开户行及账号：中国农业银行股份有限公司XX支行 XXXXXXX	密码区	+6-2+*1>+014051-666<8>4+210 -703*7/5*6<++994/>0705-20-9 26>8>/09<85*+010*51+66638+4 +<29+8224382/7<2/<959-0197>

货物或应税劳务、服务名称	规格型号	单位	数 量	单 价	金 额	税率	税 额
*研发和技术服务*技术服务费			1	97077.67	97077.67	3%	2912.33
合　　计					￥97077.67		￥2912.33
价税合计（大写）	⊗玖万玖仟玖佰玖拾圆整				（小写）￥99990.00		

销售方	名　　称：国家税务总局上海XX税务所 纳税人识别号：31010700DXXXXXX 地 址、电 话：上海市XXXXXX　XXXXXXXX 开户行及账号：331016191200XXXXXX	备注	代开企业税号：91310113MA1XXXXXX 代开企业名称：315公司

收款人：自助代开　　复核：自助代开　　开票人：dk_04　　销售方：（章）

第三联：发票联 购买方记账凭证

图表 7—52

310019XXXX　　**上海增值税专用发票**　　№ 4746XXXX

代开　　发票联

310019XXXX
4746XXXX
开票日期：2019年12月13日

购买方	名　　称：上海96有限公司 纳税人：913101165574XXXXXX 地址、电话：上海市XXXXXX　XXXXXXXX 开户行及账，.：中国农业银行股份有限公司XX支行 XXXXXXX	密码区	*/92//831*1+1967+//1+1/446* <*/998+032*79-4473/51*22+84 5400962999*01*1</966+//*+4/ 4855>3>81*>723*><*4537/3846

货物或应税劳务、服务名称	规格型号	单位	数量	单价	金额	税率	税额
*研发和技术服务*技术服务费			1	80757.28	80757.28	3%	2422.72
合　计					￥80757.28		￥2422.72
价税合计（大写）	⊗捌万叁仟壹佰捌拾圆整				（小写）￥83180.00		

销售方	名　　称：国家税务总局上海XX税务所 纳税人识别号：31010700DXXXXXX 地址、电话：上海市XXXXXX　XXXXXXXX 开户行及账号：331016191200XXXXXX	备注	代开企业税号：91310113MA1XXXXXX　代开企业名称：315公司

收款人：自助代开　　复核：自助代开　　开票人：dk_04　　销售方：（章）

税总函[2019]144号中钞光华印制有限公司

第三联：发票联　购买方记账凭证

图表 7—53

310019XXXX　　**上海增值税专用发票**　　№ 4746XXXX

代开　　发票联

310019XXXX
4746XXXX
开票日期：2019年12月02日

购买方	名　　称：上海96有限公司 纳税人识别号：913101165574XXXXXX 地址、电话：上海市XXXXXX　XXXXXXXX 开户行及账号：中国农业银行股份有限公司XX支行 XXXXXXX	密码区	4-0308-161>+*-42/<-++*04+55 1*52/018-</90--6591583+88/2+ /29798-84*>261>20943/<-7+90 4+413373544>+>/17*64/55<+9*

货物或应税劳务、服务名称	规格型号	单位	数量	单价	金额	税率	税额
*研发和技术服务*技术服务费			1	7582.52	7582.52	3%	227.48
合　计					￥7582.52		￥227.48
价税合计（大写）	⊗柒仟捌佰壹拾圆整				（小写）￥7810.00		

销售方	名　　称：国家税务总局上海XX税务所 纳税人识别号：31010700DXXXXXX 地址、电话：上海市XXXXXX　XXXXXXXX 开户行及账号：331016191200XXXXXX	备注	代开企业税号：91310113MA1XXXXXX　代开企业名称：315公司

收款人：自助代开　　复核：自助代开　　开票人：SJ_01　　销售方：（章）

税总函[2019]144号中钞光华印制有限公司

第三联：发票联　购买方记账凭证

图表 7—54

310019XXXX　上海增值税专用发票　№ 2413XXXX

代开　发票联　310019XXXX 2413XXXX

开票日期：2019年12月02日

购买方	名　　称：上海96有限公司 纳税人识别号：913101165574XXXXXX 地 址、电 话：上海市XXXXXX　XXXXXXXX 开户行及账号：中国农业银行股份有限公司XX支行 XXXXXXX	密码区	0/7+9+-*5>50<>00>7>5+3*9*52 **>><>26*31/-7391/*7+9*1-41 4<09/<*1/<>>5>582/01>7>8+6* 9*46<3/<6-71/215*03859*1388

货物或应税劳务、服务名称	规格型号	单位	数量	单价	金额	税率	税额
*研发和技术服务*技术服务费			1	96116.50	96116.50	3%	2883.50
合　　计					￥96116.50		￥2883.50
价税合计（大写）	⊗玖万玖仟圆整				（小写）￥99000.00		

销售方	名　　称：国家税务总局上海XX税务所 纳税人识别号：31010700DXXXXXX 地 址、电 话：上海市XXXXXX　XXXXXXXX 开户行及账号：331016191200XXXXXX	备注	代开企业税号：91310113MA1XXXXXX 代开企业名称：上海315公司

收款人：自助代开　复核：自助代开　开票人：SJ_01　销售方：（章）

税总函[2019]144号中钞光华印制有限公司

第三联：发票联 购买方记账凭证

图表 7—55

310019XXXX　上海增值税专用发票　№ 2413XXXX

代开　发票联　310019XXXX 2413XXXX

开票日期：2019年12月02日

购买方	名　　称：上海96有限公司 纳税人识别号：913101165574XXXXXX 地 址、电 话：上海市XXXXXX　XXXXXXXX 开户行及账号：中国农业银行股份有限公司XX支行 XXXXXXX	密码区	8>/7-2*922>95<98++888-<<42/ 5-<51<-64*16*<<<359284+3441 </<65*6*>68+22>19*99++858<< <43974*49+<15/1<-9<>719419<

货物或应税劳务、服务名称	规格型号	单位	数量	单价	金额	税率	税额
*研发和技术服务*技术服务费			1	96893.20	96893.20	3%	2906.80
合　　计					￥96893.20		￥2906.80
价税合计（大写）	⊗玖万玖仟捌佰圆整				（小写）￥99800.00		

销售方	名　　称：国家税务总局上海XX税务所 纳税人识别号：31010700DXXXXXX 地 址、电 话：上海市XXXXXX　XXXXXXXX 开户行及账号：331016191200XXXXXX	备注	代开企业税号：91310113MA1XXXXXX 代开企业名称：315公司

收款人：自助代开　复核：自助代开　开票人：SJ_01　销售方：（章）

税总函[2019]144号中钞光华印制有限公司

第三联：发票联 购买方记账凭证

28. 业务 28：蒋××取得 315 公司专票，报销办公费用，价款 5 804.22 元，税款 738.78 元（见图表 7—56）。（11 月已预付报销款，计入了“应付账款”借方）。

会计分录：

借：管理费用——办公费　　5 804.22

　　应交税费——应交增值税（进项税额）（6%）　　738.78

　贷：应付账款——315 公司　　6 543.00

图表 7—56

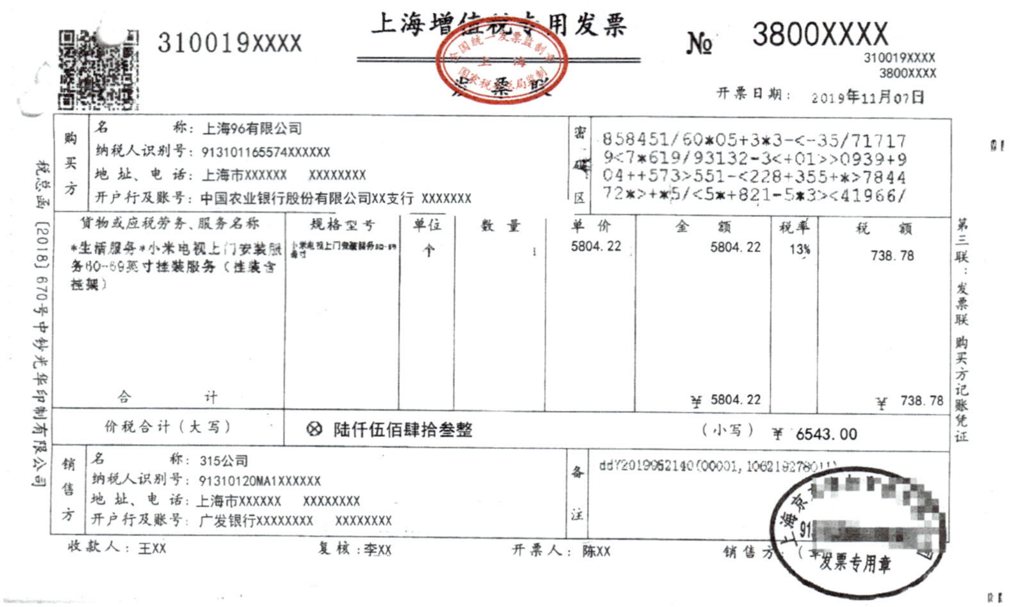
上海增值税专用发票 310019XXXX № 3800XXXX 310019XXXX 3800XXXX
发票联
开票日期：2019年11月07日

购买方	名称：上海96有限公司 纳税人识别号：913101165574XXXXXX 地址、电话：上海市XXXXXX XXXXXXXX 开户行及账号：中国农业银行股份有限公司XX支行 XXXXXXX				密码区	858451/60*05+3*3-<-35/71717 9<7*619/93132-3<+01>>0939+9 04++573>551-<228+355+*>7844 72*>+*5/<5*+821-5*3><41966/	
货物或应税劳务、服务名称	规格型号	单位	数量	单价	金额	税率	税额
*生活服务*小米电视上门安装服务60-69英寸挂装服务（挂装含挂架）	小米电视上门安装服务60-69英寸	个	1	5804.22	5804.22	13%	738.78
合计					￥5804.22		￥738.78
价税合计（大写）	⊗陆仟伍佰肆拾叁整				（小写）￥6543.00		
销售方	名称：315公司 纳税人识别号：91310120MA1XXXXXX 地址、电话：上海市XXXXXX XXXXXXXX 开户行及账号：广发银行XXXXXXXX XXXXXXXX				备注	ddY2019052140(00001, 10621927801)	

收款人：王XX 复核：李XX 开票人：陈XX 销售方：（章）

第三联：发票联 购买方记账凭证

税总函[2018]670号中钞光华印制有限公司

29. 业务 29：计提本月印花税。

会计分录：

借：税金及附加——印花税 1 404.40

贷：应交税费——应交印花税 1 404.40

会计分录说明：印花税在过去的规定是，购买印花税票，直接缴纳，不通过“应交税费”结算；现在由于变为集中缴纳，所以也通过“应交税费”核算了。

30. 业务 30：计提本月研发部工资（见图表 7—57）。

会计分录：

借：研发支出——费用化支出——工资——研发部 5 343.00

贷：应付职工薪酬——职工工资——郑×× 5 343.00

借：应付职工薪酬——职工工资——郑×× 860.50

贷：其他应付款——代扣代缴社保 517.50

——代扣代缴公积金 343.00

会计分录说明：这部分社保与公积金是个人从工资中代扣代缴的，不是单位负担的。

图表 7—57

工资单

上海 96 有限公司 2019 年 12 月

编号	姓名	基本工资	补贴	所在部门	扣款	专项扣除	应发工资	社保基数	公积金基数	代扣养老	代扣医疗保险	代扣失业保险	代扣公积金	代扣五险一金	个税	实发工资
3	郑××	5 343		研发			5 343	4 927	4 905.6	−394.2	−98.6	−24.7	−343	−860.5	0	4 482.5

32. 业务 32：计提本月开发部工资（见图表 7—58）。

会计分录：

借：研发支出——费用化支出——工资——开发部 26 400.00

贷:应付职工薪酬——职工工资——蒋××　　5 200.00

——职工工资——邹×　　5 200.00

——职工工资——唐××　　5 000.00

——职工工资——吴××　　5 000.00

——职工工资——刘××　　6 000.00

借:应付职工薪酬——职工工资——蒋××　　835.50

应付职工薪酬——职工工资——邹×　　844.50

应付职工薪酬——职工工资——唐××　　832.50

应付职工薪酬——职工工资——吴××　　840.00

应付职工薪酬——职工工资——刘××　　878.75

贷:其他应付款——代扣代缴社保　　1 625.00

——代扣代缴公积金　　2 602.50

应交税费——应交个人所得税　　3.75

会计分录说明:本分录在“应付职工薪酬”之下按人头设置了明细,太烦琐。

正确分录为:

借:研发支出——费用化支出——工资——开发部　　26 400.00

贷:应付职工薪酬——工资奖金津贴补贴　　26 400.00

借:应付职工薪酬——工资奖金津贴补贴　　4 231.25

贷:其他应付款——代扣代缴社保　　1 625.00

——代扣代缴公积金　　2 602.50

应交税费——应交个人所得税　　3.75

请学员按正确分录录入。

图表 7—58　　**工资单**

上海 96 有限公司　　2019 年 12 月

编号	姓名	基本工资	补贴	所在部门	扣款	专项扣除	应发工资	社保基数	公积金基数	代扣养老	代扣医疗保险	代扣失业保险	代扣公积金	代扣五险一金	个税	实发工资
7	蒋××	4 900	300	软件开发产品经理			5 200	4 927	4 549.8	−394.2	−98.6	−24.7	−318	−835.5	0	4 364.5
8	邹×	4 900	300	.net 开发			5 200	4 927	4 671.4	−394.2	−98.6	−24.7	−327	−844.5	0	4 355.5
10	唐××	5 000		.net 开发			5 000	4 927	4 500	−394.2	−98.6	−24.7	−315	−832.5	0	4 167.5
11	吴××	4 500	500	前端开发			5 000	5 000	4 500	−400	−100	−25	−315	−840	0	4 160
12	刘××	5 000	1 000	硬件开发			6 000	5 000	5 000	−400	−100	−25	−350	−875	−37.5	5 087.5

33. 业务 33:计提管理部门工资(见图表 7—59)。

会计分录:

借:管理费用——职工薪酬——工资　　38 666.70

贷:应付职工薪酬——职工工资——任××　　6 000.00

——职工工资——成×　　6 000.00

——职工工资——耿×　　5 200.00

——职工工资——夏××　　5 100.00

——职工工资——张××　　5 200.00

——职工工资——成×× 6 500.00

——职工工资——王×× 4 666.70

借：应付职工薪酬——职工工资——任×× 30.00

——职工工资——成× 30.00

——职工工资——耿× 828.50

——职工工资——夏×× 834.50

——职工工资——张×× 830.50

——职工工资——成×× 1 000.00

——职工工资——王×× 797.50

贷：其他应付款——代扣代缴社保 2 700.00

——代扣代缴公积金 1 591.00

应交税费——应交个人所得税 60.00

会计分录说明：本分录也是“应付职工薪酬”的明细科目设置烦琐。

正确分录为：

借：管理费用——职工薪酬——工资 38 666.70

贷：应付职工薪酬——工资奖金津贴补贴 38 666.70

借：应付职工薪酬——工资奖金津贴补贴 4 351.00

贷：其他应付款——代扣代缴社保 2 700.00

——代扣代缴公积金 1 591.00

应交税费——应交个人所得税 60.00

请学员按正确分录录入。

图表 7—59 **工资单**

上海 96 有限公司 2019 年 12 月

编号	姓名	基本工资	补贴	所在部门	扣款	专项扣除	应发工资	社保基数	公积金基数	代扣养老	代扣医疗保险	代扣失业保险	代扣公积金	代扣五险一金	个税	实发工资
1	任××	6 000		助理			6 000	0	0	0	0	0	0	0	−30	5 970
2	成×	6 000		助理			6 000	0	0	0	0	0	0	0	−30	5 970
4	耿×	4 900	300	销售			5 200	4 927	4 441.7	−394.2	−98.6	−24.7	−311	−828.5	0	4 371.5
5	夏××	4 800	300	助理			5 100	4 927	4 529.2	−394.2	−98.6	−24.7	−317	−834.5	0	4 265.5
6	张××	4 900	300	研发			5 200	4 927	4 468.2	−394.2	−98.6	−24.7	−313	−830.5	0	4 369.5
9	成××	6 500		总经理		−1 500	6 500	6 000	5 284.1	−480	−120	−30	−370	−1 000	0	5 500
13	王××	4 666.7		采购			4 666.7	4 927	4 000	−394.2	−98.6	−24.7	−280	−797.5	0	3 869.2

34. 业务 34：代发工资。

会计分录：

借：应付职工薪酬——职工工资——成× 5 970.00

——职工工资——蒋×× 8 729.00

——职工工资——张×× 8 739.00

——职工工资——邹× 17 422.00

——职工工资——成×× 11 015.00

——职工工资——任×× 23 880.00

——职工工资——唐××　16 670.00
——职工工资——郑××　17 930.00
——职工工资——吴××　16 640.00
——职工工资——王××　15 476.80
——职工工资——夏××　17 062.00
——职工工资——耿×　17 486.00
——职工工资——刘××　20 485.00
贷:应付职工薪酬——职工工资——代发工资　197 367.20
库存现金　137.60

会计分录说明:关于贷方“应付职工薪酬——工资——代发”:按一般理解,这里的贷方应该是银行存款,但却是“应付职工薪酬——工资——代发”,原因是工资需要银行代发。(参见业务 12 的记账凭证和附件。)

正确分录为:

借:应付职工薪酬——工资奖金津贴补贴　197 504.80
贷:应付职工薪酬——代发工资　197 367.20
库存现金　137.60
借:应付职工薪酬——代发工资　197 367.20
贷:银行存款　197 367.20

请学员按正确分录录入。

35. 业务 35:研发部的研发支出费用化(转入管理费用)。

会计分录:

借:管理费用——研发费用——工资——研发部　5 343.00
贷:研发支出——费用化支出——工资——研发部　5 343.00
借:管理费用——研发费用——差旅费——研发部　373.50
贷:研发支出——费用化支出——差旅费——研发部　373.50
借:管理费用——研发费用——配件——研发部——研发部　2 914.50
贷:研发支出——费用化支出——配件——研发部　2 914.50

会计分录说明:内部结转,没有原始凭证。

36. 业务 36:开发部的研发支出费用化。

会计分录:

借:管理费用——研发费用——工资——开发部　26 400.00
贷:研发支出——费用化支出——工资——开发部　26 400.00
借:管理费用——研发费用——配件——研发部——开发部　1 424.00
贷:研发支出——费用化支出——差旅费——开发部　1 424.00

会计分录说明:该企业研发部与开发部是不同的两个部门。

37. 业务 37:计提当月电子设备折旧(见图表 7—60)。

会计分录:

借:管理费用——折旧费　34 043.55
贷:累计折旧——电子设备　34 043.55

图表 7—60

固定资产折旧计算单

2019 年 12 月

单位:元

编码	资产名称	资产类别	使用部门	购入月份	原值	数量	预计使用月数	残值率(%)	期初累计折旧	净值	月折旧额	本月折旧	状态	计提费用科目	累计折旧科目
00001	设备	电子设备		201711	1 225 567.65	2	36		102 130.65	1 089 393.45	34 043.55	34 043.55	在用	560223 管理费用——固定资产折旧	1602 累计折旧
合　计					1 225 567.65				102 130.65	1 089 393.45	34 043.55	34,043.55			

核算单位:上海 96 有限公司

38. 业务 38:计提当月办公/电子设备折旧(见图表 7—61)。

会计分录:

借:管理费用——折旧费　　736.10

　销售费用——折旧费　　107.99

　贷:累计折旧——电子设备　　632.95

　　　　　　——办公设备　　211.14

会计分录说明:业务 36、37 将电子设备和办公电子设备分别折旧。

图表 7—61

固定资产折旧计算单

2019 年 12 月　　单位:元

编码	资产名称	资产类别	使用部门	购入月份	原值	数量	预计使用月数	残值率(%)	期初累计折旧	净值	月折旧额	本月折旧	状态	计提费用科目	累计折旧科目
00002	设备	电子设备		201 712	30 000	1	36	5	14 557.85	14,809.20	632.95	632.95	在用		1602 累计折旧
00003	设备	办公设备		201 712	20 000	1	36	5	4 856.22	14,932.64	211.14	211.14	在用		1602 累计折旧
合 计					50 000				19 414.07	29,741.84	844.09	844.09			

39. 业务 39:计提当月文创项目累计摊销(见图表 7—62)。

会计分录:

借:管理费用——累计摊销——文创项目　　11 373.04

　贷:累计摊销——文创项目　　11 373.04

会计分录说明:前面在科目余额表调整中已经说明将“文创项目”改为“文创系统”。故正确分录为:

借:管理费用——累计摊销——文创系统　　11 373.04

　贷:累计摊销——文创系统　　11 373.04

请学员按正确分录录入。

图表 7—62

无形资产摊销计算单

2019 年 12 月　　单位:元

编码	资产名称	资产类别	使用部门	购入月份	原值	数量	预计使用月数	残值率(%)	期初累计折旧	净值	月摊销额	本月摊销	状态	计提费用科目	累计摊销科目
00004	软件	文创		201907	1 307 899.10	1	60		56 865.20	1 157 329.41	11 373.04	11 373.04	在用	560223 管理费用——固定资产折旧	1602 累计折旧
合 计					1 307 899.10				56 865.20	1 157 329.41	11 373.04	11 373.04			

核算单位:上海 96 有限公司

40. 业务 40:结转当月销售成本(见图表 7—63)。

图表 7－63

商品出库单

出库单:CPRK2019120005　　出库日期:2019－12－20　　仓库:成品仓
生产订单:　　产品编码:　　业务号:
出库类别:材料领用　　业务类型:领料　　审核日期:2019－12－30

产品编码	产品名称	规格型号	主计量单位	数量	单价	金额	批号	项目编号
02011203001	不间断电源		件	50	115.90	5 794.97	BDQC4E－019	E2019025
02011203002	镀铝锌板	1300 * 350	件	61	204.60	12 480.89	BDQC4E－020	E2019026
02011203003	接头 1/4 转 1/8 内丝	C12－18	件	43	28.34	1 218.58	BDQC4E－021	E2019027
02011203004	铅酸蓄电池	12V18AH	件	2	20.95	41.89	BDQC4E－022	E2019028
02011203005	AK－CC 525/550 接线柱	084B8162	件	15	16.22	243.36	BDQC4E－023	E2019029
02011203006	电箱－旋钮触点		件	10	21.00	210.00	BDQC4E－024	E2019030
02011203007	风压变送器		件	12	28.06	336.76	BDQC4E－025	E2019031
02011203008	二氧化碳变送器		件	20	120.09	2 401.78	BDQC4E－026	E2019032
02011203009	铝合金型材		件	50	170.60	8 529.75	BDQC4E－027	E2019033
02011203010	湿帘纸		件	150	140.18	21 026.55	BDQC4E－028	E2019034
02011203011	监控	DS－IPC－B12H－I	件	20	12.08	241.59	BDQC4E－029	E2019035
02011203012	湿帘	1.94 * 0.6 * 0.15	件	250	76.70	19 174.25	BDQC4E－030	E2019036
合　计				171	386.01	71 700.37		

审核人:王××　　发料人:陈××　　领用人:刘××

会计分录：

借:主营业务成本——主营业务成本　71 700.37

贷:库存商品——库存商品——不间断电源　5 794.97

——库存商品——镀铝锌板 1300 * 350　12 480.89

——库存商品——秋叶原(CHOSEAL)原装超五类网线【工程版】非屏蔽纯铜线箱线灰色 305 米 QS2608AT305S QS2608AT305　1 218.58

——库存商品——铅酸蓄电池 BAT SHAN TE C12－18 12V18AH　41.89

——库存商品——接头 1/4 转 1/8 内丝　243.36

——库存商品——AK－CC 525/550 接线柱 084B8162　210.00

——库存商品——风压变送器　336.76

——库存商品——二氧化碳变送器　2 401.78

——库存商品——铝合金型材　8 529.75

——库存商品——湿帘纸　21 026.55

——库存商品——海康威视 监控摄像头 网络高清监控红外 夜视监控 H.265 编码带 POE 供电 B12H 8mm DS－IPC－B12H－I　241.59

——库存商品——湿帘 高 1.94 * 0.6 * 0.15 米 * 401 块　19 174.25

会计分录说明:前面在科目余额表说明中已经讲到“库存商品”的明细科目设置繁琐。

正确分录为：

借:主营业务成本——销售业务　71 700.37

贷:库存商品——电子设备　9 993.68

——非电子设备　61 706.69

请学员按正确分录录入。

41. 业务 41:结转当月损益。

会计分录：

借:本年利润　2 241 750.70

贷:主营业务收入销售业务收入　348 433.00

主营业务成本——主营业务成本　71 700.37

税金及附加——印花税　1 404.40

销售费用——办公费　5 804.22

——折旧费　107.99

——服务费　528 155.07

——安装费——太仆寺旗鸡舍项目　117 000.00

管理费用——折旧费　34 779.65

——职工薪酬——工资　38 666.70

——住房公积金　4 399.00

——研发费用——工资——研发部　5 343.00

——研发费用——工资——开发部　　26 400.00
——研发费用——差旅费——研发部　　373.50
——研发费用——配件——研发部——研发部　　2 914.50
——研发费用——配件——研发部——开发部　　1 424.00
——快递费　　97 087.38
——服务费　　1 630 684.51
——累计摊销——文创项目　　11 373.04
——低值易耗品　　12 566.37

42. 业务42:按当月利润总额预缴所得税(本月末预提,下月初预缴)。假设预缴所得税的依据是本月利润总额。由于本月利润总额为－2 241 750.70元,因此本月不需要预缴所得税。所以预缴所得税的分录不用做。

43. 业务43:将本年利润转入未分配利润。

会计分录:

借:本年利润　　3 029 451.56
　贷:利润分配——未分配利润　　3 029 451.56

注意:12月初的本年利润为贷方余额5 271 202.26元,本月形成的本年利润为借方发生额2 241 750.70元,全年累计本年利润为5 271 202.26－2 241 750.70＝3 029 451.56元,属于贷方发生额,由借方转入"利润分配——未分配利润"借方。

二、生成会计报表

(一)资产负债表(见图表7－64)

1. 表中各项目金额由软件自动生成。学员可在课余时间将本月各项业务计入T型账户,结出相关账户的发生额或余额,结合本案例给出的12月初科目余额(发生额)表,自行核对。

2. 由于本年度没有计提盈余公积、没有向投资者分配,因此:期末未分配利润＝年初未分配利润＋利润表的本年累计净利润＝6 013 300.25＋3 029 451.56＝12月初本年利润＋12月份本年利润＋年初未分配利润＝5 271 202.26－2 241 750.70＋6013300.25＝9 042 751.81元。

图表7－64　　资产负债表

纳税人识别号:913101165574××××××　　会小企01表

核算单位:上海96有限公司　　2019－12－31　　单位:元

资　产	行次	期末余额	年初余额	负债和所有者权益	行次	期末余额	年初余额
流动资产:				流动负债:			
货币资金	1	4 430 862.98	1 145 433.06	短期借款	31	0.00	0.00
短期投资	2	0.00	500 000.00	应付票据	32	0.00	0.00
应收票据	3	0.00	0.00	应付账款	33	3 383 596.28	1 241 458.07
应收账款	4	8 019 311.94	5 051 005.71	预收账款	34	566 122.08	673 062.94
预付账款	5	1 525 892.84	1 777 980.05	应付职工薪酬	35	－3 559.00	37 162.35
应收股利	6	0.00	0.00	应交税费	36	－152 972.54	301 215.20
应收利息	7	0.00	0.00	应付利息	37	0.00	0.00
其他应收款	8	977 505.44	331 297.58	应付利润	38	0.00	0.00

续表

资　产	行次	期末余额	年初余额	负债和所有者权益	行次	期末余额	年初余额
存货	9	4 329.69	244 982.45	其他应付款	39	4 512 832.12	608 523.30
其中:原材料	10	1 112.36	0.00				
在产品	11	0.00	0.00				
库存商品	12	3 217.33	244 982.45				
周转材料	13	0.00	0.00				
其他流动资产	14	0.00	0.00	其他流动负债	40	0.00	0.00
流动资产合计	15	14 957 902.89	9 050 698.85	流动负债合计	41	8 306 018.94	2 861 421.86
非流动资产:				非流动负债:			
长期债券投资	16	0.00	0.00	长期借款	42	0.00	0.00
长期股权投资	17	466 500.00	166 500.00	长期应付款	43	0.00	0.00
固定资产原价	18	1 391 624.42	166 056.77	递延收益	44	0.00	0.00
减:累计折旧	19	275 155.66	108 533.51	其他非流动负债	45	0.00	0.00
固定资产账面价值	20	1 116 468.76	57 523.26	非流动负债合计	46	0.00	0.00
在建工程	21	0.00	100 000.00	负债合计	47	8 306 018.94	2 861 421.86
工程物资	22	0.00	0.00				
固定资产清理	23	0.00	0.00				
生产性生物资产	24	0.00	0.00	所有者权益(或股东权益)			
无形资产	25	1 307 899.10	0.00	实收资本(或股本)	48	500 000.00	500 000.00
开发支出	26	0.00	0.00	资本公积	49	0.00	0.00
长期待摊费用	27	0.00	0.00	盈余公积	50	0.00	0.00
其他非流动资产	28	0.00	0.00	未分配利润	51	9 042 751.81	6 013 300.25
非流动资产合计	29	2 890 867.86	324 023.26	所有者权益(或股东权益)合计	52	9 542 751.81	6 513 300.25
资产总计	30	17 848 770.75	9 374 722.11	负债和所有者权益(或股东权益)总计	53	17 848 770.75	9 374 722.11

(二)利润表(见图表 7—65)

表中各项目金额由软件自动生成。学员可在课余时间将本月各项业务计入 T 形账户,结出相关账户的发生额或余额,结合本案例给出的 12 月初科目余额(发生额)表,自行核对。(这里是 12 月份利润表;如果是年度利润表,两个栏目分别为本年金额和上年金额。)

图表 7—65　　**利润表**

纳税人识别号:913101165574××××××　　会小企 02 表

核算单位:上海 96 有限公司　　2019—12　　单位:元

项　目	行次	本年累计金额	本月金额
一、营业收入	1	18 934 995.56	348 433.00
减:营业成本	2	5 497 438.85	71 700.37
税金及附加	3	74 440.29	1 404.40
其中:消费税	4	0.00	0.00

续表

项　目	行次	本年累计金额	本月金额
营业税	5	0.00	0.00
城市维护建设税	6	11 711.54	0.00
资源税	7	0.00	0.00
土地增值税	8	0.00	0.00
城镇土地使用税、房产税、车船税、印花税	9	8 888.70	1 404.40
教育费附加、矿产资源补偿费、排污费	10	53 840.05	0.00
销售费用	11	4 918 532.93	651 067.28
其中:商品维修费	12	0.00	0.00
广告费和业务宣传费	13	1 800.00	0.00
管理费用	14	4 917 491.38	1 866 011.65
其中:开办费	15	0.00	0.00
业务招待费	16	22 408.23	0.00
研究费用	17	0.00	0.00
财务费用	18	−134.74	0.00
其中:利息费用(收入以"—"号填列)	19	−2 488.65	0.00
加:投资收益(损失以"—"号填列)	20	10 263.00	0.00
二、营业利润(亏损以"—"号填列)	21	3 537 489.85	−2 241 750.70
加:营业外收入	22	111 000.01	0.00
其中:政府补助	23	108 000.00	0.00
减:营业外支出	24	0.00	0.00
其中:坏账损失	25	0.00	0.00
无法收回的长期债券投资损失	26	0.00	0.00
无法收回的长期股权投资损失	27	0.00	0.00
自然灾害等不可抗力因素造成的损失	28	0.00	0.00
税收滞纳金	29	0.00	0.00
三、利润总额(亏损总额以"—"号填列)	30	3 648 489.86	−2 241 750.70
减:所得税费用	31	740 860.69	0.00
四、净利润(净亏损以"—"号填列)	32	2 907 629.17	−2 241 750.70

利润表说明:管理费用项目其中的研究费用为零,这是软件设置问题。本案例研发费用应为:36 455(本月)+573 289.6(1—11 月份)=609 744.60 元。

（三）现金流量表(见图表 7—66)

图表 7—66　　**现金流量表**

纳税人识别号:913101165574××××××　　会小企 03 表

核算单位:上海 96 有限公司　　2019—12—31　　单位:元

项　目	行次	本年累计金额	本月金额
一、经营活动产生的现金流量:			
销售产成品、商品、提供劳务收到的现金	1	18 267 757.37	2 124 731.42
收到其他与经营活动有关的现金	2	309 333.48	
购买原材料、商品、接受劳务支付的现金	3	9 648 922.82	73 088.00
支付的职工薪酬	4	1 006 039.82	74 032.85
支付的税费	5	2 330 497.44	29 016.16
支付其他与经营活动有关的现金	6	2 516 463.85	14 200.00
经营活动产生的现金流量净额	7	3 075 166.92	1 934 394.41
二、投资活动产生的现金流量:			
收回短期投资、长期债券投资和长期股权投资收到的现金	8	2 000 000.00	
取得投资收益收到的现金	9	10 263.00	
处置固定资产、无形资产和其他非流动资产收回的现金净额	10		
短期投资、长期债券投资和长期股权投资支付的现金	11	1 800 000.00	
购建固定资产、无形资产和其他非流动资产支付的现金	12		
投资活动产生的现金流量净额	13	210 263.00	
三、筹资活动产生的现金流量:			
取得借款收到的现金	14		
吸收投资者投资收到的现金	15		
偿还借款本金支付的现金	16		
偿还借款利息支付的现金	17		
分配利润支付的现金	18		
筹资活动产生的现金流量净额	19		
四、现金净增加额	20	3 285 429.92	1 934 394.41
加:期初现金余额	21	1 145 433.06	2 496 468.57
五、期末现金余额	22	4 430 862.98	4 430 862.98

现金流量表说明:

1. 表中各项目金额由软件自动生成。学员可在课余时间根据学校中课堂学习的现金流量表编写知识对各项目进行计算、核对。

2. 表中的期初现金余额 1 145 433.06 元，对应资产负债表货币资金年初余额 1 145 433.06 元；期末现金余额 4 430 862.98 元，对应资产负债表货币资金期末余额 4 430 862.98 元；现金净增加额 3 285 429.92 元＋期初现金余额 1 145 433.06 元＝期末现金余额 4 430 862.98 元，形成勾稽关系。

3. 投资活动收回投资 200 万元，对外投资 180 万元，体现在资产负债表上长、短期投资减少 20 万元，具体对应项目为：长期股权投资增加 30 万元，短期投资减少 50 万元，形成勾稽关系。

第三节　高新技术企业的所得税优惠政策

一、高新技术企业资格认定条件

（一）上海市高新技术企业的概念

上海市高新技术企业是指：在《国家重点支持的高新技术领域》内，持续进行研究开发与技术成果转化，形成企业核心自主知识产权，并以此为基础开展经营活动，在上海市区域内注册的、企业所得税实行查账征收的居民企业。

《国家重点支持的高新技术领域》中包含八大领域：电子信息、生物与新医药、航空航天、新材料、高技术服务、新能源与节能、资源与环境、先进制造与自动化。

（二）高新技术企业资格的认定条件

(1)企业申请认定时须注册成立 1 年以上。

(2)企业通过自主研发、受让、受赠、并购等方式，获得对其主要产品（服务）在技术上发挥核心支持作用的知识产权的所有权。

(3)对企业主要产品（服务）发挥核心支持作用的技术属于《国家重点支持的高新技术领域》规定的范围。

(4)企业从事研发和相关技术创新活动的科技人员占企业当年职工总数的比例不低于 10%。

(5)企业近 3 个会计年度（实际经营期不满 3 年的按实际经营时间计算，下同）的研究开发费用总额占同期销售收入总额的比例符合如下要求：

①最近一年销售收入小于 5 000 万元（含）的企业，比例不低于 5%；

②最近一年销售收入在 5 000 万元至 2 亿元（含）的企业，比例不低于 4%；

③最近一年销售收入在 2 亿元以上的企业，比例不低于 3%。

其中，企业在中国境内发生的研究开发费用总额占全部研究开发费用总额的比例不低于 60%。

(6)近一年高新技术产品（服务）收入占企业同期总收入的比例不低于 60%。

(7)企业创新能力评价应达到相应要求。

(8)企业申请认定前一年内未发生重大安全、重大质量事故或严重环境违法行为。

二、所得税优惠政策

主要优惠政策有：

1. 高新技术企业减按15%税率征收企业所得税。

2. 企业发生的职工教育经费支出,不超过工资薪金总额8%的部分,准予在计算企业所得税应纳税所得额时扣除;超过部分,准予在以后纳税年度结转扣除。(这项政策现在已经在所有企业执行。)

3. 自2018年1月1日起,当年具备高新技术企业或科技型中小企业资格(以下统称资格)的企业,其具备资格年度之前5个年度发生的尚未弥补完的亏损,准予结转以后年度弥补,最长结转年限由5年延长至10年。

4. 技术转让所得税免征额明显提高:一个纳税年度内,居民企业技术转让所得不超过500万元的部分,免征企业所得税;超过500万元的部分,减半征收企业所得税。

5. 可人才引进高新技术企业落户无名额限制。具体要求:与研发产品相关全日制理科本科学历及以上,按照最低社保基数3倍以上(1.2万元优先)缴纳社保。

6. 低息贷款、科技履约贷、担保基金贷。

7. 取得国家高新技术企业证书后可享受各区相应认定补贴。例如,上海市虹口区对新认定或新迁入本区的上海市高新技术企业给予最高20万元奖励(有效期至2018年12月31日),对再次认定的高新技术企业给予10万元奖励;闵行区七宝镇对新认定(含重新认定)的高新技术企业给予10万元奖励;普陀区对高新技术企业管理团队和直接从事高新技术企业申报管理的工作人员当年度给予一次性奖励3万元—20万元;宝山区对认定(含重新认定)的高新技术企业给予3万元奖励。

8. 高新企业认定是申请各级相关政府资金的必备条件之一,如申报科技小巨人有150万元市级补贴。

以上优惠政策依据如下:

1.《中华人民共和国企业所得税法》第二十八条第二款;

2.《中华人民共和国企业所得税法实施条例》第九十三条;

3.《财政部 国家税务总局关于高新技术企业境外所得适用税率及税收抵免问题的通知》(财税〔2011〕47号);

4.《科技部 财政部 国家税务总局关于修订印发〈高新技术企业认定管理办法〉的通知》(国科发〔2016〕32号);

5.《科技部 财政部 国家税务总局关于修订印发〈高新技术企业认定管理工作指引〉的通知》(国科发〔2016〕195号);

6.《国家税务总局关于实施高新技术企业所得税优惠政策有关问题的公告》(国家税务总局公告2017年第24号);

7.《中华人民共和国企业所得税法实施条例》第四十二条;

8.《财政部 国家税务总局关于企业职工教育经费税前扣除政策的通知》(财税〔2018〕51号);

9.《财政部 国家税务总局关于延长高新技术企业和科技型中小企业亏损结转年限的通知》(财税〔2018〕76号)。

需要说明的是,各省、自治区、直辖市、计划单列市按照国家赋予的权限对高新技术企业还有许多具体规定,请学员予以关注。

三、关于研发费用的加计扣除

研发费用加计扣除基本规定如下：企业开展研发活动中，未形成无形资产计入当期损益的，在按规定据实扣除基础上，按照本年度实际发生额的50%，从本年度应纳税所得额中扣除；形成无形资产的，按照无形资产成本的150%在税前摊销。

对此基本规定具体解释如下：

第一，为进一步做好研发费用税前加计扣除优惠政策的贯彻落实工作，切实解决政策落实过程中存在的问题，根据《财政部 国家税务总局 科技部关于完善研究开发费用税前加计扣除政策的通知》(财税〔2015〕119号)及《国家税务总局关于企业研究开发费用税前加计扣除政策有关问题的公告》(国家税务总局公告2015年第97号)等文件的规定，研发费用税前加计扣除归集范围有关问题如下：

(一)人员人工费用

这是指直接从事研发活动人员的工资薪金、基本养老保险费、基本医疗保险费、失业保险费、工伤保险费、生育保险费和住房公积金，以及外聘研发人员的劳务费用。

1. 直接从事研发活动人员包括研究人员、技术人员、辅助人员。研究人员是指主要从事研究开发项目的专业人员；技术人员是指具有工程技术、自然科学和生命科学中一个或一个以上领域的技术知识和经验，在研究人员指导下参与研发工作的人员；辅助人员是指参与研究开发活动的技工。外聘研发人员是指与本企业或劳务派遣企业签订劳务用工协议(合同)和临时聘用的研究人员、技术人员、辅助人员。

接受劳务派遣的企业按照协议(合同)约定支付给劳务派遣企业，且由劳务派遣企业实际支付给外聘研发人员的工资薪金等费用，属于外聘研发人员的劳务费用。

2. 工资薪金包括按规定可以在税前扣除的对研发人员股权激励的支出。

3. 直接从事研发活动的人员、外聘研发人员同时从事非研发活动的，企业应对其人员活动情况做必要记录，并将其实际发生的相关费用按实际工时占比等合理方法在研发费用和生产经营费用间分配，未分配的不得加计扣除。

(二)直接投入费用

这是指研发活动直接消耗的材料、燃料和动力费用；用于中间试验和产品试制的模具、工艺装备开发及制造费，不构成固定资产的样品、样机及一般测试手段购置费，试制产品的检验费；用于研发活动的仪器、设备的运行维护、调整、检验、维修等费用，以及通过经营租赁方式租入的用于研发活动的仪器、设备租赁费。

1. 以经营租赁方式租入的用于研发活动的仪器、设备，同时用于非研发活动的，企业应对其仪器设备使用情况做必要记录，并将其实际发生的租赁费按实际工时占比等合理方法在研发费用和生产经营费用间分配，未分配的不得加计扣除。

2. 企业研发活动直接形成产品或作为组成部分形成的产品对外销售的，研发费用中对应的材料费用不得加计扣除。

产品销售与对应的材料费用发生在不同纳税年度且材料费用已计入研发费用的，可在销售当年以对应的材料费用发生额直接冲减当年的研发费用，不足冲减的，结转以后年度继续冲减。

(三)折旧费用

这是指用于研发活动的仪器、设备的折旧费。

1. 用于研发活动的仪器、设备,同时用于非研发活动的,企业应对其仪器设备使用情况做必要记录,并将其实际发生的折旧费按实际工时占比等合理方法在研发费用和生产经营费用间分配,未分配的不得加计扣除。

2. 企业用于研发活动的仪器、设备,符合税法规定且选择加速折旧优惠政策的,在享受研发费用税前加计扣除政策时,就税前扣除的折旧部分计算加计扣除。

(四)无形资产摊销费用

这是指用于研发活动的软件、专利权、非专利技术(包括许可证、专有技术、设计和计算方法等)的摊销费用。

1. 用于研发活动的无形资产,同时用于非研发活动的,企业应对其无形资产使用情况做必要记录,并将其实际发生的摊销费按实际工时占比等合理方法在研发费用和生产经营费用间分配,未分配的不得加计扣除。

2. 用于研发活动的无形资产,符合税法规定且选择缩短摊销年限的,在享受研发费用税前加计扣除政策时,就税前扣除的摊销部分计算加计扣除。

(五)新产品设计费、新工艺规程制定费、新药研制的临床试验费、勘探开发技术的现场试验费

这是指企业在新产品设计、新工艺规程制定、新药研制的临床试验、勘探开发技术的现场试验过程中发生的与开展该项活动有关的各类费用。

(六)其他相关费用

这是指与研发活动直接相关的其他费用,如技术图书资料费、资料翻译费、专家咨询费、高新科技研发保险费,研发成果的检索、分析、评议、论证、鉴定、评审、评估、验收费用,知识产权的申请费、注册费、代理费,差旅费、会议费,职工福利费、补充养老保险费、补充医疗保险费。此类费用总额不得超过可加计扣除研发费用总额的10%。

(七)其他事项

1. 企业取得的政府补助,会计处理时采用直接冲减研发费用方法且税务处理时未将其确认为应税收入的,应按冲减后的余额计算加计扣除金额。

2. 企业取得研发过程中形成的下脚料、残次品、中间试制品等特殊收入,在计算确认收入当年的加计扣除研发费用时,应从已归集研发费用中扣减该特殊收入,不足扣减的,加计扣除研发费用按零计算。

3. 企业开展研发活动中实际发生的研发费用形成无形资产的,其资本化的时点与会计处理保持一致。

4. 失败的研发活动所发生的研发费用可享受税前加计扣除政策。

5. 国家税务总局公告2015年第97号第三条所称“研发活动发生费用”是指委托方实际支付给受托方的费用。无论委托方是否享受研发费用税前加计扣除政策,受托方均不得加计扣除。

委托方委托关联方开展研发活动的,受托方需向委托方提供研发过程中实际发生的研发项目费用支出明细情况。

(八)执行时间和适用对象

研发费用扣除的规定适用于2017年度及以后年度汇算清缴。以前年度已经进行税务处理的不再调整。涉及追溯享受优惠政策情形的,按照研发费用扣除的规定执行。科技型中小企业研发费用加计扣除事项按照本规定执行。

第二,《关于提高研究开发费用税前加计扣除比例的通知》(财税〔2018〕99号)中规定:

企业研发活动中实际发生的研发费用，未形成无形资产计入当期损益的，在按规定据实扣除基础上，在 2018 年 1 月 1 日至 2020 年 12 月 31 日期间，再按照实际发生额的 75%在所得税前加计扣除；形成无形资产的，在上述期间按照无形资产成本的 175%在税前摊销。

四、高新技术企业的资格认定资料

高新技术企业的资格认定需要填报提交一系列资料。由于不同省、市，甚至上海市不同的区各不相同，故本教材不予详细列出。下面列出的是前述认定条件“(2)企业通过自主研发、受让、受赠、并购等方式，获得对其主要产品(服务)在技术上发挥核心支持作用的知识产权的所有权”所对应的几个证书模板(见图表 7—67 至图表 7—71)。

图表 7—67

上海市软件行业协会

软件产品证书

经评估，XX设备监控软件V4.1 符合《进一步鼓励软件产业和集成电路产业发展的若干政策》和《软件产品评估规范》的有关规定，评估为软件产品，特发此证。

申请企业：上海96有限公司

软件类别：应用软件

证书编号：沪XXXXXXXXXXXX

有 效 期：五年

上海市软件行业协会

二〇一七 年十一月二十五日

图表 7—68

软件企业证书

经评估，上海96有限公司 符合《进一步鼓励软件产业和集成电路产业发展的若干政策》和《软件企业评估标准》（T/SIA002 2017）的有关规定，评估为软件企业，特发此证。

证书编号：沪XXXXXXXXXXXX

有 效 期：一年

评估机构：上海市软件行业协会

日期：二〇一八年十一月二十日

图表 7—69

中华人民共和国国家版权局

计算机软件著作权登记证书

证书号：　软著登字XXXXXX

软 件 名 称：　XX 设备监控软件
V4.1

著 作 权 人：上海96有限公司

开发完成日期：　2017年07月25日

首次发表日期：　未发表

权利取得方式：　原始取得

权 利 范 围：全部权利

登　　记　　号：2017XXXXXXX

根据《计算机软件保护条例》和《计算机软件著作权登记办法》的规定，经中国版权保护中心审核，对以上事项予以登记。

中华人民共和国国家版权局
计算机软件著作权
登记专用章

No. 019[illegible]　　　　2017年09月21日

图表 7—70

中华人民共和国国家版权局

计算机软件著作权登记证书

证书号：软著登字XXXXXX

软 件 名 称：XX 设备监控软件
[简称：XX监控]
V3.2

著 作 权 人：上海96有限公司

开发完成日期：2012年12月24日

首次发表日期：2013年04月01日

权利取得方式：原始取得

权 利 范 围：全部权利

登 记 号：2015 XXXXXXX

根据《计算机软件保护条例》和《计算机软件著作权登记办法》的规定，经中国版权保护中心审核，对以上事项予以登记。

中华人民共和国国家版权局
计算机软件著作权
登记专用章

No. 006

2015年01月05日

图表 7—71

第四节　企业所得税汇算清缴

一、企业所得税汇算清缴所需资料

1. 2019 年 1 月至 2019 年 12 月企业财务报表。

2. 填写居民企业(查账征收)企业所得税年度申报表单中的表(见图表 7—72)。

需要填列的申报表包括:

(1)企业所得税年度纳税申报基础信息表(附表 1)(见图表 7—73);

(2)中华人民共和国企业所得税年度纳税申报表(A 表)(附表 2)(见图表 7—74);

(3)职工薪酬支出及纳税调整明细表(附表 3)(见图表 7—75);

(4)捐赠支出及纳税调整明细表(附表 4)(见图表 7—76);

(5)资产折旧、摊销及纳税调整明细表(附表 5)(见图表 7—77);

(6)企业所得税弥补亏损明细表(附表 6)(见图表 7—78);

(7)免税、减计收入及加计扣除优惠明细表(附表 7)(见图表 7—79);

(8)研发费用加计扣除明细表(附表 8)(见图表 7—80);

(9)减免所得税优惠明细表(附表 9)(见图表 7—81);

(10)高新技术企业优惠情况及明细表(附表 10)(见图表 7—82);

(11)纳税调整项目明细表(附表 11)(见图表 7—83)。

图表 7—72 企业所得税纳税申报表表单

表单编号	表单名称	是否填报
A000000	企业所得税年度纳税申报基础信息表	√
A100000	中华人民共和国企业所得税年度纳税申报表(A类)	√
A101010	一般企业收入明细表	□
A101020	金融企业收入明细表	□
A102010	一般企业成本支出明细表	□
A102020	金融企业支出明细表	□
A103000	事业单位、民间非营利组织收入、支出明细表	□
A104000	期间费用明细表	□
A105000	纳税调整项目明细表	☑
A105010	视同销售和房地产开发企业特定业务纳税调整明细表	□
A105020	未按权责发生制确认收入纳税调整明细表	□
A105030	投资收益纳税调整明细表	□
A105040	专项用途财政性资金纳税调整明细表	□
A105050	职工薪酬支出及纳税调整明细表	☑
A105060	广告费和业务宣传费等跨年度纳税调整明细表	□
A105070	捐赠支出及纳税调整明细表	☑
A105080	资产折旧、摊销及纳税调整明细表	☑
A105090	资产损失税前扣除及纳税调整明细表	□
A105100	企业重组及递延纳税事项纳税调整明细表	□
A105110	政策性搬迁纳税调整明细表	□
A105120	特殊行业准备金及纳税调整明细表	□
A106000	企业所得税弥补亏损明细表	☑
A107010	免税、减计收入及加计扣除优惠明细表	☑
A107011	符合条件的居民企业之间的股息、红利等权益性投资收益优惠明细表	□
A107012	研发费用加计扣除优惠明细表	☑
A107020	所得减免优惠明细表	□
A107030	抵扣应纳税所得额明细表	□
A107040	减免所得税优惠明细表	☑
A107041	高新技术企业优惠情况及明细表	☑
A107042	软件、集成电路企业优惠情况及明细表	□
A107050	税额抵免优惠明细表	□
A108000	境外所得税收抵免明细表	□
A108010	境外所得纳税调整后所得明细表	□
A108020	境外分支机构弥补亏损明细表	□
A108030	跨年度结转抵免境外所得税明细表	□
A109000	跨地区经营汇总纳税企业年度分摊企业所得税明细表	□
A109010	企业所得税汇总纳税分支机构所得税分配表	□

说明：企业应当根据实际情况选择需要填报的表单。

图表 7—73

附表 1　　企业所得税年度纳税申报基础信息表

基本经营情况(必填项目)			
101 纳税申报企业类型(填写代码)		102 分支机构就地纳税比例(%)	
103 资产总额(填写平均值,单位:万元)		104 从业人数(填写平均值,单位:人)	
105 所属国民经济行业(填写代码)		106 从事国家限制或禁止行业	□是□否
107 适用会计准则或会计制度(填写代码)		108 采用一般企业财务报表格式(2019 年版)	□是 □否
109 小型微利企业	□是 □否	110 上市公司	是(□境内□境外)□否
有关涉税事项情况(存在或者发生下列事项时必填)			
201 从事股权投资业务	□是	202 存在境外关联交易	□是
203 选择采用的境外所得抵免方式	□分国(地区)不分项　□不分国(地区)不分项		
204 有限合伙制创业投资企业的法人合伙人	□是	205 创业投资企业	□是
206 技术先进型服务企业类型(填写代码)		207 非营利组织	□是
208 软件、集成电路企业类型(填写代码)		209 集成电路生产项目类型	□130 纳米　□65 纳米
210 科技型中小企业 210—1 ____年(申报所属期年度)入库编号 1		210—2 入库时间 1	
210 科技型中小企业 210—3 ____年(所属期下一年度)入库编号 2		210—4 入库时间 2	
211 高新技术企业申报所属期年度有效的高新技术企业证书 211—1 证书编号 1		211—2 发证时间 1	
211 高新技术企业申报所属期年度有效的高新技术企业证书 211—3 证书编号 2		211—4 发证时间 2	
212 重组事项税务处理方式	□一般性 □特殊性	213 重组交易类型(填写代码)	
214 重组当事方类型(填写代码)		215 政策性搬迁开始时间	__年__月
216 发生政策性搬迁且停止生产经营无所得年度	□是	217 政策性搬迁损失分期扣除年度	□是
218 发生非货币性资产对外投资递延纳税事项	□是	219 非货币性资产对外投资转让所得递延纳税年度	□是
220 发生技术成果投资入股递延纳税事项	□是	221 技术成果投资入股递延纳税年度	□是
222 发生资产(股权)划转特殊性税务处理事项	□是	223 债务重组所得递延纳税年度	□是

主要股东及分红情况(必填项目)					
股东名称	证件种类	证件号码	投资比例(%)	当年(决议日)分配的股息、红利等权益性投资收益金额	国籍(注册地址)
其余股东合计	—	—			—

图表 7—74

附表 2　　中华人民共和国企业所得税年度纳税申报表(A 类)

行次	类别	项　目	金额
1	利润总额计算	一、营业收入(填写 A101010\101020\103000)	—
2		减:营业成本(填写 A102010\102020\103000)	—
3		减:税金及附加	
4		减:销售费用(填写 A104000)	—
5		减:管理费用(填写 A104000)	—
6		减:财务费用(填写 A104000)	—
7		减:资产减值损失	
8		加:公允价值变动收益	
9		加:投资收益	
10		二、营业利润(1—2—3—4—5—6—7+8+9)	—
11		加:营业外收入(填写 A101010\101020\103000)	—
12		减:营业外支出(填写 A102010\102020\103000)	—
13		三、利润总额(10+11—12)	—
14	应纳税所得额计算	减:境外所得(填写 A108010)	—
15		加:纳税调整增加额(填写 A105000)	—
16		减:纳税调整减少额(填写 A105000)	—
17		减:免税、减计收入及加计扣除(填写 A107010)	—
18		加:境外应税所得抵减境内亏损(填写 A108000)	—
19		四、纳税调整后所得(13—14+15—16—17+18)	—
20		减:所得减免(填写 A107020)	—
21		减:弥补以前年度亏损(填写 A106000)	—
22		减:抵扣应纳税所得额(填写 A107030)	—
23		五、应纳税所得额(19—20—21—22)	—
24	应纳税额计算	税率(25%)	25%
25		六、应纳所得税额(23×24)	—
26		减:减免所得税额(填写 A107040)	—
27		减:抵免所得税额(填写 A107050)	—
28		七、应纳税额(25—26—27)	—
29		加:境外所得应纳所得税额(填写 A108000)	—
30		减:境外所得抵免所得税额(填写 A108000)	—
31		八、实际应纳所得税额(28+29—30)	—
32		减:本年累计实际已缴纳的所得税额	
33		九、本年应补(退)所得税额(31—32)	—
34		其中:总机构分摊本年应补(退)所得税额(填写 A109000)	—
35		财政集中分配本年应补(退)所得税额(填写 A109000)	—
36		总机构主体生产经营部门分摊本年应补(退)所得税额(填写 A109000)	—

图表 7—75

附表 3　　**职工薪酬支出及纳税调整明细表**

行次	项　目	账载金额	实际发生额	税收规定扣除率	以前年度累计结转扣除额	税收金额	纳税调整金额	累计结转以后年度扣除额
		1	2	3	4	5	6(1−5)	7(1+4−5)
1	一、工资薪金支出			*	*		—	*
2	其中:股权激励			*	*		—	*
3	二、职工福利费支出				*		—	*
4	三、职工教育经费支出	—	—	*	—	—	—	—
5	其中:按税收规定比例扣除的职工教育经费						—	—
6	按税收规定全额扣除的职工培训费用				*		—	*
7	四、工会经费支出				*		—	*
8	五、各类基本社会保障性缴款			*	*		—	*
9	六、住房公积金			*	*		—	*
10	七、补充养老保险				*		—	*
11	八、补充医疗保险				*		—	*
12	九、其他			*	*		—	*
13	合计(1+3+4+7+8+9+10+11+12)	—	—	*	—	—	—	—

图表 7—76

附表 4　　**捐赠支出及纳税调整明细表**

行次	项　目	账载金额	以前年度结转可扣除的捐赠额	按税收规定计算的扣除限额	税收金额	纳税调增金额	纳税调减金额	可结转以后年度扣除的捐赠额
		1	2	3	4	5	6	7
1	一、非公益性捐赠		*	*	*		*	*
2	二、全额扣除的公益性捐赠		*	*		*	*	*
3	其中:扶贫捐赠		*	*		*	*	*
4	三、限额扣除的公益性捐赠(5+6+7+8)							
5	前三年度(　　　　年)	*		*	*	*		*
6	前二年度(　　　　年)	*		*	*	*		
7	前一年度(　　　　年)	*		*	*	*		
8	本年(　　　　年)		*				*	
9	合计(1+2+4)							
附列资料	2015 年度至本年发生的公益性扶贫捐赠合计金额		*	*		*	*	*

图表 7—77

附表 5

资产折旧、摊销及纳税调整明细表

行次	项目		账载金额			税收金额					
			资产原值	本年折旧、摊销额	累计折旧、摊销额	资产计税基础	税收折旧额	享受加速折旧政策的资产按税收一般规定计算的折旧、摊销额	加速折旧统计额	累计折旧、摊销额	纳税调整金额
			1	2	3	4	5	6	7=5−6	8	9(2−5)
1	一、固定资产(2+3+4+5+6+7)		—	—	—	—	—	*	*	—	—
2	所有固定资产	(一)房屋、建筑物						*	*		—
3		(二)飞机、火车、轮船、机器、机械和其他生产设备						*	*		—
4		(三)与生产经营活动有关的器具、工具、家具等						*	*		—
5		(四)飞机、火车、轮船以外的运输工具						*	*		—
6		(五)电子设备						*	*		—
7		(六)其他						*	*		—
8	其中:享受固定资产加速折旧及一次性扣除政策的资产加速折旧额大于一般折旧额的部分	(一)重要行业固定资产加速折旧(不含一次性扣除)							—		*
9		(二)其他行业研发设备加速折旧							—		*
10		(三)允许一次性扣除的固定资产(11+12+13)	—	—	—	—	—	—	—	—	*
11		1. 单价不超过 100 万元专用研发设备							—		*
12		2. 重要行业小型微利企业单价不超过 100 万元研发生产共用设备							—		*
13		3. 5 000 元以下固定资产							—		*
14		(四)技术进步、更新换代固定资产							—		*
15		(五)常年强震动、高腐蚀固定资产							—		*
16		(六)外购软件折旧							—		*
17		(七)集成电路企业生产设备							—		*
18	二、生产性生物资产(19+20)		—	—	—	—	—	*	*	—	—
19	(一)林木类						—	*	*		—
20	(二)畜类							*	*		—
21	三、无形资产(22+23+24+25+26+27+28+30)		—	—	—	—	—	*	*	—	—
22	(一)专利权							*	*		—
23	(二)商标权							*	*		—
24	(三)著作权							*	*		—
25	(四)土地使用权							*	*		—
26	(五)非专利技术							*	*		—

续表

行次	项　目	账载金额			税收金额					
		资产原值	本年折旧、摊销额	累计折旧、摊销额	资产计税基础	税收折旧额	享受加速折旧政策的资产按税收一般规定计算的折旧、摊销额	加速折旧统计额	累计折旧、摊销额	纳税调整金额
27	(六)特许权使用费						*	*		—
28	(七)软件						*	*		—
29	其中:享受企业外购软件加速摊销政策									
30	(八)其他						*	*		—
31	四、长期待摊费用(32+33+34+35+36)	—	—	—	—	—	*	*	—	—
32	(一)已足额提取折旧的固定资产的改建支出						*	*		—
33	(二)租入固定资产的改建支出						*	*		—
34	(三)固定资产的大修理支出						*	*		—
35	(四)开办费						*	*		—
36	(五)其他						*	*		—
37	五、油气勘探投资						*	*		—
38	六、油气开发投资						*	*		—
39	合计(1+18+21+31+37+38)	—	—	—	—	—	—	—	—	—
附列资料	全民所有制改制资产评估增值政策资产						*	*		

图表 7—78

附表 6

企业所得税弥补亏损明细表

行次	项　目	年度	可弥补亏损所得	合并、分立转入(转出)可弥补的亏损额	当年可弥补的亏损额	以前年度亏损已弥补额					本年度实际弥补的以前年度亏损额	可结转以后年度弥补的亏损额
						前四年度	前三年度	前二年度	前一年度	合计		
		1	2	3	4	5	6	7	8	9	10	11
1	前五年度	2012			—					—		*
2	前四年度	2013			—	*				—		
3	前三年度	2014			—	*	*			—		
4	前二年度	2015			—	*	*	*		—		
5	前一年度	2016			—	*	*	*	*	*		
6	本年度	2017	—		—	*	*	*	*	*	—	
7	可结转以后年度弥补的亏损额合计											—

备注:若第 3 列>0 且第 2 列<0,第 3 列<第 2 列的绝对值

图表 7—79

附表 7 免税、减计收入及加计扣除优惠明细表

行次	项　目	金额
1	一、免税收入(2+3+9+…+16)	
2	(一)国债利息收入免征企业所得税	
3	(二)符合条件的居民企业之间的股息、红利等权益性投资收益免征企业所得税(4+5+6+7+8)	
4	1.一般股息红利等权益性投资收益免征企业所得税(填写 A107011)	
5	2.内地居民企业通过沪港通投资且连续持有 H 股满 12 个月取得的股息红利所得免征企业所得税(填写 A107011)	
6	3.内地居民企业通过深港通投资且连续持有 H 股满 12 个月取得的股息红利所得免征企业所得税(填写 A107011)	
7	4.居民企业持有创新企业 CDR 取得的股息红利所得免征企业所得税(填写 A107011)	
8	5.符合条件的永续债利息收入免征企业所得税(填写 A107011)	
9	(三)符合条件的非营利组织的收入免征企业所得税	
10	(四)中国清洁发展机制基金取得的收入免征企业所得税	
11	(五)投资者从证券投资基金分配中取得的收入免征企业所得税	
12	(六)取得的地方政府债券利息收入免征企业所得税	
13	(七)中国保险保障基金有限责任公司取得的保险保障基金等收入免征企业所得税	
14	(八)中国奥委会取得北京冬奥组委支付的收入免征企业所得税	
15	(九)中国残奥委会取得北京冬奥组委分期支付的收入免征企业所得税	
16	(十)其他	
17	二、减计收入(18+19+23+24)	
18	(一)综合利用资源生产产品取得的收入在计算应纳税所得额时减计收入	
19	(二)金融、保险等机构取得的涉农利息、保费减计收入(20+21+22)	
20	1.金融机构取得的涉农贷款利息收入在计算应纳税所得额时减计收入	
21	2.保险机构取得的涉农保费收入在计算应纳税所得额时减计收入	
22	3.小额贷款公司取得的农户小额贷款利息收入在计算应纳税所得额时减计收入	
23	(三)取得铁路债券利息收入减半征收企业所得税	
24	(四)其他(24.1+24.2)	
24.1	1.取得的社区家庭服务收入在计算应纳税所得额时减计收入	
24.2	2.其他	
25	三、加计扣除(26+27+28+29+30)	
26	(一)开发新技术、新产品、新工艺发生的研究开发费用加计扣除(填写 A107012)	

续表

行次	项　目	金额
27	(二)科技型中小企业开发新技术、新产品、新工艺发生的研究开发费用加计扣除(填写 A107012)	
28	(三)企业为获得创新性、创意性、突破性的产品进行创意设计活动而发生的相关费用加计扣除	
29	(四)安置残疾人员所支付的工资加计扣除	
30	(五)其他	
31	合计(1+17+25)	

图表 7—80

附表 8　　**研发费用加计扣除优惠明细表**

基本信息			
1	□一般企业　□科技型中小企业	科技型中小企业登记编号	
2	本年可享受研发费用加计扣除项目数量		
研发活动费用明细			
3	一、自主研发、合作研发、集中研发(4+8+17+20+24+35)		—
4	(一)人员人工费用(5+6+7)		—
5	1. 直接从事研发活动人员工资薪金		
6	2. 直接从事研发活动人员五险一金		
7	3. 外聘研发人员的劳务费用		
8	(二)直接投入费用(9+10+…+16)		—
9	1. 研发活动直接消耗材料		
10	2. 研发活动直接消耗燃料		
11	3. 研发活动直接消耗动力费用		
12	4. 用于中间试验和产品试制的模具、工艺装备开发及制造费		
13	5. 用于不构成固定资产的样品、样机及一般测试手段购置费		
14	6. 用于试制产品的检验费		
15	7. 用于研发活动的仪器、设备的运行维护、调整、检验、维修等费用		
16	8. 通过经营租赁方式租入的用于研发活动的仪器、设备租赁费		
17	(三)折旧费用(18+19)		—
18	1. 用于研发活动的仪器的折旧费		
19	2. 用于研发活动的设备的折旧费		
20	(四)无形资产摊销(21+22+23)		—
21	1. 用于研发活动的软件的摊销费用		
22	2. 用于研发活动的专利权的摊销费用		

续表

基本信息		
23	3. 用于研发活动的非专利技术(包括许可证、专有技术、设计和计算方法等)的摊销费用	
24	(五)新产品设计费等(25+26+27+28)	—
25	1. 新产品设计费	
26	2. 新工艺规程制定费	
27	3. 新药研制的临床试验费	
28	4. 勘探开发技术的现场试验费	
29	(六)其他相关费用(30+31+32+33+34)	—
30	1. 技术图书资料费、资料翻译费、专家咨询费、高新科技研发保险费	
31	2. 研发成果的检索、分析、评议、论证、鉴定、评审、评估、验收费用	
32	3. 知识产权的申请费、注册费、代理费	
33	4. 职工福利费、补充养老保险费、补充医疗保险费	
34	5. 差旅费、会议费	
35	(七)经限额调整后的其他相关费用	
36	二、委托研发[(37-38)×80%]	—
37	委托外部机构或个人进行研发活动所发生的费用	
38	其中:委托境外进行研发活动所发生的费用	
39	三、年度研发费用小计(3+36)	—
40	(一)本年费用化金额	
41	(二)本年资本化金额	
42	四、本年形成无形资产摊销额	
43	五、以前年度形成无形资产本年摊销额	
44	六、允许扣除的研发费用合计(40+42+43)	—
45	减:特殊收入部分	
46	七、允许扣除的研发费用抵减特殊收入后的金额(44-45)	—
47	减:当年销售研发活动直接形成产品(包括组成部分)对应的材料部分	
48	减:以前年度销售研发活动直接形成产品(包括组成部分)对应材料部分结转金额	
49	八、加计扣除比例	
50	九、本年研发费用加计扣除总额(46-47-48)×49	—
51	十、销售研发活动直接形成产品(包括组成部分)对应材料部分结转以后年度扣减金额(当 46-47-48≥0,本行=0;当 46-47-48<0,本行=46-47-48 的绝对值)	—

图表 7—81

附表 9 **减免所得税优惠明细表**

行次	项 目	金额
1	一、符合条件的小型微利企业减免企业所得税	
2	二、国家需要重点扶持的高新技术企业减按 15%的税率征收企业所得税(填写 A107041)	
3	三、经济特区和上海浦东新区新设立的高新技术企业在区内取得的所得定期减免企业所得税(填写 A107041)	
4	四、受灾地区农村信用社免征企业所得税	*
5	五、动漫企业自主开发、生产动漫产品定期减免企业所得税	
6	六、线宽小于 0.8 微米(含)的集成电路生产企业减免企业所得税(填写 A107042)	
7	七、线宽小于 0.25 微米的集成电路生产企业减按 15%税率征收企业所得税(填写 A107042)	
8	八、投资额超过 80 亿元的集成电路生产企业减按 15%税率征收企业所得税(填写 A107042)	
9	九、线宽小于 0.25 微米的集成电路生产企业减免企业所得税(填写 A107042)	
10	十、投资额超过 80 亿元的集成电路生产企业减免企业所得税(填写 A107042)	
11	十一、新办集成电路设计企业减免企业所得税(填写 A107042)	
12	十二、国家规划布局内集成电路设计企业可减按 10%的税率征收企业所得税(填写 A107042)	
13	十三、符合条件的软件企业减免企业所得税(填写 A107042)	
14	十四、国家规划布局内重点软件企业可减按 10%的税率征收企业所得税(填写 A107042)	
15	十五、符合条件的集成电路封装、测试企业定期减免企业所得税(填写 A107042)	
16	十六、符合条件的集成电路关键专用材料生产企业、集成电路专用设备生产企业定期减免企业所得税(填写 A107042)	
17	十七、经营性文化事业单位转制为企业的免征企业所得税	
18	十八、符合条件的生产和装配伤残人员专门用品企业免征企业所得税	
19	十九、技术先进型服务企业(服务外包类)减按 15%的税率征收企业所得税	
20	二十、技术先进型服务企业(服务贸易类)减按 15%的税率征收企业所得税	
21	二十一、设在西部地区的鼓励类产业企业减按 15%的税率征收企业所得税	
22	二十二、新疆困难地区新办企业定期减免企业所得税	
23	二十三、新疆喀什、霍尔果斯特殊经济开发区新办企业定期免征企业所得税	
24	二十四、广东横琴、福建平潭、深圳前海等地区的鼓励类产业企业减按 15%税率征收企业所得税	
25	二十五、北京冬奥组委、北京冬奥会测试赛赛事组委会免征企业所得税	
26	二十六、线宽小于 130 纳米的集成电路生产企业减免企业所得税(填写 A107042)	
27	二十七、线宽小于 65 纳米或投资额超过 150 亿元的集成电路生产企业减免企业所得税(填写 A107042)	

续表

行次	项　目	金额
28	二十八、其他(28.1+28.2+28.3)	
28.1	(一)从事污染防治的第三方企业减按15%的税率征收企业所得税	
28.2	(二)其他1	
28.3	(三)其他2	
29	二十九、减:项目所得额按法定税率减半征收企业所得税叠加享受减免税优惠	
30	三十、支持和促进重点群体创业就业企业限额减征企业所得税(30.1+30.2)	
30.1	(一)企业招用建档立卡贫困人口就业扣减企业所得税	
30.2	(二)企业招用登记失业半年以上人员就业扣减企业所得税	
31	三十一、扶持自主就业退役士兵创业就业企业限额减征企业所得税	
32	三十二、民族自治地方的自治机关对本民族自治地方的企业应缴纳的企业所得税中属于地方分享的部分减征或免征(□免征□减征:减征幅度____%)	
33	合计(1+2+…+28−29+30+31+32)	

图表 7—82

附表 10　　高新技术企业优惠情况及明细表

基本信息				
1	高新技术企业证书编号		高新技术企业证书取得时间	
2	对企业主要产品(服务)发挥核心支持作用的技术所属范围	国家重点支持的高新技术领域		
		一级领域	二级领域	三级领域
3	关键指标情况			
4	收入指标	一、本年高新技术产品(服务)收入(5+6)		—
5		其中:产品(服务)收入		
6		技术性收入		
7		二、本年企业总收入(8−9)		—
8		其中:收入总额		
9		不征税收入		
10		三、本年高新技术产品(服务)收入占企业总收入的比例(4÷7)		#DIV/0!
11	人员指标	四、本年科技人员数		
12		五、本年职工总数		
13		六、本年科技人员占企业当年职工总数的比例(11÷12)		#DIV/0!

续表

14	研发费用指标	高新研发费用归集年度	本年度	前一年度	前二年度	合计
			1	2	3	4
15		七、归集的高新研发费用金额(16+25)	—	—	—	—
16		(一)内部研究开发投入(17+…+22+24)	—	—	—	—
17		1. 人员人工费用				
18		2. 直接投入费用				
19		3. 折旧费用与长期待摊费用				
20		4. 无形资产摊销费用				
21		5. 设计费用				
22		6. 装备调试费与实验费用				
23		7. 其他费用				
24		其中:可计入研发费用的其他费用				
25		(二)委托外部研发费用[(26+28)×80%]	—	—	—	—
26		1. 境内的外部研发费				
27		2. 境外的外部研发费				
28		其中:可计入研发费用的境外的外部研发费				
29		八、销售(营业)收入				
		九、三年研发费用占销售(营业)收入的比例(15 行 4 列÷29 行 4 列)				#DIV/0!
31	减免税额	十、国家需要重点扶持的高新技术企业减征企业所得税				
32		十一、经济特区和上海浦东新区新设立的高新技术企业定期减免税额				

图表 7—83

附表 11 **纳税调整项目明细表**

行次	项 目	账载金额	税收金额	调增金额	调减金额
		1	2	3	4
1	一、收入类调整项目(2+3+…8+10+11)	*	*		
2	(一)视同销售收入(填写 A105010)	*			*
3	(二)未按权责发生制原则确认的收入(填写 A105020)				
4	(三)投资收益(填写 A105030)				
5	(四)按权益法核算长期股权投资对初始投资成本调整确认收益	*	*	*	
6	(五)交易性金融资产初始投资调整	*	*		*
7	(六)公允价值变动净损益		*		
8	(七)不征税收入	*	*		
9	其中:专项用途财政性资金(填写 A105040)	*	*		
10	(八)销售折扣、折让和退回				
11	(九)其他				
12	二、扣除类调整项目(13+14+…24+26+27+28+29+30)	*	*		
13	(一)视同销售成本(填写 A105010)	*		*	
14	(二)职工薪酬(填写 A105050)				

续表

行次	项　目	账载金额	税收金额	调增金额	调减金额
		1	2	3	4
15	（三）业务招待费支出				*
16	（四）广告费和业务宣传费支出（填写 A105060）	*	*		
17	（五）捐赠支出（填写 A105070）				
18	（六）利息支出				
19	（七）罚金、罚款和被没收财物的损失		*		*
20	（八）税收滞纳金、加收利息		*		*
21	（九）赞助支出		*		*
22	（十）与未实现融资收益相关在当期确认的财务费用				
23	（十一）佣金和手续费支出（保险企业填写 A105060）				
24	（十二）不征税收入用于支出所形成的费用	*	*		*
25	其中：专项用途财政性资金用于支出所形成的费用（填写 A105040）	*	*		*
26	（十三）跨期扣除项目				
27	（十四）与取得收入无关的支出		*		*
28	（十五）境外所得分摊的共同支出	*	*		*
29	（十六）党组织工作经费				
30	（十七）其他				
31	三、资产类调整项目（32＋33＋34＋35）	*	*		
32	（一）资产折旧、摊销（填写 A105080）				
33	（二）资产减值准备金		*		
34	（三）资产损失（填写 A105090）				
35	（四）其他				
36	四、特殊事项调整项目（37＋38＋…＋43）	*	*		
37	（一）企业重组及递延纳税事项（填写 A105100）				
38	（二）政策性搬迁（填写 A105110）	*	*		
39	（三）特殊行业准备金（填写 A105120）				
40	（四）房地产开发企业特定业务计算的纳税调整额（填写 A105010）	*			
41	（五）合伙企业法人合伙人应分得的应纳税所得额				
42	（六）发行永续债利息支出				
43	（七）其他	*	*		
44	五、特别纳税调整应税所得	*	*		
45	六、其他	*	*		
46	合计（1＋12＋31＋36＋44＋45）	*	*		

二、填列申报表的基本思路

(一)《企业所得税年度纳税申报基础信息表》(附表1)

1. 资产总额按当年度末资产负债表资产总额平均数据填写;从业人数按当年度实际平均人数填写(与其他相关报表有关数据一致);季度平均值=(季度初+季度末)/2;年度平均值=四个季度平均值之和/4。

2. 其他项目:指导教师现场提示讲解。

(二)《中华人民共和国企业所得税年度纳税申报表》(A表)

1.“A表”是指查账征收的企业填写。

2. 1—13项:与年度利润表数字一致。

3. 14项:“境外所得”是指纳税人发生的分国别取得的境外税后所得计入利润总额的金额,来自《境外所得纳税调整后所得明细表》(A105000)第14列减第11列的差额(本教程未附该明细表)。

4. 15、16项:来自附表11。

5. 17项:来自附表7。

6. 18项“境外应税所得抵减境内亏损”来自《境外所的税收抵免明细表》(A108000)金额(本教材未附该明细表)。

7. 20项:“所得减免”填报属于税法规定的所得减免金额,来自《所得减免优惠明细表》(A107020)金额(本教材未附该明细表)。该数字为零时填写负值。

8. 21项:来自附表6。

9. 22项:来自《抵扣应纳税所得额明细表》(A107030)。

10. 26项:“减免所得税额”来自附表9。

11. 27项:“抵免所得税额”来自《税额抵免优惠明细表》(A107050)(本教材未附该明细表)。

其余项略。

(三)《职工薪酬支出及纳税调整明细表》(附表3)

1. 第1行“一、工资薪金支出”:填报纳税人本年度支付给在本企业任职或者受雇的员工的所有现金形式或非现金形式的劳动报酬及其会计核算、纳税调整等金额,具体如下:

(1)第1列“账载金额”:会计核算计入成本费用的职工工资、奖金、津贴和补贴金额。

(2)第2列“实际发生额”:“应付职工薪酬”科目借方发生额(实际发放的)。

(3)第5列“税收金额”:按照税收规定允许税前扣除的金额,按照第1列和第2列分析填报。只要是本企业职工、合理的工资薪金都允许扣除。

2. 第2行“股权激励”:适用于执行《上市公司股权激励管理办法》(中国证券监督管理委员会令第126号)的纳税人填报,具体如下:

(1)第1列“账载金额”:填报纳税人按照国家有关规定建立职工股权激励计划,会计核算计入成本费用的金额。

(2)第2列“实际发生额”:填报纳税人根据本年实际行权时股权的公允价格与激励对象实际行权支付价格的差额和数量计算确定的金额。

(3)第5列“税收金额”:填报行权时按照税收规定允许税前扣除的金额,按第2列金额填报。

3. 第3行"二、职工福利费支出"：填报纳税人本年度发生的职工福利费及其会计核算、纳税调整等金额，具体如下：

(1)第1列"账载金额"：填报纳税人会计核算计入成本费用的职工福利费的金额。

(2)第2列"实际发生额"：分析填报纳税人"应付职工薪酬"会计科目下的职工福利费实际发生额。

(3)第3列"税收规定扣除率"：填报税收规定的扣除比例。最高不超过工资总额的14%允许税前扣除。

(4)第5列"税收金额"：填报按照税收规定允许税前扣除的金额，按第1行第5列"工资薪金支出/税收金额"×税收规定扣除率与第1列、第2列三者孰小值填报。

4. 第4行"三、职工教育经费支出"：填报第5行金额或者第5+6行金额。

5. 第5行"按税收规定比例扣除的职工教育经费"：适用于按照税收规定职工教育经费按比例税前扣除的纳税人填报，填报纳税人本年度发生的按税收规定比例扣除的职工教育经费及其会计核算、纳税调整等金额，具体如下：

(1)第1列"账载金额"填报纳税人会计核算计入成本费用的按税收规定比例扣除的职工教育经费金额，不包括第6行"按税收规定全额扣除的职工培训费用"金额。

(2)第2列"实际发生额"：分析填报纳税人"应付职工薪酬"会计科目下的职工教育经费实际发生额，不包括第6行"按税收规定全额扣除的职工培训费用"金额。

(3)第3列"税收规定扣除率"：填报税收规定的扣除比例。最高不超过工资总额的8%允许税前扣除；超过部分可结转扣除。

(4)第4列"以前年度累计结转扣除额"：填报纳税人以前年度累计结转准予扣除的职工教育经费支出余额。

(5)第5列"税收金额"：填报纳税人按照税收规定允许税前扣除的金额(不包括第6行"按税收规定全额扣除的职工培训费用"金额)，按第1行第5列"工资薪金支出/税收金额"×税收规定扣除率与第2+4列的孰小值填报。

6. 第6行"按税收规定全额扣除的职工培训费用"：适用于按照税收规定职工培训费用允许全额税前扣除的纳税人填报，填报纳税人本年度发生的按税收规定全额扣除的职工培训费用及其会计核算、纳税调整等金额，具体如下：

(1)第1列"账载金额"：填报纳税人会计核算计入成本费用的按税收规定全额扣除的职工培训费用金额。

(2)第2列"实际发生额"：分析填报纳税人"应付职工薪酬"会计科目下的职工教育经费本年实际发生额中可全额扣除的职工培训费用金额。

(3)第3列"税收规定扣除率"：填报税收规定的扣除比例(100%)。

(4)第5列"税收金额"：填报按照税收规定允许税前扣除的金额，按第2列金额填报。

7. 第7行"四、工会经费支出"：填报纳税人本年度拨缴工会经费及其会计核算、纳税调整等金额，具体如下：

(1)第1列"账载金额"：填报纳税人会计核算计入成本费用的工会经费支出金额。

(2)第2列"实际发生额"：分析填报纳税人"应付职工薪酬"会计科目下的工会经费本年实际发生额。

(3)第3列"税收规定扣除率"：填报税收规定的扣除比例，不超过工资总额的2%，必须"拨缴"。

(4)第5列“税收金额”:填报按照税收规定允许税前扣除的金额,按第1行第5列“工资薪金支出/税收金额”×税收规定扣除率与第1列、第2列三者孰小值填报。

8. 第8行“五、各类基本社会保障性缴款”:填报纳税人依照国务院有关主管部门或者省级人民政府规定的范围和标准为职工缴纳的基本社会保险费及其会计核算、纳税调整等金额,具体如下(单位负担部分):

(1)第1列“账载金额”:填报纳税人会计核算的各类基本社会保障性缴款的金额。

(2)第2列“实际发生额”:分析填报纳税人“应付职工薪酬”会计科目下的各类基本社会保障性缴款本年实际发生额。

(3)第5列“税收金额”:填报按照税收规定允许税前扣除的各类基本社会保障性缴款的金额,按纳税人依照国务院有关主管部门或者省级人民政府规定的范围和标准计算的各类基本社会保障性缴款的金额、第1列及第2列孰小值填报。

9. 第9行“六、住房公积金”:填报纳税人依照国务院有关主管部门或者省级人民政府规定的范围和标准为职工缴纳的住房公积金及其会计核算、纳税调整等金额,具体如下(单位负担部分):

(1)第1列“账载金额”:填报纳税人会计核算的住房公积金金额。

(2)第2列“实际发生额”:分析填报纳税人“应付职工薪酬”会计科目下的住房公积金本年实际发生额。

(3)第5列“税收金额”:填报按照税收规定允许税前扣除的住房公积金金额,按纳税人依照国务院有关主管部门或者省级人民政府规定的范围和标准计算的住房公积金金额、第1列及第2列三者孰小值填报。

10. 第10行“七、补充养老保险”:填报纳税人为投资者或者职工支付的补充养老保险费及其会计核算、纳税调整等金额,具体如下:

(1)第1列“账载金额”:填报纳税人会计核算的补充养老保险金额。

(2)第2列“实际发生额”:分析填报纳税人“应付职工薪酬”会计科目下的补充养老保险本年实际发生额。

(3)第3列“税收规定扣除率”:填报税收规定的扣除比例。

(4)第5列“税收金额”:填报按照税收规定允许税前扣除的补充养老保险的金额,按第1行第5列“工资薪金支出/税收金额”×税收规定扣除率与第1列、第2列三者孰小值填报。

11. 第11行“八、补充医疗保险”:填报纳税人为投资者或者职工支付的补充医疗保险费及其会计核算、纳税调整等金额,具体如下:

(1)第1列“账载金额”:填报纳税人会计核算的补充医疗保险金额。

(2)第2列“实际发生额”:分析填报纳税人“应付职工薪酬”会计科目下的补充医疗保险本年实际发生额。

(3)第3列“税收规定扣除率”:填报税收规定的扣除比例。

(4)第5列“税收金额”:填报按照税收规定允许税前扣除的补充医疗保险的金额,按第1行第5列“工资薪金支出/税收金额”×税收规定扣除率与第1列、第2列三者孰小值填报。

12. 第12行“九、其他”:填报其他职工薪酬的金额及其会计核算、纳税调整等金额。

附表3的表内、表间关系如下:

(1)表内关系:①第4行=第5行或第5+6行;②第13行=第1+3+4+7+8+9+10+11+12行;③第6列=第1−5列;④第7列=第2+4−5列。

(2)表间关系:①第13行第1列=附表11第14行第1列;②第13行第5列=附报11第14行第2列;③若第13行第6列≥0,第13行第6列=附表11第14行第3列;若第13行第6列<0,第13行第6列的绝对值=附表11第14行第4列。

(四)《捐赠支出及纳税调整明细表》(附表4)

1. 第1行“非公益性捐赠”:本年发生且已计入本年损益的税收规定公益性捐赠以外的其他捐赠支出及纳税调整情况。具体如下:

(1)第1列“账载金额”:计入本年损益的税收规定公益性捐赠以外的其他捐赠支出金额。

(2)第5列“纳税调增额”:填报非公益性捐赠支出纳税调整增加额,金额等于第1列“账载金额”。非公益捐赠不得税前扣除。

2. 第2行“全额扣除的公益性捐赠”:填报纳税人发生的可全额税前扣除的公益性捐赠支出。具体如下:

(1)第1列“账载金额”:填报纳税人本年发生且已计入本年损益的按税收规定可全额税前扣除的捐赠支出金额。

(2)第4列“税收金额”:等于第1列“账载金额”。

3. 第3行“其中:扶贫捐赠”:填报纳税人发生的可全额税前扣除的扶贫公益性捐赠支出。具体如下:

(1)第1列“账载金额”:填报纳税人本年发生且已计入本年损益的按税收规定可全额税前扣除的扶贫公益性捐赠支出金额。

(2)第4列“税收金额”:等于第1列“账载金额”。

4. 第4行“限额扣除的公益性捐赠”:本年发生的限额扣除的公益性捐赠支出、纳税调整额、以前年度结转扣除捐赠支出等。第4行等于第5+6+7+8行。其中,本行第4列“税收金额”:当本行第1列+第2列大于第3列时,第4列=第3列;当本行第1列+第2列小于等于第3列时,第4列=第1列+第2列。

企业通过公益性社会团体或县级以上政府及其部门,用于《中华人民共和国公益事业捐赠法》规定的公益事业的捐赠,不超过年度利润总额12%部分,可以税前扣除。

5. 第5行“前三年度”:前三年度发生的未税前扣除的公益性捐赠支出在本年度扣除的金额。具体如下:

(1)第2列“以前年度结转可扣除的捐赠额”:填报前三年度发生的尚未税前扣除的公益性捐赠支出金额。

(2)第6列“纳税调减额”:根据本年扣除限额以及前三年度未扣除的公益性捐赠支出分析填报。

6. 第6行“前二年度”:填报纳税人前二年度发生的未税前扣除的公益性捐赠支出在本年度扣除的捐赠额以及结转以后年度扣除的捐赠额。具体如下:

(1)第2列“以前年度结转可扣除的捐赠额”:填报前二年度发生的尚未税前扣除的公益性捐赠支出金额。

(2)第6列“纳税调减额”:根据本年剩余扣除限额、本年扣除前三年度捐赠支出、前二年度未扣除的公益性捐赠支出分析填报。

(3)第7列“可结转以后年度扣除的捐赠额”:填报前二年度未扣除、结转以后年度扣除的公益性捐赠支出金额。

7. 第7行“前一年度”:填报纳税人前一年度发生的未税前扣除的公益性捐赠支出在本年

度扣除的捐赠额以及结转以后年度扣除的捐赠额。具体如下：

(1)第 2 列“以前年度结转可扣除的捐赠额”：填报前一年度发生的尚未税前扣除的公益性捐赠支出金额。

(2)第 6 列“纳税调减额”：根据本年剩余扣除限额、本年扣除前三年度捐赠支出、本年扣除前二年度捐赠支出、前一年度未扣除的公益性捐赠支出分析填报。

(3)第 7 列“可结转以后年度扣除的捐赠额”：填报前一年度未扣除、结转以后年度扣除的公益性捐赠支出金额。

8. 第 8 行“本年”：填报纳税人本年度发生、本年税前扣除、本年纳税调增以及结转以后年度扣除的公益性捐赠支出。具体如下：

(1)第 1 列“账载金额”：填报计入本年损益的公益性捐赠支出金额。

(2)第 3 列“按税收规定计算的扣除限额”：填报按照本年利润总额乘以 12%的金额，若利润总额为负数，则以 0 填报。

(3)第 4 列“税收金额”：填报本年实际发生的公益性捐赠支出以及结转扣除以前年度公益性捐赠支出情况分析填报。

(4)第 5 列“纳税调增额”：填报本年公益性捐赠支出账载金额超过税收规定的税前扣除额的部分。

(5)第 7 列“可结转以后年度扣除的捐赠额”：填报本年度未扣除、结转以后年度扣除的公益性捐赠支出金额。

9. 附列资料“2015 年度至本年发生的公益性扶贫捐赠合计金额”：填报企业按照《财政部 国家税务总局 国务院扶贫办关于企业扶贫捐赠所得税税前扣除政策的公告》(财政部 国家税务总局 国务院扶贫办公告 2019 年第 49 号)规定，企业在 2015 年 1 月 1 日至本年度发生的可全额税前扣除的扶贫公益性捐赠支出合计金额。具体如下：

(1)第 1 列“账载金额”：填报纳税人 2015 年 1 月 1 日至本年度发生的且已计入损益的按税收规定可全额税前扣除的扶贫公益性捐赠支出合计金额。

(2)第 4 列“税收金额”：填报纳税人 2015 年 1 月 1 日至本年度发生的且已计入损益的按税收规定已在税前扣除的扶贫公益性捐赠支出合计金额。

附表 4 的表内、表间关系如下：

(1)表内关系：①第 1 行第 5 列＝第 1 行第 1 列；②第 2 行第 4 列＝第 2 行第 1 列；③第 4 行＝第 5＋6＋7＋8 行；④第 9 行＝第 1＋2＋4 行。

(2)表间关系：①第 8 行第 3 列＝附表 2 第 13 行×12%(当附表 2 第 13 行≤0，第 8 行第 3 列＝0)；②第 9 行第 1 列＝附表 11 第 17 行第 1 列，第 9 行第 4 列＝附表 11 第 17 行第 2 列，第 9 行第 5 列＝附表 11 第 17 行第 3 列，第 9 行第 6 列＝附表 11 第 17 行第 4 列。

(五)《资产折旧、摊销及纳税调整明细表》(附表 5)

对于不征税收入形成的资产，其折旧、摊销额不得税前扣除。第 4 列至第 8 列税收金额不包含不征税收入所形成资产的折旧、摊销额。

列次填报方法如下：

1. 第 1 列“资产原值”：会计处理计提折旧、摊销的资产原值(或历史成本)的金额。

2. 第 2 列“本年折旧、摊销额”：会计核算的本年资产折旧、摊销额。

3. 第 3 列“累计折旧、摊销额”：会计核算的累计(含本年)资产折旧、摊销额。

4. 第 4 列“资产计税基础”：按照税收规定据以计算折旧、摊销的资产原值(或历史成本)

的金额。

5. 第5列“税收折旧、摊销额”：按照税收规定计算的允许税前扣除的本年资产折旧、摊销额。

第8行至第14行、第26行第5列“税收折旧、摊销额”：填报享受相关加速折旧、摊销优惠政策的资产，采取税收加速折旧、摊销或一次性扣除方式计算的税收折旧额合计金额、摊销额合计金额。本列仅填报“税收折旧、摊销额”大于“享受加速折旧政策的资产按税收一般规定计算的折旧、摊销额”月份的金额合计。如，享受加速折旧、摊销优惠政策的资产，发生本年度某些月份其“税收折旧、摊销额”大于“享受加速折旧政策的资产按税收一般规定计算的折旧、摊销额”，其余月份其“税收折旧、摊销额”小于“享受加速折旧政策的资产按税收一般规定计算的折旧、摊销额”的情形，仅填报“税收折旧、摊销额”大于“享受加速折旧政策的资产按税收一般规定计算的折旧、摊销额”月份的税收折旧额合计金额、摊销额合计金额。

6. 第6列“享受加速折旧政策的资产按税收一般规定计算的折旧、摊销额”：仅适用于第8行至第14行、第26行，填报纳税人享受加速折旧、摊销优惠政策的资产，按照税收一般规定计算的折旧额合计金额、摊销额合计金额。按照税收一般规定计算的折旧、摊销额，是指该资产在不享受加速折旧、摊销优惠政策的情况下，按照税收规定的最低折旧年限以直线法计算的折旧额、摊销额。本列仅填报“税收折旧、摊销额”大于“享受加速折旧政策的资产按税收一般规定计算的折旧、摊销额”月份的按税收一般规定计算的折旧额合计金额、摊销额合计金额。

7. 第7列“加速折旧、摊销统计额”：用于统计纳税人享受各类固定资产加速折旧政策的优惠金额，按第5－6列金额填报。

8. 第8列“累计折旧、摊销额”：按照税收规定计算的累计(含本年)资产折旧、摊销额。

9. 第9列“纳税调整金额”：填报第2－5列金额。

行次填报方法如下：

1. 第2行至第7行、第16行至第17行、第19行至第25行、第27行、第29行至第35行：填报各类资产有关情况。

2. 第8行至第14行、第26行：填报纳税人享受相关加速折旧、摊销优惠政策的资产有关情况及优惠统计情况。

第8行“(一)重要行业固定资产加速折旧”：适用于符合财税〔2014〕75号、财税〔2015〕106号和《财政部 国家税务总局关于扩大固定资产加速折旧优惠政策适用范围的公告》(财政部 国家税务总局公告2019年第66号)文件规定的制造业，信息传输、软件和信息技术服务业行业(以下称“重要行业”)的企业填报，填报新购进固定资产享受加速折旧政策的有关情况及优惠统计情况。重要行业纳税人按照上述文件规定享受固定资产一次性扣除政策的资产情况在第10行“(三)固定资产一次性扣除”中填报。(固定资产加速折旧的所得税优惠政策见第九章。)

第9行“(二)其他行业研发设备加速折旧”：适用于重要行业以外的其他企业填报，填报单位价值超过100万元以上专用研发设备采取缩短折旧年限或加速折旧方法的有关情况及优惠统计情况。

第10行“(三)固定资产一次性扣除”：填报新购进单位价值不超过500万元的设备、器具等，按照税收规定一次性扣除的有关情况及优惠统计情况。

第11行“(四)技术进步、更新换代固定资产”：填报固定资产因技术进步、产品更新换代较快而按税收规定享受固定资产加速折旧政策的有关情况及优惠统计情况。

第12行“(五)常年强震动、高腐蚀固定资产”：填报常年处于强震动、高腐蚀状态的固定资产按税收规定享受固定资产加速折旧政策的有关情况及优惠统计情况。

第13行“(六)外购软件折旧”：填报企业外购软件作为固定资产处理，按财税〔2012〕27号文件规定享受加速折旧政策的有关情况及优惠统计情况。

第14行“(七)集成电路企业生产设备”：填报集成电路生产企业的生产设备，按照财税〔2012〕27号文件规定享受加速折旧政策的有关情况及优惠统计情况。

第26行“享受企业外购软件加速摊销政策”：填报企业外购软件作无形资产处理，按财税〔2012〕27号文件规定享受加速摊销政策的有关情况及优惠统计情况。

附列资料略。

附表5的表内、表间关系如下：

(1)表内关系：①第1行＝第2＋3＋…＋7行；②第15行＝第16＋17行；③第18行＝第19＋20＋21＋22＋23＋24＋25＋27行；④第28行＝第29＋30＋31＋32＋33行；⑤第36行＝第1＋15＋18＋28＋34＋35行(其中第36行第6列＝第8＋9＋10＋11＋12＋13＋14＋26行第6列；第36行第7列＝第8＋9＋10＋11＋12＋13＋14＋26行第7列)；⑥第7列＝第5－6列；⑦第9列＝第2－5列。

(2)表间关系：①第36行第2列＝附表11第32行第1列；②第36行第5列＝附表11第32行第2列；③若第36行第9列≥0，第36行第9列＝附表11第32行第3列；若第36行第9列＜0，第36行第9列的绝对值＝附表第32行第4列。

(六)企业所得税弥补亏损明细表(附表6)

纳税人弥补以前年度亏损时，应按照“先到期亏损先弥补、同时到期亏损先发生的先弥补”的原则处理。

1. 第1列“年度”：填报公历年度。纳税人应首先填报第11行“本年度”对应的公历年度，再依次从第10行往第1行倒推填报以前年度。纳税人发生政策性搬迁事项，如停止生产经营活动年度可以从法定亏损结转弥补年限中减除，则按可弥补亏损年度进行填报。本年度是指申报所属期年度，如纳税人在2019年5月10日进行2018年度企业所得税年度纳税申报时，本年度(申报所属期年度)为2018年。

2. 第2列“当年境内所得额”：第11行填报附表2第19－20行金额。第1行至第10行填报以前年度主表(附表2)第23行(2013年及以前纳税年度)、以前年度附表6第6行第2列(2014至2017纳税年度)、以前年度附表6第11行第2列的金额(亏损以负数表示)。发生查补以前年度应纳税所得额、追补以前年度未能税前扣除的实际资产损失等情况的，按照相应调整后的金额填报。

3. 第3列略。

4. 第4列略。

5. 第5列略。

6. 第6列“弥补亏损企业类型”：纳税人根据不同年度情况从《弥补亏损企业类型代码表》(见图表7－84)中选择相应的代码填入本项。不同类型纳税人的亏损结转年限不同，纳税人选择“一般企业”是指亏损结转年限为5年的纳税人；“符合条件的高新技术企业”“符合条件的科技型中小企业”是指符合《财政部 国家税务总局关于延长高新技术企业和科技型中小企业亏损结转年限的通知》(财税〔2018〕76号)、《国家税务总局关于延长高新技术企业和科技型中小企业亏损结转弥补年限有关企业所得税处理问题的公告》(国家税务总局公告2018年第45

号)等文件规定的,亏损结转年限为10年的纳税人。

图表7—84　　弥补亏损企业类型代码表

代码	类　型
100	一般企业
200	符合条件的高新技术企业
300	符合条件的科技型中小企业

7. 第7列"当年亏损额":填报纳税人各年度可弥补亏损额的合计金额。

8. 第8列"当年待弥补的亏损额":填报在用本年度(申报所属期年度)所得额弥补亏损前,当年度尚未被弥补的亏损额。

9. 第9列"用本年度所得额弥补的以前年度亏损额—使用境内所得弥补":第1行至第10行,当第11行第2列本年度(申报所属期年度)的"当年境内所得额">0时,填报各年度被本年度(申报所属期年度)境内所得依次弥补的亏损额,弥补的亏损额以正数表示。本列第11行,填报本列第1行至第10行的合计金额,附表2第21行填报本项金额。

10. 第10列"用本年度所得额弥补的以前年度亏损额—使用境外所得弥补"略。

11. 第11列"当年可结转以后年度弥补的亏损额":第1行至第11行,填报各年度尚未弥补完的且准予结转以后年度弥补的亏损额,结转以后年度弥补的亏损额以正数表示。本列第12行,填报本列第1行至第11行的合计金额。

(七)免税、减计收入及加计扣除优惠明细表(附表7)

1. 第1行"一、免税收入":填报第2+3+9+10+11+12+13+14+15+16行金额。

2. 第2行"(一)国债利息收入免征企业所得税":填报纳税人根据《国家税务总局关于企业国债投资业务企业所得税处理问题的公告》(国家税务总局公告2011年第36号)等相关税收政策规定,持有国务院财政部门发行的国债取得的利息收入。国债利息收入属于企业所得税免税收入。

3. 第3行"(二)符合条件的居民企业之间的股息、红利等权益性投资收益免征企业所得税":填报《符合条件的居民企业之间的股息、红利等权益性投资收益优惠明细表》(A107011)(本教材未附)第8行第17列金额。

4. 第4行"1. 一般股息红利等权益性投资收益免征企业所得税":填报《中华人民共和国企业所得税法实施条例》第八十三条规定的投资收益,不含持有H股、创新企业CDR、永续债取得的投资收益,按表A107011(本教材未附)第9行第17列金额填报。

5. 第5行"2. 内地居民企业通过沪港通投资且连续持有H股满12个月取得的股息红利所得免征企业所得税"略。

6. 第6行"3. 内地居民企业通过深港通投资且连续持有H股满12个月取得的股息红利所得免征企业所得税"略。

7. 第7行"居民企业持有创新企业CDR取得的股息红利所得免征企业所得税"略。

8. 第8行"符合条件的永续债利息收入免征企业所得税"略。

9. 第9行"(三)符合条件的非营利组织的收入免征企业所得税":填报纳税人根据税法、《财政部 国家税务总局关于非营利组织企业所得税免税收入问题的通知》(财税〔2009〕122号)、《财政部 国家税务总局关于非营利组织免税资格认定管理有关问题的通知》(财税〔2018〕

13号)等相关税收政策规定,认定的符合条件的非营利组织,取得的捐赠收入等免税收入,但不包括从事营利性活动所取得的收入。当"附表1"207非营利组织"选择"是"时,本行可以填报,否则不得填报。(符合条件的非营利组织取得捐赠收入等免税,不包括从事营利性活动取得的收入。)

10. 第10行"(四)中国清洁发展机制基金取得的收入免征企业所得税"略。

11. 第11行"(五)投资者从证券投资基金分配中取得的收入免征企业所得税"略。

12. 第12行"(六)取得的地方政府债券利息收入免征企业所得税":填报纳税人根据《财政部 国家税务总局关于地方政府债券利息所得免征所得税问题的通知》(财税〔2011〕76号)、《财政部 国家税务总局关于地方政府债券利息免征所得税问题的通知》(财税〔2013〕5号)等相关税收政策规定,取得的2009年、2010年和2011年发行的地方政府债券利息所得,2012年及以后年度发行的地方政府债券利息收入。

13. 第13行"(七)中国保险保障基金有限责任公司取得的保险保障基金等收入免征企业所得税"略。

14. 第14行"(八)中国奥委会取得北京冬奥组委支付的收入免征企业所得税"略。

15. 第15行"(九)中国残奥委会取得北京冬奥组委分期支付的收入免征企业所得税"略。

16. 第16行"(十)其他":填报纳税人享受的本表未列明的其他免税收入税收优惠事项名称、减免税代码及免税收入金额。

17. 第17行"二、减计收入":填报第18+19+23+24行金额。

18. 第18行"(一)综合利用资源生产产品取得的收入在计算应纳税所得额时减计收入":填报纳税人综合利用资源生产产品取得的收入总额乘以10%的金额。(综合利用资源生产产品取得收入减计10%。)

19. 第19行"(二)金融、保险等机构取得的涉农利息、保费减计收入"略。

20. 第20行"1. 金融机构取得的涉农贷款利息收入在计算应纳税所得额时减计收入"略。

21. 第21行"2. 保险机构取得的涉农保费收入在计算应纳税所得额时减计收入"略。

22. 第22行"3. 小额贷款公司取得的农户小额贷款利息收入在计算应纳税所得额时减计收入"略。

23. 第23行"(三)取得铁路债券利息收入减半征收企业所得税"略。

24. 第24行"(四)其他":根据相关行次计算结果填报。本行=第24.1+24.2行。第24.1行和第24.2行按照以下要求填报:

第24.1行"1. 取得的社区家庭服务收入在计算应纳税所得额时减计收入"略。

第24.2行"2. 其他":填报纳税人享受的本表未列明的其他减计收入的税收优惠事项名称、减免税代码及减计收入金额。

25. 第25行"三、加计扣除":填报第26+27+28+29+30行的合计金额。

26. 第26行"(一)开发新技术、新产品、新工艺发生的研究开发费用加计扣除":当表A000000"210-3"项目未填有入库编号时,填报表A107012第51行金额。本行与第27行不可同时填报。企业研发活动中实际发生的研发费用,未形成无形资产计入当期损益的,在按规定据实扣除基础上,在2018年1月1日至2020年12月31日期间,再按照实际发生额的75%在所得税前加计扣除;形成无形资产的,在上述期间按照无形资产成本的175%在税前摊销。

27. 第27行"(二)科技型中小企业开发新技术、新产品、新工艺发生的研究开发费用加计扣除":当表A000000"210-3"项目填有入库编号时,填报表A107012第51行金额。本行与第26行不可同时填报。这项政策是规定2017年1月1日至2019年12月31日科技型中小企业研发费用加计扣除75%。在2018年1月1日至2020年12月31日所有且研发费用都可以加计扣除75%的政策出台之后，就被涵盖了。

28. 第28行“(三)企业为获得创新性、创意性、突破性的产品进行创意设计活动而发生的相关费用加计扣除”：填报纳税人根据《财政部 国家税务总局 科技部关于完善研究开发费用税前加计扣除政策的通知》(财税〔2015〕119号)第二条第四项规定，为获得创新性、创意性、突破性的产品进行创意设计活动而发生的相关费用按照规定进行税前加计扣除的金额。

29. 第29行“(四)安置残疾人员所支付的工资加计扣除”：填报纳税人根据《财政部 国家税务总局关于安置残疾人员就业有关企业所得税优惠政策问题的通知》(财税〔2009〕70号)等相关税收政策规定安置残疾人员的，按照支付给残疾职工工资的100%加计扣除的金额。(安置残疾人就业，按支付给残疾人的工资100%加计扣除。)

30. 第30行“(五)其他”：填报纳税人享受的本表未列明的其他加计扣除的税收优惠事项名称、减免税代码及加计扣除的金额。

31. 第31行“合计”：填报第1+17+25行金额。

附表7的表内、表间关系如下：

(1)表内关系：①第1行=第2+3+9+10+…+16行；②第3行=第4+5+6+7+8行；③第17行=第18+19+23+24行；④第19行=第20+21+22行；⑤第24行=第24.1+24.2行；⑥第25行=第26+27+28+29+30行；⑦第26行和第27行不可同时填报；⑧第31行=第1+17+25行。

(2)表间关系：①第3行=表A107011(本教材未附)第8行(合计行)第17列；②第4行=表A107011第9行第17列；③第5行=表A107011第10行第17列；④第6行=表A107011第11行第17列；⑤第7行=表A107011第12行第17列；⑥第8行=表A107011第13行第17列；⑦当附表1“210－3”项目未填有入库编号时，第26行=附表8第51行；⑧当附表1“210－3”项目填有入库编号时，第27行=附表8第51行；⑨第31行=附表1第17行。

(八)研发费用加计扣除优惠明细表(附表8)

1. 第1行“本年可享受研发费用加计扣除项目数量”：本年研发项目中可享受研发费用加计扣除优惠政策的项目数量。

2. 第2行“一、自主研发、合作研发、集中研发”：填报第3+7+16+19+23+34行金额。

3. 第3行“(一)人员人工费用”：填报第4+5+6行金额。直接从事研发活动的人员、外聘研发人员同时从事非研发活动的，填报按实际工时占比等合理方法分配的用于研发活动的相关费用。

4. 第4行“1. 直接从事研发活动人员工资薪金”：填报纳税人直接从事研发活动人员，包括研究人员、技术人员、辅助人员的工资、薪金、奖金、津贴、补贴及按规定可以在税前扣除的对研发人员股权激励的支出。

5. 第5行“2. 直接从事研发活动人员五险一金”：填报纳税人直接从事研发活动人员，包括研究人员、技术人员、辅助人员的基本养老保险费、基本医疗保险费、失业保险费、工伤保险费、生育保险费和住房公积金。

6. 第6行“3. 外聘研发人员的劳务费用”：填报与纳税人或劳务派遣企业签订劳务用工协议(合同)的外聘研发人员的劳务费用，以及临时聘用的研究人员、技术人员、辅助人员的劳务费用。

7. 第7行“(二)直接投入费用”:填报第8+9+10+11+12+13+14+15行金额。

8. 第8行“1. 研发活动直接消耗材料费用”:填报纳税人研发活动直接消耗的材料费用。

9. 第9行“2. 研发活动直接消耗燃料费用”:填报纳税人研发活动直接消耗的燃料费用。

10. 第10行“3. 研发活动直接消耗动力费用”:填报纳税人研发活动直接消耗的动力费用。

11. 第11行“4. 用于中间试验和产品试制的模具、工艺装备开发及制造费”:填报纳税人研发活动中用于中间试验和产品试制的模具、工艺装备开发及制造的费用。

12. 第12行“5. 用于不构成固定资产的样品、样机及一般测试手段购置费”:填报纳税人研发活动中用于不构成固定资产的样品、样机及一般测试手段购置费用。

13. 第13行“6. 用于试制产品的检验费”:填报纳税人研发活动中用于试制产品的检验费。

14. 第14行“7. 用于研发活动的仪器、设备的运行维护、调整、检验、维修等费用”:填报纳税人用于研发活动的仪器、设备的运行维护、调整、检验、维修等费用。

15. 第15行“8. 通过经营租赁方式租入的用于研发活动的仪器、设备租赁费”:填报纳税人经营租赁方式租入的用于研发活动的仪器、设备租赁费。以经营租赁方式租入的用于研发活动的仪器、设备,同时用于非研发活动的,填报按实际工时占比等合理方法分配的用于研发活动的相关费用。

16. 第16行“(三)折旧费用”:填报第17+18行金额。用于研发活动的仪器、设备,同时用于非研发活动的,填报按实际工时占比等合理方法分配的用于研发活动的相关费用。纳税人用于研发活动的仪器、设备,符合税收规定且选择加速折旧优惠政策的,在享受研发费用税前加计扣除政策时,按照税前扣除的折旧口径填报(相当于叠加享受)。

17. 第17行“1. 用于研发活动的仪器的折旧费”:用于研发活动的仪器的折旧费。

18. 第18行“2. 用于研发活动的设备的折旧费”:用于研发活动的设备的折旧费。

19. 第19行“(四)无形资产摊销”:填报第20+21+22行金额。用于研发活动的无形资产,同时用于非研发活动的,填报按实际工时占比等合理方法在研发费用和生产经营费用间分配的用于研发活动的相关费用。纳税人用于研发活动的无形资产,符合税收规定且选择加速摊销优惠政策的,在享受研发费用税前加计扣除政策时,按照税前扣除的摊销口径填报(相当于叠加享受)。

20. 第20行“1. 用于研发活动的软件的摊销费用”:填报纳税人用于研发活动的软件的摊销费用。

21. 第21行“2. 用于研发活动的专利权的摊销费用”:用于研发活动的专利权的摊销费用。

22. 第22行“3. 用于研发活动的非专利技术(包括许可证、专有技术、设计和计算方法等)的摊销费用”:用于研发活动的非专利技术(包括许可证、专有技术、设计和计算方法等)的摊销费用。

23. 第23行“(五)新产品设计费等”:填报第24+25+26+27行金额。新产品设计费、新工艺规程制定费、新药研制的临床试验费、勘探开发技术的现场试验费等由辅助生产部门提供的,填报按照一定的分配标准分配给研发项目的金额(自行选择合理分配方法)。

24. 第24行“1. 新产品设计费”:研发活动中发生的新产品设计费。

25. 第25行“2. 新工艺规程制定费”:研发活动中发生的新工艺规程制定费。

26. 第 26 行“3. 新药研制的临床试验费”:研发活动中发生的新药研制的临床试验费。

27. 第 27 行“4. 勘探开发技术的现场试验费”:研发活动中发生的勘探开发技术的现场试验费。

28. 第 28 行“(六)其他相关费用”:填报第 29＋30＋31＋32＋33 行金额。

29. 第 29 行“1. 技术图书资料费、资料翻译费、专家咨询费、高新科技研发保险费”:研发活动中发生的技术图书资料费、资料翻译费、专家咨询费、高新科技研发保险费。

30. 第 30 行“2. 研发成果的检索、分析、评议、论证、鉴定、评审、评估、验收费用”:研发活动中发生的研发成果的检索、分析、评议、论证、鉴定、评审、评估、验收费用。

31. 第 31 行“3. 知识产权的申请费、注册费、代理费”:研发活动中发生的知识产权的申请费、注册费、代理费。

32. 第 32 行“4. 职工福利费、补充养老保险费、补充医疗保险费”:研发活动人员发生的职工福利费、补充养老保险费、补充医疗保险费。

33. 第 33 行“5. 差旅费、会议费”:研发活动发生的差旅费、会议费。

34. 第 34 行“(七)经限额调整后的其他相关费用”:根据研发活动分析汇总填报。

35. 第 35 行“二、委托研发”:填报第 36＋37＋39 行金额。

36. 第 36 行“(一)委托境内机构或个人进行研发活动所发生的费用”:研发项目委托境内机构或个人进行研发活动所发生的费用。

37. 第 37 行“(二)委托境外机构进行研发活动发生的费用”:研发项目委托境外机构进行研发活动所发生的费用。

38. 第 38 行“允许加计扣除的委托境外机构进行研发活动发生的费用”:按照税收规定允许加计扣除的委托境外机构进行研发活动发生的研发费用。

39. 第 39 行“(三)委托境外个人进行研发活动发生的费用”:委托境外个人进行研发活动发生的费用。本行不参与加计扣除优惠金额的计算。

40. 第 40 行“三、年度研发费用小计”:填报第 2 行＋第 36 行×80%＋第 38 行金额。

41. 第 41 行“(一)本年费用化金额”:研发活动本年费用化部分金额。

42. 第 42 行“(二)本年资本化金额”:研发活动本年结转无形资产的金额。

43. 第 43 行“四、本年形成无形资产摊销额”:研发活动本年形成无形资产的摊销额。

44. 第 44 行“五、以前年度形成无形资产本年摊销额”:研发活动以前年度形成无形资产本年摊销额。

45. 第 45 行“六、允许扣除的研发费用合计”:填报第 41＋43＋44 行金额。

46. 第 46 行“特殊收入部分”:已归集计入研发费用,但在当期取得的研发过程中形成的下脚料、残次品、中间试制品等特殊收入。

47. 第 47 行“七、允许扣除的研发费用抵减特殊收入后的金额”:填报第 45－46 行金额。

48. 第 48 行“当年销售研发活动直接形成产品(包括组成部分)对应的材料部分”:填报纳税人当年销售研发活动直接形成产品(包括组成部分)对应的材料部分金额。

49. 第 49 行“以前年度销售研发活动直接形成产品(包括组成部分)对应材料部分结转金额”:填报纳税人以前年度销售研发活动直接形成产品(包括组成部分)对应材料部分结转金额。

50. 第 50 行“八、加计扣除比例”:根据有关政策规定填报。

51. 第 51 行“九、本年研发费用加计扣除总额”:填报第(47－48－49)行×第 50 行的金额,当第47—48—49行<0时,本行填报0。

52. 第52行“十、销售研发活动直接形成产品(包括组成部分)对应材料部分结转以后年度扣减金额”:当第47—48—49行≥0时,填报0;当第47—48—49行<0时,填报第47—48—49行金额的绝对值(也就是本年该扣减而没有扣减完的金额结转以后年度)。

附表8的表内、表间关系如下:

(1)表内关系:①第2行=第3+7+16+19+23+34行;②第3行=第4+5+6行;③第7行=第8+9+10+11+12+13+14+15行;④第16行=第17+18行;⑤第19行=第20+21+22行;⑥第23行=第24+25+26+27行;⑦第28行=第29+30+31+32+33行;⑧第35行=第36+37+39行;⑨第40行=第2行+第36行×80%+第38行;⑩第45行=第41+43+44行;⑪第47行=第45—46行;⑫第51行=(第47—48—49行)×第50行,当第47—48—49行<0时,本行=0;⑬当第47—48—49行≥0时,第52行=0;当第47—48—49行<0时,第52行=第46—47—48行金额的绝对值。

(2)表间关系:①当附表1“210—3”项目未填有入库编号时,第51行=附表7第26行;②当附表1“210—3”项目填有入库编号时,第51行=附表7第27行。

(九)减免所得税优惠明细表(附表9)

1. 第1行“一、符合条件的小型微利企业减免所得税”:填报享受小型微利企业普惠性所得税减免政策减免企业所得税的金额。本行填报根据本期《中华人民共和国企业所得税年度纳税申报表(A类)》(附表2)第23行计算的减免企业所得税的本年金额。

2. 第2行“二、国家需要重点扶持的高新技术企业减按15%的税率征收企业所得税”:根据税法、《国家税务总局关于实施高新技术企业所得税优惠政策有关问题的公告》(国家税务总局公告2017年第24号)等规定,国家需要重点扶持的高新技术企业减按15%的税率征收企业所得税。本行填报附表10第31行金额。

3. 第3行“三、经济特区和上海浦东新区新设立的高新技术企业在区内取得的所得定期减免企业所得税”略。

4. 第4行“四、受灾地区农村信用社免征企业所得税”略。

5. 第5行“五、动漫企业自主开发、生产动漫产品定期减免企业所得税”略。

6. 第6行“六、线宽小于0.8微米(含)的集成电路生产企业减免企业所得税”略。

7. 第7行“七、线宽小于0.25微米的集成电路生产企业减按15%税率征收企业所得税”略。

8. 第8行“八、投资额超过80亿元的集成电路生产企业减按15%税率征收企业所得税”略。

9. 第9行“九、线宽小于0.25微米的集成电路生产企业减免企业所得税”略。

10. 第10行“十、投资额超过80亿元的集成电路生产企业减免企业所得税”略。

11. 第11行“十一、新办集成电路设计企业减免企业所得税”略。

12. 第12行“十二、国家规划布局内集成电路设计企业可减按10%的税率征收企业所得税”略。

13. 第13行“十三、符合条件的软件企业减免企业所得税”略。

14. 第14行“十四、国家规划布局内重点软件企业可减按10%的税率征收企业所得税”略。

15. 第15行“十五、符合条件的集成电路封装、测试企业定期减免企业所得税”略。

16. 第16行“十六、符合条件的集成电路关键专用材料生产企业、集成电路专用设备生产企业定期减免企业所得税”略。

17. 第17行“十七、经营性文化事业单位转制为企业的免征企业所得税”：根据《财政部 国家税务总局 中央宣传部关于继续实施文化体制改革中经营性文化事业单位转制为企业若干税收政策的通知》(财税〔2019〕16号)等规定，从事新闻出版、广播影视和文化艺术的经营性文化事业单位转制为企业的，自转制注册之日起五年内免征企业所得税。2018年12月31日之前已完成转制的企业，自2019年1月1日起可继续免征五年企业所得税。本行填报根据表A100000第23行计算的免征企业所得税金额。

18. 第18行“十八、符合条件的生产和装配伤残人员专门用品企业免征企业所得税”：根据《财政部 国家税务总局 民政部关于生产和装配伤残人员专门用品企业免征企业所得税的通知》(财税〔2016〕111号)等规定，符合条件的生产和装配伤残人员专门用品的企业免征企业所得税。本行填报根据表A100000第23行计算的免征企业所得税金额。

19. 第19行“十九、技术先进型服务企业(服务外包类)减按15%的税率征收企业所得税”：根据《财政部 国家税务总局 商务部 科技部 国家发展改革委关于将技术先进型服务企业所得税政策推广至全国实施的通知》(财税〔2017〕79号)等规定，对经认定的技术先进型服务企业，减按15%的税率征收企业所得税。附表1“206技术先进型服务企业类型”填报“110信息技术外包服务(ITO)”“120技术性业务流程外包服务(BPO)”“130技术性知识流程外包服务(KPO)”的纳税人可以填报本项，本行填报根据附表2第23行计算的减征企业所得税金额。

20. 第20行“二十、技术先进型服务企业(服务贸易类)减按15%的税率征收企业所得税”：根据《财政部 国家税务总局 商务部 科技部 国家发展改革委关于将服务贸易创新发展试点地区技术先进型服务企业所得税政策推广至全国实施的通知》(财税〔2018〕44号)等规定，对经认定的技术先进型服务企业(服务贸易类)，减按15%的税率征收企业所得税。附表1“206技术先进型服务企业类型”填报“210计算机和信息服务”“220研究开发和技术服务”“230文化技术服务”“240中医药医疗服务”的纳税人可以填报本项，本行填报根据表附表2第23行计算的减征企业所得税金额。

21. 第21行“二十一、设在西部地区的鼓励类产业企业减按15%的税率征收企业所得税”略。

22. 第22行“二十二、新疆困难地区新办企业定期减免企业所得税”略。

23. 第23行“二十三、新疆喀什、霍尔果斯特殊经济开发区新办企业定期免征企业所得税”略。

24. 第24行“二十四、广东横琴、福建平潭、深圳前海等地区的鼓励类产业企业减按15%税率征收企业所得税”略。

25. 第25行“二十五、北京冬奥组委、北京冬奥会测试赛赛事组委会免征企业所得税”略。

26. 第26行“二十六、线宽小于130纳米的集成电路生产企业减免企业所得税”略。

27. 第27行“二十七、线宽小于65纳米或投资额超过150亿元的集成电路生产企业减免企业所得税”略。

28. 第28行“二十八、其他”：根据相关行次计算结果填报。本行＝第28.1＋28.2＋28.3行，各行按照以下要求填报：

第28.1行“(一)从事污染防治的第三方企业减按15%的税率征收企业所得税”：根据《财

政部 国家税务总局 国家发展改革委 生态环境部关于从事污染防治的第三方企业所得税政策问题的公告》(财政部 国家税务总局 国家发展改革委 生态环境部公告2019年第60号)规定，对符合条件的从事污染防治的第三方企业减按15%的税率征收企业所得税。本行填报根据附表2第23行计算的减征企业所得税金额。

第28.2行"(二)其他1"：填报当年新出台且本表未列明的其他税收优惠政策，需填报项目名称、减免税代码及免征、减征企业所得税金额。

第28.3行"(三)其他2"：填报国务院根据税法授权制定的及本表未列明的其他税收优惠政策，需填报项目名称、减免税代码及免征、减征企业所得税金额。

29. 第29行"二十九、项目所得额按法定税率减半征收企业所得税叠加享受减免税优惠"略。

30. 第30行"三十、支持和促进重点群体创业就业企业限额减征企业所得税"略。

31. 第31行"三十一、扶持自主就业退役士兵创业就业企业限额减征企业所得税"略。

32. 第32行"三十二、民族自治地方的自治机关对本民族自治地方的企业应缴纳的企业所得税中属于地方分享的部分减征或免征(免征减征：减征幅度____%)"略。

33. 第33行"合计"：填报第1+2+…+28-29+30+31+32行的合计金额。

附表9的表内、表间关系如下：

(1)表内关系：①第28行=第28.1+28.2+28.3行；②第30行=第30.1+30.2行；③第33行=第1+2+…+28-29+30+31+32行。

(2)表间关系：①第2行=表A107041第31行；②第3行=表A107041第32行；③第32行=(表A100000第25行-本表第1+2+3+4+5…-29+30+31行)×40%×减征幅度；④第33行=附表2第26行。

(十)《高新技术企业优惠情况及明细表》(附表10)

1. 第1行至第3行"企业主要产品(服务)发挥核心支持作用的技术所属范围"：填报对企业主要产品(服务)发挥核心支持作用的技术属于《国家重点支持的高新技术领域》规定的具体范围，填报至三级明细领域，如"一、电子信息技术(一)软件1. 系统软件"。

2. 第4行"一、本年高新技术产品(服务)收入"：填报第5+6行金额。

3. 第5行"产品(服务)收入"：本年发挥核心支持作用的技术属于《国家重点支持的高新技术领域》规定范围的产品(服务)收入。

4. 第6行"技术性收入"：包括技术转让收入、技术服务收入和接受委托研究开发收入。

5. 第7行"二、本年企业总收入"：填报第8-9行金额。

6. 第8行"(一)收入总额"：本年以货币形式和非货币形式从各种来源取得的收入总额。包括：销售货物收入，提供劳务收入，转让财产收入，股息、红利等权益性投资收益，利息收入，租金收入，特许权使用费收入，接受捐赠收入，其他收入。这是税法概念的收入，请勿与会计科目对号。

7. 第9行"不征税收入"：本年符合相关政策规定的不征税收入。

8. 第10行"三、本年高新技术产品(服务)收入占企业总收入的比例"：填报第4÷7行计算后的比例。

9. 第11行"四、本年科技人员数"：填报纳税人直接从事研发和相关技术创新活动，以及专门从事上述活动的管理和提供直接技术服务的，累计实际工作时间在183天以上的人员，包括在职、兼职和临时聘用人员。

10. 第12行“五、本年职工总数”：填报纳税人本年在职、兼职和临时聘用人员。在职人员可以通过企业是否签订劳动合同或缴纳社会保险费来判断。兼职、临时聘用人员全年须在企业累计工作183天以上。

11. 第13行“六、本年科技人员占企业当年职工总数的比例”：填报第11÷12行的比例。

12. 第14行“高新研发费用归集年度”：本行无填报事项。与计算研发费比例相关的第15行至第29行需填报3年数据，实际经营不满3年的按实际经营时间填报。

13. 第15行“七、本年归集的高新研发费用金额”：填报第16＋25行金额。

14. 第16行“（一）内部研究开发投入”：填报第17＋18＋19＋20＋21＋22＋24行金额。

15. 第17行“1. 人员人工费用”：填报纳税人科技人员的工资薪金、基本养老保险费、基本医疗保险费、失业保险费、工伤保险费、生育保险费和住房公积金，以及外聘科技人员的劳务费用。

16. 第18行“2. 直接投入费用”：填报纳税人为实施研究开发活动而实际发生的相关支出。包括：直接消耗的材料、燃料和动力费用；用于中间试验和产品试制的模具、工艺装备开发及制造费，不构成固定资产的样品、样机及一般测试手段购置费，试制产品的检验费；用于研究开发活动的仪器、设备的运行维护、调整、检验、检测、维修等费用，以及通过经营租赁方式租入的用于研发活动的固定资产租赁费。

17. 第19行“3. 折旧费用与长期待摊费用”：填报纳税人用于研究开发活动的仪器、设备和在用建筑物的折旧费；研发设施的改建、改装、装修和修理过程中发生的长期待摊费用。

18. 第20行“4. 无形资产摊销费用”：填报纳税人用于研究开发活动的软件、知识产权、非专利技术（专有技术、许可证、设计和计算方法等）的摊销费用。

19. 第21行“5. 设计费用”：填报纳税人为新产品和新工艺进行构思、开发和制造，进行工序、技术规范、规程制定、操作特性方面的设计等发生的费用，包括为获得创新性、创意性、突破性产品进行的创意设计活动发生的相关费用。

20. 第22行“6. 装备调试费与实验费用”：填报纳税人工装准备过程中研究开发活动所发生的费用，包括研制特殊、专用的生产机器，改变生产和质量控制程序，或制定新方法及标准等活动所发生的费用。

21. 第23行“7. 其他费用”：填报纳税人与研究开发活动直接相关的其他费用，包括技术图书资料费、资料翻译费、专家咨询费、高新科技研发保险费，研发成果的检索、论证、评审、鉴定、验收费用，知识产权的申请费、注册费、代理费、会议费、差旅费、通讯费等。

22. 第24行“可计入研发费用的其他费用”：填报纳税人为研究开发活动所发生的其他费用中不超过研究开发总费用的20％的金额，按第17行至第22行之和×20％÷（1－20％）与第23行的孰小值填报。

23. 第25行“（二）委托外部研发费用”：填报纳税人委托境内外其他机构或个人进行研究开发活动所发生的费用（研究开发活动成果为委托方企业拥有，且与该企业的主要经营业务紧密相关）。委托外部研发费用的实际发生额应按照独立交易原则确定，实际发生额的80％可计入委托方研发费用总额。本行填报（第26＋28行）×80％的金额。

24. 第26行“1. 境内的外部研发费用”：填报纳税人委托境内其他机构或个人进行的研究开发活动所支出的费用。本行填报实际发生境内的外部研发费用。

25. 第27行“2. 境外的外部研发费用”：填报纳税人委托境外机构或个人完成的研究开发活动所发生的费用。受托研发的境外机构是指依照外国（地区）及我国港澳台法律成立的企业和其他取得收入的组织;受托研发的境外个人是指外籍及我国港澳台个人。本行填报实际发生境外的外部研发费用。

26. 第28行“可计入研发费用的境外的外部研发费用”:根据《高新技术企业认定管理办法》等规定,纳税人在中国境内发生的研发费用总额占全部研发费用总额的比例不低于60%,即境外发生的研发费用总额占全部研发费用总额的比例不超过40%。本行填报(第17+18+…+22+23+26行)×40%÷(1-40%)与第27行的孰小值。

27. 第29行“八、销售(营业)收入”:填报纳税人主营业务收入与其他业务收入之和(即年度利润表的营业收入)。

28. 第30行“九、三年研发费用占销售(营业)收入的比例”:填报第15行4列÷第29行4列的比例。

29. 第31行“十、国家需要重点扶持的高新技术企业减征企业所得税”:填报经济特区和上海浦东新区外的高新技术企业或虽是经济特区和上海浦东新区新设的高新技术企业但取得区外所得的减免税金额。经济特区和上海浦东新区新设的高新技术企业定期减免政策期满后,只享受15%税率优惠政策的,减免税金额也在本行填报。

30. 第32行“十一、经济特区和上海浦东新区新设立的高新技术企业定期减免”:填报在经济特区和上海浦东新区新设的高新技术企业区内所得的减免税金额。

附表10的表内、表间关系如下:

(1)表内关系:①第4行=第5+6行;②第7行=第8-9行;③第10行=第4÷7行;④第13行=第11÷12行;⑤第15行=第16+25行;⑥第16行=第17+18+19+20+21+22+24行;⑦第25行=(第26+28行)×80%;⑧第30行=第15行第4列÷第29行第4列。

(2)表间关系:①第31行=附表9第2行;②第32行=附表9第3行。

(十一)《纳税调整项目明细表》(附表11)

1. 第一类:收入类调整项目

(1)第1行“一、收入类调整项目”:根据第2行至第11行(不含第9行)进行填报。

(2)第2行“(一)视同销售收入”:根据《视同销售和房地产开发企业特定业务纳税调整明细表》(A105010)填报(本教程未附)。第2列“税收金额”填报表A105010第1行第1列金额。第3列“调增金额”填报表A105010第1行第2列金额。

(3)第3行“(二)未按权责发生制原则确认的收入”:根据《未按权责发生制确认收入纳税调整明细表》(A105020)填报。第1列“账载金额”填报表A105020(本教程未附)第14行第2列金额。第2列“税收金额”填报表A105020第14行第4列金额。若表A105020第14行第6列≥0,第3列“调增金额”填报表A105020第14行第6列金额。若表A105020第14行第6列<0,第4列“调减金额”填报表A105020第14行第6列金额的绝对值。

(4)第4行“(三)投资收益”:根据《投资收益纳税调整明细表》(A105030)(本教材未附)填报。第1列“账载金额”填报表A105030第10行第1+8列的合计金额。第2列“税收金额”填报表A105030第10行第2+9列的合计金额。若表A105030第10行第11列≥0,第3列“调增金额”填报表A105030第10行第11列金额。若表A105030第10行第11列<0,第4列“调减金额”填报表A105030第10行第11列金额的绝对值。

(5)第5行“(四)按权益法核算长期股权投资对初始投资成本调整确认收益”略。

(6)第6行“(五)交易性金融资产初始投资调整”:第3列“调增金额”填报纳税人根据税收规定确认交易性金融资产初始投资金额与会计核算的交易性金融资产初始投资账面价值的差

额。

(7)第 7 行“(六)公允价值变动净损益”略。

(8)第 8 行“(七)不征税收入”:填报纳税人计入收入总额但属于税收规定不征税的财政拨款、依法收取并纳入财政管理的行政事业性收费以及政府性基金和国务院规定的其他不征税收入。第 3 列“调增金额”填报纳税人以前年度取得财政性资金且已作为不征税收入处理,在 5 年(60 个月)内未发生支出且未缴回财政部门或其他拨付资金的政府部门,应计入应税收入额的金额。第 4 列“调减金额”填报符合税收规定不征税收入条件并作为不征税收入处理,且已计入当期损益的金额。

(9)第 9 行“专项用途财政性资金”略。

(10)第 10 行“(八)销售折扣、折让和退回”:填报不符合税收规定的销售折扣、折让应进行纳税调整的金额和发生的销售退回因会计处理与税收规定有差异需纳税调整的金额。第 1 列“账载金额”填报纳税人会计核算的销售折扣、折让金额和销货退回的追溯处理的净调整额。第 2 列“税收金额”填报根据税收规定可以税前扣除的折扣、折让的金额和销货退回业务影响当期损益的金额。若第 1 列≥第 2 列,第 3 列“调增金额”填报第 1－2 列金额。若第 1 列＜第 2 列,第 4 列“调减金额”填报第 1－2 列金额的绝对值,第 4 列仅为销货退回影响损益的跨期时间性差异。

(11)第 11 行“(九)其他”:填报其他因会计处理与税收规定有差异需纳税调整的收入类项目金额。若第 2 列≥第 1 列,第 3 列“调增金额”填报第 2－1 列金额。若第 2 列＜第 1 列,第 4 列“调减金额”填报第 2－1 列金额的绝对值。

2. 第二类:扣除类调整项目

(1)第 12 行“二、扣除类调整项目”:根据第 13 行至第 30 行(不含第 25 行)填报。

(2)第 13 行“(一)视同销售成本”:根据《视同销售和房地产开发企业特定业务纳税调整明细表》(A105010)填报(本教材未附)。第 2 列“税收金额”填报表 A105010 第 11 行第 1 列金额。第 4 列“调减金额”填报表 A105010 第 11 行第 2 列的绝对值。

(3)第 14 行“(二)职工薪酬”:根据《职工薪酬支出及纳税调整明细表》(附表 3)填报。第 1 列“账载金额”填报附表 3 第 13 行第 1 列金额。第 2 列“税收金额”填报附表 3 第 13 行第 5 列金额。若附表 3 第 13 行第 6 列≥0,第 3 列“调增金额”填报附表 3 第 13 行第 6 列金额。若附表 3 第 13 行第 6 列＜0,第 4 列“调减金额”填报表 A105050 第 13 行第 6 列金额的绝对值。

(4)第 15 行“(三)业务招待费支出”:第 1 列“账载金额”填报纳税人会计核算计入当期损益的业务招待费金额。第 2 列“税收金额”填报按照税收规定允许税前扣除的业务招待费支出的金额。第 3 列“调增金额”填报第 1－2 列金额。招待费的扣除限额:发生额的 60%;不能超过年度营业收入的 0.5%。

(5)第 16 行“(四)广告费和业务宣传费支出”:根据《广告费和业务宣传费跨年度纳税调整明细表》(A105060)填报(本教材未附)。若表 A105060 第 12 行第 1 列≥0,第 3 列“调增金额”填报表 A105060 第 12 行第 1 列金额。若表 A105060 第 12 行第 1 列＜0,第 4 列“调减金额”填报表 A105060 第 12 行第 1 列金额的绝对值。广告费和业务宣传费的扣除限额:不超过当年销售收入 15%的部分准予税前扣除。

(6)第 17 行“(五)捐赠支出”:根据《捐赠支出及纳税调整明细表》(A105070)(附表 4)填报。第 1 列“账载金额”填报附表 4 第 9 行第 1 列金额。第 2 列“税收金额”填报附表 4 第 9 行第 4 列金额。第 3 列“调增金额”填报附表 4 第 9 行第 5 列金额。第 4 列“调减金额”填报附表

4第9行第6列金额。企业通过公益性社会团体或县以上政府及其部门、不超过当年利润总额12%部分的公益性捐赠支出可以扣除。

(7)第18行"(六)利息支出":第1列"账载金额"填报纳税人向非金融企业借款,会计核算计入当期损益的利息支出的金额。发行永续债的利息支出不在本行填报。第2列"税收金额"填报按照税收规定允许税前扣除的利息支出的金额。若第1列≥第2列,第3列"调增金额"填报第1－2列金额。若第1列<第2列,第4列"调减金额"填报第1－2列金额的绝对值。企业向非金融机构借款的利息支出,不高于按照金融机构同类、同期贷款利率计算的数额以内部分,准予扣除。

(8)第19行"(七)罚金、罚款和被没收财物的损失":第1列"账载金额"填报纳税人会计核算计入当期损益的罚金、罚款和被没收财物的损失,不包括纳税人按照经济合同规定支付的违约金(包括银行罚息)、罚款和诉讼费。第3列"调增金额"填报第1列金额。罚金(刑事处罚)、罚款和被没收的财物损失(行政处罚)不允许税前扣除。

(9)第20行"(八)税收滞纳金、加收利息":第1列"账载金额"填报纳税人会计核算计入当期损益的税收滞纳金、加收利息。第3列"调增金额"填报第1列金额。税收滞纳金不允许税前扣除。注意,加收利息也不允许税前扣除。

(10)第21行"(九)赞助支出":第1列"账载金额"填报纳税人会计核算计入当期损益的不符合税收规定的公益性捐赠的赞助支出的金额,包括直接向受赠人的捐赠、赞助支出等(不含广告性的赞助支出,广告性的赞助支出在表A105060中填报)。第3列"调增金额"填报第1列金额。非广告性质的赞助支出不允许税前扣除。

(11)第22行"(十)与未实现融资收益相关在当期确认的财务费用"略。

(12)第23行"(十一)佣金和手续费支出":除保险企业之外的其他企业直接填报本行,第1列"账载金额"填报纳税人会计核算计入当期损益的佣金和手续费金额,第2列"税收金额"填报按照税收规定允许税前扣除的佣金和手续费支出金额,第3列"调增金额"填报第1－2列金额,第4列"调减金额"不可填报。

(13)第24行"(十二)不征税收入用于支出所形成的费用":第3列"调增金额"填报符合条件的不征税收入用于支出所形成的计入当期损益的费用化支出金额。

(14)第25行"专项用途财政性资金用于支出所形成的费用":根据《专项用途财政性资金纳税调整明细表》(A105040)填报。第3列"调增金额"填报表A105040第7行第11列金额。

(15)第26行"(十三)跨期扣除项目":填报维简费、安全生产费用、预提费用、预计负债等跨期扣除项目调整情况。第1列"账载金额"填报纳税人会计核算计入当期损益的跨期扣除项目金额。第2列"税收金额"填报按照税收规定允许税前扣除的金额。若第1列≥第2列,第3列"调增金额"填报第1－2列金额。若第1列<第2列,第4列"调减金额"填报第1－2列金额的绝对值。

(16)第27行"(十四)与取得收入无关的支出":第1列"账载金额"填报纳税人会计核算计入当期损益的与取得收入无关的支出的金额。第3列"调增金额"填报第1列金额。

(17)第28行"(十五)境外所得分摊的共同支出"略。

(18)第29行"(十六)党组织工作经费":填报纳税人根据有关文件规定,为创新基层党建工作、建立稳定的经费保障制度发生的党组织工作经费及纳税调整情况。

(19)第30行"(十七)其他":填报其他因会计处理与税收规定有差异需纳税调整的扣除类项目金额,企业将货物、资产、劳务用于捐赠、广告等用途时,进行视同销售纳税调整后,对应支出的会计处理与税收规定有差异需纳税调整的金额填报在本行。若第 1 列≥第 2 列，第 3 列“调增金额”填报第 1－2 列金额。若第 1 列<第 2 列，第 4 列“调减金额”填报第 1－2 列金额的绝对值。

3. 第三类：资产类调整项目

(1)第 31 行“三、资产类调整项目”：填报资产类调整项目第 32 行至第 35 行的合计金额。

(2)第 32 行“(一)资产折旧、摊销”：根据《资产折旧、摊销及纳税调整明细表》(附表 5)填报。第 1 列“账载金额”填报附表 5 第 36 行第 2 列金额。第 2 列“税收金额”填报附表 5 第 36 行第 5 列金额。若附表 5 第 36 行第 9 列≥0，第 3 列“调增金额”填报附表 5 第 36 行第 9 列金额。若附表 5 第 36 行第 9 列<0，第 4 列“调减金额”填报附表 5 第 36 行第 9 列金额的绝对值。

(3)第 33 行“(二)资产减值准备金”：填报坏账准备、存货跌价准备、理赔费用准备金等不允许税前扣除的各类资产减值准备金纳税调整情况。第 1 列“账载金额”填报纳税人会计核算计入当期损益的资产减值准备金金额(因价值恢复等原因转回的资产减值准备金应予以冲回)。若第 1 列≥0，第 3 列“调增金额”填报第 1 列金额。若第 1 列<0，第 4 列“调减金额”填报第 1 列金额的绝对值。

(4)第 34 行“(三)资产损失”：根据《资产损失税前扣除及纳税调整明细表》(A105090)填报(本教材未附)。第 1 列“账载金额”填报表 A105090 第 28 行第 1 列金额。第 2 列“税收金额”填报表 A105090 第 28 行第 5 列金额。若表 A105090 第 28 行第 6 列≥0，第 3 列“调增金额”填报表 A105090 第 28 行第 6 列金额。若表 A105090 第 28 行第 6 列<0，第 4 列“调减金额”填报表 A105090 第 28 行第 6 列金额的绝对值。

(5)第 35 行“(四)其他”：填报其他因会计处理与税收规定有差异需纳税调整的资产类项目金额。若第 1 列≥第 2 列，第 3 列“调增金额”填报第 1－2 列金额。若第 1 列<第 2 列，第 4 列“调减金额”填报第 1－2 列金额的绝对值。

4. 第四类：特殊事项调整项目

该类项目填写内容略。

附表 11 的表内、表间关系如下：

(1)表内关系：①第 1 行＝第 2＋3＋4＋5＋6＋7＋8＋10＋11 行；②第 12 行＝第 13＋14＋…＋23＋24＋26＋27＋28＋29＋30 行；③第 31 行＝第 32＋33＋34＋35 行；④第 36 行＝第 37＋38＋39＋40＋41＋42＋43 行；⑤第 46 行＝第 1＋12＋31＋36＋44＋45 行。

(2)表间关系略。

第八章　实务操作案例(六)

——进出口企业案例

本章以上海19实业有限公司(进出口企业,以下简称上海19公司)为例,给出该进出口企业2019年11月份科目余额表(含1—11月份损益类科目发生额)和12月份基本业务,并由指导教师引领学员进行原始凭证审核、会计分录编制、记账凭证录入、账目登记(软件自动完成)、财务报表生成等一系列实际操作。

第一节　基础资料

一、该企业基本情况

1. 企业名称:上海19实业有限公司。
2. 企业代码:91310116MA1J××××××。
3. 归属行业:进出口企业。
4. 增值税纳税人身份:增值税一般纳税人。
5. 执行的会计制度:《小企业会计准则》。
6. 企业规模:2019年初资产总额为22 951 608.20元;2019年初职工人数为1人;2018年营业收入为2 693 131.48元;2019年初注册资金为300万元。
7. 经营范围:塑料制品,玻璃制品,有机玻璃,金属材料及制品,泵,包装材料,包装专用设备销售,从事货物进出口及技术进出口业务,包装服务,打包服务,电脑图文设计制作,包装设计,楼宇保洁服务,物业管理,绿化养护,园林绿化工程,从事环保科技领域内技术开发、技术咨询、技术服务。

二、2019年12月初科目余额表(含1—11月份损益类科目发生额)

(一)调整前科目余额表(见图表8—1)

图表8—1

科目余额表

(2019年1月至2019年11月)

核算单位:19公司　　　　单位:元

科目编码	科目名称	期初余额		本期发生额		期末余额	
		借方	贷方	借方	贷方	借方	贷方
1001	库存现金		132 500.61	298 511.78	181 778.09		15 766.92
1002	银行存款	7 394 425.87		85 542 089.73	86 530 048.75	6 406 466.85	
100201	1银行	7 152 430.29		41 641 855.39	52 578 973.53		3 784 687.85

续表

科目编码	科目名称	期初余额		本期发生额		期末余额	
		借方	贷方	借方	贷方	借方	贷方
100202（美元户）	2 银行			43 900 234.34	33 951 075.22	9 949 159.12	
10020201	2 银行			43 900 234.34	33 951 075.22	9 949 159.12	
100203	4 银行	240 212.68				240 212.68	
100204	5 银行	1 782.90				1 782.90	
1122	应收账款	2 120 268.04		39 948 257.19	44 106 161.49		2 037 636.26
1122-00001	某 1				209 113.68		209 113.68
1122-00002	某 2	788 177.09		39 948 257.19	42 679 463.89		1 943 029.61
1122-00003	某 3	68 581.55				68 581.55	
1122-00004	某 4	112 077.70				112 077.70	
1122-00005	某 5	674 901.07				674 901.07	
1122-00006	某 6	61 896.87				61 896.87	
1122-00007	某 7	20 101.97				20 101.97	
1122-00008	某 8	345 659.89				345 659.89	
1122-00009	某 9	48 871.90				48 871.90	
1122-00012	某 12				156 060.36		156 060.36
1122-00013	某 13				29 558.61		29 558.61
1122-00014	某 14				390 939.86		390 939.86
1122-00015	某 15				288 405.78		288 405.78
1122-00016	某 16				162 147.66		162 147.66
1122-00017	某 17				20 504.21		20 504.21
1122-00018	13 公司				74 435.01		74 435.01
1122-00019	某 18				58 286.62		58 286.62
1122-00020	12 公司				29 392.09		29 392.09
1122-00021	某 19				1 373.52		1 373.52
1122-00022	某 20				6 480.20		6 480.20
1123	预付账款		937 269.22	18 149 553.29	5 819 035.78	11 393 248.29	
1123-00001	某 75		8 400.00	38 400.00	30 000.00		
1123-00008	某 81	217 039.98		3 277 033.28		3 494 073.26	
1123-00009	某 82	159 250.00		70 750.00		230 000.00	
1123-00010	某 83	208 600.00		46 200.00		254 800.00	
1123-00011	某 84			30 800.00		30 800.00	
1123-00012	某 85			23 000.00		23 000.00	
1123-00013	11 公司		356 920.66	1 860 095.02	331 187.50	1 171 986.86	
1123-00014	某 86	121 922.60				121 922.60	
1123-00015	某 87	81 125.00				81 125.00	
1123-00016	某 88		41 748.99	107 548.00		65 799.01	
1123-00017	某 89	20 000.00		20 000.00		40 000.00	

续表

科目编码	科目名称	期初余额		本期发生额		期末余额	
		借方	贷方	借方	贷方	借方	贷方
1123-00018	某 90	38 430.00				38 430.00	
1123-00019	某 91		272 500.00	500 225.00		227 725.00	
1123-00020	某 92	3 000.00		28 500.00		31 500.00	
1123-00021	某 93	122 251.33		109 255.17		231 506.50	
1123-00022	某 94	53 732.48		591 126.66		644 859.14	
1123-00024	某 96	99 260.48		205 404.80		304 665.28	
1123-00025	某 97	102 485.58		1 844 760.48		1 947 246.06	
1123-00026	某 98	104 700.00				104 700.00	
1123-00028	某 100	8 450.04		149 728.76		158 178.80	
1123-00029	某 101	5 410.35		20 996.55		26 406.90	
1123-00030	某 102	12 836.40				12 836.40	
1123-00031	16 公司		1 358 023.80	6 938 134.08	3 908 858.16	1 671 252.12	
1123-00032	某 103			109 035.40		109 035.40	
1123-00033	某 104		47 197.52	208 994.88	155 397.36	6 400.00	
1123-00034	17 公司			69 170.00		69 170.00	
1123-00035	某 105	3 000.00				3 000.00	
1123-00036	某 106		133 056.00	729 308.00	463 196.00	133 056.00	
1123-00037	某 107		13 100.00	57 400.00	36 900.00	7 400.00	
1123-00038	某 108	2 271.15		5 299.35	7 570.50		
1123-00039	某 109	3 180.00		13 720.00	16 900.00		
1123-00040	某 110		24 000.00	862 271.40	685 897.44	152 373.96	
1123-00041	某 111		50 907.64	217 836.46	166 928.82		
1123-00042	某 112	5 000.00			5 000.00		
1123-00043	某 113		3 360.00	14 560.00	11 200.00		
1221	其他应收款	1 563 137.13		2 844 731.37	2 999 470.80	1 408 397.70	
122105	应收出口退税	1 563 137.13		2 718 731.37	2 894 470.80	1 387 397.70	
122106	翁某(房租)			126 000.00	105 000.00	21 000.00	
1405	库存商品	9 946 067.38		25 306 988.45	36 112 292.29		859 236.46
资产合计		21 023 898.42	1 069 769.83	172 090 131.81	175 748 787.20	19 208 112.84	2 912 639.64
2202	应付账款		7 753 412.98	31 097 655.64	28 073 508.00		4 729 265.34
2202-00002	暂估应付款		442 000.00				442 000.00
2202-00003	某 76		2 427.40	27 542.60	3 773.60	21 341.60	
2202-00005	某 78		600.00	3 000.00	2 400.00		
2202-00007	某 80		300.00	300.00			
2202-00008	某 81		2 440 256.26	6 345 460.70	7 727 119.96		3 821 915.52
2202-00009	某 82		230 000.00	157 500.00	78 750.00		151 250.00
2202-00010	某 83		162 000.00	35 490.00	35 490.00		162 000.00
2202-00011	某 84			38 000.00	68 800.00		30 800.00

续表

科目编码	科目名称	期初余额		本期发生额		期末余额	
		借方	贷方	借方	贷方	借方	贷方
2202-00013	11 公司		849 337.10	8 618 978.20	7 374 996.68	394 644.42	
2202-00014	某 86		121 922.60				121 922.60
2202-00015	某 87			45 806.25	126 931.25		81 125.00
2202-00016	某 88		36 735.00	255 315.00	131 977.00	86 603.00	
2202-00017	某 89			48 000.00	88 000.00		40 000.00
2202-00018	某 90		129 500.00	91 070.00			38 430.00
2202-00019	某 91		429 125.00	294 400.00	93 000.00		227 725.00
2202-00020	某 92		31 500.00	38 000.00	38 015.20		31 515.20
2202-00021	某 93		208 145.40	534 907.00	558 268.10		231 506.50
2202-00022	某 94		561 187.04	390 405.60	469 077.60		639 859.04
2202-00024	某 96		258 635.00	118 223.28	139 596.28		280 008.00
2202-00025	某 97		402 376.86	4 135 192.06	4 582 259.76		849 444.56
2202-00026	某 98		87 420.00				87 420.00
2202-00028	某 100		100 245.60	8 437.16	52 708.20		144 516.64
2202-00029	某 101		26 396.10				26 396.10
2202-00030	某 102		12 836.40				12 836.40
2202-00031	16 公司			797 231.20		797 231.20	
2202-00032	某 103			148 528.48	162 011.08		13 482.60
2202-00034	17 公司			415 201.41	201 380.36	213 821.05	
2202-00039	某 109			12 600.00		12 600.00	
2202-00041	某 111			13 259.40		13 259.40	
2202-00044	某 114		68 825.50	68 825.50			
2202-00047	某 117		62 398.00	161 159.00	81 934.00	16 827.00	
2202-00048	某 118		10 175.72	12 575.72	2 400.00		
2202-00049	某 119		43 563.50	68 709.03	25 145.53		
2202-00050	某 120		1 500.00	9 015.40	8 115.40		600.00
2202-00051	某 121			22 280.00		22 280.00	
2202-00052	某 122		257 170.50	257 170.50			
2202-00053	9 公司		42 437.80	153 406.09	108 591.11	2 377.18	
2202-00054	8 公司		900.00	23 673.70	25 897.78		3 124.08
2202-00055	某 123		39 649.50	781 981.30	634 706.80	107 625.00	
2202-00056	某 124		4 800.00	4 800.00			
2202-00057	10 公司		10 141.00	53 225.62	47 094.62		4 010.00
2202-00058	某 125		300.00	300.00			
2202-00059	某 126		20 208.75				20 208.75
2202-00060	某 127		300.00	600.00	1 200.00		900.00
2202-00061	某 128		170 648.30	522 071.18	339 025.88	12 397.00	
2202-00062	某 129		2 560.00	2 960.00	400.00		

续表

科目编码	科目名称	期初余额		本期发生额		期末余额	
		借方	贷方	借方	贷方	借方	贷方
2202-00063	某 130		156 174.20	333 928.90	177 754.70		
2202-00065	某 132		37 500.00	149 867.76	96 362.76	16 005.00	
2202-00066	某 133		12 000.00	29 760.00	10 800.00	6 960.00	
2202-00067	某 134		750.00	750.00			
2202-00068	某 135		9 073.96				9 073.96
2202-00069	某 136		300.00	300.00			
2202-00070	某 137		6 552.00	18 720.00	12 168.00		
2202-00071	某 138		154 160.00	483 901.00	85 466.00	244 275.00	
2202-00072	某 139		600.00	600.00			
2202-00073	某 140		800.00	1 100.00	300.00		
2202-00074	某 141		600.00	600.00			
2202-00075	6 公司		102 579.48	2 243 444.42	2 108 594.28	32 270.66	
2202-00076	某 142		1 827.01	45 171.69	36 219.92	7 124.76	
2202-00077	7 公司		1 972.00	2 272.00	300.00		
2202-00078	某 143			36 750.00	36 750.00		
2202-00079	某 144			2 500.00	2 500.00		
2202-00080	某 145			21 675.00	21 675.00		
2202-00081	某 146			45 470.10	45 470.10		
2202-00082	某 147			54 970.00	54 970.00		
2202-00083	某 148			105 946.89	105 946.89		
2202-00084	某 149			184 275.00	184 275.00		
2202-00085	某 150			255 813.50	245 373.50	10 440.00	
2202-00086	某 151			118 023.00	118 023.00		
2202-00087	某 152			36 226.00		36 226.00	
2202-00088	某 153			4 000.00		4 000.00	
2202-00089	某 154			300.00	300.00		
2202-00090	某 155			880.00	880.00		
2202-00091	某 156			400.00	400.00		
2202-00092	某 157			29 186.00	29 186.00		
2202-00093	某 158			1 000 000.00	1 000 000.00		
2202-00094	某 159			5 000.00	5 000.00		
2202-00095	某 160			33 800.00	33 800.00		
2202-00096	某 161			9 000.00	9 000.00		
2202-00097	某 162			41 000.00	41 000.00		
2202-00098	某 163				1 097.00		1 097.00
2202-00099	某 164			3 450.96	3 450.96		
2202-00100	某 165			2 000.00	2 000.00		
2202-00101	某 166			300.00	300.00		

续表

科目编码	科目名称	期初余额		本期发生额		期末余额	
		借方	贷方	借方	贷方	借方	贷方
2202-00102	某 167			45 750.00	45 750.00		
2202-00103	某 168			2 647.00	2 647.00		
2202-00104	某 169			141 600.00	36 700.00	104 900.00	
2202-00105	某 170			2 337.00	2 337.00		
2202-00106	某 171			31 280.00	31 280.00		
2202-00107	某 172			6 000.00	6 000.00		
2202-00108	某 173			14 580.00	19 440.00		4 860.00
2202-00109	某 174			43 980.00	30 000.00	13 980.00	
2202-00110	某 175			157 407.00	46 075.00	111 332.00	
2202-00111	某 176			24 764.40	35 204.40		10 440.00
2202-00112	某 177			3 000.00		3 000.00	
2202-00113	某 178			12 350.00		12 350.00	
2202-00114	某 179			31 512.00		31 512.00	
2202-00115	某 180			300.00	600.00		300.00
2202-00116	某 181			300.00	300.00		
2202-00117	某 182			300.00	300.00		
2202-00118	某 183			1 000.00		1 000.00	
2202-00119	某 184			52 000.00		52 000.00	
2202-00120	某 185			8 000.00		8 000.00	
2202-00121	某 186			4 459.00	4 459.00		
2202-00122	某 187			10 711.83	3 132.30	7 579.53	
2202-00123	某 188			847.61		847.61	
2202-00124	某 189			52 492.05		52 492.05	
2202-00125	某 190			17 750.00	78 750.00		61 000.00
2202-00126	某 191			20 208.75		20 208.75	
2202-00127	某 192				1 206.00		1 206.00
2202-00128	某 193			3 474.00	3 474.00		
2202-00129	某 194			1 824.00	1 824.00		
2202-00130	某 195				45 600.00		45 600.00
2202-00131	某 196			37 000.00		37 000.00	
2202-00132	某 197			281 078.40		281 078.40	
2202-00133	某 198			15 219.00		15 219.00	
2202-00134	某 199			48 000.00		48 000.00	
2202-00135	某 200			8 500.00		8 500.00	
2203	预收账款		13 364 890.67		1 271 968.53		14 636 859.20
2203-00010	某 10		9 491 936.32				9 491 936.32
2203-00011	某 11		3 872 954.35		1 271 968.53		5 144 922.88
2211	应付职工薪酬			20 517.50	9 500.00	11 017.50	

续表

科目编码	科目名称	期初余额		本期发生额		期末余额	
		借方	贷方	借方	贷方	借方	贷方
221101	职工工资			20 000.00	9 500.00	10 500.00	
221104	社会保险费			517.50		517.50	
22110401	基本养老保险			394.20		394.20	
22110402	基本医疗保险			98.60		98.60	
22110404	失业保险			24.70		24.70	
2221	应交税费	237 907.99		3 822 173.51	4 513 682.93		453 601.43
222101	应交增值税	244 149.20		3 785 102.57	4 482 365.57		453 113.80
22210101	进项税额	44 453.46		1 096.39	41 086.81	4 463.04	
22210103	转出未交增值税			21 923.98		21 923.98	
22210105	销项税额				26 139.56		26 139.56
22210106	出口退税	209 336.77		3 752 441.17	4 415 139.20		453 361.26
22210113	进项税转出(不抵扣)		9 641.03	9 641.03			
222102	未交增值税			21 923.98	21 923.98		
222104	应交印花税			1 443.60	1 443.60		
222107	应交城市维护建设税			219.24	219.24		
222108	应交个人所得税		7 127.16	12 607.16	6 480.00		1 000.00
222109	应交教育费附加			657.72	657.72		
222110	应交地方教育费附加			219.24	219.24		
222129	待抵扣进项税	885.95			373.58	512.37	
2241	其他应付款	688 265.00		2 980 000.00	506 679.00	3 161 586.00	
224101	18 葛××	688 265.00		2 980 000.00	506 679.00	3 161 586.00	
负债合计		926 172.99	21 118 303.65	37 920 346.65	34 375 338.46	3 172 603.50	19 819 725.97
3103	本年利润			37 914 276.96	37 800 629.76	113 647.20	
3104	利润分配	238 002.07				238 002.07	
310401	未分配利润	238 002.07				238 002.07	
权益合计		238 002.07		37 914 276.96	37 800 629.76	351 649.27	
5001	主营业务收入			40 111 629.41	40 111 629.41		
5301	营业外收入			3 000.00	3 000.00		
530101	政府补助			3 000.00	3 000.00		
5401	主营业务成本			36 112 967.75	36 112 967.75		
5403	税金及附加			2 539.80	2 539.80		
5601	销售费用			2 822 968.55	2 822 968.55		
560120	国际货代运费			2 820 039.16	2 820 039.16		

续表

科目编码	科目名称	期初余额		本期发生额		期末余额	
		借方	贷方	借方	贷方	借方	贷方
560121	出口货运险			2 929.39	2 929.39		
5602	管理费用			1 273 184.22	1 273 184.22		
560203	办公费			90 995.70	90 995.70		
560205	差旅费			46 297.67	46 297.67		
560206	房租			10 500.00	10 500.00		
560207	业务招待费			6 576.00	6 576.00		
560209	职工薪酬			150 000.00	150 000.00		
560210	社会保险费			25 538.30	25 538.30		
560211	职工福利费			45 600.00	45 600.00		
560221	运杂费			779 624.78	779 624.78		
560222	租赁费			104 875.47	104 875.47		
560223	印花税			9 941.00	9 941.00		
560227	测试费			3 132.30	3 132.30		
560228	交通费			103.00	103.00		
5603	财务费用			16 328.43	16 328.43		
560301	利息费用			−9 797.43	−9 797.43		
560302	手续费			12 968.60	12 968.60		
560304	汇兑损益			13 157.26	13 157.26		
5711	营业外支出			287.86	287.86		
571106	税收滞纳金			287.86	287.86		
损益合计				80 342 906.02	80 342 906.02		
合　计		22 188 073.48	22 188 073.48	328 267 661.44	328 267 661.44	22 732 365.61	22 732 365.61

科目余额表说明：

1. 应收账款明细账贷方余额性质是预收账款。

2. 应付账款明细账借方余额性质是预付账款。

3.1 银行存款 11 月末出现贷方余额，是由于未达账项形成的。

4. 其他应付款葛××11 月末有 300 余万元借方余额，属于预付给长期在外的职工与某备用金。应尽快结清，不能长期挂账。

5. 11 月末库存商品为负值(贷方余额)，属于账务处理错误。经查，是有一批库存商品，实物已经入库，但遗漏账务处理。解决办法为在 12 月份补做库存商品采购入库的会计分录。

6. "2 银行"为美元户。

(二)调整后的科目余额表

针对以上分析，不必形成新的科目余额表，学员按调整前科目余额表录入即可。

第二节　账务处理及报表生成

一、账务处理

以下为 2019 年 12 月份全部业务原始凭证和事项及其会计分录，以此录入记账凭证并登记账簿

1. 先做如下调整分录(见图表 8—2)：

借：库存商品　　　　　　　　　　　　　　　962 877.00

　贷：应付账款——××公司　　　　　　　　　　962 877.00

图表 8—2

库存商品入库单

入库日期：2019—12—03　　　　仓库：库存商品仓

生产批号：　　　　部门：

审核日期：2020—12—15

产品名称	规格型号	主计量单位	数量	单价	金额	批号	项目编号
塑料制品		件	3 000	3 209.59	9 628 775		
			3 000	3 209.59	9 628 775		

2. 业务 1：18 葛××报销餐饮服务 233 元，款未付(见图表 8—3)。

图表 8—3

0310019XXXXX　　上海增值税普通发票　　№ 7613XXXX　0310019XXXXX 7613XXXX

机器编号：929911115565　　发票联　　开票日期：2019年12月15日

购买方	名称：上海19公司 纳税人识别号：91310116MA1JXXXXXX 地址、电话：上海市XXXXXX XXXXXXXX 开户行及账号：中国工商银行上海XX支行 XXXXXX	密码区	0329287-6885>//+994*-<4/**8* 24586>6<890*33*3+01/2<6*9/+8 <9<360-1+-793*1<64*>094*/9<< +75<3/84200182770651 5++056<-

货物或应税劳务、服务名称	规格型号	单位	数量	单价	金额	税率	税额
*餐饮服务*餐饮服务			1	219.811320754	219.81	6%	13.19
合计					¥219.81		¥13.19
价税合计(大写)	⊗贰佰叁拾叁圆整				(小写)¥233.00		

销售方	名称：上海XX餐饮管理有限公司 纳税人识别号：913101093420XXXXXX 地址、电话：上海市XXXXXX XXXXXXXX 开户行及账号：招商银行上海XX支行 XXXXXX	备注	校验码 00337 21907

收款人：XX　　复核：XX　　开票人：XX　　销售方：(章)

税总函[2019] 144 号西安西正印制有限公司

第二联：发票联　购买方记账凭证

会计分录：

借：管理费用——业务招待费　　233.00

　　贷：其他应付款——18 葛××　　233.00

3. 业务 2：12 月 1 日，发生 6 公司国际代理运费，取得 12 月 13 日开具的普票，价款 44 569 元，款未付（见图表 8—4）。

图表 8—4

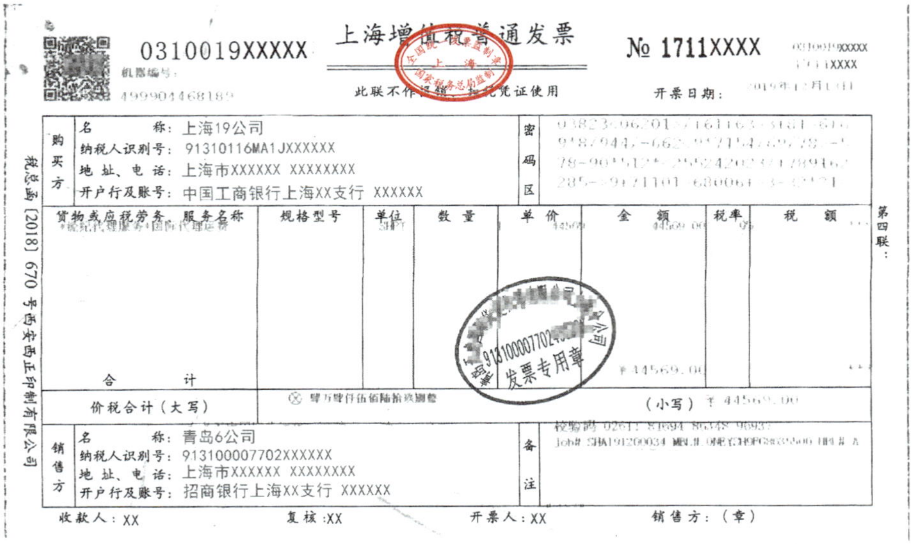
上海增值税普通发票

0310019XXXXX　№ 1711XXXX

机器编号：499904468189

此联不作报销、扣税凭证使用　开票日期：

购买方	名　　称：上海19公司 纳税人识别号：91310116MA1JXXXXXX 地 址、电 话：上海市XXXXXX XXXXXXXX 开户行及账号：中国工商银行上海XX支行 XXXXXX	密码区	

货物或应税劳务、服务名称	规格型号	单位	数量	单价	金额	税率	税额
合　计					¥44569.00		
价税合计（大写）						（小写）	¥44569.00

销售方	名　　称：青岛6公司 纳税人识别号：913100007702XXXXXX 地 址、电 话：上海市XXXXXX XXXXXXXX 开户行及账号：招商银行上海XX支行 XXXXXX	备注	

收款人：XX　复核：XX　开票人：XX　销售方：（章）

税总函〔2018〕670 号西安西正印制有限公司　第四联

会计分录：

借：销售费用——国际货代运费　　44 569.00

　　贷：应付账款——6 公司　　44 569.00

需要说明的是，本业务使用发票错误，应使用发票联。

4. 业务 3：12 月 2 日，发生 7 公司出口货物的保险费用，取得 12 月 12 日开具的普票，价款 300 元，款未付（见图表 8—5）。

图表 8—5

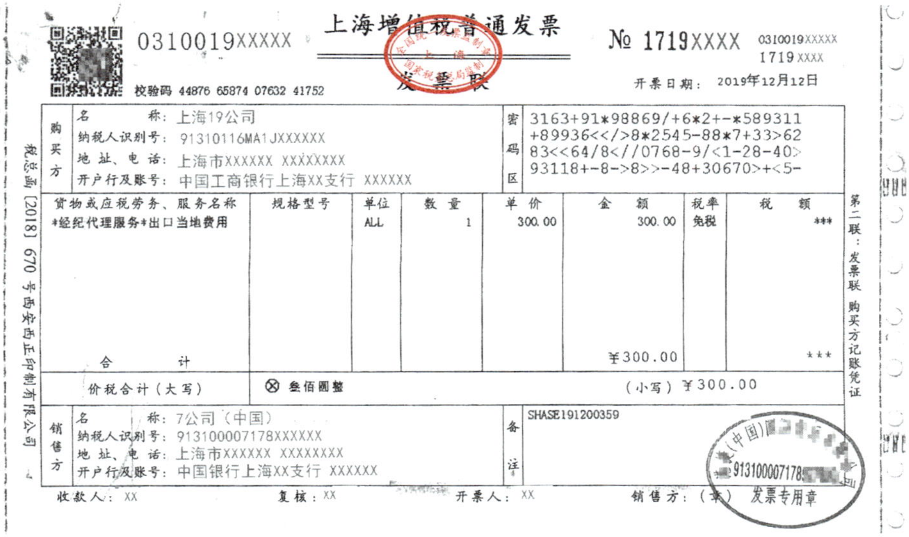
上海增值税普通发票

0310019XXXXX　№ 1719XXXX　0310019XXXXX 1719XXXX

校验码 44876 65874 07632 41752　发票联　开票日期：2019年12月12日

购买方	名　　称：上海19公司 纳税人识别号：91310116MA1JXXXXXX 地 址、电 话：上海市XXXXXX XXXXXXXX 开户行及账号：中国工商银行上海XX支行 XXXXXX	密码区	3163+91*98869/+6*2+-*589311 +89936<</>8*2545-88*7+33>62 83<<64/8<//0768-9/<1-28-40> 93118+-8->8>>-48+30670>+<5-

货物或应税劳务、服务名称	规格型号	单位	数量	单价	金额	税率	税额
*经纪代理服务*出口当地费用		ALL	1	300.00	300.00	免税	***
合　计					¥300.00		***
价税合计（大写）	⊗叁佰圆整					（小写）	¥300.00

销售方	名　　称：7公司（中国） 纳税人识别号：913100007178XXXXXX 地 址、电 话：上海市XXXXXX XXXXXXXX 开户行及账号：中国银行上海XX支行 XXXXXX	备注	SHASE191200359

收款人：XX　复核：XX　开票人：XX　销售方：（章）发票专用章

税总函〔2018〕670 号西安西正印制有限公司　第二联：发票联　购买方记账凭证

会计分录：

借：销售费用——出口货运险　　300.00

　　贷：应付账款——7公司　　300.00

5. 业务4：12月3日，发生8公司国际货物运输代理服务，取得12月12日开具的普票，价款2 150元，款未付(见图表8—6)。

图表8—6

上海增值税普通发票　　发票联

0310019XXXXX　　№ 1803XXXX　　0310019XXXXX 1803XXXX

机器编号：499902619684

开票日期：2019年12月12日

购买方	名　　称：上海19公司 纳税人识别号：91310116MA1JXXXXXX 地 址、电 话：上海市XXXXXX XXXXXXXX 开户行及账号：中国工商银行上海XX支行 XXXXXX	密码区	039+<29450820*0</0-1215-+84+ 1>588->025--2672*70/97*018*2 699/2*8<6/9*/2<+>>105+3*0>+/ 0<-4*4063401/25*065-53-32519

货物或应税劳务、服务名称	规格型号	单位	数量	单价	金额	税率	税额
*经纪代理服务*国际货物运输代理服务			1	2150	2150.00	免税	***
合　计					¥2150.00		***
价税合计（大写）	⊗贰仟壹佰伍拾圆整				（小写）¥2150.00		

销售方	名　　称：上海8公司 纳税人识别号：913101096915XXXXXX 地 址、电 话：上海市XXXXXX XXXXXXXX 开户行及账号：中国银行上海XX支行 XXXXXX	备注	校验码 01780 06222

收款人：XX　　复核：XX　　开票人：XX　　销售方：（章）

税总函[2018]670号西安西正印制有限公司

第二联：发票联　购买方记账凭证

会计分录：

借：销售费用——国际货代运费　　2 150.00

　　贷：应付账款——8公司　　2 150.00

6. 业务5：12月4日，发生9公司国际货物运输代理费，取得12月13日开具的普票，价款2 015元，款未付(见图表8—7)。

图表8—7

上海增值税普通发票　　发票联

0310019XXXXX　　№ 2130XXXX　　0310019XXXXX 2130XXXX

校验码 76136 39283 14243 9

开票日期：2019年12月13日

购买方	名　　称：上海19公司 纳税人识别号：91310116MA1JXXXXXX 地 址、电 话：上海市XXXXXX XXXXXXXX 开户行及账号：中国工商银行上海XX支行 XXXXXX	密码区	+5900+*9922+--4>85/5<5295-+ /30*83>91/8-368+504883/4544 <+32*52-5<047*37-38914/967- 85-6<12/0+98394>-0*9983<1/5

货物或应税劳务、服务名称	规格型号	单位	数量	单价	金额	税率	税额
*经纪代理服务*国际货物运输代理费					2015.00	免税	***
合　计					¥2015.00		***
价税合计（大写）	⊗贰仟零壹拾伍圆整				（小写）¥2015.00		

销售方	名　　称：上海9公司 纳税人识别号：913101126793XXXXXX 地 址、电 话：上海市XXXXXX XXXXXXXX 开户行及账号：招商银行上海XX支行 XXXXXX	备注	NJPF9A739500 发票专用章

收款人：XX　　复核：XX　　开票人：XX　　销售方：（章）

税总函[2019]144号西安西正印制有限公司

第二联：发票联　购买方记账凭证

会计分录：

借：销售费用——国际货代运费　　2 015.00

　　贷：应付账款——9 公司　　2 015.00

7. 业务 6：12 月 5 日，发生 10 公司代理运费，取得 12 月 11 日开具的普票，价款 1 011.5 元，款未付（见图表 8—8）。

图表 8—8

宁波增值税普通发票　　0330219XXXXX　　№ 0295XXXX　　0330219XXXXX　0295XXXX

发票联

校验码 52772 49987 04820 82468　　开票日期：2019年12月11日

购买方	名称：上海11公司 纳税人识别号：91310116MA1JXXXXXX 地址、电话：上海市XXXXXX XXXXXXXX 开户行及账号：中国工商银行上海XX支行 XXXXXX	密码区	0765103628898>>202*6<+77--+ */0*/07//842-03>118>4/94>92 1163/*6*15+0*784833443/+6+1 6-368>2/591*>*86367*/9>9/*1

货物或应税劳务、服务名称	规格型号	单位	数量	单价	金额	税率	税额
*经纪代理服务*代理运费			1	1011.50	1011.50	免税	***
合计					¥1011.50		***
价税合计（大写）	⊗壹仟零壹拾壹圆伍角整				（小写）¥1011.50		

销售方	名称：上海10公司 纳税人识别号：913302036747XXXXXX 地址、电话：浙江省XXXXXX XXXXXXXX 开户行及账号：招商银行宁波XX支行 XXXXXX	备注	AMIGL190548543A 2019/12/8

收款人：XX　　复核：XX　　开票人：XX　　销售方：（章）

税总函〔2018〕670号 郑州东港安全印制有限公司

第二联：发票联 购买方记账凭证

发票专用章 91330203674…

会计分录：

借：销售费用——国际货代运费　　1 011.50

　　贷：应付账款——10 公司　　1 011.50

8. 业务 7：12 月 6 日，发生 7 公司代理出口杂费，取得 12 月 2 日开具的普票，价款 526 元，款未付（见图表 8—9）。

图表 8—9

上海增值税普通发票　　0310019XXXXX　　№ 1719XXXX　　0310019XXXXX　1719XXXX

发票联

校验码 43749 71728 07585 04476　　开票日期：2019年12月02日

购买方	名称：上海19公司 纳税人识别号：91310116MA1JXXXXXX 地址、电话：上海市XXXXXX XXXXXXXX 开户行及账号：中国工商银行上海XX支行 XXXXXX	密码区	1><-3556782->-27377*8++94-* -2237<308+-<051<4774128>327 95184+50719+9626>-60475*0>/ 94-*9002>751+<7+835/8>028<0

货物或应税劳务、服务名称	规格型号	单位	数量	单价	金额	税率	税额
*经纪代理服务*代理杂费		ALL	1	526.00	526.00	免税	***
合计					¥526.00		***
价税合计（大写）	⊗伍佰贰拾陆圆整				（小写）¥526.00		

销售方	名称：7公司（中国） 纳税人识别号：913100007178XXXXXX 地址、电话：中国上海市XXXXXX XXXXXXXX 开户行及账号：中国银行上海XX支行 XXXXXX	备注	SHAAE191100182 ASSHA952403

收款人：XX　　复核：XX　　开票人：XX　　销售方：（章）

税总函〔2018〕670号西安西正印制有限公司

第二联：发票联 购买方记账凭证

发票专用章 913100007178…

会计分录：

借：管理费用——运杂费　526.00

　　贷：应付账款——7 公司　526.00

会计分录说明：前面业务 6 是代理销售的运费，故计入销售费用；本业务是代理出口其他杂费，故计入了管理费用（由于二级科目设置为“运杂费”，因此科目使用仍为“运杂费”，但一级科目为管理费用）。

9. 业务 8：18 葛××报销餐饮费 110 元，款未付（见图表 8—10）。

图表 8—10

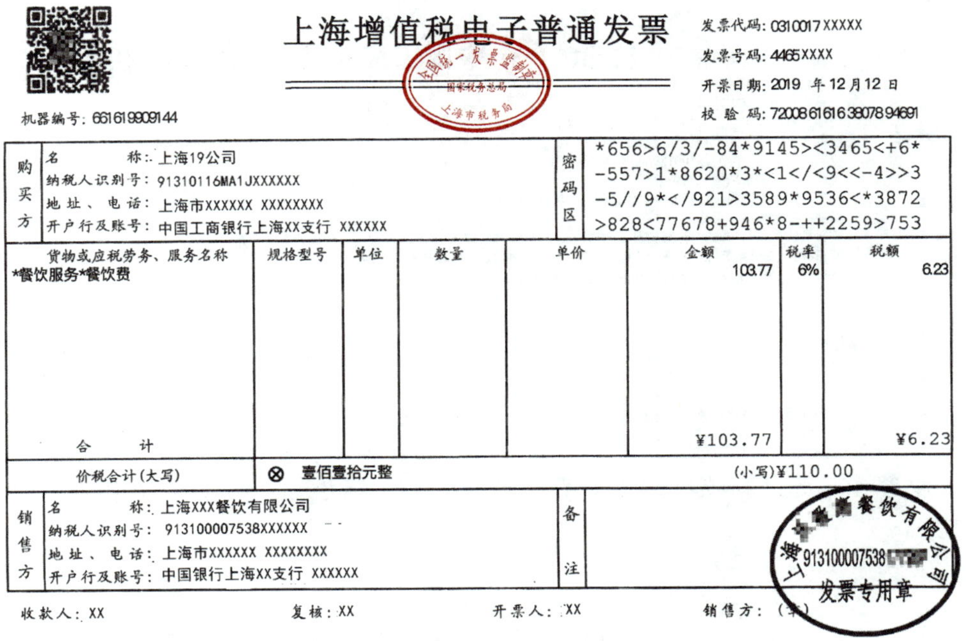

上海增值税电子普通发票

发票代码：0310017XXXXX
发票号码：4465XXXX
开票日期：2019 年 12 月 12 日
校 验 码：72008616163807894691

机器编号：661619909144

购买方　名称：上海19公司
纳税人识别号：91310116MA1JXXXXXX
地址、电话：上海市XXXXXX XXXXXXXX
开户行及账号：中国工商银行上海XX支行 XXXXXX

密码区：
*656>6/3/-84*9145><3465<+6*
-557>1*8620*3*<1</<9<<-4>>3
-5//9*</921>3589*9536<*3872
>828<77678+946*8-++2259>753

货物或应税劳务、服务名称	规格型号	单位	数量	单价	金额	税率	税额
*餐饮服务*餐饮费					103.77	6%	6.23
合　计					¥103.77		¥6.23
价税合计（大写）	⊗ 壹佰壹拾元整				（小写）¥110.00		

销售方　名称：上海XXX餐饮有限公司
纳税人识别号：913100007538XXXXXX
地址、电话：上海市XXXXXX XXXXXXXX
开户行及账号：中国银行上海XX支行 XXXXXX
备注

收款人：XX　复核：XX　开票人：XX　销售方：（章）

会计分录：

借：管理费用——业务招待费　110.00

　　贷：其他应付款——18 葛××　110.00

10. 业务 9：缴纳社保款 1 860.8 元（其中代扣代缴养老保险 394.2 元，医疗保险 98.6 元，失业保险 24.7 元，单位负担 1 343.3 元），通过 1 银行支付，2020 年 12 月 19 日取得银行回单（见图表 8—11）。

会计分录：

借：管理费用——社会保险费　1 343.30

　　其他应付款——社保——养老　394.20

　　　　　　　　　　　——医疗　98.60

　　　　　　　　　　　——失业　24.70

　　贷：银行存款——1 银行　1 860.80

会计分录说明：(1)管理费用的社保款是单位负担的；(2)其他应付款的社保款是代扣代缴个人的；(3)单位负担的社保直接计入管理费用是不对的，应当通过应付职工薪酬进行核算：正确分录为：

借:管理费用——社会保险费 1 343.30

贷:应付职工薪酬——社保 1 343.30

借:应付职工薪酬——社保 1 343.30

其他应付款——社保——养老 394.20

——医疗 98.60

——失业 24.70

贷:银行存款 1 680.80

请学员按正确分录录入。

图表 8—11

ICBC 中国工商银行 业务回单（付款）机用回单

日期：2019年12月11日
回单编号：19345000001
付款人户名：上海19公司　　付款人开户行：徐汇XX支行
付款人账号（卡号）：1001271509068XXXXX
收款人户名：上海市社会保险事业管理中心　　收款人开户行：中国工商银行XX支行
收款人账号（卡号）：100129352XXXXX
金额：壹仟捌佰陆拾元捌角　　小写：1,860.80元
业务（产品）种类：跨行收报　凭证种类：000000000　　凭证号码：00000000000000000
摘要：社保扣缴　用途：　　币种：人民币
交易机构：0100106889 记账柜员：00107 交易代码：83155　　渠道：中间业务后台方式
交易种类：支付结算综合业务代收收报 委托日期：20191211 发报行号：102290068892
发报行名：中国工商银行上海市分行 附言：社保扣缴

中国工商银行股份有限公司上海市 XXX支行 业务专用章 D89B8EBXXXXX 打印柜员：0

本回单为第1次打印，注意重复　　打印日期：2019年12月19日

11. 业务 10:支付“1 银行”手续费 100 元,2019 年 12 月 19 日收到银行回单(见图表 8—12)。

图表 8—12

ICBC 中国工商银行 业务回单（付款）机用回单

日期：2019年12月12日
回单编号：19346000002
付款人户名：上海19公司　　付款人开户行：徐汇XX支行
付款人账号（卡号）：100127150906XXXXX
收款人户名：　　收款人开户行：
收款人账号（卡号）：
金额：壹佰元整　　小写：100.00元
业务（产品）种类：对公收费　凭证种类：000000000　　凭证号码：00000000000000000
摘要：对公收费明细入帐　用途：　　币种：人民币
交易机构：0100102715 记账柜员：00001 交易代码：68006　　渠道：批量业务
产品名称：财智账户卡
费用名称：普卡年费 应收金额：100.00
实收金额：100.00 收费渠道：业务发生日期：2019-12-11
业务发生账号：100127150900XXXXX

中国工商银行股份有限公司上海市 XX支行 业务专用章 F45B770XXXXX 打印柜员：0

本回单为第1次打印，注意重复　　打印日期：2019年12月19日

会计分录:

借:财务费用——手续费 100.00

贷:银行存款——1 银行 100.00

12. 业务 11:通过“1 银行”支付 11 公司货款 21 109.6 元,2019 年 12 月 19 日取得银行回单(见图表 8—13)。

图表 8—13

ICBC 中国工商银行 业务回单 机(打)凭证

日期：2019年12月07日
回单编号：19341000001
付款人户名：上海19公司　　付款人开户行：徐汇XX支行
付款人账号（卡号）：1001271509068XXXXX
收款人户名：东莞市11公司　　收款人开户行：工行广东省 XX 业务处理中心
收款人账号（卡号）：20100261092001XXXXX
金额：贰万壹仟壹佰零玖元陆角　　小写：21,109.60元
业务（产品）种类：汇划发报　凭证种类：000000000　　凭证号码：00000000000000000
摘要：货款　用途：货款　　币种：人民币
交易机构：0100106889 记账柜员：00012 交易代码：00929　　渠道：网上银行
用途：货款 汇出行:0100106889 汇出行名称:工行上海分行业务处理中心 汇入行:0201000220
指令编号:HQP2362791245 提交人:0906822065900001.c.1001 最终授权人:0906822065900002.c.1001

中国工商银行股份有限公司上海市 XXX支行 业务专用章 25531B XXXXX 打印柜员：0

本回单为第1次打印，注意重复　　打印日期：2019年12月19日

会计分录：

借:应付账款——11 公司　　21 109.60

　贷:银行存款——1 银行　　21 109.60

13. 业务 12:通过“2 银行”收到 12 公司货款 3 781.65 美元,2019 年 12 月 19 日取得银行回单(汇率为 7.0262)(见图表 8—14)。

图表 8—14

ICBC 中国工商银行 业务回单（收款）机打凭单

日期：2019年12月04日
回单编号：19338000002
付款人户名：12公司　　付款人开户行：
付款人账号（卡号）：3689XXXXX
收款人户名：上海19公司　　收款人开户行：徐汇XX支行
收款人账号（卡号）：10012715391450XXXXX
金额：叁仟柒佰捌拾壹元陆角伍分　　小写：3,781.65元
业务（产品）种类：外汇业务　凭证种类：000000000　　凭证号码：00000000004722580
摘要：RFC004722580　用途：　　币种：美元
交易机构：0100101729 记账柜员：28081 交易代码：05352　　渠道：柜面

外汇收报:103 业务流水号：4722580 业务编号:D0493370433001 汇款金额:USD 3,796.65 客户附言:WRIMES 费用负担:SHA 发报行费用:USD15,00 收报行费用：银行附言：手续费：0.00 扣费摘要：国际收支申报代码:31010400[illegible]行:CITIUS33XXX 收报行:ICBKCNBJSHI 59项收款人帐号:1001271539145XXXXX

中国工商银行股份有限公司上海市 XXX支行 业务专用章 68EC63 XXXXX 打印柜员：0

本回单为第1次打印，注意重复　　打印日期：2019年12月19日

会计分录：

借:银行存款——2 银行——2 银行　　26 570.63

　贷:应收账款——12 公司　　26 570.63

会计分录说明:本例收到美元,存入美元户,按当月第一个工作日的汇率折算为人民币。待月末再用月末汇率调整为人民币,差额产生财务费用的汇兑损益(汇兑损失计入“财务费用——汇兑损失”科目;汇兑收益计入“营业外收入——汇兑收益”科目)。以下业务 13、业务 14、业务 15 做同样处理。

14. 业务 13:通过“2 银行”收到 13 公司货款,金额为 34 741.95 美元,2019 年 12 月 19 日取得银行回单(汇率为 7.0262)(见图表 8—15)。

图表 8—15

ICBC 中国工商银行 业务回单（收款）

日期：2019年12月04日
回单编号：19338000005
付款人户名：13公司　　付款人开户行：
付款人账号（卡号）：44269XXXXX
收款人户名：上海19公司　　收款人开户行：徐汇XX支行
收款人账号（卡号）：1001271539145XXXXX
金额：叁万肆仟柒佰肆拾壹元玖角伍分　　小写：34,741.95元
业务（产品）种类：外汇业务　凭证种类：000000000　　凭证号码：00000000004722745
摘要：RFC004722745　用途：　　币种：美元
交易机构：0100101729 记账柜员：28081 交易代码：05352　　渠道：柜面

外汇收报:103 业务流水号：4722745 业务编号:2019120300516553 汇款金额:USD 34,746.95 客户附言:/RFB/50011488//2019271 22047.59 2019339 6538.9 /8 2019340沮2019325 费用负担:SHA 发报行费用:USD0,00 收报行费用 … 0.00 扣费摘要：国际收支申报代码:310104000201191204N028 发报行:BOFAUS3NXXX 收报行:ICBKCNBJSHI 59项收款人帐号:1001271539145XXXXX

XXX支行 业务专用章 768DCE6XXXXX 打印柜员：9

本回单为第1次打印，注意重复　　打印日期：2019年12月19日

510041 昆山市金峰印刷有限公司印制 210×297mm

会计分录：

借：银行存款——2 银行——2 银行　　244 103.89

　　贷：应收账款——13 公司　　244 103.89

15. 业务 14：通过“2 银行”收到 14 公司货款，金额为 1 035.48 美元，2019 年 12 月 19 日取得银行回单（汇率为 7.0262）（见图表 8—16）。

图表 8—16

ICBC 中国工商银行 业务回单（收款）

日期：2019年12月05日
回单编号：19339000003
付款人户名：14公司　　付款人开户行：
付款人账号（卡号）：0001535926XXXXX
收款人户名：上海19公司　　收款人开户行：徐汇 XXX 支行
收款人账号（卡号）：1001271539145XXXXX
金额：壹仟零叁拾伍元肆角捌分　　小写：1,035.48元
业务（产品）种类：外汇业务　凭证种类：000000000　　凭证号码：00000000004724602
摘要：RFC004724602　用途：　　币种：美元
交易机构：0100101729 记账柜员：28081 交易代码：05352　　渠道：柜面

外汇收报:103 业务流水号：4724602 业务编号:F61204460434000 汇款金额:USD 1,055.48 客户附言:EXPRESS TUBES RFB 191204 032776 费用负担:SHA 发报行费用:USD20,00 收报行费用：银行附言：手续费：0.00 扣费摘要：国际收支申报代码:310104000201191205N013 发报行:PNBPUS3NNYC 收报行:ICBKCNBJSHI 59项收款人帐号:1001 2715 3914 …

中国工商银行股份有限公司上海市 XXX支行 业务专用章 C3D485CXXX 打印柜员：0

本回单为第1次打印，注意重复　　打印日期：2019年12月19日

510041 昆山市金峰印刷有限公司印制 210×297mm

会计分录：

借：银行存款——2 银行——2 银行　　7 275.49

　　贷：应收账款——14 公司　　7 275.49

16. 业务 15：通过“2 银行”收到 15 公司货款，金额为 58 008.34 美元，2019 年 12 月 19 日取得银行回单（汇率为 7.0262）（见图表 8—17）。

会计分录：

借：银行存款——2 银行——2 银行　　407 578.20

　　贷：应收账款——15 公司　　407 578.20

图表 8－17

ICBC 中国工商银行 业务回单（收款）

日期：2019年12月13日
回单编号：19347000001
付款人户名：15公司　　付款人开户行：
付款人账号（卡号）：55007XXXXX
收款人户名：19公司　　收款人开户行：徐汇XX支行
收款人账号（卡号）：100127153914XXXXX
金额：伍万捌仟零捌元叁角肆分　　小写：58,008.34元
业务（产品）种类：外汇业务　凭证种类：000000000　　凭证号码：00000000004736207
摘要：RFC004736207　用途：　　币种：美元
交易机构：0100101729 记账柜员：28081 交易代码：05352　　渠道：柜面

外汇收报:103 业务流水号：4736207 业务编号:5521500345J0 汇款金额:USD 58,018.34 客户附言：费用负担:SHA 发报行费用:USD10,00 收报行费用：银行附言:/BOOK/5521500345J0 手续费：0.00 扣费摘要：国际收支申报代码[illegible]N001 发报行:CHASUS33XXX 收报行:ICBKCNBJSHI 59项收款人帐号:1001271539145XXXXX

XXX支行 业务专用章 233B186XXXXX 打印柜员：0

本回单为第1次打印，注意重复　　打印日期：2019年12月19日

510041 昆山市…印刷有限公司印制 210×297mm

17. 业务 16:通过“1 银行”缴纳 2019 年 11 月税款 500.25 元(其中个人所得税 500 元、滞纳金 0.25 元),2019 年 12 月 19 日取得银行回单(上月已计提个税)(见图表 8－18)。

图表 8－18

中国工商银行电子缴税付款凭证
ICBC 中国工商银行　凭证

缴税日期：2019年12月17日　　凭证号：2019121850356101

纳税人全称及纳税人识别号：上海19公司　91310116MA1JXXXXXX
付款人全称：上海19公司
付款人账号：1001271509068220659　　征收机关名称：国家税务总局上海市金山区税务局
付款人开户行：工行上海XX支行　　收款国库(银行)名称：上海市金山区支库
小写（合计）金额：500.25元　　缴款书交易流水号：46322288
大写（合计）金额：伍佰元贰角伍分　　税票号码：61912171002XXXXXX

税（费）种名称	所属日期	实缴金额（单位：元）
个人所得税	20191101-20191130	500.00
个人所得税	20191101-20191130	0.25

XXX支行 业务专用章 81D965CXXXX

第1次打印　　打印时间：2019年12月19日
客户回单联　　复核：　　记账：

会计分录：

借:应交税费——应交个人所得税　　500.00
　　营业外支出——税收滞纳金　　0.25
　　贷:银行存款——1 银行　　500.25

会计分录说明:这个营业外支出不允许所得税前扣除。

18. 业务 17:18 葛××报销快递费 20 元,款未付(见图表 8－19)。

会计分录：

借:管理费用——快递费　　20.00
　　贷:其他应付款——18 葛××　　20.00

图表 8－19

中国邮政速递物流股份有限公司湖北省分公司定额发票

发票联

发票代码 14201199XXXX

发票号码 0046XXXX

贰拾元整

（加盖发票专用章有效）

91420112333XXXXX 发票专用章

鄂税 印［2019］26号仙福纸业19年1月印

19．业务 18：12 月 7 日，购买 16 公司塑料软管一批，金额为 21 564.16 元，税额 2 803.34 元，款未付（此发票已退税勾选）（见图表 8－20）。

图表 8－20

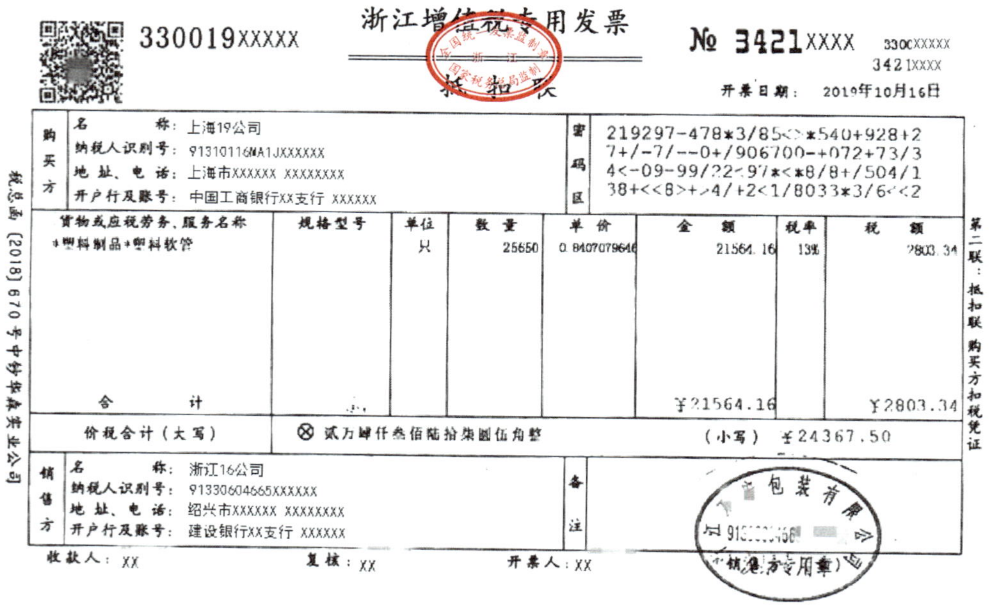

浙江增值税专用发票

330019XXXXX　№ 3421XXXX　330CXXXXX 3421XXXX

抵扣联

开票日期：2019年10月16日

购买方	名称：上海19公司 纳税人识别号：91310116MA1JXXXXXX 地址、电话：上海市XXXXXX XXXXXXXX 开户行及账号：中国工商银行XX支行 XXXXXX	密码区	219297-478*3/85<>*540+928+2 7+/-7/--0+/906700-+072+73/3 4<-09-99/22<97*<*8/8+/504/1 38+<<8>+>4/+2<1/8033*3/6<<2

货物或应税劳务、服务名称	规格型号	单位	数量	单价	金额	税率	税额
*塑料制品*塑料软管		只	25650	0.8407079646	21564.16	13%	2803.34
合计					￥21564.16		￥2803.34
价税合计（大写）	⊗贰万肆仟叁佰陆拾柒圆伍角整				（小写）￥24367.50		

销售方	名称：浙江16公司 纳税人识别号：91330604665XXXXXX 地址、电话：绍兴市XXXXXX XXXXXXXX 开户行及账号：建设银行XX支行 XXXXXX	备注	

收款人：XX　复核：XX　开票人：XX　销售方：（章）

税总函〔2018〕670号中钞华森实业公司

第二联：抵扣联 购买方扣税凭证

会计分录：

借：库存商品　21 564.16

　应交税费——应交增值税——出口退税　2 803.34

　贷：应付账款——16 公司　24 367.50

会计分录说明：(1)该分录是商品入库、取得发票时的分录。这里发生了不应有的简化：应该是先认证进项税，做进项税抵扣分录；勾选后将“应交税费——应交增值税(进项税额)”转入“应交税费——应交增值税(出口退税)”科目。

正确分录是：

取得专票时：

借：库存商品　21 564.16

　　应交税费——应交增值税(进项税额)　　2 803.34
　　贷:应付账款——16 公司　　24 367.50

做退税勾选后:

　借:应交税费——应交增值税(出口退税)　　2 803.34
　　贷:应交税费——应交增值税(进项税额)　　2 803.34

请学员按以上两笔正确分录录入。

出口退税手续办妥时:

　借:其他应收款——出口退税
　　贷:应交税费—应交增值税(出口退税)

收到出口退税时:

　借:银行存款
　　贷:其他应收款——出口退税

(2)政策:出口商品增值税免税,也就不能抵扣购买时的进项税,所以要做两个处理:一是缴纳的进项税要退回来;二是购买时的专票进项税不要抵扣。

20. 业务 19:12 月 8 日,购买 17 公司塑料软管一批,金额为 12 200 元,税额 1 586 元,款未付(此发票已退税勾选)(见图表 8—21)。

图表 8—21

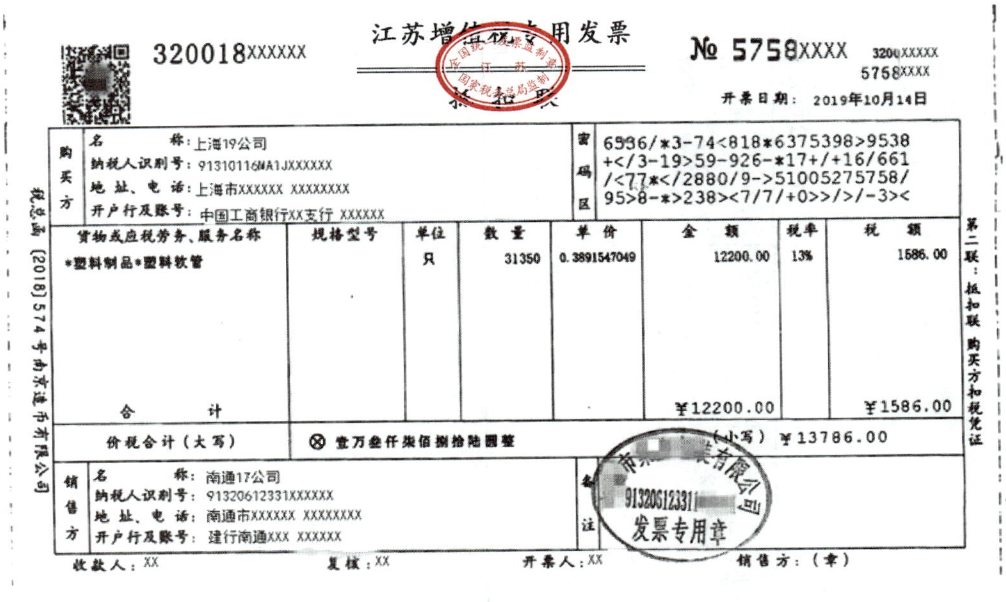

江苏增值税专用发票

320018XXXXXX　　№ 5758XXXX　　3200XXXXX 5758XXXX

抵扣联

开票日期: 2019年10月14日

购买方　名　称:上海19公司
纳税人识别号:91310116MA1JXXXXXX
地址、电话:上海市XXXXXX XXXXXXXX
开户行及账号:中国工商银行XX支行 XXXXXX

密码区:
6936/*3-74<818*6375398>9538
+</3-19>59-926-*17+/+16/661
/<77*</2880/9->51005275758/
95>8-*>238><7/7/+0>>/>/-3><

货物或应税劳务、服务名称	规格型号	单位	数量	单价	金额	税率	税额
*塑料制品*塑料软管		只	31350	0.3891547049	12200.00	13%	1586.00
合　计					¥12200.00		¥1586.00

价税合计(大写)　⊗壹万叁仟柒佰捌拾陆圆整　(小写) ¥13786.00

销售方　名　称:南通17公司
纳税人识别号:91320612331XXXXXX
地址、电话:南通市XXXXXX XXXXXXXX
开户行及账号:建行南通XXX XXXXXX

备注:(发票专用章)91320612331

收款人:XX　复核:XX　开票人:XX　销售方:(章)

税总函[2018]574号南京造币有限公司

第二联:抵扣联 购买方扣税凭证

会计分录:

　借:库存商品——库存商品　　12 200.00
　　应交税费——应交增值税(出口退税)　　1 586.00
　　贷:应付账款——17 公司　　13 786.00

会计分录说明:见业务 17。

请学员按正确分录录入。

21. 业务 20:计提本月工资 10 000 元,代扣代缴养老保险 394.2 元、医疗保险 98.6 元、失业保险 24.7 元、个税 448.25 元(见图表 8—22)。

图表 8—22

2019 年 12 月 19 公司员工工资明细表

序号	姓名	身份证	手机号码	入职时间	月计薪天数	出勤天数	基本工资	绩效	奖金	请假扣款				应发合计	社保基数	个人					税前工资	个税	实发
										病假	事假	其他	小计			养老	医疗	失业	公积金7%	个人部合计			
1	葛××	×××	×××			0	10 000							10 000.00	4 927	394.2	98.6	24.7	0	517.50	9 482.50	448.25	9 034.25
														10 000.00		0	0	0	0	0			9 034.25

会计分录：

借：管理费用——职工薪酬　10 000.00
　贷：应付职工薪酬——工资　10 000.00
借：应付职工薪酬——工资　965.75
　贷：其他应付款——社保——养老　394.20
　　——社保——医疗　98.60
　　——社保——失业　24.70
　　个人所得税　448.25

22. 业务21：结转损益。

借：本年利润　62 378.05
　贷：销售费用——国际代理运费　49 745.50
　　——出口货运费　300.00
　　管理费用——业务招待费　343.00
　　——职工薪酬　10 000.00
　　——社会保险费　1 343.30
　　——运杂费　526.00
　　——快递费　20.00
　　——手续费　100.00
　　营业外支出——税收滞纳金　0.25

会计分录说明：该企业本月没有收入，且年度利润总额为负值，所以结转本年利润时没有收入的结转，也没有所得税费用。

23. 业务22：结转未分配利润。

借：利润分配——未分配利润　176 025.25
　贷：本年利润　176 025.25

四、生成会计报表

(一)资产负债表(见图表8—23)

图表8—23　**资产负债表**

纳税人识别号：91310116MA1J　会小企01表

核算单位：上海19公司　2019—12—31　单位：元

资　产	行次	期末余额	年初余额	负债和所有者权益	行次	期末余额	年初余额
流动资产：				流动负债：			
货币资金	1	7 052 657.49	7 261 925.26	短期借款	31	0.00	0.00
短期投资	2	0.00	0.00	应付票据	32	0.00	0.00
应收票据	3	0.00	0.00	应付账款	33	8 575 735.79	10 062 627.59
应收账款	4	1 332 090.95	2 120 268.04	预收账款	34	18 692 114.62	13 364 890.67
预付账款	5	14 209 226.34	1 371 945.39	应付职工薪酬	35	—1 983.25	0.00
应收股利	6	0.00	0.00	应交税费	36	449 160.34	—237 907.99
应收利息	7	0.00	0.00	应付利息	37	0.00	0.00

续表

资　产	行次	期末余额	年初余额	负债和所有者权益	行次	期末余额	年初余额
其他应收款	8	4 569 620.70	2 251 402.13	应付利润	38	0.00	0.00
存货	9	137 404.70	9 946 067.38	其他应付款	39	0.00	0.00
其中：原材料	10	0.00	0.00				
在产品	11	0.00	0.00				
库存商品	12	137 404.70	9 946 067.38				
周转材料	13	0.00	0.00				
其他流动资产	14	0.00	0.00	其他流动负债	40	0.00	0.00
流动资产合计	15	27 301 000.18	22 951 608.20	流动负债合计	41	27 715 027.50	23 189 610.27
非流动资产：				非流动负债：			
长期债券投资	16	0.00	0.00	长期借款	42	0.00	0.00
长期股权投资	17	0.00	0.00	长期应付款	43	0.00	0.00
固定资产原价	18	0.00	0.00	递延收益	44	0.00	0.00
减：累计折旧	19	0.00	0.00	其他非流动负债	45	0.00	0.00
固定资产账面价值	20	0.00	0.00	非流动负债合计	46	0.00	0.00
在建工程	21	0.00	0.00	负债合计	47	27 715 027.50	23 189 610.27
工程物资	22	0.00	0.00				
固定资产清理	23	0.00	0.00				
生产性生物资产	24	0.00	0.00	所有者权益（或股东权益）			
无形资产	25	0.00	0.00	实收资本（或股本）	48	0.00	0.00
开发支出	26	0.00	0.00	资本公积	49	0.00	0.00
长期待摊费用	27	0.00	0.00	盈余公积	50	0.00	0.00
其他非流动资产	28	0.00	0.00	未分配利润	51	−414 027.32	−238 002.07
非流动资产合计	29	0.00	0.00	所有者权益（或股东权益）合计	52	−414 027.32	−238 002.07
资产总计	30	27 301 000.18	22 951 608.20	负债和所有者权益（或股东权益）总计	53	27 301 000.18	22 951 608.20

（二）利润表（见图表 8—24）

图表 8—24 **利润表**

纳税人识别号：91310116MA1J

会小企 02 表

核算单位：19 公司　　2019—12　　单位：元

项　目	行次	本年累计金额	本月金额
一、营业收入	1	40 111 629.41	0.00
减：营业成本	2	36 112 967.75	0.00
税金及附加	3	2 539.80	0.00
其中：消费税	4	0.00	0.00
营业税	5	0.00	0.00
城市维护建设税	6	0.00	0.00

续表

项　目	行次	本年累计金额	本月金额
资源税	7	0.00	0.00
土地增值税	8	0.00	0.00
城镇土地使用税、房产税、车船税、印花税	9	0.00	0.00
教育费附加、矿产资源补偿费、排污费	10	0.00	0.00
销售费用	11	2 873 014.05	50 045.50
其中:商品维修费	12	0.00	0.00
广告费和业务宣传费	13	0.00	0.00
管理费用	14	1 285 416.52	12 232.30
其中:开办费	15	0.00	0.00
业务招待费	16	6 919.00	343.00
研究费用	17	0.00	0.00
财务费用	18	16 428.43	100.00
其中:利息费用(收入以"—"号填列)	19	—9 797.43	0.00
加:投资收益(损失以"—"号填列)	20	0.00	0.00
二、营业利润(亏损以"—"号填列)	21	—178 737.14	—62 377.80
加:营业外收入	22	3 000.00	0.00
其中:政府补助	23	3 000.00	0.00
减:营业外支出	24	288.11	0.25
其中:坏账损失	25	0.00	0.00
无法收回的长期债券投资损失	26	0.00	0.00
无法收回的长期股权投资损失	27	0.00	0.00
自然灾害等不可抗力因素造成的损失	28	0.00	0.00
税收滞纳金	29	0.00	0.00
三、利润总额(亏损总额以"—"号填列)	30	—176 025.25	—62 378.05
减:所得税费用	31	0.00	0.00
四、净利润(净亏损以"—"号填列)	32	—176 025.25	—62 378.05

(三)现金流量表(见图表 8—25)

图表 8—25　　**现金流量表**

纳税人识别号:91310116MA1J　　会小企 03 表

核算单位:上海 19 公司　　2019—12　　单位:元

项　目	行次	本年累计金额	本月金额
一、经营活动产生的现金流量:			

续表

项　目	行次	本年累计金额	本月金额
销售产成品、商品、提供劳务收到的现金	1	46 253 170.01	685 528.21
收到其他与经营活动有关的现金	2	5 110 301.35	
购买原材料、商品、接受劳务支付的现金	3	48 152 518.53	21 109.60
支付的职工薪酬	4	194 526.26	1 843.30
支付的税费	5	24 463.78	
支付其他与经营活动有关的现金	6	3 201 230.56	617.75
经营活动产生的现金流量净额	7	－209 267.77	661 957.56
二、投资活动产生的现金流量：			
收回短期投资、长期债券投资和长期股权投资收到的现金	8		
取得投资收益收到的现金	9		
处置固定资产、无形资产和其他非流动资产收回的现金净额	10		
短期投资、长期债券投资和长期股权投资支付的现金	11		
购建固定资产、无形资产和其他非流动资产支付的现金	12		
投资活动产生的现金流量净额	13		
三、筹资活动产生的现金流量：			
取得借款收到的现金	14		
吸收投资者投资收到的现金	15		
偿还借款本金支付的现金	16		
偿还借款利息支付的现金	17		
分配利润支付的现金	18		
筹资活动产生的现金流量净额	19		
四、现金净增加额	20	－209 267.77	661 957.56
加：期初现金余额	21	7 261 925.26	6 390 699.93
五、期末现金余额	22	7 052 657.49	7 052 657.49

第三节　关于进出口企业的几项特殊说明

一、关于外币折算

根据《小企业会计准则》的相关规定，收到外币（比如美元），在收到时按当日或当月第一个工作日的汇率折算记入美元账户；月末按月末汇率调整，转入人民币账户(基本户)，差额如果是汇兑损失，计入"财务费用——汇兑损失"科目；如果是汇兑收益，计入"营业外收入——汇兑收益"科目。

本例业务12、业务13、业务14、业务15四笔业务收到美元：3 781.65＋34 741.95＋1 035.48＋58 008.34＝97 567.42美元。用当月第一个工作日汇率折算人民币＝97 567.42×7.026 2＝685 528.21元。月末用当月末汇率折算人民币＝97 567.42×6.976 2＝680 649.84元，形成汇兑损失。

会计分录：

借：银行存款——1银行　　680 649.84

　财务费用——汇兑损失　　4 878.37

　贷：银行存款——2银行——2银行　　685 528.21

此分录，放在下月初去做，所以本例中没有体现。

二、进出口业务增值税相关政策

进出口业务的增值税政策，基本点是：

1. 国家鼓励企业外向发展，出口商品零税率。

2. 正因为出口商品不交增值税，也就在该商品采购时不允许抵扣进项税。

3. 企业在采购该商品时已经支付了进项税，并取得专用发票，不予抵扣。这体现在本例业务17。

三、进出口退税相关资料及其填报

进出口退税相关资料及其填报见图表8—26至图8—58。

图表8—26

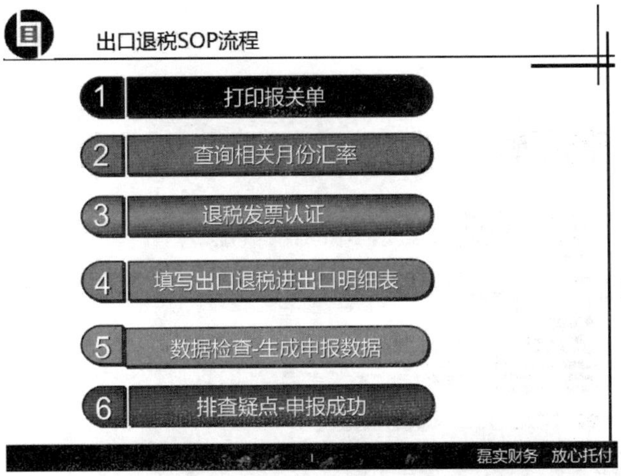

图表 8－27

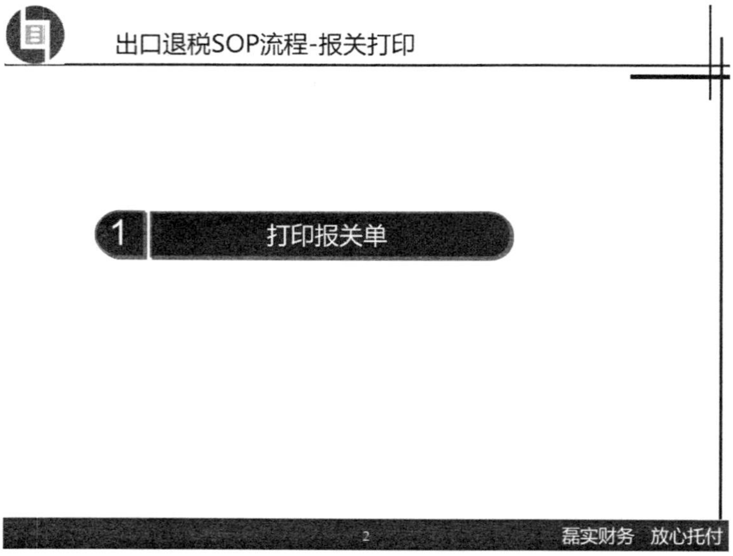
出口退税SOP流程-报关打印
1
打印报关单
2
磊实财务 放心托付

图表 8－28

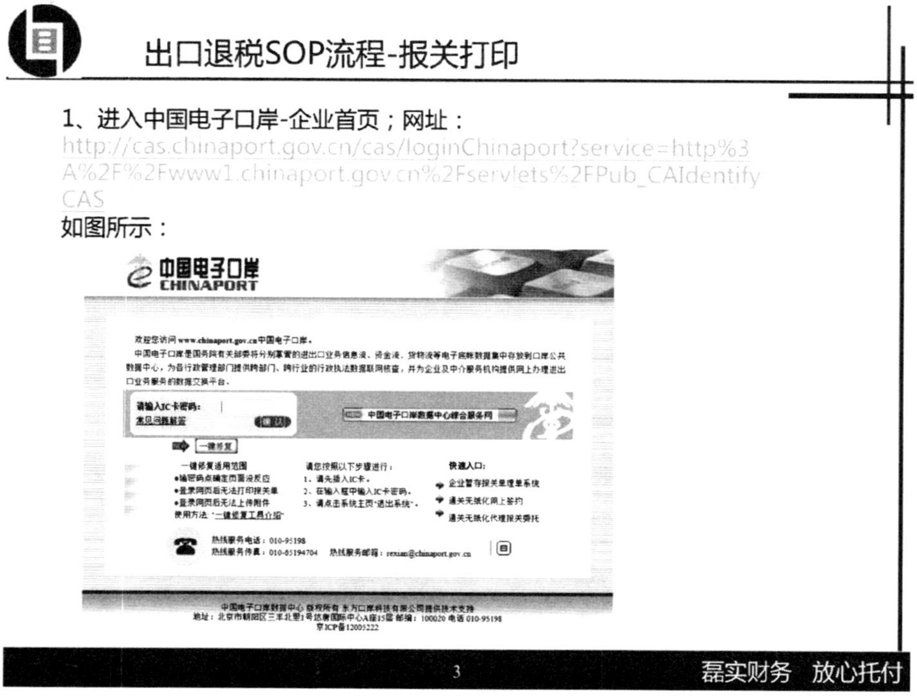
出口退税SOP流程-报关打印
1、进入中国电子口岸-企业首页；网址：
http://cas.chinaport.gov.cn/cas/loginChinaport?service=http%3A%2F%2Fwww1.chinaport.gov.cn%2Fservlets%2FPub_CAIdentifyCAS
如图所示：
中国电子口岸
CHINAPORT
3
磊实财务 放心托付

图表 8－29

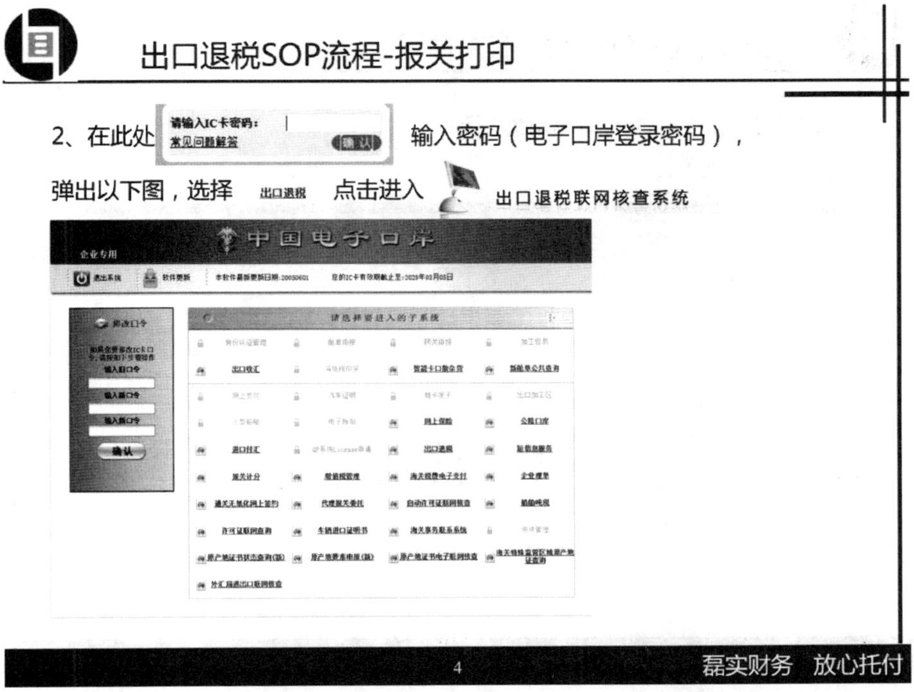
出口退税SOP流程-报关打印
2、在此处
请输入IC卡密码：
常见问题解答
确 认
输入密码（电子口岸登录密码），
弹出以下图，选择 出口退税 点击进入
出口退税联网核查系统
中国电子口岸
企业专用
4
磊实财务 放心托付

图表 8－30

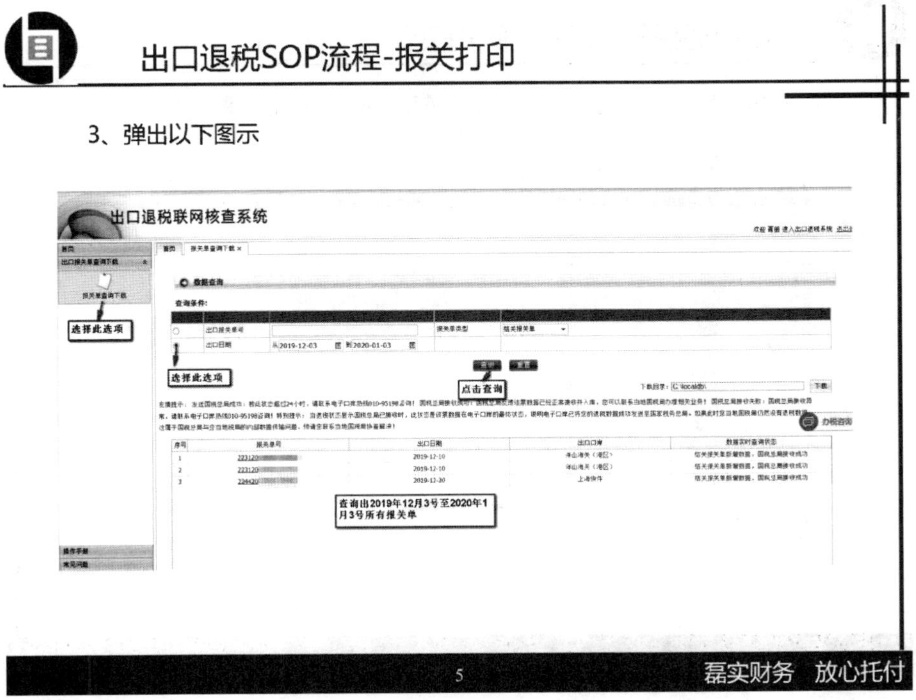
出口退税SOP流程-报关打印
3、弹出以下图示
出口退税联网核查系统
选择此选项
选择此选项
点击查询
查询出2019年12月3号至2020年1月3号所有报关单
5
磊实财务 放心托付

图表 8—31

出口退税SOP流程-报关打印
4、点击 弹出如图所示：
打印报关单，正反面打印
6
磊实财务 放心托付

图表 8—32

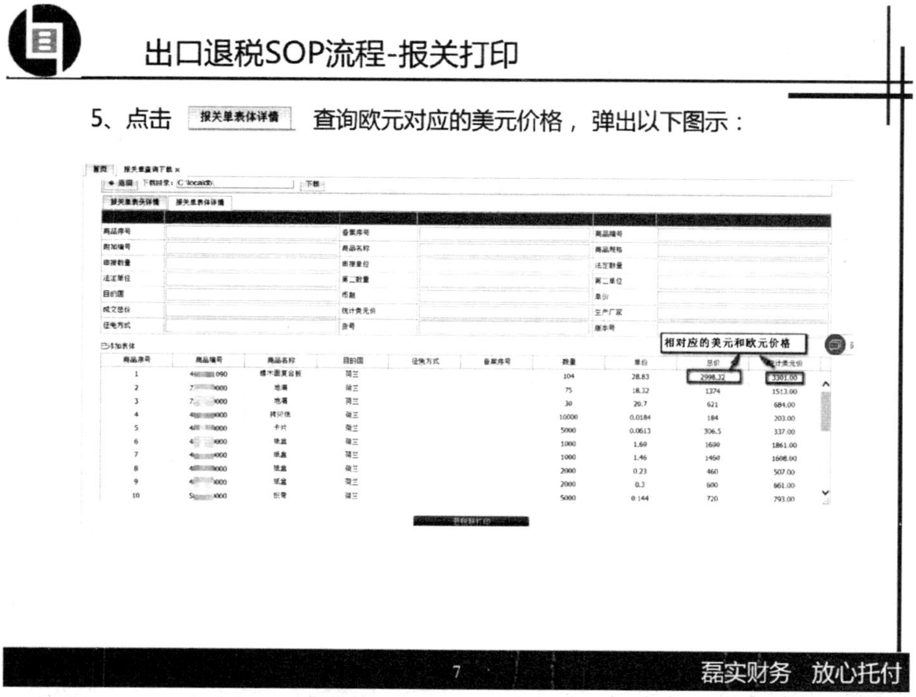
出口退税SOP流程-报关打印
5、点击 报关单表体详情 查询欧元对应的美元价格，弹出以下图示：
相对应的美元和欧元价格
7
磊实财务 放心托付

图表 8—33

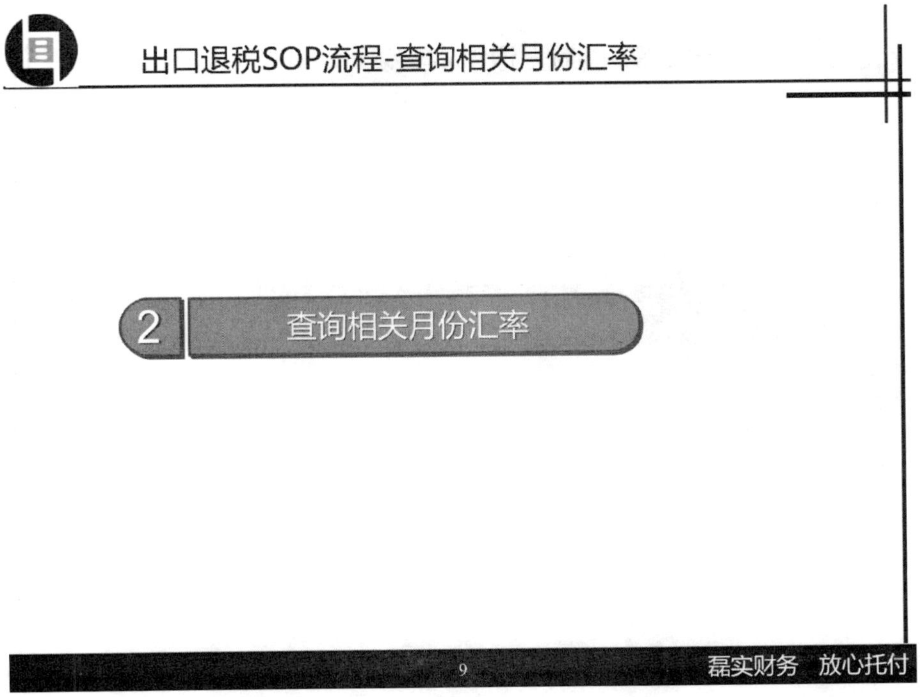

图表 8—34

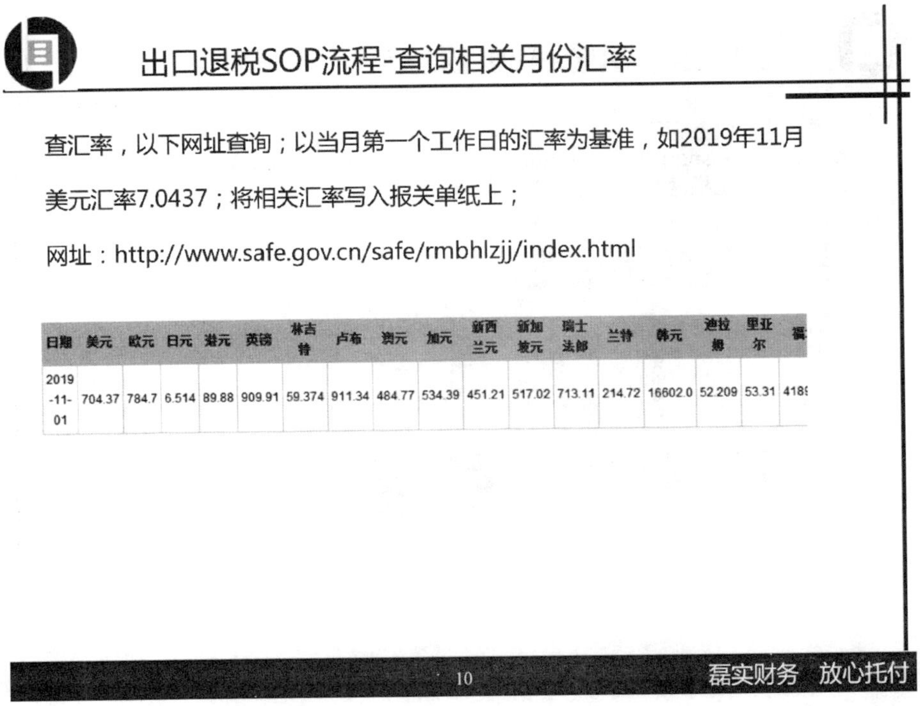

出口退税SOP流程-查询相关月份汇率

查汇率，以下网址查询；以当月第一个工作日的汇率为基准，如2019年11月美元汇率7.0437；将相关汇率写入报关单纸上；

网址：http://www.safe.gov.cn/safe/rmbhlzjj/index.html

日期	美元	欧元	日元	港元	英镑	林吉特	卢布	澳元	加元	新西兰元	新加坡元	瑞士法郎	兰特	韩元	迪拉姆	里亚尔	[illegible]
2019-11-01	704.37	784.7	6.514	89.88	909.91	59.374	911.34	484.77	534.39	451.21	517.02	713.11	214.72	16602.0	52.209	53.31	418

10

磊实财务　放心托付

图表 8－35

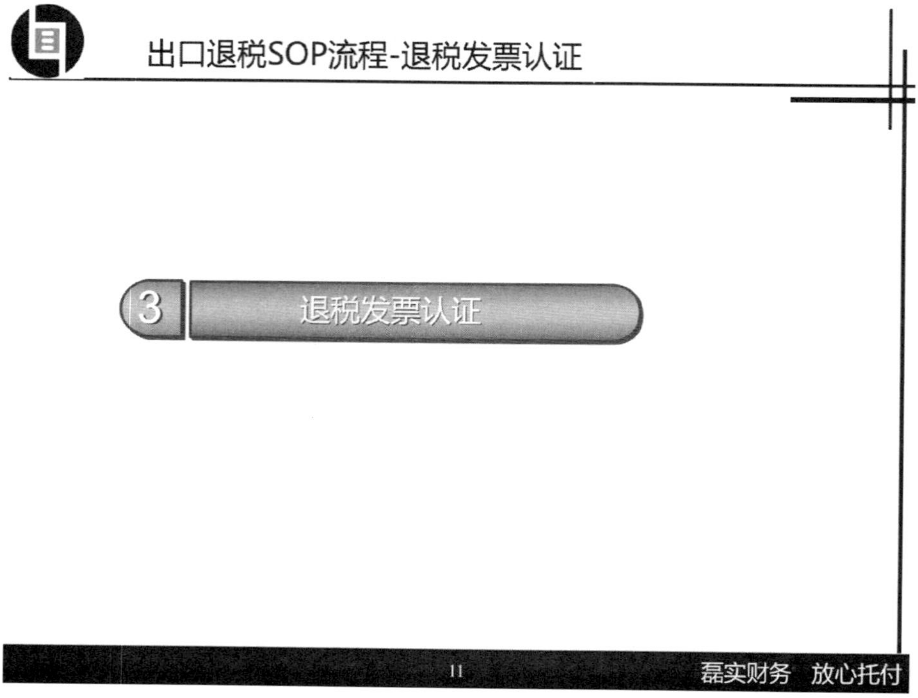
出口退税SOP流程-退税发票认证
3
退税发票认证
11
磊实财务 放心托付

图表 8－36

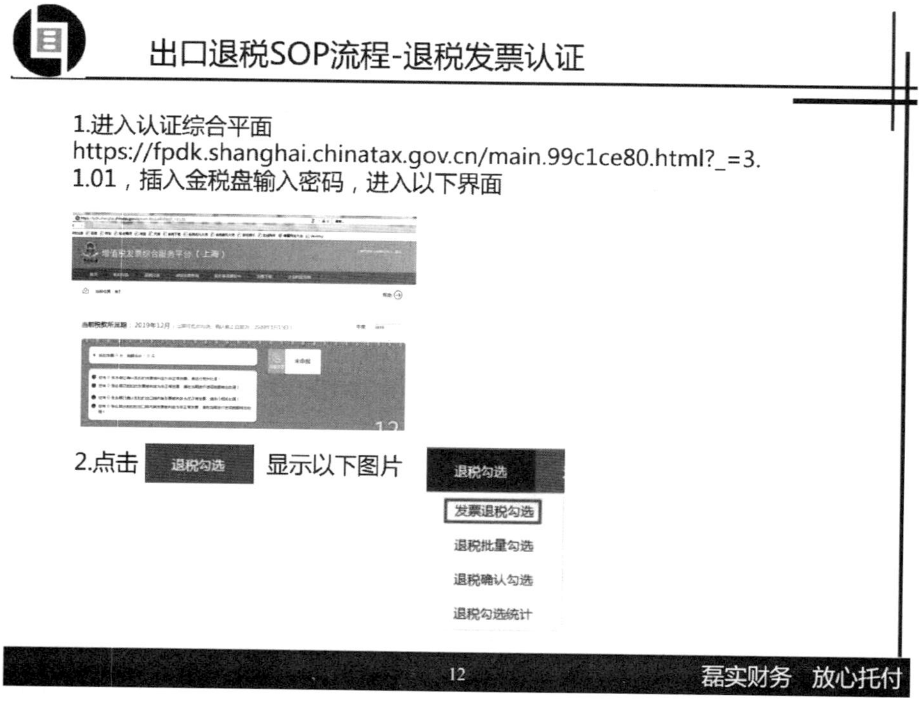
出口退税SOP流程-退税发票认证
1.进入认证综合平面
https://fpdk.shanghai.chinatax.gov.cn/main.99c1ce80.html?_=3.1.01，插入金税盘输入密码，进入以下界面
2.点击
退税勾选
显示以下图片
退税勾选
发票退税勾选
退税批量勾选
退税确认勾选
退税勾选统计
12
磊实财务 放心托付

图表 8—37

出口退税SOP流程-退税发票认证

3.选择开票日期点击查询，选择发票之后提交

4.“退税勾选统计”模块，点击“申请统计”，同步5-10分钟后系统显示“统计完成”

5.退税勾选统计”模块，点击“统计查询”--“确认签名”成功后即认证成功。

注：1.进项发票必须与报关单上的名称一致；

2.进项发票上的数量需与报关单上的申报数量和单位一致；

3.进项发票上的开票信息必须准确；

4.进项发票已开具发票有误需要求退回重开；

5.如进项退税认证后发现发票有误，需申请开具红字信息表时选择购买方***未抵扣***；

13　磊实财务　放心托付

图表 8—38

出口退税SOP流程-填写出口退税进出口明细表

4 填写出口退税进出口明细表

14　磊实财务　放心托付

图表 8－39

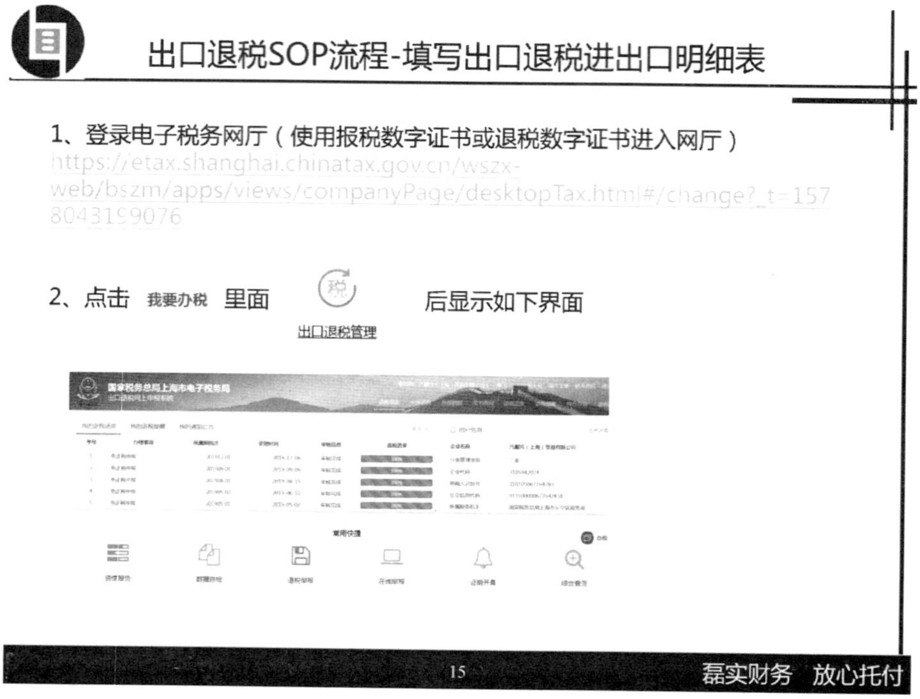
出口退税SOP流程-填写出口退税进出口明细表
1、登录电子税务网厅（使用报税数字证书或退税数字证书进入网厅）
https://etax.shanghai.chinatax.gov.cn/wszx-web/bszm/apps/views/companyPage/desktopTax.html#/change?_t=1578043199076
2、点击 我要办税 里面
出口退税管理
后显示如下界面
国家税务总局上海市电子税务局
15
磊实财务　放心托付

图表 8－40

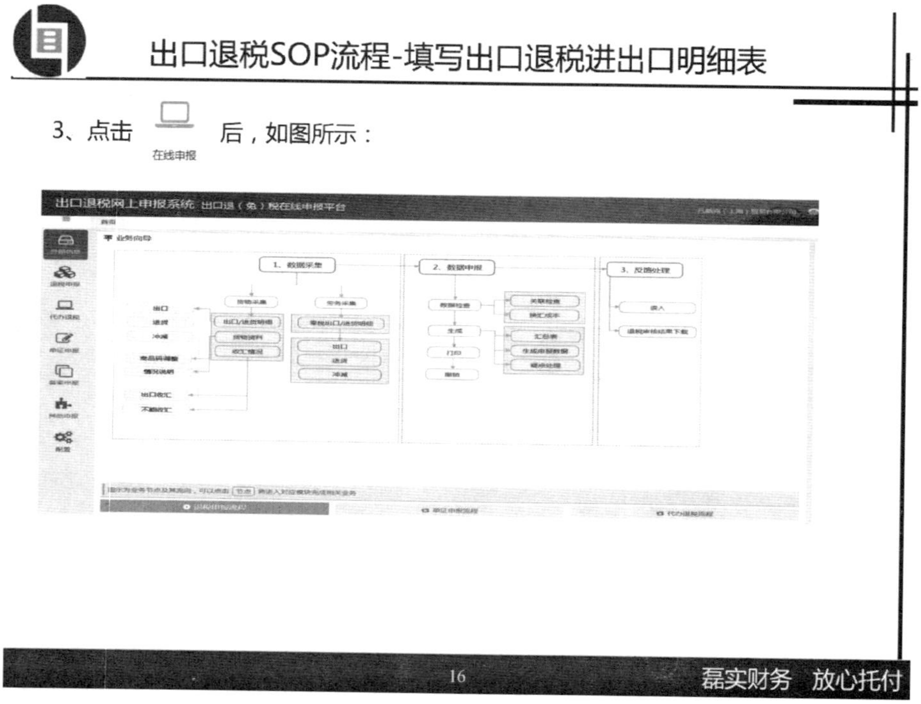
出口退税SOP流程-填写出口退税进出口明细表
3、点击
在线申报
后，如图所示：
出口退税网上申报系统 出口退（免）税在线申报平台
1、数据采集
2、数据申报
3、反馈处理
16
磊实财务　放心托付

图表 8－41

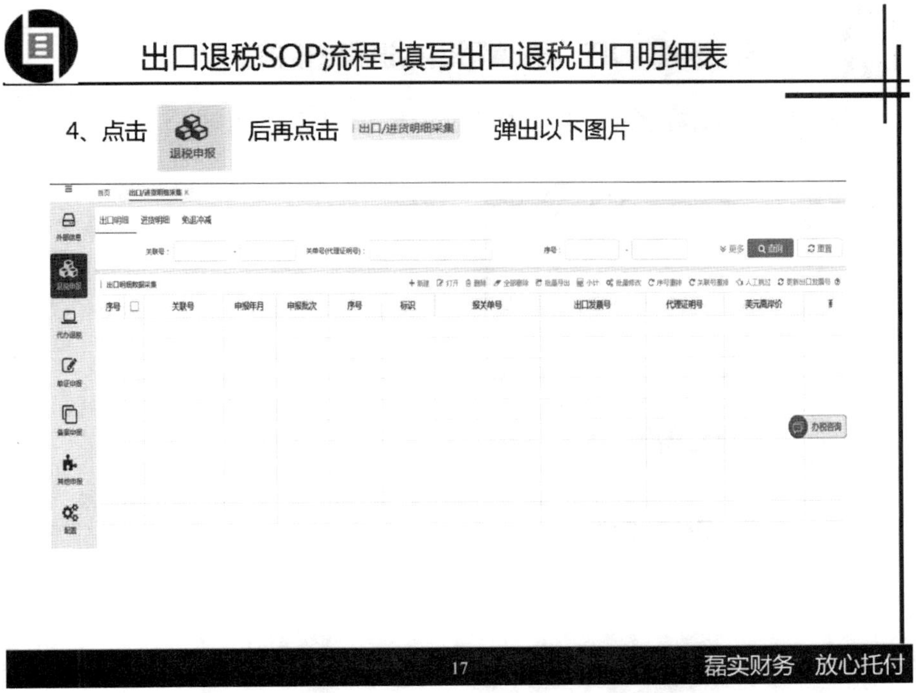
出口退税SOP流程-填写出口退税出口明细表
4、点击
退税申报
后再点击
出口/进货明细采集
弹出以下图片
17
磊实财务　放心托付

图表 8－42

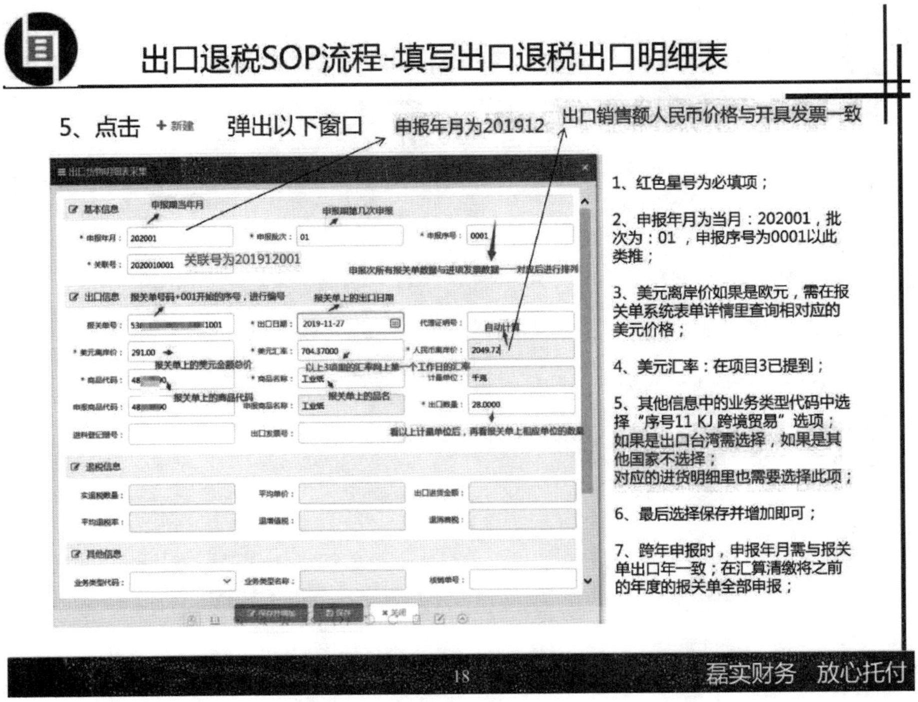
出口退税SOP流程-填写出口退税出口明细表
5、点击 + 新建 弹出以下窗口
申报年月为201912
出口销售额人民币价格与开具发票一致
关联号为201912001
1、红色星号为必填项；
2、申报年月为当月：202001，批次为：01，申报序号为0001以此类推；
3、美元离岸价如果是欧元，需在报关单系统表单详情里查询相对应的美元价格；
4、美元汇率：在项目3已提到；
5、其他信息中的业务类型代码中选择“序号11 KJ 跨境贸易”选项；如果是出口台湾需选择，如果是其他国家不选择；对应的进货明细里也需要选择此项；
6、最后选择保存并增加即可；
7、跨年申报时，申报年月需与报关单出口年一致；在汇算清缴将之前的年度的报关单全部申报；
18
磊实财务　放心托付

图表 8－43

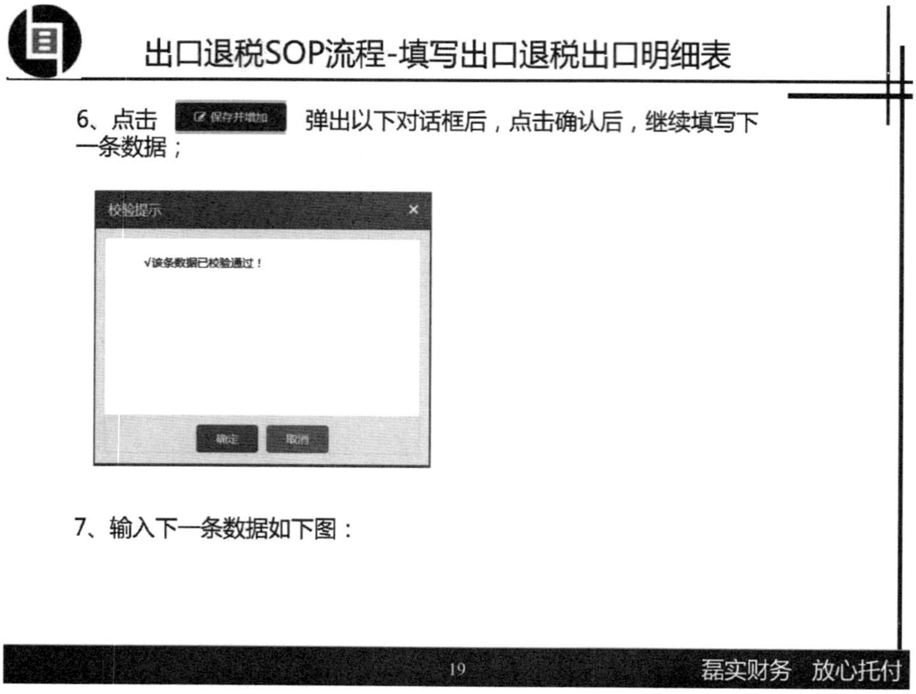
出口退税SOP流程-填写出口退税出口明细表
6、点击 保存并增加 弹出以下对话框后，点击确认后，继续填写下一条数据；
校验提示
√该条数据已校验通过！
确定
取消
7、输入下一条数据如下图：
19
磊实财务 放心托付

图表 8－44

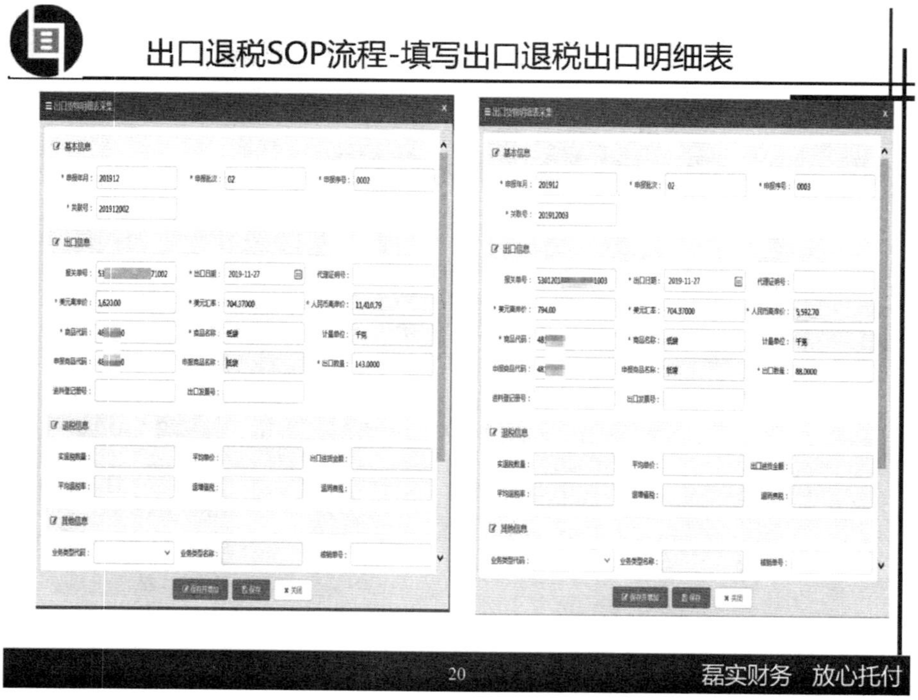
出口退税SOP流程-填写出口退税出口明细表
20
磊实财务 放心托付

图表 8—45

出口退税SOP流程-填写出口退税进口明细表
1、点击
退税申报
后再点击
出口/进货明细采集
弹出以下图片；点击
进货明细
出口明细
进货明细
免退冲减
办税咨询
21
磊实财务　放心托付

图表 8—46

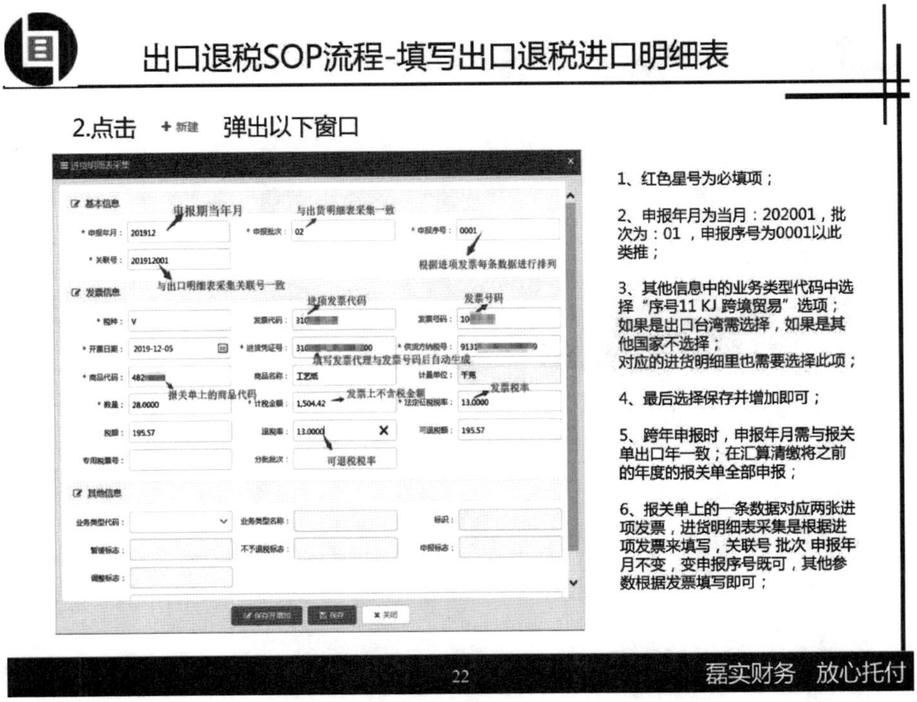
出口退税SOP流程-填写出口退税进口明细表
2.点击
+新建
弹出以下窗口
申报期当年月
与出货明细表采集一致
根据进项发票每条数据进行排列
与出口明细表采集关联号一致
进项发票代码
发票号码
填写发票代理与发票号码后自动生成
报关单上的商品代码
发票上不含税金额
发票税率
可退税税率
1、红色星号为必填项；
2、申报年月为当月：202001，批次为：01，申报序号为0001以此类推；
3、其他信息中的业务类型代码中选择“序号11 KJ 跨境贸易”选项；如果是出口台湾需选择，如果是其他国家不选择；
对应的进货明细里也需要选择此项；
4、最后选择保存并增加即可；
5、跨年申报时，申报年月需与报关单出口年一致；在汇算清缴将之前的年度的报关单全部申报；
6、报关单上的一条数据对应两张进项发票，进货明细表采集是根据进项发票来填写，关联号 批次 申报年月不变，变申报序号既可，其他参数根据发票填写即可；
22
磊实财务　放心托付

图表 8－47

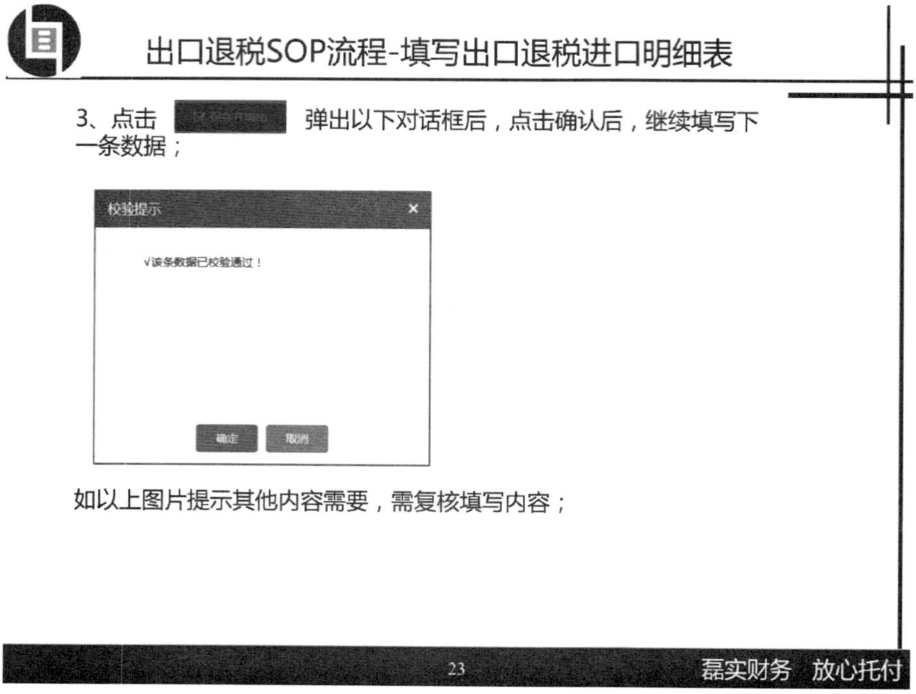
出口退税SOP流程-填写出口退税进口明细表
3、点击 弹出以下对话框后，点击确认后，继续填写下一条数据；
校验提示
√该条数据已校验通过！
确定
取消
如以上图片提示其他内容需要，需复核填写内容；
23
磊实财务　放心托付

图表 8－48

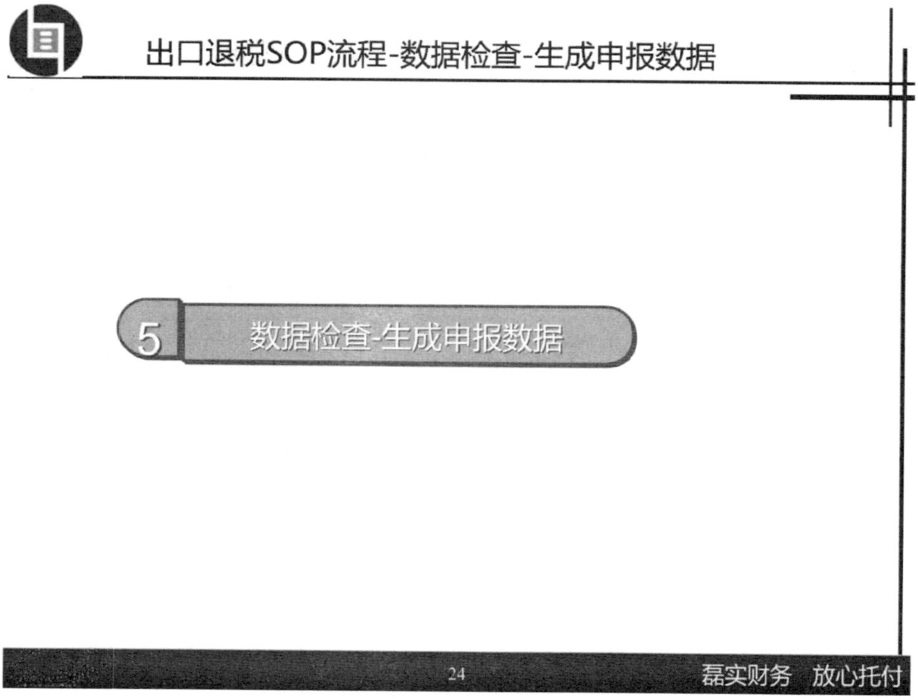
出口退税SOP流程-数据检查-生成申报数据
5
数据检查-生成申报数据
24
磊实财务　放心托付

图表 8—49

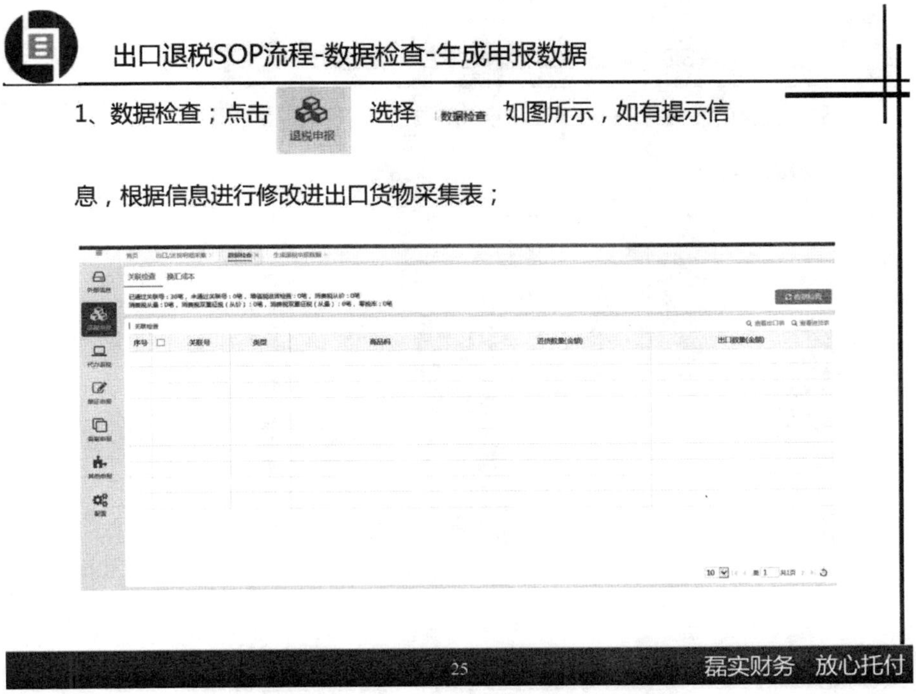
出口退税SOP流程-数据检查-生成申报数据
1、数据检查；点击 退税申报 选择 数据检查 如图所示，如有提示信息，根据信息进行修改进出口货物采集表；
25
磊实财务　放心托付

图表 8—50

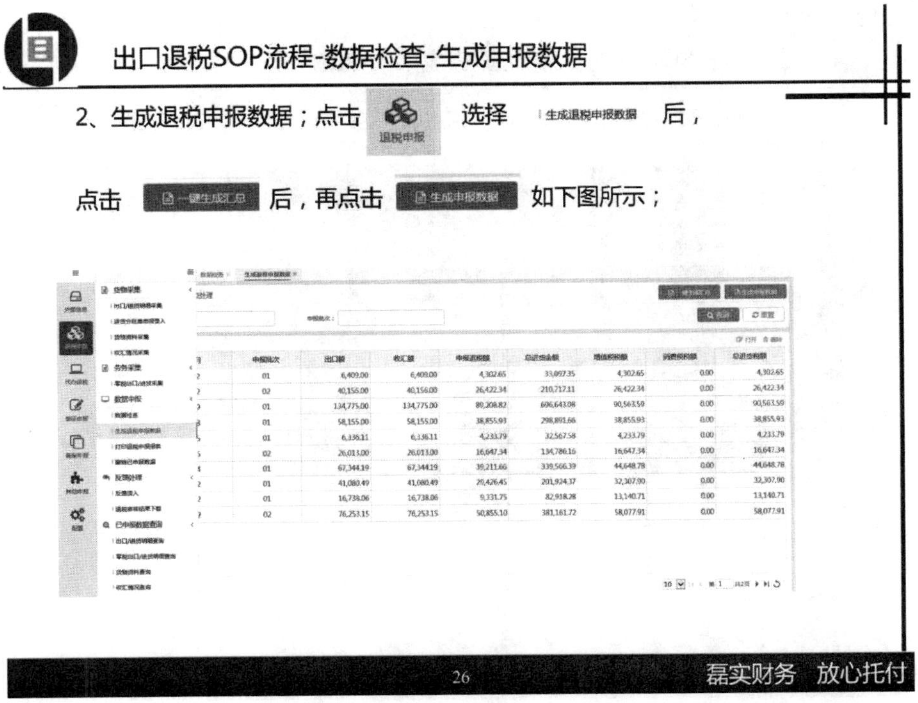
出口退税SOP流程-数据检查-生成申报数据
2、生成退税申报数据；点击 退税申报 选择 生成退税申报数据 后，点击 一键生成汇总 后，再点击 生成申报数据 如下图所示；
26
磊实财务　放心托付

图表 8－51

出口退税SOP流程-数据检查-生成申报数据

3、生成申报数据；选择生成退税申报数据，点击申报数据查询，选中申报数据，如图所示；

27 磊实财务 放心托付

图表 8－52

出口退税SOP流程-数据检查-生成申报数据

4、生成申报数据；点击 远程申报 ，弹出以下对话框，选择“仅数据自检”确定即可；

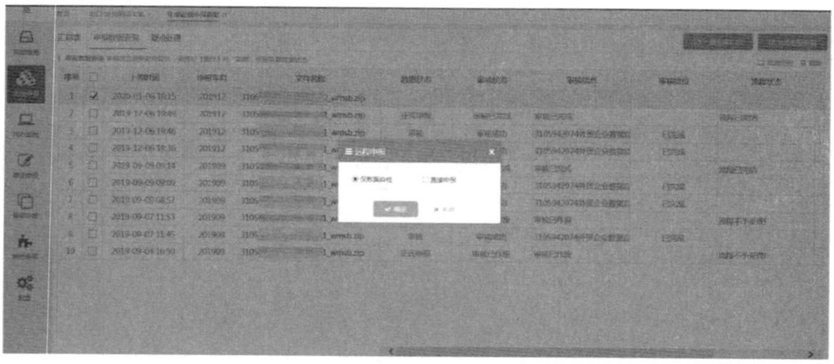

28 磊实财务 放心托付

图表 8－53

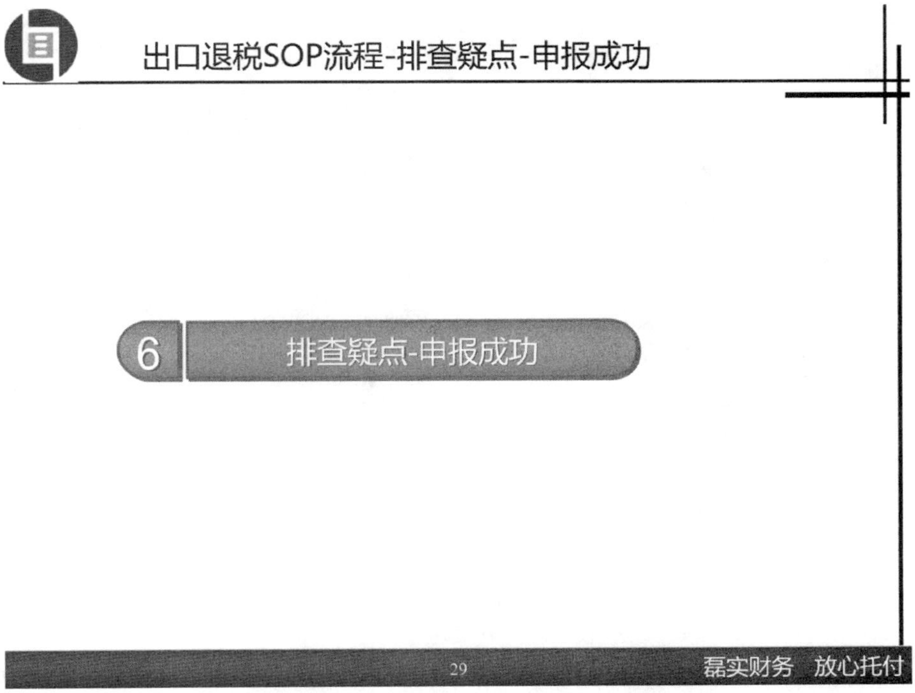
出口退税SOP流程-排查疑点-申报成功
6
排查疑点-申报成功
29
磊实财务 放心托付

图表 8－54

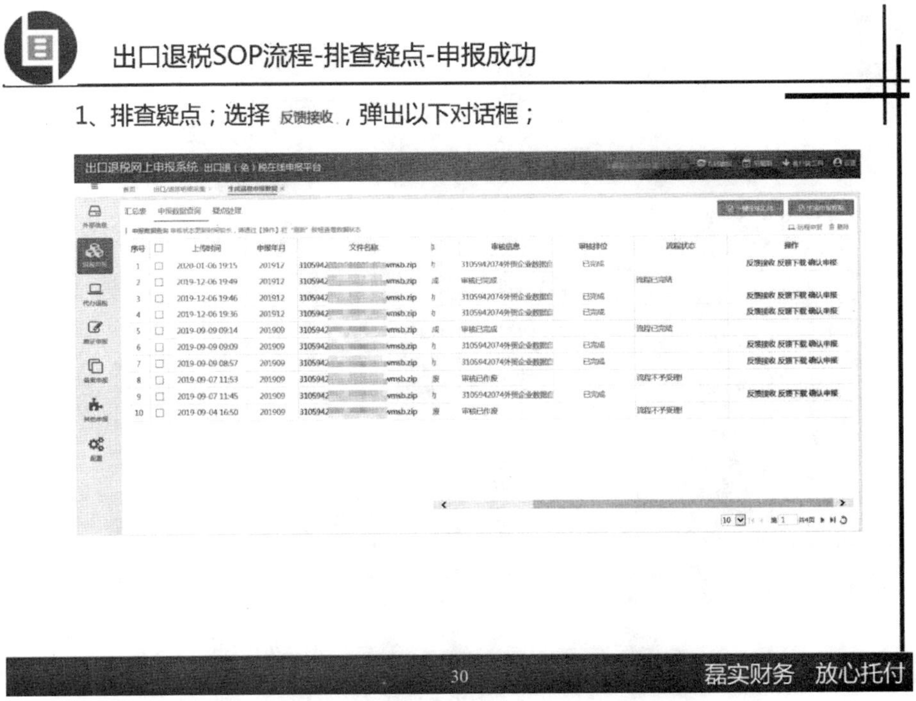
出口退税SOP流程-排查疑点-申报成功
1、排查疑点；选择 反馈接收 ，弹出以下对话框；
出口退税网上申报系统
30
磊实财务 放心托付

图表 8—55

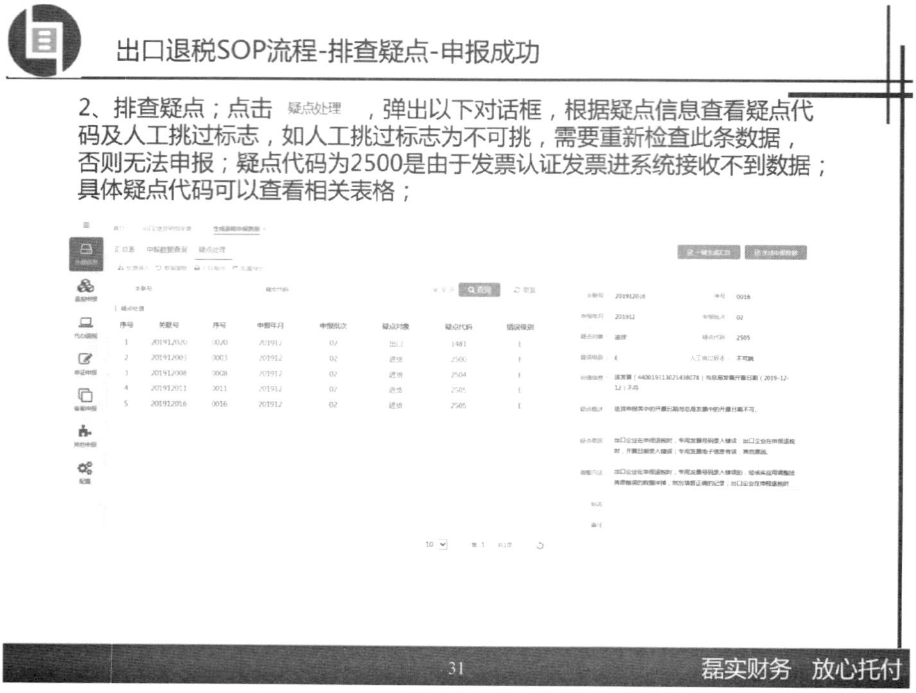
出口退税SOP流程-排查疑点-申报成功
2、排查疑点；点击 疑点处理 ，弹出以下对话框，根据疑点信息查看疑点代码及人工挑过标志，如人工挑过标志为不可挑，需要重新检查此条数据，否则无法申报；疑点代码为2500是由于发票认证发票进系统接收不到数据；具体疑点代码可以查看相关表格；
31
磊实财务 放心托付

图表 8—56

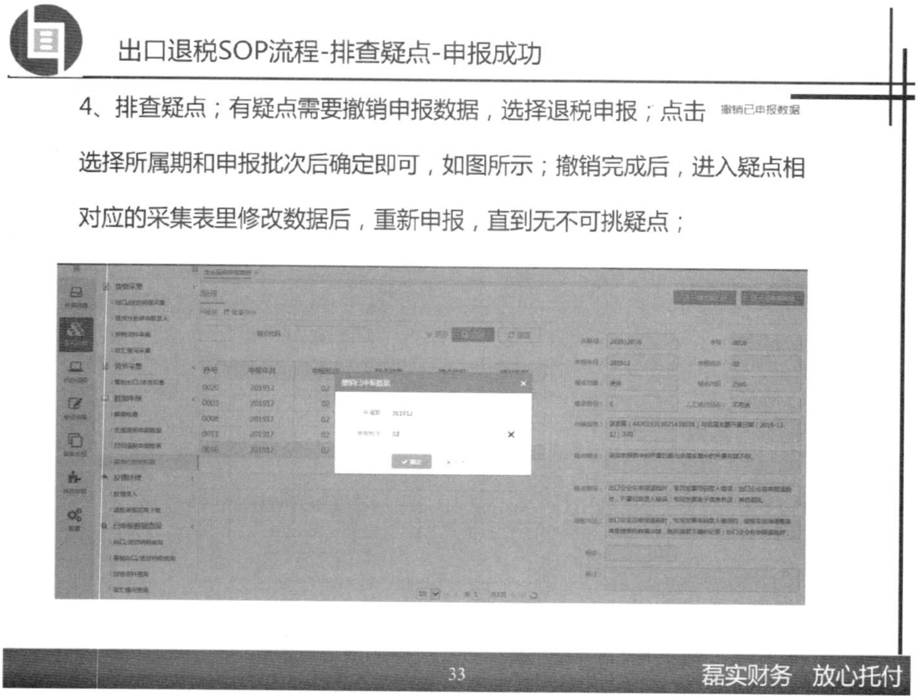
出口退税SOP流程-排查疑点-申报成功
4、排查疑点；有疑点需要撤销申报数据，选择退税申报；点击 撤销已申报数据
选择所属期和申报批次后确定即可，如图所示；撤销完成后，进入疑点相对应的采集表里修改数据后，重新申报，直到无不可挑疑点；
33
磊实财务 放心托付

图表 8－57

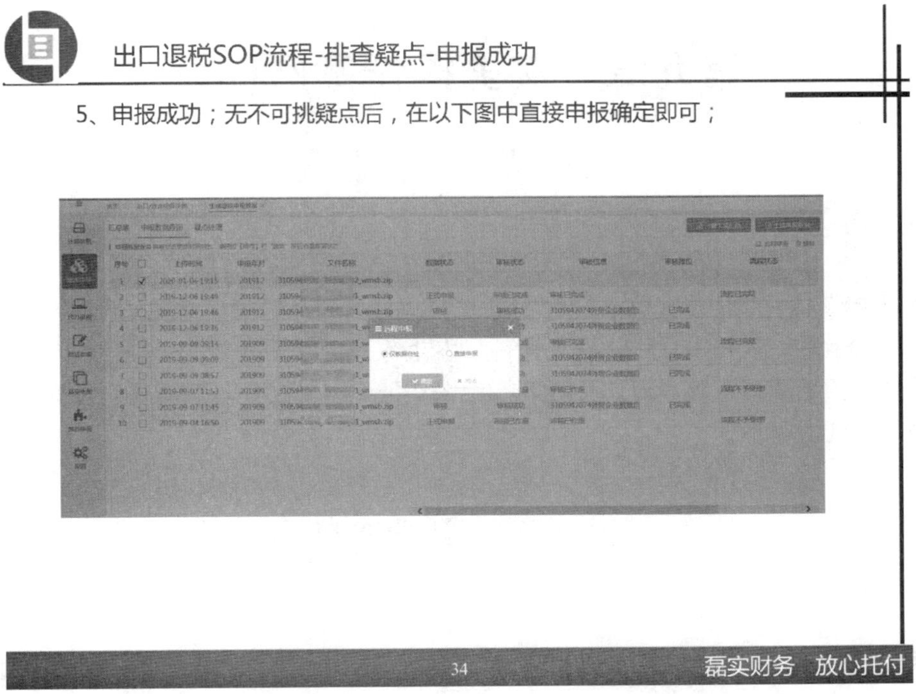
出口退税SOP流程-排查疑点-申报成功
5、申报成功；无不可挑疑点后，在以下图中直接申报确定即可；
34
磊实财务　放心托付

图表 8－58

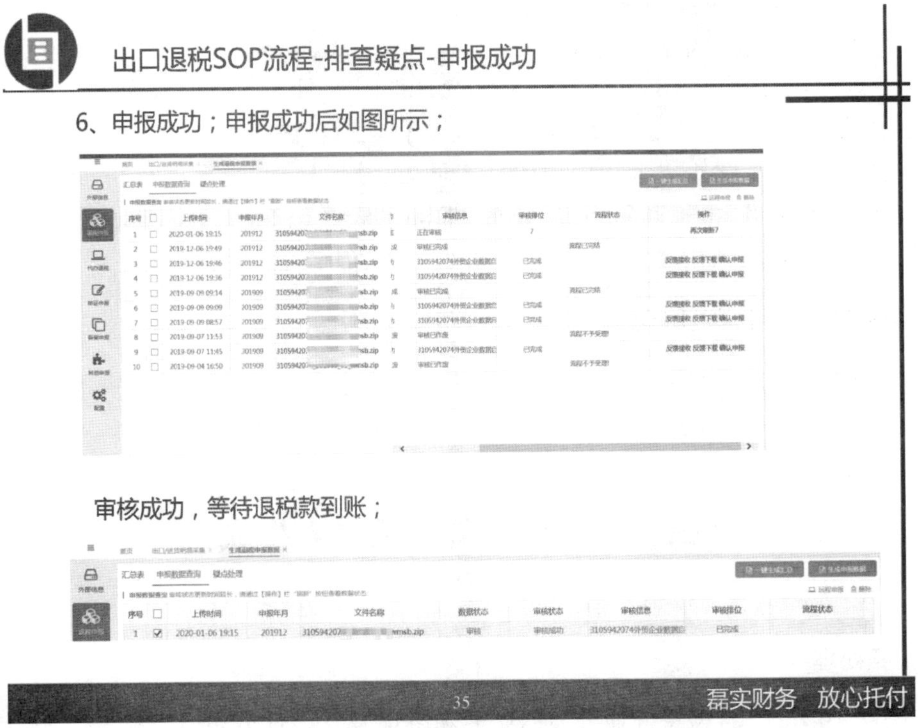
出口退税SOP流程-排查疑点-申报成功
6、申报成功；申报成功后如图所示；
审核成功，等待退税款到账；
35
磊实财务　放心托付

第九章　实务操作案例(七)

——商品流通企业案例

本章以上海99有限公司(以下简称上海99公司,为商品流通企业)为例,给出其2019年11月份科目余额表(含1—11月份损益类科目发生额)和12月份的基本业务,并由指导教师引领学员进行原始凭证审核、会计分录编制、记账凭证录入、账目登记(软件自动完成)、财务报表生成等一系列实际操作。

第一节　基础资料

一、该企业基本情况

1. 企业名称:上海99有限公司。

2. 企业代码:913101××××××××××××。

3. 归属行业:商品流通企业。

4. 增值税纳税人身份:增值税一般纳税人。

5. 执行的会计制度:《企业会计准则》。

6. 企业规模:2019年12月初资产总额无;2019年12月初职工人数为1人;2018年营业收入无;2019年12月初注册资金为500万元人民币。

7. 经营范围:电气设备技术领域内的技术开发、技术转让、技术咨询、技术服务;电气设备、机械设备、电线电缆、电子产品、五金交电、机电设备、数码产品、消防器材、化工原料(除危险化学品、监控化学品、烟花爆竹、民用爆炸物品、易制毒化学品)的销售。

二、2019年12月初科目余额表

该企业为2019年12月初开始正式营业,故没有各项目期初余额,实收资本亦全部没有到位。

第二节　账务处理及报表生成

一、账务处理

以下为2019年12月份全部业务原始凭证和事项及其会计分录,以此录入记账凭证并登记账簿。

1. 业务1:12月6日,向5公司销售商品,当日开具专票,价款8 104.58元,税款1 053.59元,款未收到(见图表9—1、图表9—2)。

会计分录:

借:应收账款——5公司　9 158.17

　贷:主营业务收入——货物收入　8 104.58

　　应交税费——应交增值税(销项税额)　1 053.59

会计分录说明:销售成本在月末统一结转。

图表9—1

31001XXXXX　**上海增值税专用发票**　№ 1398XXXX

此联不作报销、扣税凭证使用　开票日期:2019年12月06日

购买方	名　称:上海5公司 纳税人识别号:913101XXXXXXXXXXXX 地址、电话:上海市XX区XXXXXXX　021-XXXXXXXX 开户行及账号:XX银行上海XX支行　XXXXXXXXXXXX	密码区					
货物或应税劳务、服务名称	规格型号	单位	数量	单价(不含税)	金额(不含税)	税率	税额
(详见销货清单)					8104.58	13%	1053.59
合　计					¥8104.58		¥1053.59
价税合计(大写)	玖仟壹佰伍拾捌圆壹角柒分				(小写)¥9158.17		
销售方	名　称:上海99公司 纳税人识别号:913101XXXXXXXXXXXX 地址、电话:上海市XX区XXXXXXX　021-XXXXXXXX 开户行及账号:XX银行上海XX支行　XXXXXXXXXXXX	备注					

第一联:记账联　销售方记账凭证

收款人:XX　复核:XX　开票人:XX　销售方:(章)

图表9—2

查询清单信息

价格　打印　退出

发票代码:　31001XXXXX　发票号码:　1398XXXX

货物或应税劳务名称	规格型号	单位	数量	单价(不含税)	金额(不含税)	税率	税额
*电力电子元器件*TS 机...	8206500	台	1	4176.601769...	4176.60	13%	542.96
*电力电子元器件*TS 侧...	8106235	包	1	733.2566371...	733.26	13%	95.32
*电力电子元器件*TS 底...	8601200	包	1	267	267.00	13%	34.71
*电力电子元器件*TS 底...	8601060	包	1	133.0973451...	133.10	13%	17.30
*制冷空调设备*SK 过滤...	3325107	台	1	453.3274336...	453.33	13%	58.93
*制冷空调设备*SK 出口...	3325207	台	1	105.8495575...	105.85	13%	13.76
*电力电子元器件*标准...	7187642	台	1	321.3539823...	321.35	13%	41.78
*电力电子元器件*连接...	7187578	包	1	219.1858407...	219.19	13%	28.49
*电力电子元器件*PS 门...	7187269	个	1	142.8230088...	142.82	13%	18.57
*电力电子元器件*PS 线...	4116000	个	1	65.35398230...	65.35	13%	8.50
*电力电子元器件*AE 紧...	1058500	台	2	743.3628318...	1486.73	13%	193.27

1/11

2. 业务 2:12 月 11 日,公司向 6 公司销售商品,当日开具专票,价款 29 302.60 元,税款 3 809.32 元,款未收到(见图表 9—3)。

会计分录:

借:应收账款——6 公司　　33 111.92

　贷:主营业务收入——货物收入　　29 302.60

　　应交税费——应交增值税(销项税额)　　3 809.32

图表 9—3

31001XXXXX　　上海增值税专用发票　　№ 1398XXXX

此联不作报销、扣税凭证使用　　开票日期:2019年12月11日

购买方　名　　称:上海6公司
纳税人识别号:913101XXXXXXXXXXX
地 址、电 话:上海市 XX 区　XXXXXXXXXXXXXXX　021-XXXXXXXX
开户行及账号:上海 XX 银行 XX 支行 XXXXXXXXXXXXXXXXXXXXXX
密码区

货物或应税劳务、服务名称	规格型号	单位	数量	单价(不含税)	金额(不含税)	税率	税额
*电力电子元器件*TS IT机柜	5508110	台	1	5943.115044...	5943.12	13%	772.60
*电力电子元器件*TS IT机柜...	5501030	台	2	805.3185840...	1610.64	13%	209.38
*电力电子元器件*安装底板	5501320	个	1	177.0353982...	177.04	13%	23.01
*电力电子元器件*TS 底座 前...	8601605	包	1	215.4513274...	215.45	13%	28.01
*电力电子元器件*TS 底座侧...	8601015	包	1	143.1327433...	143.13	13%	18.61
*电力电子元器件*风扇安装板	5502010	件	1	968.0796460...	968.08	13%	125.85
*制冷空调设备*SBUC 户外空...	1194324	台	1	2760.176991...	2760.18	13%	358.82
*制冷空调设备*SKSmart系Com...	3370420	台	6	2914.159292...	17484.96	13%	2273.04
合　　计					¥29302.60		¥3809.32
价税合计(大写)	叁万叁仟壹佰壹拾壹圆玖角贰分				(小写)¥33111.92		

第一联:记账联 销售方记账凭证

销售方　名　　称:上海99公司
纳税人识别号:913101XXXXXXXXXXX
地 址、电 话:上海市 XX 区　XXXXXXXXXXXXXX 021- XXXXXXXX
开户行及账号:XX银行上海XX支行　XXXXXXXXXXXXXX
备注

收款人:XX　　复核:XX　　开票人:XX　　销售方:(章)

3. 业务 3:12 月 11 日,公司向 7 公司销售商品,当日开具专票,价款 2 573.45 元,税款 334.55 元,款未收到(见图表 9—4)。

图表 9—4

31001XXXXX　　上海增值税专用发票　　№ 1398XXXX

此联不作报销、扣税凭证使用　　开票日期:2019年12月11日

购买方　名　　称:唐山7公司
纳税人识别号:911302XXXXXXXXXXX
地 址、电 话:唐山市 XX 区 XXXXXXXXXXXXX　0315- XXXXXXXX
开户行及账号:XX银行唐山XX支行XXXXXXXXXXX
密码区

货物或应税劳务、服务名称	规格型号	单位	数量	单价(不含税)	金额(不含税)	税率	税额
*配电控制设备*KL接线箱	1510510	台	2	557.5221238...	1115.04	13%	144.96
*电力电子元器件*壁装固定件	1590000	台	2	31.85840707...	63.72	13%	8.28
*电力电子元器件*KL安装板	1570700	件	2	143.3628318...	286.73	13%	37.27
*电力电子元器件*箱盖铰链	1592000	件	4	131.8584070...	527.43	13%	68.57
*电力电子元器件*壁装固定件	1590000	台	12	31.85840707...	382.30	13%	49.70
*金属制品*安装托架	2508100	台	2	99.11504424...	198.23	13%	25.77
合　　计					¥2573.45		¥334.55
价税合计(大写)	贰仟玖佰零捌圆整				(小写)¥2908.00		

第一联:记账联 销售方记账凭证

销售方　名　　称:上海99公司
纳税人识别号:913101XXXXXXXXXXX
地 址、电 话:上海市 XX 区 XXXXXXXXXXXXX　021- XXXXXXXX
开户行及账号:XX 银行上海 XX 支行 XXXXXXXXXXXX
备注

收款人:XX　　复核:XX　　开票人:XX　　销售方:(章)

税收分类编码版本号:33.0

会计分录:

借:应收账款——7公司　2 908.00

贷:主营业务收入——货物收入　2 573.45

应交税费——应交增值税(销项税额)　334.55

4. 业务4:12月11日,公司向8公司销售商品,当日开具专票,价款45 132.74元,税款5 867.26元,款未收到(见图表9—5)。

会计分录:

借:应收账款——8公司　51 000.00

贷:主营业务收入——货物收入　45 132.74

应交税费——应交增值税(销项税额)　5 867.26

图表 9—5

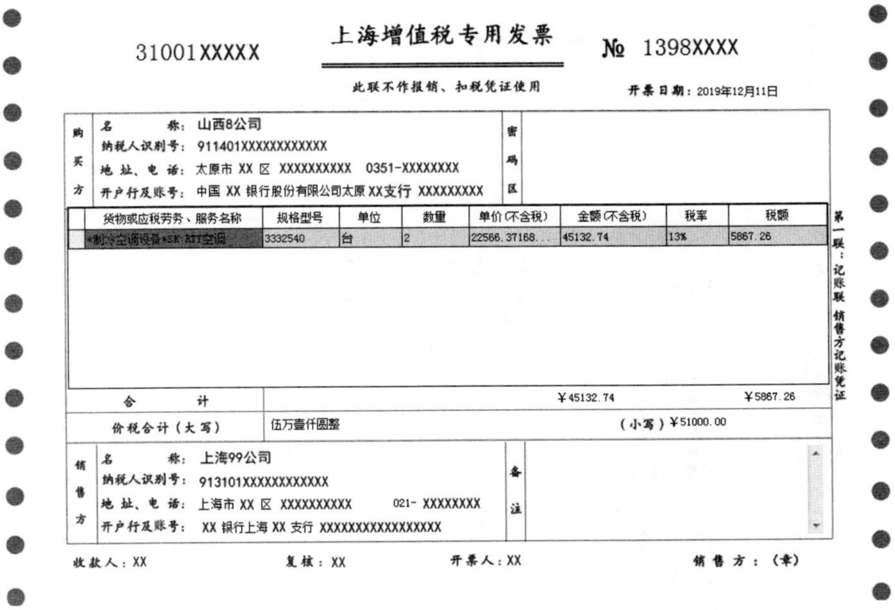

31001XXXXX　**上海增值税专用发票**　№ 1398XXXX

此联不作报销、扣税凭证使用　开票日期:2019年12月11日

购买方	名　　称:山西8公司 纳税人识别号:911401XXXXXXXXXXXX 地 址、电 话:太原市 XX 区 XXXXXXXXXX 0351-XXXXXXXX 开户行及账号:中国 XX 银行股份有限公司太原 XX支行 XXXXXXXXX	密码区	

货物或应税劳务、服务名称	规格型号	单位	数量	单价(不含税)	金额(不含税)	税率	税额
*制冷空调设备*SK RTT空调	3332540	台	2	22566.37168...	45132.74	13%	5867.26
合　　计					¥45132.74		¥5867.26
价税合计(大写)	伍万壹仟圆整				(小写)¥51000.00		

销售方	名　　称:上海99公司 纳税人识别号:913101XXXXXXXXXXXX 地 址、电 话:上海市 XX 区 XXXXXXXXXX 021- XXXXXXXX 开户行及账号:XX 银行上海 XX 支行 XXXXXXXXXXXXXXXXX	备注	

收款人:XX　复核:XX　开票人:XX　销售方:(章)

第一联:记账联　销售方记账凭证

5. 业务5:12月11日,公司向9公司销售商品,当日开具专票,价款1 893.81元,税款246.19元,款未收到(见图表9—6)。

会计分录:

借:应收账款——9公司　2 140.00

贷:主营业务收入——货物收入　1 893.81

应交税费——应交增值税(销项税额)　246.19

6. 业务6:12月11日,公司向10公司销售商品,当日开具专票,价款1 741.59元,税款226.41元,款未付(见图表9—7)。

会计分录:

借:应收账款——10公司　1 968.00

贷:主营业务收入——货物收入　1 741.59

应交税费——应交增值税(销项税额)　226.41

图表 9—6

31001XXXXX　　**上海增值税专用发票**　　№ 1398XXXX

此联不作报销、扣税凭证使用　　开票日期：2019年12月11日

购买方	名　　称：北京9公司 纳税人识别号：911101XXXXXXXXXXXX 地 址、电 话：北京市 XX 区 XXXXXXXXXXX 010-XXXXXXXX 开户行及账号：XX 银行北京 XXX 支行 XXXXXXXX	密码区		

货物或应税劳务、服务名称	规格型号	单位	数量	单价(不含税)	金额(不含税)	税率	税额
*制冷空调设备*顶装风扇	SK3139100	台	1	1893.805309...	1893.81	13%	246.19
合　　计					¥1893.81		¥246.19
价税合计（大写）	贰仟壹佰肆拾圆整				（小写）¥2140.00		

销售方	名　　称：上海99公司 纳税人识别号：913101XXXXXXXXXXXX 地 址、电 话：上海市 XX 区 XXXXXXXXX 021- XXXXXXXX 开户行及账号：XX 银行上海 XX 支行 XXXXXXXXXX	备注	

收款人：XX　　复核：XX　　开票人：XX　　销售方：（章）

第一联：记账联 销售方记账凭证

图表 9—7

31001XXXXX　　**上海增值税专用发票**　　№ 1398XXXX

此联不作报销、扣税凭证使用　　开票日期：2019年12月11日

购买方	名　　称：厦门10公司 纳税人识别号：913502XXXXXXXXXXXX 地 址、电 话：厦门市 XX 区 XXXXXXXXXXXXX 0592-XXXXXXXX 开户行及账号：XX银行厦门XX支行XXXXXXXXXXX	密码区		

货物或应税劳务、服务名称	规格型号	单位	数量	单价(不含税)	金额(不含税)	税率	税额
*工业自动控制仪表系统*触摸屏	6AV2123-2...	台	1	1741.592920...	1741.59	13%	226.41
合　　计					¥1741.59		¥226.41
价税合计（大写）	壹仟玖佰陆拾捌圆整				（小写）¥1968.00		

销售方	名　　称：上海99公司 纳税人识别号：913101XXXXXXXXXXXX 地 址、电 话：上海市 XX 区月 XXXXXXXXX 021- XXXXXXXX 开户行及账号：XX 银行上海 XX 支行 XXXXXXXXXX	备注	

收款人：XX　　复核：XX　　开票人：XX　　销售方：（章）

第一联：记账联 销售方记账凭证

7. 业务 7：12 月 11 日，公司向 11 公司销售商品，当日开具专票价款 3 539.82 元，税款 460.18 元，款未付(见图表 9—8)。

会计分录：

借：应收账款——11 公司	4 000.00	
贷：主营业务收入——货物收入		3 539.82
应交税费——应交增值税(销项税额)		460.18

图表 9—8

31001XXXXX　　**上海增值税专用发票**　　№ 1398XXXX

此联不作报销、扣税凭证使用　　开票日期：2019年12月11日

购买方	名　　称：上海11公司 纳税人识别号：913100006311XXXXXX 地址、电话：上海市XX区 XXXXXXXXXX　021- XXXXXXXX 开户行及账号：上海 XXXX 银行 XX 支行 XXXXXXXXXXX	密码区	

货物或应税劳务、服务名称	规格型号	单位	数量	单价(不含税)	金额(不含税)	税率	税额
*光学仪器*机器视觉镜头	MVL-MF252...	个	1	707.9646017...	707.96	13%	92.04
*公共安全设备*工业相机	MV-CA050-...	套	1	2654.867256...	2654.87	13%	345.13
*电线电缆*机器人电缆	MV-ACC-01...	根	1	44.24778761...	44.25	13%	5.75
*计算机网络设备*线性电源	电源适配...	根	1	132.7433628...	132.74	13%	17.26
合　　计					¥3539.82		¥460.18
价税合计(大写)	肆仟圆整				(小写)¥4000.00		

销售方	名　　称：上海99公司 纳税人识别号：913101145964XXXXXX 地址、电话：上海市 XX 区 XXXXXXXXXX　021- XXXXXXXX 开户行及账号：XX 银行上海 XX 支行 XXXXXXXXXX	备注	

收款人：XX　　复核：XX　　开票人：XX　　销售方：(章)

第一联：记账联　销售方记账凭证

8. 业务 8:12 月 6 日,公司发生 A 公司的运输费用,运输费用专票价款 452.83 元,税款 27.17 元,款未付(见图表 9—9、图表 9—10)。

会计分录:

借:管理费用——运输费　　452.83

　　应交税费——应交增值税(进项税额)　　27.17

　　贷:应付账款——A 公司　　480.00

图表 9—9

31001XXXXX　　**上海增值税专用发票**　　№ 0894XXXX

发票联　　开票日期：2019年12月[illegible]日

购买方	名　　称：上海99公司 纳税人识别号：913101XXXXXXXXXXXX 地址、电话：上海市XX区XXXXXXXXXX　021-XXXXXXXX 开户行及账号：XX银行上海XX支行　XXXXXXXXXXXXXX	密码区	[illegible]

货物或应税劳务、服务名称	规格型号	单位	数量	单价	金额	税率	税额
*运输服务*运输费			[illegible]	[illegible]	[illegible]	[illegible]	[illegible]
合　　计					[illegible]		[illegible]
价税合计(大写)	⊗[illegible]				(小写)		

销售方	名　　称：上海A公司 纳税人识别号：913101XXXXXXXXXXXX 地址、电话：上海市XX区XXXXXXXXXX　021-XXXXXXXX 开户行及账号：XX银行上海XX支行　XXXXXXXXXXXXXX	备注	[illegible]

收款人：XX　　复核：XX　　开票人：XX　　销售方：(章)

税总函[2018]670号中钞光华印制有限公司

第三联：发票联　购买方记账凭证

图表 9—10

上海 A公司 11月份运费

序号	日期	客户名称/合同号	DN号	改送地址	总运费	业务
1	11月15日	XX自动化21501	3010875XXX	XX	80	XX
2	11月12日	上海XX 21308	3010856XXX	XX	240	XX
3	11月7日	XXXX 21225	3010871XXX	XX	95	XX
4	11月5日	XX 商贸02964	3010869XXX	XX	65	XX
合 计					480	

上海A公司10月份费用统计表

业务员	XX	XX	XX	合计
金额	320	65	95	480
签字确认	XX	XX	XX	

9. 业务 9：12 月 13 日，公司为扩大业务在 B 公司做线上推广，专票价款 1 886.80 元，税款 113.20 元，款未付（见图表 9—11）。

会计分录：

借：管理费用——广告费 1 886.80

应交税费——应交增值税（进项税额） 113.20

贷：应付账款——B 公司 2 000.00

图表 9—11

31001XXXXX 上海增值税专用发票 XXXXXXXX

发 票 联

31001XXXXX

XXXXXXXX

开票日期：2019年12月13日

购买方：名　　称：上海99公司

纳税人识别号：913101XXXXXXXXXXXXX

地 址、电 话：上海市XX区XXXXXXXXXX 021-XXXXXXXX

开户行及账号：XX银行上海XX支行 XXXXXXXXXXXXXX

密码区：237553>906>9/>2<7<>6056-999 25>---/1/1-2++21*-003/6390+ *67141*<3735<8>4/><95>>2070 -89/17/+->87>0-639238-96+34

货物或应税劳务、服务名称	规格型号	单位	数量	单价	金额	税率	税额
*信息技术服务*信息系统增值服务		项	1	1726.42	1726.42	6%	103.58
*广告代理服务*广告代理费		项	1	160.38	160.38	6%	9.62
合　计					¥1886.80		¥113.20
价税合计（大写）	⊗贰仟圆整				（小写）¥2000.00		

销售方：名　　称：上海B公司

纳税人识别号：913101XXXXXXXXXXXXX

地 址、电 话：上海市XX区XXXXXXXXXX 021-XXXXXXXX

开户行及账号：XX银行上海XX支行 XXXXXXXXXXXXXX

备注

收款人：XX　复核：XX　开票人：XX

税总函［2019］144号中钞光华印制有限公司

第三联：发票联 购买方记账凭证

会计分录说明：本业务借方应该是销售费用。

正确分录为：

借：销售费用——广告费和业务宣传费 1 886.80

应交税费——应交增值税（进项税额） 113.20

贷：应付账款——B 公司 2 000.00

请学员按正确分录录入。

10. 业务 10：12 月 16 日，公司从 C 公司采购一批商品，专票价款 6 159.29 元，税款

800.71元,款未付(见图表9—12、图表9—13)。

会计分录:

借:库存商品	6 159.29	
应交税费——应交增值税(进项税额)	800.71	
贷:应付账款——C公司		6 960.00

图表9—12

湖北增值税专用发票

发票联

42001XXXXX　№ 0688XXXX　42001XXXXX　0688XXXX

开票日期: 2019年12月16日

购买方	名称: 上海99公司 纳税人识别号: 913101XXXXXXXXXXXX 地址、电话: 上海市XX区XXX路 XXXXXXXX 021-XXXXXXXX 开户行及账号: XX银行上海XX支行 XXXXXXXXXXXXXXX	密码区	<<91<370-656<79*>587<41--63 -0770*2>+<+7130>6-821/39<1* **--<1>8/569455-<7/-/797244 +-+3*25608798>+3800/2-148-1

货物或应税劳务、服务名称	规格型号	单位	数量	单价	金额	税率	税额
*工业自动控制仪表系统*6GK72431EX010XE0电器	6GK72431EX010XE0	件	2	3079.6460177	6159.29	13%	800.71
合　计					¥6159.29		¥800.71
价税合计(大写)	⊗陆仟玖佰陆拾圆整				(小写) ¥6960.00		

销售方	名称: 武汉C公司 纳税人识别号: 914201XXXXXXXXXXXX 地址、电话: 武汉XX区XXXXXXXXX 027-XXXXXXXX 开户行及账号: XX银行武汉XX支行 XXXXXXXXXXXXXX	备注	HX-10-T-2019-12-…

收款人:XXX　复核:XX　开票人:XX　销售方:(章) 914201 发票专用章

税总函[2019]144号中钞华森实业公司

第三联:发票联　购买方记账凭证

图表9—13

产成品入库单

入库单:　　入库日期:2019—12—16

生产订单:　　生产批号:

入库类别:采购入库　　审核日期:2020—12—16

供应商:C公司

产品编码	产品名称	规格型号	主计量单位	数量	单价	金额
8516601000	电器	6GX72431EX010XE0	件	2	3 079.65	6 159.29
合　计				2	3 079.65	6 159.29

说明:(1)该入库单缺少责任者签字(经手人、保管员等)。(2)不应该使用"产成品入库单",而应该是"采购商品入库单"。

11. 业务11:12月29日,公司从D公司采购一批商品,专票价款44 579.86元,税款5 795.38元,款未付(见图表9—14、图表9—15)。

会计分录:

借:库存商品	44 579.86
应交税费——应交增值税(进项税额)	5 795.38

贷:应付账款——D公司 50 375.24

图表 9—14

35021XXXXX　　**厦门增值税专用发票**　　№ 0366XXXX　35021XXXXX 0366XXXX

发 票 联　　开票日期:[illegible]

购买方	名　　称:上海99公司 纳税人识别号:913101XXXXXXXXXXXX 地址、电话:上海市XX区XXXXXXX　021-XXXXXXXX 开户行及账号:XX银行上海XX支行XXXXXXXXXXXX	密码区	[illegible]

货物或应税劳务、服务名称	规格型号	单位	数量	单价	金额	税率	税额
[illegible]	[illegible]	套	4	[illegible]	[illegible]	[illegible]	[illegible]
合　　计					[illegible]		[illegible]
价税合计(大写)	[illegible]				(小写)[illegible]		

销售方	名　　称:福建D公司 纳税人识别号:913502XXXXXXXXXXXX 地址、电话:厦门市XX区XXXXXXX　XXXXXXXX 开户行及账号:XX银行厦门XX支行XXXXXXXXXXXX	备注	

收款人:XX　　复核:XX　　开票人:XX　　销售方:(章)

税总函[2018]670号中钞华森实业公司

第三联:发票联 购买方记账凭证

图表 9—15

产成品入库单

入库单:　　入库日期:2019—12—29

生产订单:　　生产批号:

入库类别:采购入库　　审核日期:2020—12—29

供应商:D公司

产品编码	产品名称	规格型号	主计量单位	数量	单价	金额
8516601000	元器件	IO控制系统	套	4	11 144.96	44 579.86
合　计				4	11 144.96	44 579.86

说明:同图表9—13的说明。

12. 业务12:12月5日,公司从E公司采购一批商品,价款17 762.84元,税款2 309.16元,款未付(见图表9—16、图表9—17)。

会计分录:

借:库存商品 17 762.84

应交税费——应交增值税(进项税额) 2 309.16

贷:应付账款——E公司 20 072.00

图表 9—16

1100193130　　**北京增值税专用发票**　　№ XXXXXXXX　1100193130 XXXXXXXX

发票联

开票日期：2019年12月06日

购买方	名称：上海99公司 纳税人识别号：913101XXXXXXXXXXXX 地址、电话：上海市XX区XXXXXXXX　021-XXXXXXXX 开户行及账号：XX银行上海XX支行XXXXXXXXXX			密码区	</2*10<*0++-/--038*3<</773> 3/3+4<-><4-0<<79</7>9988>+1 //13>9820111<*+6/>-638*3+/5 757>->1-4+<9*5-47/7-+/<900+		
货物或应税劳务、服务名称	规格型号	单位	数量	单价	金额	税率	税额
*工业仪表*温度变送器	644HANAJ6M5	台	4	2220.355	8881.42	13%	1154.58
*工业仪表*温度变送器	644HANAJ6M5	台	4	2220.355	8881.42	13%	1154.58
合　计					¥17762.84		¥2309.16
价税合计（大写）	⊗ 贰万零柒拾贰圆整				（小写）¥2007[illegible]		
销售方	名称：北京E公司 纳税人识别号：9111XXXXXXXXXXXXXX 地址、电话：北京市XX区XXXXXX　010-XXXXXXXX 开户行及账号：XX银行北京XX支行XXXXXXXXXXXX			备注	2002BJ/RC/RL/01014		

收款人：XX　　复核：XX　　开票人：XX　　销

税总函[2019]144号北京印钞有限公司

第三联：发票联　购买方记账凭证

图表 9—17　　**产成品入库单**

入库单：　　入库日期：2019—12—05

生产订单：　　生产批号：

入库类别：采购入库　　审核日期：2020—12—5

供应商：E 公司

产品编码	产品名称	规格型号	主计量单位	数量	单价	金额
8516601000	温度变送器	644HANAJ6M5	台	8	2 220.35	17 762.84
合　计				8	2 220.35	17 762.84

说明：同图表 9—13 的说明。

13. 业务 13：12 月 5 日，收到专票从 F 公司采购一批商品，价款 784.87 元，税额 102.03 元，款未付(见图表 9—18、图表 9—19)。

会计分录：

借：库存商品　　784.87

　　应交税费——应交增值税(进项税额)　　102.03

　　贷：应付账款——F 公司　　886.90

图表 9—18

3100192130　　**上海增值税专用发票**　　№ 3570XXXX　3100192130 3570XXXX

发票联　　开票日期：2019年11月05日

购买方		密码区
名称：	上海99公司	<375>8286*/2-4973<90+-82+98
纳税人识别号：	913101XXXXXXXXXXXX	20*+>7479+02>7360-6-44++81*
地址、电话：	上海市 XX 区 XX 路 XX 号XXXXXXX021-XXXXXXXX	//-930*</*<482/>-4507<906*/
开户行及账号：	XX 银行上海 XX 支行 XXXXXXXXXXXXXXXX	2-5*72<->311--0664344->//48

货物或应税劳务、服务名称	规格型号	单位	数量	单价	金额	税率	税额
*电力电子元器件*SZ 塑料平板	2561500	件	7	112.12428571	784.87	13%	102.03
合计					¥784.87		¥102.03
价税合计（大写）	⊗捌佰捌拾陆圆玖角整				（小写）¥886.90		

销售方		备注
名称：	上海F公司	4010798426
纳税人识别号：	913100XXXXXXXXXXXX	2700309700
地址、电话：	上海市XX区XXXXXXXXXX　021-XXXXXXXX	19102905
开户行及账号：	XX银行上海XX支行　XXXXXXXXXXXXXX	

收款人：XX　　复核：XX　　开票人：XX　　销售方：（章）

税总函[2018]670号中钞光华印制有限公司

第三联：发票联　购买方记账凭证

图表 9—19　　**产成品入库单**

入库单：　　入库日期：2019—12—05

生产订单：　　生产批号：

入库类别：采购入库　　审核日期：2020—12—05

供应商：F 公司

产品编码	产品名称	规格型号	主计量单位	数量	单价	金额
8516601000	塑料平板	2561500	件	7	112.12	784.87
合　计				7	112.12	784.87

说明：同图表 9—13 的说明。

14. 业务 14：2019 年 12 月 29 日，收到专票从 G 公司开的技术服务费，价款 11 415.9 元，税额 684.91 元，款未付（见图表 9—20）。

会计分录：

借：管理费用——服务费　　11 415.09

　　应交税费——应交增值税（进项税额）　　684.91

　贷：应付账款——G 公司　　12 100.00

图表 9—20

税总函[2018]670号中钞华森实业公司

3502192130　　**厦门增值税专用发票**　　№ 0366XXXX　0366XXXX

发票联

开票日期：[illegible]年[illegible]月[illegible]日

购买方	名称：上海99公司 纳税人识别号：913101145964XXXXXX 地址、电话：上海市XX区XXXXXXXX 021-XXXXXXXX 开户行及账号：XX银行上海XX支行 XXXXXXXXXXX			密码区	[illegible]		
货物或应税劳务、服务名称	规格型号	单位	数量	单价	金额	税率	税额
*研发和技术服务*技术服务费			1	[illegible]	[illegible]	6%	[illegible]
合计					¥[illegible]		¥[illegible]
价税合计（大写）	⊗[illegible]			（小写）¥[illegible]			
销售方	名称：厦门G公司 纳税人识别号：913502033031XXXXXX 地址、电话：厦门市XX区XXXXXXXXXX 0592-XXXXXXXX 开户行及账号：XX银行厦门XX支行 XXXXXXXXXXXX			备注			

收款人：XX　　复核：XX　　开票人：XX　　销售方：（章）

第三联：发票联　购买方记账凭证

15. 业务 15:12 月 29 日,收到 11 公司货款 3 180 元,取得银行回单(见图表 9—21)。

会计分录:

借:银行存款　　3 180.00

　　贷:应收账款——11 公司　　3 180.00

图表 9—21

中国农业银行 AGRICULTURAL BANK OF CHINA

客户收付款入账通知[贷]

入账日期:20191229　　回单编码:40230200942925211617　　打印次数:0

付款方账号:03802618015XXXXXX　　付款方多级账簿:

付款方户名:上海11公司

付款方多级账簿名:

付款方开户行:中国农业银行股份有限公司上海 XX 支行

收款方账号:03806800040 XXXXXX　　收款方多级账簿:

收款方户名:上海99公司

收款方多级账簿名:

收款方开户行:中国农业银行股份有限公司上海 XX 支行

币种:人民币　　金额:3180.00　　金额(大写):叁仟壹佰捌拾元整

交易时间:10:37:42　　日志号:200942925　　状态:正常　　渠道:网上银行

摘要:转账存款

货款

中国农业银行股份有限公司 40230200942925211617 回单专用章

16. 业务 16:12 月 24 日,支付企业网银手续费 10 元,取得银行回单(见图表 9—22)。

会计分录:

借:财务费用——手续费　　10.00

　　贷:银行存款　　10.00

图表 9—22

AGRICULTURAL BANK OF CHINA　　客户收付款入账通知[借]

入账日期:20191224　　回单编码:40180476311146884731　　打印次数:0
付款方账号:03806800040XXXXXX　　付款方多级账簿:
付款方户名:上海99公司
付款方多级账簿名:
付款方开户行:中国农业银行股份有限公司上海 XX 支行
收款方账号:　　收款方多级账簿:
收款方户名:
收款方多级账簿名:
收款方开户行:
币种:人民币　　金额:10.00　　金额(大写):壹拾元整
交易时间:16:25:48　　日志号:476311146　　状态:正常　　渠道:网上银行
摘要:费用外收
付3181账户本金45186日志号476307680手续费(050268)

中国农业银行股份有限公司
40180476311146884731
回单专用章

17. 业务 17:12 月 20 日,支付 4 公司货款 1 532 元,取得银行回单(见图表 9—23)。

会计分录:

借:应付账款——4 公司	1 532.00	
贷:银行存款		1 532.00

图表 9—23

中国农业银行
AGRICULTURAL BANK OF CHINA　　客户收付款入账通知[借]

入账日期:20191220　　回单编码:40140500711519627594　　打印次数:0
付款方账号:03806800040XXXXXX　　付款方多级账簿:
付款方户名:上海99公司
付款方多级账簿名:
付款方开户行:中国农业银行股份有限公司上海 XX 支行
收款方账号:04104101040XXXXXX　　收款方多级账簿:
收款方户名:太原4公司
收款方多级账簿名:
收款方开户行:中国农业银行股份有限公司太原市 XXX 支行
币种:人民币　　金额:1532.00　　金额(大写):壹仟伍佰叁拾贰元整
交易时间:16:29:36　　日志号:500711519　　状态:正常　　渠道:网上银行
摘要:转账取款
货款

中国农业银行股份有限公司
40140500711519627594
回单专用章

18. 业务 18:计提本月工资 6 000 元,代扣个人社保 517.5 元,代扣个人公积金 169 元,代扣个税 9.41 元(见图表 9—24)。

会计分录:

借:管理费用——职工薪酬	6 000.00	
贷:应付职工薪酬——职工工资		6 000.00
借:应付职工薪酬——职工工资	695.91	
贷:其他应付款——代扣代缴社会保险费		517.50
——代扣代缴公积金		169.00
应交税费——应交个人所得税		9.41

图表 9—24　**2019 年 12 月上海 99 公司员工工资表**

工号	姓名	身份证号码	出勤情况统计			应发工资				应扣/代扣工资			其他扣款项			
			实际出勤天数	事假天数	病假天数	基本工资	交通补助	年终奖金	合计	社保	公积金	迟到/早退扣款	借支	个税扣款	实发工资	个人签名确认
001	卢××		22	0	0	6 000.00			6 000.00	517.50	169	0.00	0.00	9.41	5 304.09	
合计									6 000.00	517.50	169.00	0.00	0.00	9.41	5 304.09	

19. 业务 19:12 月 31 日,结转销售成本(见图表 9—25)。

会计分录:

借:主营业务成本　　69 286.86

贷:库存商品　　69 286.86

图表 9—25　**材料出库单**

出库单:CPRK2019120005　　出库日期:2019—12—31

生产订单:　　产品编码:

产品编码	产品名称	规格型号	主计量单位	数量	单价	金额
02011202011	AE 紧装式控制箱 W600H800D250 7035	1058500	台	2	840.00	1 680.00
02011202012	TS IT 机柜,网孔门,RAL7035 600x2000x1000 42U	5508110	台	1	6 709.93	6 709.93
02011202017	风扇安装板	5502010	台	1	1 093.93	1 093.93
02011202018	SBUC 户外空调,IP55,500W	1194324	台	1	3 119.00	3 119.00
02011202022	KL 安装板	1570700	台	2	162.00	324.00
02011202023	箱盖铰链	1592000	台	2	149.00	596.00
02011202024	壁装固定件	1590000	台	4	36.00	432.00
02011202025	安装托架	2508100	台	12	112.00	224.00
02011202026	SK RTT 空调	3332540	台	2	25 500.00	51 000.00
02011202027	顶装风扇	SK3139100	台	2	2 140.00	2 140.00
02011202028	触摸屏	6AV2123—2GB03—0AX0	个	1	1 968.00	1 968.00
合　计						69 286.86

说明:不应该叫“材料出库单”,应该是“商品出库单”。

20. 业务 20:结转未交增值税。

会计分录:

借:应交税费——应交增值税(转出未交增值税)　　2 164.94

贷:应交税费——未交增值税　　2 164.94

21. 业务21:计提附加税。

会计分录:

借:税金及附加——城市维护建设税　108.25
　　　　　　——教育费附加　64.95
　　　　　　——地方教育费附加　43.30
　　　　　　——印花税　31.29
　贷:应交税费——应交城市维护建设税　108.25
　　　　　　——应交教育费附加　64.95
　　　　　　——应交地方教育费附加　43.30
　　　　　　——应交印花税　31.29

会计分录说明:应交城市维护建设税=2 164.94×5%=108.25 元;应交教育费附加=2 164.94×3%=64.95 元;应交地方教育费附加=2 164.94×2%=43.30 元。

22. 业务22:按本季度利润总额预缴所得税。

本月利润总额=2 989.22 元

应预缴所得税=2 839.76×25%×20%=149.46 元

会计分录:

借:所得税费用　149.46
　贷:应交税费——应交企业所得税　149.46

会计分录说明:企业所得税按季度预缴。但该企业12月初才开业,所以本月利润总额就是本季度利润总额。

23. 业务23:结转损益类科目。

会计分录:

借:主营业务收入——货物收入　92 288.59
　贷:主营业务成本　69 286.86
　　税金及附加——城市维护建设税　108.25
　　　　　　——印花税　31.29
　　　　　　——教育费附加　64.95
　　　　　　——地方教育费附加　43.30
　　管理费用——职工薪酬　6 000.00
　　　　　　——运输费　452.83
　　　　　　——服务费　11 415.09
　　销售费用——广告费和业务宣传费　1 886.80
　　财务费用——手续费　10.00
　　所得税费用——当期所得税费用　149.46
　　本年利润　2 839.76

24. 业务24:将本年利润转入未分配利润。

会计分录:

借:本年利润　2 839.76
　贷:利润分配——未分配利润　2 839.76

注意:12月初的本年利润为贷方余额0元,本月形成的本年利润为贷方发生额2 839.76

元,全年累计本年利润也是 2 839.76 元,属于贷方发生额,由借方转入“利润分配——未分配利润”贷方。

二、生成会计报表

(一)资产负债表(见图表 9—26)

1. 表中各项目金额由软件自动生成。学员可在课余将本月各项业务计入 T 型账户,结出相关账户的发生额或余额,结合本案例给出的 12 月末科目余额(发生额)表自行核对。

2. 由于本年度没有计提盈余公积,没有向投资者分配,所以:期末未分配利润=年初未分配利润+利润表的本年累计净利润=12 月初未分配利润+12 月初本年利润+12 月份本年利润=0+0+2 847.23=2 847.23 元。

图表 9—26　　**资产负债表**

纳税人识别号:913101××××××××××××　　会企 01 表

核算单位:上海 99 公司　　2019—12—31　　金额单位:元

资　产	栏次	期末余额	上年年末余额	负债和所有者权益	栏次	期末余额	上年年末余额
流动资产:				流动负债:			
货币资金	1	1 638.00	0.00	短期借款	30	0.00	0.00
以公允价值计量且其变动计入当期损益的金融资产	2	0.00	0.00	以公允价值计量且其变动计入当期损益的金融负债	31	0.00	0.00
衍生金融资产	3	0.00	0.00	衍生金融负债	32		
应收票据	4	0.00	0.00	应付票据	33	0.00	0.00
应收账款	5	101 106.09	0.00	应付账款	34	91 342.14	0.00
预付款项	6	0.00	0.00	预收款项	35	0.00	0.00
其他应收款	7	0.00	0.00	应付职工薪酬	36	5 304.09	0.00
存货	8	0.00	0.00	应交税费	37	2 571.60	0.00
持有待售资产	9	0.00	0.00	其他应付款	38	686.50	0.00
一年内到期的非流动资产	10			持有待售负债	39	0.00	0.00
其他流动资产	11	0.00	0.00	一年内到期的非流动负债	40		
流动资产合计	12	102 744.09	0.00	其他流动负债	41	0.00	0.00
非流动资产:				流动负债合计	42	99 896.86	0.00
可供出售金融资产	13	0.00	0.00	非流动负债:			
持有至到期投资	14	0.00	0.00	长期借款	43	0.00	0.00
长期应收款	15	0.00	0.00	应付债券	44	0.00	0.00
长期股权投资	16	0.00	0.00	其中:优先股	45	0.00	0.00
投资性房地产	17	0.00	0.00	永续债	46	0.00	0.00
固定资产	18	0.00	0.00	长期应付款	47	0.00	0.00
在建工程	19	0.00	0.00	预计负债	48	0.00	0.00
生产性生物资产	20	0.00	0.00	递延收益	49	0.00	0.00
油气资产	21	0.00	0.00	递延所得税负债	50	0.00	0.00

续表

资　产	栏次	期末余额	上年 年末余额	负债和所有者权益	栏次	期末余额	上年 年末余额
无形资产	22	0.00	0.00	其他非流动负债	51	0.00	0.00
开发支出	23	0.00	0.00	非流动负债合计	52	0.00	0.00
商誉	24	0.00	0.00	负债合计	53	99 896.86	0.00
长期待摊费用	25	0.00	0.00	所有者权益(或股东权益):			
递延所得税资产	26	0.00	0.00	实收资本(或股本)	54	0.00	0.00
其他非流动资产	27	0.00	0.00	其他权益工具	55	0.00	0.00
非流动资产合计	28	0.00	0.00	其中:优先股	56	0.00	0.00
				永续债	57	0.00	0.00
				资本公积	58	0.00	0.00
				减:库存股	59	0.00	0.00
				其他综合收益	60	0.00	0.00
				专项储备	61	0.00	0.00
				盈余公积	62	0.00	0.00
				未分配利润	63	2 839.76	0.00
				所有者权益(或股东权益)合计	64	2 839.76	0.00
资产总计	29	102 744.09	0.00	负债和所有者权益(或股东权益)总计	65	102 744.09	0.00

(二)利润表(见图表 9—27)

表中各项目金额由软件自动生成。学员可在课余将本月各项业务计入 T 型账户,结出相关账户的发生额或余额,结合本案例给出的 12 月末科目余额(发生额)表自行核对(这里是 12 月份利润表;如果是年度利润表,两个栏目分别为本年金额和上年金额)。

图表 9—27　　利润表

纳税人识别号:913101×××××××××××××　　会企 02 表

核算单位:上海 99 公司　　2019—12　　单位:元

项　目	行次	本月金额	本期金额	上期金额
一、营业收入	1	92 288.59	92 288.59	0.00
减:营业成本	2	69 286.86	69 286.86	0.00
税金及附加	3	247.79	247.79	0.00
销售费用	4	1 886.8	1 886.80	0.00
管理费用	5	17 867.92	17 867.92	0.00
财务费用	6	10.00	10.00	0.00
资产减值损失	7	0.00	0.00	0.00
加:公允价值变动收益(损失以"—"号填列)	8	0.00	0.00	0.00
投资收益(损失以"—"号填列)	9	0.00	0.00	0.00

续表

项　目	行次	本月金额	本期金额	上期金额
其中:对联营企业和合营企业的投资收益	10	0.00	0.00	0.00
资产处置收益(损失以"—"号填列)	11	0.00	0.00	0.00
其他收益	12	0.00	0.00	0.00
二、营业利润(亏损以"—"号填列)	13	2 989.22	2 989.22	0.00
加:营业外收入	14	0.00	0.00	0.00
其中:非流动资产处置利得		0.00	0.00	0.00
减:营业外支出	15	0.00	0.00	0.00
其中:非流动资产处置损失		0.00	0.00	0.00
三、利润总额(亏损总额以"—"号填列)	16	2 989.22	2 989.22	0.00
减:所得税费用	17	149.46	149.46	0.00
四、净利润(净亏损以"—"号填列)	18	2 839.76	2 839.76	0.00
(一)持续经营净利润(净亏损以"—"号填列)	19	0.00	0.00	0.00
(二)终止经营净利润(净亏损以"—"号填列)	20	0.00	0.00	0.00
五、其他综合收益的税后净额	21	0.00	0.00	0.00
(一)以后不能重分类进损益的其他综合收益	22	0.00	0.00	0.00
1.重新计量设定收益计划净负债或净资产的变动	23	0.00	0.00	0.00
2.权益法下在被投资单位不能重分类进损益的其他综合收益中享有的份额	24	0.00	0.00	0.00
(二)以后将重分类进损益的其他综合收益	25	0.00	0.00	0.00
1.权益法下在被投资单位以后将重分类进损益的其他综合收益中享有的份额	26	0.00	0.00	0.00
2.可供出售金融资产公允价值变动损益	27	0.00	0.00	0.00
3.持有至到期投资重分类可供出售金融资产损益	28	0.00	0.00	0.00
4.现金流量套期损益的有效部分	29	0.00	0.00	0.00
5.外币财务报表折算差额	30	0.00	0.00	0.00
六、综合收益总额	31	2 839.76	2 839.76	0.00
七、每股收益	32	0.00	0.00	0.00
(一)基本每股收益	33	0.00	0.00	0.00
(二)稀释每股收益	34	0.00	0.00	0.00

(三)现金流量表(见图表 9—28)

图表 9—28 现金流量表

纳税人识别号:913101×××××××××××× 会企 03 表

编制单位:上海 99 公司 2019—12 金额单位:元

项 目	行次	本月金额	本期金额	上期金额
一、经营活动产生的现金流量:	1			
销售商品、提供劳务收到的现金	2	3 180.00	3 180.00	
收到的税费返还	3			
收到其他与经营活动有关的现金	4			
经营活动现金流入小计	5	3 180.00	3 180.00	
购买商品、接受劳务支付的现金	6	1 532.00	1 532.00	
支付给职工以及为职工支付的现金	7			
支付的各项税费	8			
支付其他与经营活动有关的现金	9	10.00	10.00	
经营活动现金流出小计	10	1 542.00	1 542.00	
经营活动产生的现金流量净额	11	1 638.00	1 638.00	
二、投资活动产生的现金流量:	12			
收回投资收到的现金	13			
取得投资收益收到的现金	14			
处置固定资产、无形资产和其他长期资产收回的现金净额	15			
处置子公司及其他营业单位收到的现金净额	16			
收到其他与投资活动有关的现金	17			
投资活动现金流入小计	18			
购建固定资产、无形资产和其他长期资产支付的现金	19			
投资支付的现金	20			
取得子公司及其他营业单位支付的现金净额	21			
支付其他与投资活动有关的现金	22			
投资活动现金流出小计	23			
投资活动产生的现金流量净额	24			
三、筹资活动产生的现金流量:	25			
吸收投资收到的现金	26			
取得借款收到的现金	27			
收到其他与筹资活动有关的现金	28			
筹资活动现金流入小计	29			

续表

项　目	行次	本月金额	本期金额	上期金额
偿还债务支付的现金	30			
分配股利、利润或偿付利息支付的现金	31			
支付其他与筹资活动有关的现金	32			
筹资活动现金流出小计	33			
筹资活动产生的现金流量净额	34			
四、汇率变动对现金及现金等价物的影响	35			
五、现金及现金等价物净增加额	36	1 638.00	1 638.00	
加:期初现金及现金等价物余额	37			
六、期末现金及现金等价物余额	38	1 638.00	1 638.00	

表中各项目金额由软件自动生成。学员可在课余根据学校中课堂学习的现金流量表编写知识对各项目进行计算、核对。

第三节　现行固定资产加速折旧的企业所得税优惠政策

固定资产折旧是每个企业都会涉及的一般性业务。尽管该业务很普遍,但由于以下三个原因,使该业务很值得初学者、甚至在岗的成熟会计人员在会计实务中给予专门的关注:第一,折旧年限的选择:会计准则与税法有不同的规定;第二,折旧年限和折旧方法直接影响年度成本费用和利润,甚至纳税;第三,国家近几年不断出台有关固定资产折旧的优惠政策。

一、会计准则与税法对折旧年限确定、方法选择的不同规定

1. 会计准则的规定:会计准则从追求真实性的目标出发,在固定资产折旧问题上给予了会计人员相当大的职业判断空间:折旧年限由企业自行确定(依据使用环境、使用强度、磨损程度等等);折旧方法由企业自行选择(直线法的平均年限法与工作量法;加速折旧的年数总和法与双倍余额递减法,选择的依据是预计未来经济利益的实现方式);净残值率由企业自行确定(依据是客观实际情况)。

2. 税法的规定:税法从追求公平性的角度,对固定资产折旧给予了一系列规定:

(1)最低折旧年限的规定如下:房屋、建筑物为 20 年;飞机、火车、轮船、机器、机械和其他生产设备为 10 年;与生产经营活动有关的器具、工具、家具等为 5 年;飞机、火车、轮船以外的运输工具为 4 年;电子设备为 3 年。

(2)折旧方法:企业一般应选择直线法折旧;只有那些高腐蚀、使用环境恶劣的行业、企业在经过批准的前提下允许加速折旧。

当会计实务中确定的折旧年限、选择的折旧方法与税法不一致时,计算应纳税所得额应进行纳税调整。

实践中,相当一部分企业及其会计人员从减少工作上的麻烦的角度出发,直接选择了执行税法的规定,这就放弃了会计准则赋予的企业选择权,也放弃了会计人应有的职业判断;更有

一部分会计人员从根本上忽略了会计准则的规定，只知道固定资产折旧年限有规定，而忽视了会计准则与税法由调整目标不同所带来的差异。

二、近几年国家出台的有关固定资产折旧的相关优惠政策

（一）《财政部、国家税务总局关于完善固定资产加速折旧企业所得税政策的通知》（财税〔2014〕75 号）

该通知主要内容如下：

1. 对生物药品制造业，专用设备制造业，铁路、船舶、航空航天和其他运输设备制造业，计算机、通信和其他电子设备制造业，仪器仪表制造业，信息传输、软件和信息技术服务业 6 个行业的企业 2014 年 1 月 1 日后新购进的固定资产，可缩短折旧年限或采取加速折旧的方法。对上述 6 个行业的小型微利企业 2014 年 1 月 1 日后新购进的研发和生产经营共用的仪器、设备，单位价值不超过 100 万元的，允许一次性计入当期成本费用在计算应纳税所得额时扣除，不再分年度计算折旧；单位价值超过 100 万元的，可缩短折旧年限或采取加速折旧的方法。

2. 对所有行业企业 2014 年 1 月 1 日后新购进的专门用于研发的仪器、设备，单位价值不超过 100 万元的，允许一次性计入当期成本费用在计算应纳税所得额时扣除，不再分年度计算折旧；单位价值超过 100 万元的，可缩短折旧年限或采取加速折旧的方法。

3. 对所有行业企业持有的单位价值不超过 5 000 元的固定资产，允许一次性计入当期成本费用在计算应纳税所得额时扣除，不再分年度计算折旧。

4. 企业按本通知第一条、第二条规定缩短折旧年限的，最低折旧年限不得低于企业所得税法实施条例第六十条规定折旧年限的 60%；采取加速折旧方法的，可采取双倍余额递减法或者年数总和法。本通知第一至三条规定之外的企业固定资产加速折旧所得税处理问题，继续按照企业所得税法及其实施条例和现行税收政策规定执行。

5. 本通知自 2014 年 1 月 1 日起执行。

（二）2015 年 9 月 27 日《财政部 国家税务总局关于进一步完善固定资产加速折旧企业所得税政策的通知》（财税〔2015〕106 号）

该通知主要内容如下：

1. 对轻工、纺织、机械、汽车四个领域重点行业的企业 2015 年 1 月 1 日后新购进的固定资产，可由企业选择缩短折旧年限或采取加速折旧的方法。

2. 对上述行业的小型微利企业 2015 年 1 月 1 日后新购进的研发和生产经营共用的仪器、设备，单位价值不超过 100 万元的，允许一次性计入当期成本费用在计算应纳税所得额时扣除，不再分年度计算折旧；单位价值超过 100 万元的，可由企业选择缩短折旧年限或采取加速折旧的方法。

3. 企业按本通知第一条、第二条规定缩短折旧年限的，最低折旧年限不得低于企业所得税法实施条例第六十条规定折旧年限的 60%；采取加速折旧方法的，可采取双倍余额递减法或者年数总和法。按照企业所得税法及其实施条例有关规定，企业根据自身生产经营需要，也可选择不实行加速折旧政策。

（三）2019 年 4 月 23 日《财政部 国家税务总局关于扩大固定资产加速折旧优惠政策适用范围的公告》（财税〔2019〕66 号）

该通知主要内容如下：

1. 自 2019 年 1 月 1 日起，适用《财政部 国家税务总局关于完善固定资产加速折旧企业所

得税政策的通知》(财税〔2014〕75 号)和《财政部 国家税务总局关于进一步完善固定资产加速折旧企业所得税政策的通知》(财税〔2015〕106 号)规定固定资产加速折旧优惠的行业范围,扩大至全部制造业领域。

2. 制造业按照国家统计局《国民经济行业分类与代码(GB/4754－2017)》确定。今后国家有关部门更新国民经济行业分类与代码,从其规定。

(三)2018 年 5 月 7 日《财政部 国家税务总局关于设备、器具扣除有关企业所得税政策的通知》(财税〔2018〕54 号)

该通知主要内容如下:

1. 企业在 2018 年 1 月 1 日至 2020 年 12 月 31 日期间新购进的设备、器具,单位价值不超过 500 万元的,允许一次性计入当期成本费用在计算应纳税所得额时扣除,不再分年度计算折旧;单位价值超过 500 万元的,仍按企业所得税法实施条例、《财政部 国家税务总局关于完善固定资产加速折旧企业所得税政策的通知》(财税〔2014〕75 号)、《财政部 国家税务总局关于进一步完善固定资产加速折旧企业所得税政策的通知》(财税〔2015〕106 号)等相关规定执行。

2. 本通知所称设备、器具,是指除房屋、建筑物以外的固定资产。

三、对前述关于固定资产加速折旧的一系列政策的有关事项的说明

1. 对按前述政策加速折旧所形成的利润总额降低,在计算应纳税所得额时不用纳税调整。也就是说,允许所得税前扣除。

2. 财税〔2015〕106 号通知中有"也可以不实行加速折旧政策",请予注意。

3. 加速折旧政策所形成的某年份折旧额高、应纳税所得额低而少缴了企业所得税,实质上并不是"少缴",而是延迟了纳税。

4. 财税〔2018〕54 号通知中"2018 年 1 月 1 日至 2020 年 12 月 31 日期间新购进的设备、器具,单位价值不超过 500 万元的,允许一次性计入当期成本费用在计算应纳税所得额时扣除,不再分年度计算折旧"。其含义是:购买的单位价值不超过 500 万元的设备等等不是一次性直接进费用,而是仍然计入固定资产;只是通过一次性折旧计入成本或费用。之后在继续使用期间至报废处理之前,固定资产与累计折旧仍让挂在账上。这样做的原因是为了继续实施固定资产正常管理。

5. 一次性折旧的会计分录为:

假设某设备购入时取得专票价款 350 万元,税款 45.5 万元,款已付。

购入时:

借:固定资产	3 500 000.00	
应交税费——应交增值税(进项税额)	455 000.00	
贷:银行存款		3 955 000.00

一次性折旧时:

借:管理费用、制造费用等等	3 500 000.00	
贷:累计折旧		3 500 000.00

第四节　新建企业的税务登记

本案例为新建企业。作为新建企业，在工商登记办妥之后，必然涉及税务登记问题。

一、上海市新办企业税务登记所需资料

新办企业通过线上渠道发起申请时，需登录上海税务网，进入上海电子税务局新办企业快速通道模块，成功登录后，系统将引导您完成新办企业先关涉税事项的申请和信息填报工作，请遵照相关法律法规要求如实填报并根据实际经营需要选择相关事项进行办理。

收到手机短信信息提示后，请前往办税服务厅提交如下材料：

1. 加载统一社会信用代码的营业执照(原件)；

2. 经办人有效身份证件(原件)，经办人非企业法定代表人的，需提交经法定代表人签字并加盖企业公章的《授权委托书》(原件)，经办人属税务代理人的，还需提交税务代理合同(原件)；

3. 发票专用章；

4.“法人一证通”数字证书。

二、税务登记办理流程

各地、包括上海市各区在具体操作程序上也都是稍有不同。

下面是上海市宝山区现场大厅办理税务登记的流程示意图(见图表 9—29)。

网上税务登记基本流程如下：

(一)业务概述

对符合条件的新办企业，税务机关可在受理当天办结全部 10 个税务初始化事项，企业只需一次前往办税服务厅现场，即可领取税控设备、发票及相关涉税文书。

(二)业务前提

完成工商登记并取得加载统一社会信用代码的营业执照。

(三)功能节点

电子税务局——免登录功能——新办企业快速通道。

(四)操作步骤

1. 进入页面

电子税务局首页点击“免登录功能”，选择“新办企业快速通道”链接进入操作界面(见图表 9—30)。

图表 9—29

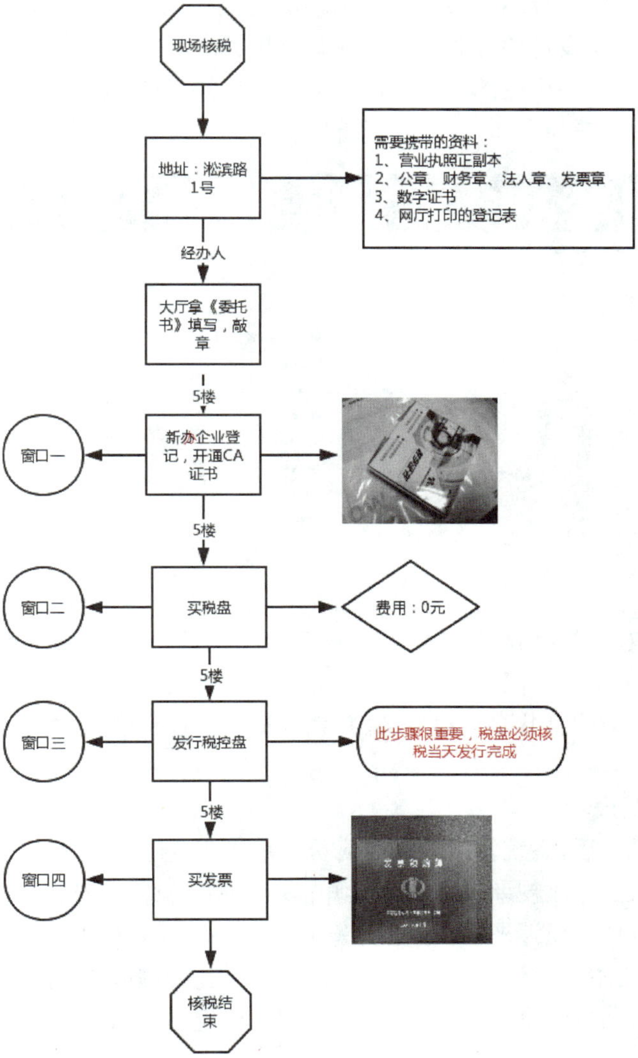
现场核税
地址：淞滨路1号
需要携带的资料：
1、营业执照正副本
2、公章、财务章、法人章、发票章
3、数字证书
4、网厅打印的登记表
经办人
大厅拿《委托书》填写，敲章
5楼
新办企业登记，开通CA证书
窗口一
5楼
买税盘
窗口二
费用：0元
5楼
发行税控盘
窗口三
此步骤很重要，税盘必须核税当天发行完成
5楼
买发票
窗口四
核税结束

图表 9—30

国家税务总局上海市电子税务局

2. 登录

页面需输入新办企业“统一社会信用代码”“法定代表人身份证号码”和经办人信息，并点击获取“验证码”，系统将发送验证码至经办人移动电话，验证填写无误后进入事项申请界面。请注意，经办人将作为新办企业的办税员进行信息采集并验证(见图表 9—31)。

图表 9—31

点击“提交”按钮，系统将自动抽取工商登记信息。实行“多证合一”登记制度改革后，在新办企业注册登记环节，工商部门将把登记信息共享至税务部门。如果尚未完成注册登记或工商部门尚未将相关登记信息共享至税务部门，系统将弹出提示信息，纳税人需前往工商部门核实有关情况。

3. 登录信息提交成功

登录信息提交成功后，系统将引导操作人员完成新办企业相关涉税事项的申请和信息填报工作。请遵照相关法律法规要求如实填报并根据实际经营需要选择相关事项进行办理。

新办企业涉税事项主要涉及：(1)登记信息确认(包括纳税人基本信息确认、负责人信息、总分机构信息、注册资本和投资方信息)；(2)财务会计制度备案；(3)存款账户账号报告；(4)网签三方协议；(5)一般纳税人资格认定；(6)发票票种核定；(7)扣缴税款登记；(8)CA 证书开户。

除上述事项外，税务机关还将分配主管税务所，根据纳税人提供的主营业务信息确定需要按期申报的流转税、所得税及相关附加税和地方规费。(请纳税人根据税务机关核定的税费种信息按期申报。)

4. 确认工商信息

登记信息确认下有 4 个部分内容需纳税人确认及完善。

(1)纳税人基本信息(见图表 9—32)。

部分字段是工商部门采集并共享的，无法修改，若与实际不符，纳税人需前往工商部门核实有关情况。标“ * ”为必填项：“批准设立机关”根据工商营业执照填写；“注册地邮政编码”“注册地联系电话”“生产经营地邮政编码”“生产经营地联系电话”“国民行业(附)”为可修改项。

图表 9—32

(2)负责人信息(见图表 9—33)。

图表 9—33

法人及财务负责人信息由工商信息带出,财务负责人信息可修改,办税人由经办人信息带出,标"＊"为必填项。请纳税人填写相应人员真实的手机号码。企业法定代表人信息在工商注册登记时采集,若电话号码缺失,需补充手机号码;三员将进行实名信息核验。

(3)总分机构信息(见图表 9—34)。

图表 9—34

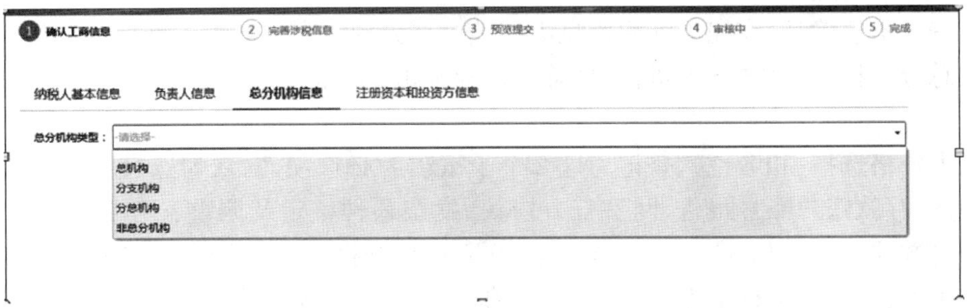

纳税人根据企业实际情况选择总分机构类型；选择“总机构”时，需录入“分支机构”；选择“分支机构”时，需录入“总机构”信息；选择“分总机构”时，需录入“总机构”及“分支机构”信息。

(4)注册资本和投资方信息(见图表 9－35)。

图表 9－35

请注意，投资方信息中“投资总额”单位是万元。

部分字段是工商部门采集并共享的，无法修改，若与实际不符，纳税人需前往工商部门核实有关情况。纳税人需录入“注册资本”“投资总额”“投资方信息”；需要维护投资人的经济性质，对于中国国籍的投资人还需要填写地址。

信息填写完整后，点击“下一步”，进入“完善涉税信息”页面。

5. 完善涉税信息。

除了登记信息确认，在完善涉税信息下有 7 个部分的内容需纳税人确认及完善。

企业总分机构类型为“分支机构”且总机构为本市企业的纳税人无须填写该模块(见图表 9－36)。

纳税人资格选择、扣缴税款登记为这 2 个子事项为必选项，默认勾选且不可取消；财务会计制度备案、存款账户账号报告、网签三方协议、发票票种核定及调整、CA 证书开户，这 5 个子事项为可选项，其中财务会计制度备案、存款账户账号报告、CA 证书开户默认勾选可取消，网签三方协议、发票票种核定需手动勾选；若纳税人选择了“发票票种核定”，事项办结后，需携带相关资料前往办税大厅确认；若纳税人未选择“发票票种核定”，事项办结后，无须前往办税大厅做新办企业确认，收到短信后，需通过电子税务局进度查询模块进行确认。需要开通电子申报服务和网上办税应用的,需要携带“法人一证通”数字证书(主)前往税务大厅办理。

图表 9—36

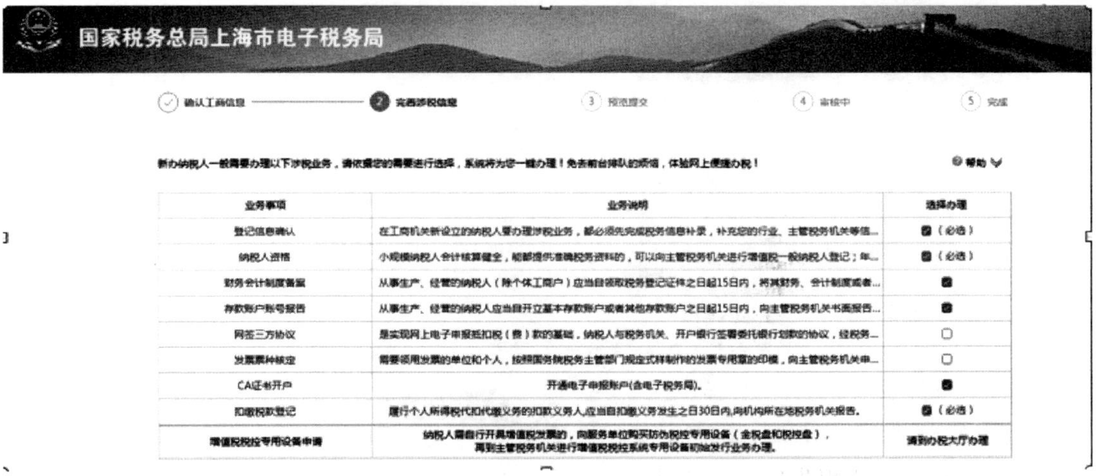

(1)纳税人资格类型选择(见图表 9—37)。

图表 9—37

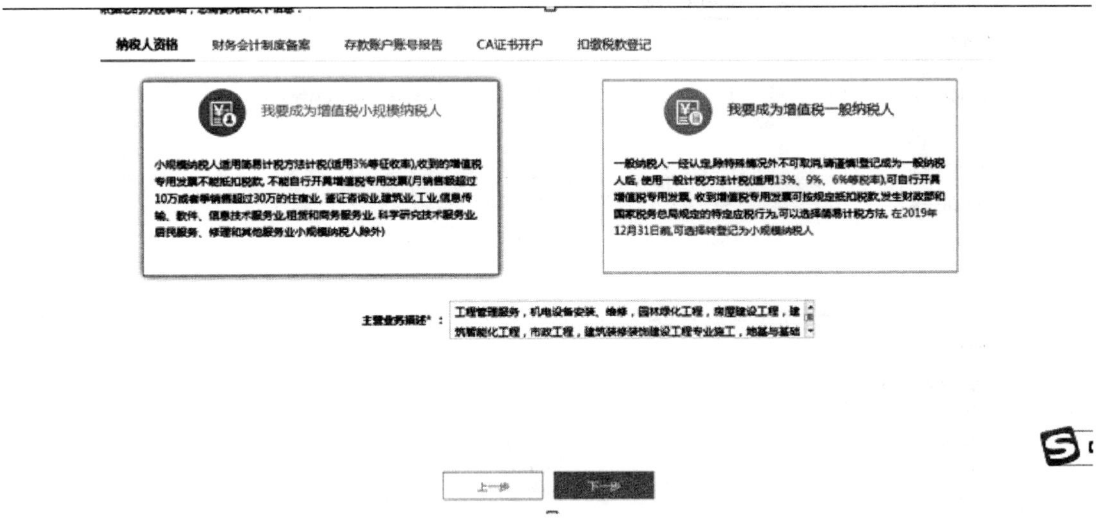

请根据需要选择成为“一般纳税人”或“小规模纳税人”。

(2)财务会计制度备案 (见图表 9—38)。

纳税人根据实际需要选择适用的备案信息。

会计报表报送期限根据企业选择的纳税人资格类型自动带出,选择小规模纳税人带出“季报、年报”,选择一般纳税人带出“月报、年报”;标“ * ”为必填项。

图表 9—38

(3)银行存款账户报告以及三方协议(见图表 9—39)。

图表 9—39

账户名称自动带出企业名称;纳税人根据实际情况填写银行账户信息;若纳税人勾选了"网签三方协议",则会带出三方协议信息,三方协议信息填写内容根据存款账户账号报告信息带出。

若账户性质选择"基本存款账户","基本存款账户编号"为必录项;鼠标点击小问号时,弹窗提示:"根据银发〔2019〕41 号文件,企业银行账户许可已经取消,若您取得的是银行通过账户管理系统打印的《基本存款账户信息》,请在此填写基本存款账户编号;若您仍使用银行开户许可证的,请在此输入核准号。"

(4)发票票种核定及调整(见图表 9—40)。

图表 9—40

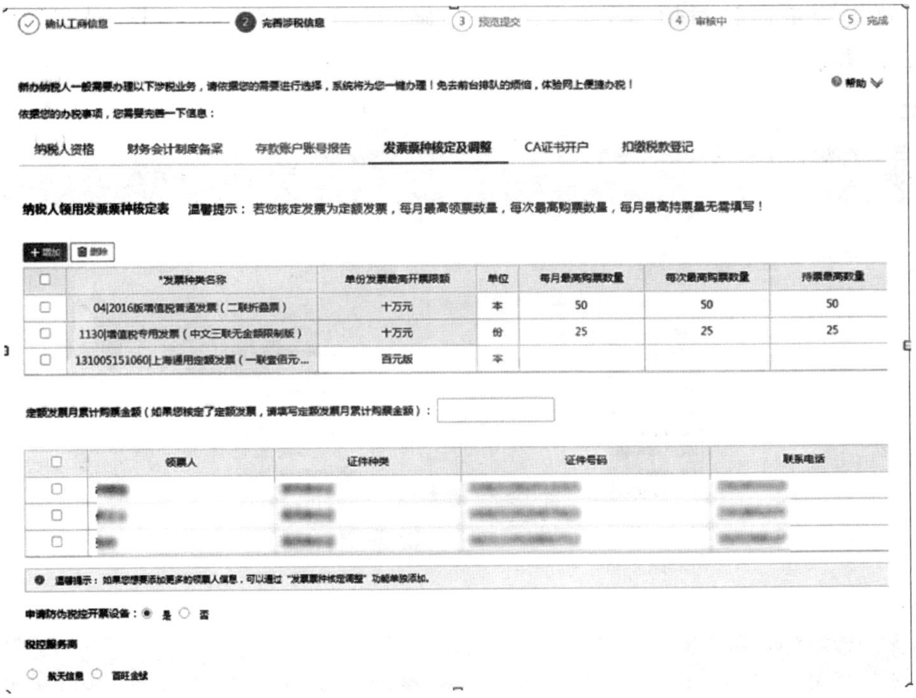

请选择企业所需的发票种类和数量。请注意，申请定额发票不需要填写数量，请填写下方"定额发票累计购票金额"栏目。初次领购发票，增值税普通发票最高购票数量为 50 份，增值税专用发票最高购票数量为 25 份。需在企业已采集的办税人员中选择领票员，若领票员需要调整的，可在新办企业涉税事项办结后再行变更。

最后，若申请增值税专用发票和增值税普通发票的，还需要填报最高开票限额申请并自愿选择税控服务商。请注意，申请最高开票限额为 10 万元的增值税专用发票时，需要企业法定代表人本人在办税服务厅领取结果文书时现场办理实名信息核验。

(5)CA 证书开户。

上海税务提供了丰富的网上办税服务，纳税人可在线办理纳税申报、发票领用、网上缴纳税款及各类涉税事项，并定制个性化的涉税信息，CA 证书开户需携带"法人一证通"数字证书(主)前往税务大厅办理。

(6)扣缴税款登记。

扣缴税款登记信息自动带出"个人所得税—代扣代缴工资薪金个人所得税。"(见图表 9—41)

图表 9—41

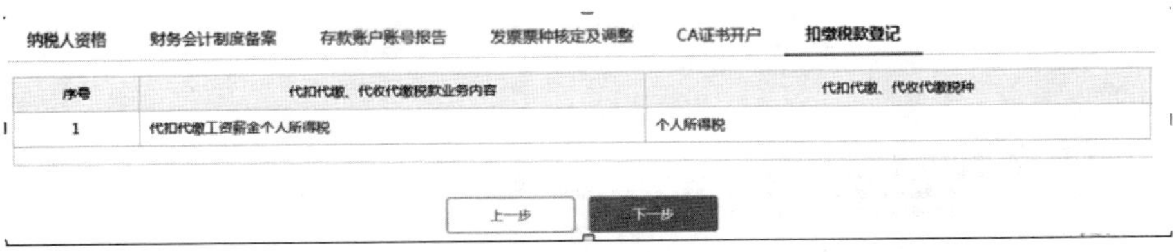

6. 确认并提交申请。

在预览提交页面核对填写的信息是否准确，若确定无误后，点击“提交”按钮（见图表9—42至图表9—45）。

图表9—42

图表9—43

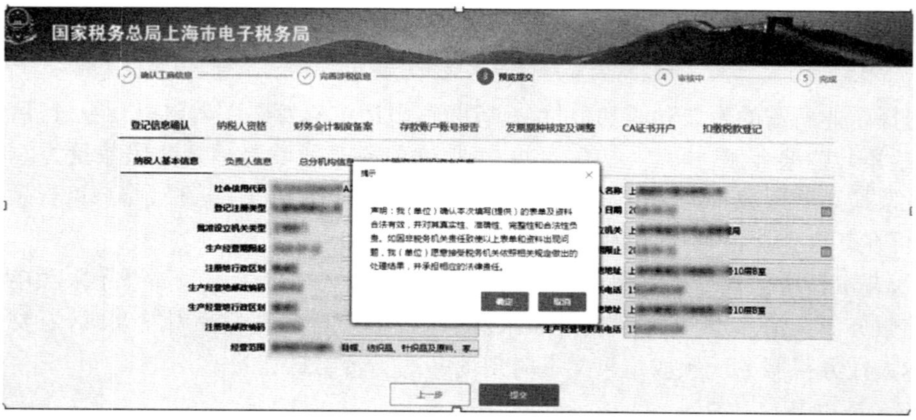

图表9—44

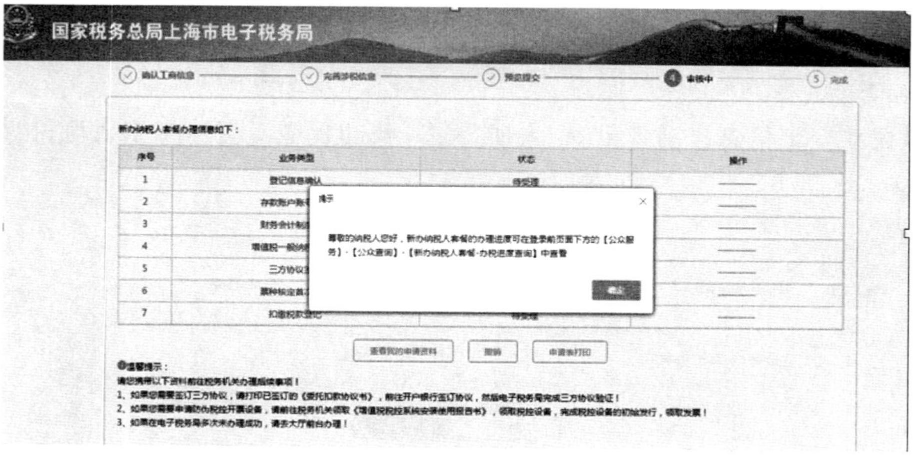

图表 9—45

请下载查看《新办企业涉税事项申请表》,确认填报的内容。对符合条件的新办企业,可在受理后的当天办结相关涉税事项。提交后,若信息填写有误,在税务人员"受理"前,可点击"撤销"按钮,撤销此次申请。

(1)若纳税人在办理事项时,未选择"发票票种核定",在收到手机短信提示后,需前往电子税务局首页"【公众服务】—【公众查询】—【新办纳税人套餐—办税进度查询】"中确认登记信息。并仔细阅读相关说明:您已完成新办企业登记流程,请核实税费种认定信息,并按期申报,若逾期未申报,可能会被认定为非正常户,请确认是否知晓。需要开通电子申报服务和网上办税应用的,请携带"法人一证通"数字证书(主)前往税务大厅办理。确认后,可查看以及下载相关的通知书(见图表 9—46)。

图表 9—46

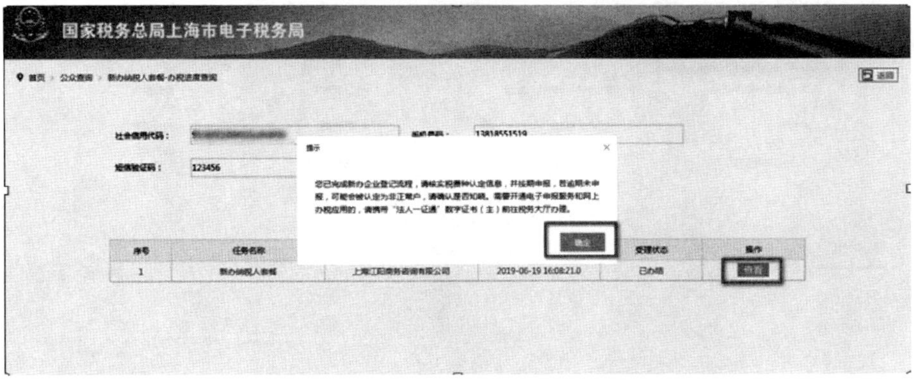

(2)若纳税人申请了"发票票种核定",收到手机短信息提示后,依照短信内容,请前往办税服务厅提交如下材料:①加载统一社会信用代码的营业执照(原件);②经办人有效身份证件(原件),经办人非企业法定代表人的,需提交经法定代表人签字并加盖企业公章的《授权委托书》(原件),经办人属税务代理人的,还需提交税务代理合同(原件);③需要申请发票的,应提交发票专用章;④需要办理银行存款账户账号报告的,应提交银行开户许可证或账户、账号开立证明(原件);⑤需要申请最高开票限额 10 万元的增值税专用发票的,需要企业法定代表人至办税服务厅现场办理实名信息核验;⑥需要开通电子申报服务和网上办税应用的,需提交"法人一证通"数字证书(主)。

材料符合要求的，将当场发放办理结果。需要当天领用增值税发票的，可即至税控服务商购买税控盘，并至办税服务厅办理税控盘初始发行，当场领用增值税发票。

7. 进度查询

新办纳税人套餐的办理进度可在登录前页面下方的“【公众服务】—【公众查询】—【新办纳税人套餐—办税进度查询】”中查看。

进度查询可输入经办人、财务负责人、法定代表人三者其中一个人的手机号码，获取验证码进行查询（见图表9—47至图表9—51）。

图表9—47

图表9—48

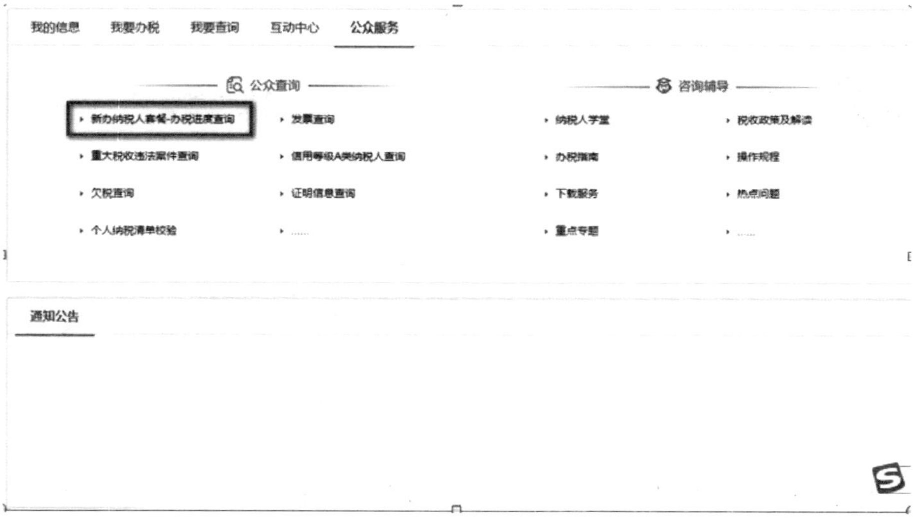

图表 9－49

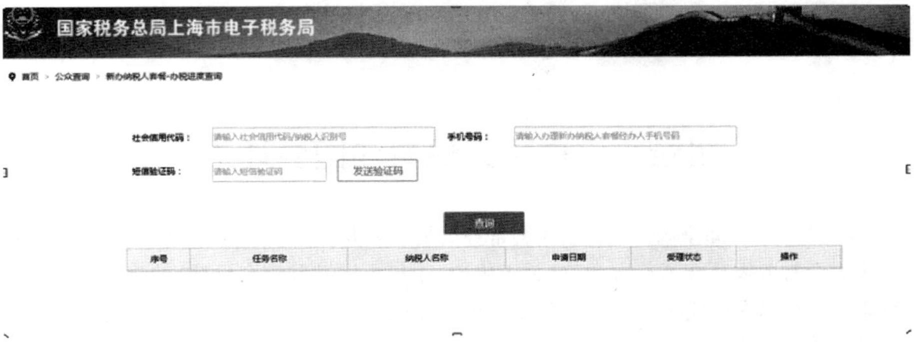

图表 9－50

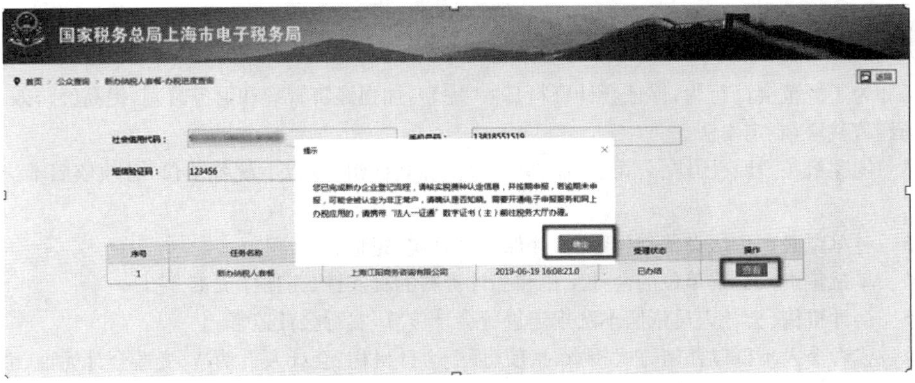

图表 9－51

三、关于新建企业的税率(税目)的核定

由于企业的经营范围一般并不单一，因此可能涉及不同税种税目，对应不同税率（13％、9％、6％等等），这就需要预先到主管税务机关核定税目及其对应税率。

问题在于，有的个别业务不属于经营范围之内，但实践中却发生了。比如闲置办公楼出租，企业经营范围中并没有“不动产出租”业务。此时就需要去主管税务机关单独核定。核定之后，方可以开具出增值税率 9％的增值税发票并进行该项目的纳税申报。

附录

附录一　中华人民共和国会计法

（1985年1月21日第六届全国人民代表大会常务委员会第九次会议通过；根据1993年12月29日第八届全国人民代表大会常务委员会第五次会议《关于修改〈中华人民共和国会计法〉的决定》第一次修正；1999年10月31日第九届全国人民代表大会常务委员会第十二次会议修订；根据2017年11月4日第十二届全国人民代表大会常务委员会第三十次会议《关于修改〈中华人民共和国会计法〉等十一部法律的决定》第二次修正。）

第一章　总　则

第一条　为了规范会计行为，保证会计资料真实、完整，加强经济管理和财务管理，提高经济效益，维护社会主义市场经济秩序，制定本法。

第二条　国家机关、社会团体、公司、企业、事业单位和其他组织（以下统称单位）必须依照本法办理会计事务。

第三条　各单位必须依法设置会计账簿，并保证其真实、完整。

第四条　单位负责人对本单位的会计工作和会计资料的真实性、完整性负责。

第五条　会计机构、会计人员依照本法规定进行会计核算，实行会计监督。

任何单位或者个人不得以任何方式授意、指使、强令会计机构、会计人员伪造、变造会计凭证、会计账簿和其他会计资料，提供虚假财务会计报告。

任何单位或者个人不得对依法履行职责、抵制违反本法规定行为的会计人员实行打击报复。

第六条　对认真执行本法，忠于职守，坚持原则，做出显著成绩的会计人员，给予精神的或者物质的奖励。

第七条　国务院财政部门主管全国的会计工作。

县级以上地方各级人民政府财政部门管理本行政区域内的会计工作。

第八条　国家实行统一的会计制度。国家统一的会计制度由国务院财政部门根据本法制定并公布。

国务院有关部门可以依照本法和国家统一的会计制度制定对会计核算和会计监督有特殊要求的行业实施国家统一的会计制度的具体办法或者补充规定，报国务院财政部门审核批准。

中国人民解放军总后勤部可以依照本法和国家统一的会计制度制定军队实施国家统一的会计制度的具体办法，报国务院财政部门备案。

第二章　会计核算

第九条　各单位必须根据实际发生的经济业务事项进行会计核算，填制会计凭证，登记会计账簿，编制财务会计报告。

任何单位不得以虚假的经济业务事项或者资料进行会计核算。

第十条　下列经济业务事项，应当办理会计手续，进行会计核算：

（一）款项和有价证券的收付；

（二）财物的收发、增减和使用；

（三）债权债务的发生和结算；

（四）资本、基金的增减；

（五）收入、支出、费用、成本的计算；

（六）财务成果的计算和处理；

(七)需要办理会计手续、进行会计核算的其他事项。

第十一条 会计年度自公历1月1日起至12月31日止。

第十二条 会计核算以人民币为记账本位币。

业务收支以人民币以外的货币为主的单位,可以选定其中一种货币作为记账本位币,但是编报的财务会计报告应当折算为人民币。

第十三条 会计凭证、会计账簿、财务会计报告和其他会计资料,必须符合国家统一的会计制度的规定。

使用电子计算机进行会计核算的,其软件及其生成的会计凭证、会计账簿、财务会计报告和其他会计资料,也必须符合国家统一的会计制度的规定。

任何单位和个人不得伪造、变造会计凭证、会计账簿及其他会计资料,不得提供虚假的财务会计报告。

第十四条 会计凭证包括原始凭证和记账凭证。

办理本法第十条所列的经济业务事项,必须填制或者取得原始凭证并及时送交会计机构。

会计机构、会计人员必须按照国家统一的会计制度的规定对原始凭证进行审核,对不真实、不合法的原始凭证有权不予接受,并向单位负责人报告;对记载不准确、不完整的原始凭证予以退回,并要求按照国家统一的会计制度的规定更正、补充。

原始凭证记载的各项内容均不得涂改;原始凭证有错误的,应当由出具单位重开或者更正,更正处应当加盖出具单位印章。原始凭证金额有错误的,应当由出具单位重开,不得在原始凭证上更正。

记账凭证应当根据经过审核的原始凭证及有关资料编制。

第十五条 会计账簿登记,必须以经过审核的会计凭证为依据,并符合有关法律、行政法规和国家统一的会计制度的规定。会计账簿包括总账、明细账、日记账和其他辅助性账簿。

会计账簿应当按照连续编号的页码顺序登记。会计账簿记录发生错误或者隔页、缺号、跳行的,应当按照国家统一的会计制度规定的方法更正,并由会计人员和会计机构负责人(会计主管人员)在更正处盖章。

使用电子计算机进行会计核算的,其会计账簿的登记、更正,应当符合国家统一的会计制度的规定。

第十六条 各单位发生的各项经济业务事项应当在依法设置的会计账簿上统一登记、核算,不得违反本法和国家统一的会计制度的规定私设会计账簿登记、核算。

第十七条 各单位应当定期将会计账簿记录与实物、款项及有关资料相互核对,保证会计账簿记录与实物及款项的实有数额相符、会计账簿记录与会计凭证的有关内容相符、会计账簿之间相对应的记录相符、会计账簿记录与会计报表的有关内容相符。

第十八条 各单位采用的会计处理方法,前后各期应当一致,不得随意变更;确有必要变更的,应当按照国家统一的会计制度的规定变更,并将变更的原因、情况及影响在财务会计报告中说明。

第十九条 单位提供的担保、未决诉讼等或有事项,应当按照国家统一的会计制度的规定,在财务会计报告中予以说明。

第二十条 财务会计报告应当根据经过审核的会计账簿记录和有关资料编制,并符合本法和国家统一的会计制度关于财务会计报告的编制要求、提供对象和提供期限的规定;其他法律、行政法规另有规定的,从其规定。

财务会计报告由会计报表、会计报表附注和财务情况说明书组成。向不同的会计资料使用者提供的财务会计报告,其编制依据应当一致。有关法律、行政法规规定会计报表、会计报表附注和财务情况说明书须经注册会计师审计的,注册会计师及其所在的会计师事务所出具的审计报告应当随同财务会计报告一并提供。

第二十一条 财务会计报告应当由单位负责人和主管会计工作的负责人、会计机构负责人(会计主管人员)签名并盖章;设置总会计师的单位,还须由总会计师签名并盖章。

单位负责人应当保证财务会计报告真实、完整。

第二十二条 会计记录的文字应当使用中文。在民族自治地方,会计记录可以同时使用当地通用的一种民族文字。在中华人民共和国境内的外商投资企业、外国企业和其他外国组织的会计记录可以同时使用一种外国文字。

第二十三条 各单位对会计凭证、会计账簿、财务会计报告和其他会计资料应当建立档案,妥善保管。会计档案的保管期限和销毁办法，由国务院财政部会同有关部门制定。

第三章　公司、企业会计核算的特别规定

第二十四条　公司、企业进行会计核算，除应当遵守本法第二章的规定外，还应当遵守本章规定。

第二十五条　公司、企业必须根据实际发生的经济业务事项，按照国家统一的会计制度的规定确认、计量和记录资产、负债、所有者权益、收入、费用、成本和利润。

第二十六条　公司、企业进行会计核算不得有下列行为：

(一)随意改变资产、负债、所有者权益的确认标准或者计量方法，虚列、多列、不列或者少列资产、负债、所有者权益；

(二)虚列或者隐瞒收入，推迟或者提前确认收入；

(三)随意改变费用、成本的确认标准或者计量方法，虚列、多列、不列或者少列费用、成本；

(四)随意调整利润的计算、分配方法，编造虚假利润或者隐瞒利润；

(五)违反国家统一的会计制度规定的其他行为。

第四章　会计监督

第二十七条　各单位应当建立、健全本单位内部会计监督制度。单位内部会计监督制度应当符合下列要求：

(一)记账人员与经济业务事项和会计事项的审批人员、经办人员、财物保管人员的职责权限应当明确，并相互分离、相互制约；

(二)重大对外投资、资产处置、资金调度和其他重要经济业务事项的决策和执行的相互监督、相互制约程序应当明确；

(三)财产清查的范围、期限和组织程序应当明确；

(四)对会计资料定期进行内部审计的办法和程序应当明确。

第二十八条　单位负责人应当保证会计机构、会计人员依法履行职责，不得授意、指使、强令会计机构、会计人员违法办理会计事项。

会计机构、会计人员对违反本法和国家统一的会计制度规定的会计事项，有权拒绝办理或者按照职权予以纠正。

第二十九条　会计机构、会计人员发现会计账簿记录与实物、款项及有关资料不相符的，按照国家统一的会计制度的规定有权自行处理的，应当及时处理；无权处理的，应当立即向单位负责人报告，请求查明原因，做出处理。

第三十条　任何单位和个人对违反本法和国家统一的会计制度规定的行为，有权检举。收到检举的部门有权处理的，应当依法按照职责分工及时处理；无权处理的，应当及时移送有权处理的部门处理。收到检举的部门、负责处理的部门应当为检举人保密，不得将检举人姓名和检举材料转给被检举单位和被检举人个人。

第三十一条　有关法律、行政法规规定，须经注册会计师进行审计的单位，应当向受委托的会计师事务所如实提供会计凭证、会计账簿、财务会计报告和其他会计资料以及有关情况。

任何单位或者个人不得以任何方式要求或者示意注册会计师及其所在的会计师事务所出具不实或者不当的审计报告。

财政部门有权对会计师事务所出具审计报告的程序和内容进行监督。

第三十二条　财政部门对各单位的下列情况实施监督：

(一)是否依法设置会计账簿；

(二)会计凭证、会计账簿、财务会计报告和其他会计资料是否真实、完整；

(三)会计核算是否符合本法和国家统一的会计制度的规定；

(四)从事会计工作的人员是否具备专业能力、遵守职业道德。

在对前款第(二)项所列事项实施监督,发现重大违法嫌疑时,国务院财政部门及其派出机构可以向与被监督单位有经济业务往来的单位和被监督单位开立账户的金融机构查询有关情况,有关单位和金融机构应当给予支持。

第三十三条 财政、审计、税务、人民银行、证券监管、保险监管等部门应当依照有关法律、行政法规规定的职责,对有关单位的会计资料实施监督检查。

前款所列监督检查部门对有关单位的会计资料依法实施监督检查后,应当出具检查结论。有关监督检查部门已经做出的检查结论能够满足其他监督检查部门履行本部门职责需要的,其他监督检查部门应当加以利用,避免重复查账。

第三十四条 依法对有关单位的会计资料实施监督检查的部门及其工作人员对在监督检查中知悉的国家秘密和商业秘密负有保密义务。

第三十五条 各单位必须依照有关法律、行政法规的规定,接受有关监督检查部门依法实施的监督检查,如实提供会计凭证、会计账簿、财务会计报告和他会计资料以及有关情况,不得拒绝、隐匿、谎报。

第五章 会计机构和会计人员

第三十六条 各单位应当根据会计业务的需要,设置会计机构,或者在有关机构中设置会计人员并指定会计主管人员;不具备设置条件的,应当委托经批准设立从事会计代理记账业务的中介机构代理记账。

国有的和国有资产占控股地位或者主导地位的大、中型企业必须设置总会计师。总会计师的任职资格、任免程序、职责权限由国务院规定。

第三十七条 会计机构内部应当建立稽核制度。

出纳人员不得兼任稽核、会计档案保管和收入、支出、费用、债权债务账目的登记工作。

第三十八条 会计人员应当具备从事会计工作所需要的专业能力。

担任单位会计机构负责人(会计主管人员)的,应当具备会计师以上专业技术职务资格或者从事会计工作三年以上经历。

本法所称会计人员的范围由国务院财政部门规定。

第三十九条 会计人员应当遵守职业道德,提高业务素质。对会计人员的教育和培训工作应当加强。

第四十条 因有提供虚假财务会计报告,做假账,隐匿或者故意销毁会计凭证、会计账簿、财务会计报告,贪污,挪用公款,职务侵占等与会计职务的有关违法行为被依法追究刑事责任的人员,不得再从事会计工作。

第四十一条 会计人员调动工作或者离职,必须与接管人员办清交接手续。

一般会计人员办理交接手续,由会计机构负责人(会计主管人员)监交;会计机构负责人(会计主管人员)办理交接手续,由单位负责人监交,必要时主管单位可以派人会同监交。

第六章 法律责任

第四十二条 违反本法规定,有下列行为之一的,由县级以上人民政府财政部门责令限期改正,可以对单位并处三千元以上五万元以下的罚款;对其直接负责的主管人员和其他直接责任人员,可以处二千元以上二万元以下的罚款;属于国家工作人员的,还应当由其所在单位或者有关单位依法给予行政处分:

(一)不依法设置会计账簿的;

(二)私设会计账簿的;

(三)未按照规定填制、取得原始凭证或者填制、取得的原始凭证不符合规定的;

(四)以未经审核的会计凭证为依据登记会计账簿或者登记会计账簿不符合规定的;

(五)随意变更会计处理方法的;

(六)向不同的会计资料使用者提供的财务会计报告编制依据不一致的;

(七)未按照规定使用会计记录文字或者记账本位币的;

(八)未按照规定保管会计资料,致使会计资料毁损、灭失的;

(九)未按照规定建立并实施单位内部会计监督制度或者拒绝依法实施的监督或者不如实提供有关会计资料及有关情况的；

(十)任用会计人员不符合本法规定的。

有前款所列行为之一，构成犯罪的，依法追究刑事责任。

会计人员有第一款所列行为之一，情节严重的，五年内不得从事会计工作。

有关法律对第一款所列行为的处罚另有规定的，依照有关法律的规定办理。

第四十三条　伪造、变造会计凭证、会计账簿，编制虚假财务会计报告，构成犯罪的，依法追究刑事责任。

有前款行为，尚不构成犯罪的，由县级以上人民政府财政部门予以通报，可以对单位并处五千元以上十万元以下的罚款；对其直接负责的主管人员和其他直接责任人员，可以处三千元以上五万元以下的罚款；属于国家工作人员的，还应当由其所在单位或者有关单位依法给予撤职直至开除的行政处分；其中的会计人员，五年内不得从事会计工作。

第四十四条　隐匿或者故意销毁依法应当保存的会计凭证、会计账簿、财务会计报告，构成犯罪的，依法追究刑事责任。

有前款行为，尚不构成犯罪的，由县级以上人民政府财政部门予以通报，可以对单位并处五千元以上十万元以下的罚款；对其直接负责的主管人员和其他直接责任人员，可以处三千元以上五万元以下的罚款；属于国家工作人员的，还应当由其所在单位或者有关单位依法给予撤职直至开除的行政处分；其中的会计人员，五年内不得从事会计工作。

第四十五条　授意、指使、强令会计机构、会计人员及其他人员伪造、变造会计凭证、会计账簿，编制虚假财务会计报告或者隐匿、故意销毁依法应当保的会计凭证、会计账簿、财务会计报告，构成犯罪的，依法追究刑事责任；尚不构成犯罪的，可以处五千元以上五万元以下的罚款；属于国家工作人员的，还应当由其所在单位或者有关单位依法给予降级、撤职、开除的行政处分。

第四十六条　单位负责人对依法履行职责、抵制违反本法规定行为的会计人员以降级、撤职、调离工作岗位、解聘或者开除等方式实行打击报复，构成犯罪的，依法追究刑事责任；尚不构成犯罪的，由其所在单位或者有关单位依法给予行政处分。对受打击报复的会计人员，应当恢复其名誉和原有职务、级别。

第四十七条　财政部门及有关行政部门的工作人员在实施监督管理中滥用职权、玩忽职守、徇私舞弊或者泄露国家秘密、商业秘密，构成犯罪的，依法追究刑事责任；尚不构成犯罪的，依法给予行政处分。

第四十八条　违反本法第三十条规定，将检举人姓名和检举材料转给被检举单位和被检举人个人的，由所在单位或者有关单位依法给予行政处分。

第四十九条　违反本法规定，同时违反其他法律规定的，由有关部门在各自职权范围内依法进行处罚。

第七章　附　则

第五十条　本法下列用语的含义：

单位负责人，是指单位法定代表人或者法律、行政法规规定代表单位行使职权的主要负责人。

国家统一的会计制度，是指国务院财政部门根据本法制定的关于会计核算、会计监督、会计机构和会计人员以及会计工作管理的制度。

第五十一条　个体工商户会计管理的具体办法，由国务院财政部门根据本法的原则另行规定。

第五十二条　本法自 2000 年 7 月 1 日起施行。

附录二　会计基础工作规范

（财政部令第98号）

（1996年6月17日财会字〔1996〕19号公布，根据2019年3月14日《财政部关于修改〈代理记账管理办法〉等2部部门规章的决定》修改。）

第一章　总则

第一条　为了加强会计基础工作，建立规范的会计工作秩序，提高会计工作水平，根据《中华人民共和国会计法》的有关规定，制定本规范。

第二条　国家机关、社会团体、企业、事业单位、个体工商户和其他组织的会计基础工作，应当符合本规范的规定。

第三条　各单位应当依据有关法规、法规和本规范的规定，加强会计基础工作，严格执行会计法规制度，保证会计工作依法有序地进行。

第四条　单位领导人对本单位的会计基础工作负有领导责任。

第五条　各省、自治区、直辖市财政厅（局）要加强对会计基础工作的管理和指导，通过政策引导、经验交流、监督检查等措施，促进基层单位加强会计基础工作，不断提高会计工作水平。

国务院各业务主管部门根据职责权限管理本部门的会计基础工作。

第二章　会计机构和会计人员

第一节　会计机构设置和会计人员配备

第六条　各单位应当根据会计业务的需要设置会计机构；不具备单独设置会计机构条件的，应当在有关机构中配备专职会计人员。

事业行政单位会计机构的设置和会计人员的配备，应当符合国家统一事业行政单位会计制度的规定。

设置会计机构，应当配备会计机构负责人；在有关机构中配备专职会计人员，应当在专职会计人员中指定会计主管人员。

会计机构负责人、会计主管人员的任免，应当符合《中华人民共和国会计法》和有关法律的规定。

第七条　会计机构负责人、会计主管人员应当具备下列基本条件：

（一）坚持原则，廉洁奉公；

（二）具备会计师以上专业技术职务资格或者从事会计工作不少于三年；

（三）熟悉国家财经法律、法规、规章和方针、政策，掌握本行业业务管理的有关知识；

（四）有较强的组织能力；

（五）身体状况能够适应本职工作的要求。

第八条　没有设置会计机构或者配备会计人员的单位，应当根据《代理记账管理办法》的规定，委托会计师事务所或者持有代理记账许可证书的代理记账机构进行代理记账。

第九条　大、中型企业、事业单位、业务主管部门应当根据法律和国家有关规定设置总会计师。总会计师由具有会计师以上专业技术资格的人员担任。

总会计师行使《总会计师条例》规定的职责、权限。

总会计师的任命（聘任）、免职（解聘）依照《总会计师条例》和有关法律的规定办理。

第十条　各单位应当根据会计业务需要配备会计人员，督促其遵守职业道德和国家统一的会计制度。

第十一条　各单位应当根据会计业务需要设置会计工作岗位。

会计工作岗位一般可分为：会计机构负责人或者会计主管人员，出纳，财产物资核算，工资核算，成本费用核算，财务成果核算，资金核算，往来结算，总账报表，稽核，档案管理等。开展会计电算化和管理会计的单位，可以根据需要设置相应工作岗位，也可以与其他工作岗位相结合。

第十二条　会计工作岗位，可以一人一岗、一人多岗或者一岗多人。但出纳人员不得兼管稽核、会计档案保管和收入、费用、债权债务账目的登记工作。

第十三条　会计人员的工作岗位应当有计划地进行轮换。

第十四条　会计人员应当具备必要的专业知识和专业技能，熟悉国家有关法律、法规、规章和国家统一会计制度，遵守职业道德。

会计人员应当按照国家有关规定参加会计业务的培训。各单位应当合理安排会计人员的培训，保证会计人员每年有一定时间用于学习和参加培训。

第十五条　各单位领导人应当支持会计机构、会计人员依法行使职权；对忠于职守，坚持原则，做出显著成绩的会计机构、会计人员，应当给予精神的和物质的奖励。

第十六条　国家机关、国有企业、事业单位任用会计人员应当实行回避制度。

单位领导人的直系亲属不得担任本单位的会计机构负责人、会计主管人员。会计机构负责人、会计主管人员的直系亲属不得在本单位会计机构中担任出纳工作。

需要回避的直系亲属为：夫妻关系、直系血亲关系、三代以内旁系血亲以及配偶亲关系。

第二节　会计人员职业道德

第十七条　会计人员在会计工作中应当遵守职业道德，树立良好的职业品质、严谨的工作作风，严守工作纪律，努力提高工作效率和工作质量。

第十八条　会计人员应当热爱本职工作，努力钻研业务，使自己的知识和技能适应所从事工作的要求。

第十九条　会计人员应当熟悉财经法律、法规、规章和国家统一会计制度，并结合会计工作进行广泛宣传。

第二十条　会计人员应当按照会计法规、法规和国家统一会计制度规定的程序和要求进行会计工作，保证所提供的会计信息合法、真实、准确、及时、完整。

第二十一条　会计人员办理会计事务应当实事求是、客观公正。

第二十二条　会计人员应当熟悉本单位的生产经营和业务管理情况，运用掌握的会计信息和会计方法，为改善单位内部管理、提高经济效益服务。

第二十三条　会计人员应当保守本单位的商业秘密。除法律规定和单位领导人同意外，不能私自向外界提供或者泄露单位的会计信息。

第二十四条　财政部门、业务主管部门和各单位应当定期检查会计人员遵守职业道德的情况，并作为会计人员晋升、晋级、聘任专业职务、表彰奖励的重要考核依据。

会计人员违反职业道德的，由所在单位进行处理。

第三节　会计工作交接

第二十五条　会计人员工作调动或者因故离职，必须将本人所经管的会计工作全部移交给接替人员。没有办清交接手续的，不得调动或者离职。

第二十六条　接替人员应当认真接管移交工作，并继续办理移交的未了事项。

第二十七条　会计人员办理移交手续前，必须及时做好以下工作：

（一）已经受理的经济业务尚未填制会计凭证的，应当填制完毕。

（二）尚未登记的账目，应当登记完毕，并在最后一笔余额后加盖经办人员印章。

（三）整理应该移交的各项资料，对未了事项写出书面材料。

（四）编制移交清册，列明应当移交的会计凭证、会计账簿、会计报表、印章、现金、有价证券、支票簿、发票、文件、其他会计资料和物品等内容；实行会计电算化的单位，从事该项工作的移交人员还应当在移交清册中列明会计软件及密码、会计软件数据磁盘（磁带等）及有关资料、实物等内容。

第二十八条　会计人员办理交接手续，必须有监交人负责监交。一般会计人员交接，由单位会计机构负责人、会计主管人员负责监交；会计机构负责人、会计主管人员交接，由单位领导人负责监交，必要时可由上级主管部门派人会同监交。

第二十九条　移交人员在办理移交时，要按移交清册逐项移交；接替人员要逐项核对点收。

(一)现金、有价证券要根据会计账簿有关记录进行点交。库存现金、有价证券必须与会计账簿记录保持一致。不一致时，移交人员必须限期查清。

(二)会计凭证、会计账簿、会计报表和其他会计资料必须完整无缺。如有短缺，必须查清原因，并在移交清册中注明，由移交人员负责。

(三)银行存款账户余额要与银行对账单核对，如不一致，应当编制银行存款余额调节表调节相符，各种财产物资和债权债务的明细账户余额要与总账有关账户余额核对相符；必要时，要抽查个别账户的余额，与实物核对相符，或者与往来单位、个人核对清楚。

(四)移交人员经管的票据、印章和其他实物等，必须交接清楚；移交人员从事会计电算化工作的，要对有关电子数据在实际操作状态下进行交接。

第三十条　会计机构负责人、会计主管人员移交时，还必须将全部财务会计工作、重大财务收支和会计人员的情况等，向接替人员详细介绍。对需要移交的遗留问题，应当写出书面材料。

第三十一条　交接完毕后，交接双方和监交人员要在移交注册上签名或者盖章。并应在移交注册上注明：单位名称，交接日期，交接双方和监交人员的职务、姓名，移交清册页数以及需要说明的问题和意见等。

移交清册一般应当填制一式三份，交接双方各执一份，存档一份。

第三十二条　接替人员应当继续使用移交的会计账簿，不得自行另立新账，以保持会计记录的连续性。

第三十三条　会计人员临时离职或者因病不能工作且需要接替或者代理的，会计机构负责人、会计主管人员或者单位领导人必须指定有关人员接替或者代理，并办理交接手续。

临时离职或者因病不能工作的会计人员恢复工作的，应当与接替或者代理人员办理交接手续。

移交人员因病或者其他特殊原因不能亲自办理移交的，经单位领导人批准，可由移交人员委托他人代办移交，但委托人应当承担本规范第三十五条规定的责任。

第三十四条　单位撤销时，必须留有必要的会计人员，会同有关人员办理清理工作，编制决算。未移交前，不得离职。接收单位和移交日期由主管部门确定。

单位合并、分立的，其会计工作交接手续比照上述有关规定办理。

第三十五条　移交人员对所移交的会计凭证、会计账簿、会计报表和其他有关资料的合法性、真实性承担法律责任。

第三章　会计核算

第一节　会计核算一般要求

第三十六条　各单位应当按照《中华人民共和国会计法》和国家统一会计制度的规定建立会计账册，进行会计核算，及时提供合法、真实、准确、完整的会计信息。

第三十七条　各单位发生的下列事项，应当及时办理会计手续、进行会计核算：

(一)款项和有价证券的收付；

(二)财物的收发、增减和使用；

(三)债权债务的发生和结算；

(四)资本、基金的增减；

(五)收入、支出、费用、成本的计算；

(六)财务成果的计算和处理；

(七)其他需要办理会计手续、进行会计核算的事项。

第三十八条　各单位的会计核算应当以实际发生的经济业务为依据，按照规定的会计处理方法进行，保证会计指标的口径一致、相互可比和会计处理方法的前后各期相一致。

第三十九条　会计年度自公历 1 月 1 日起至 12 月 31 日止。

第四十条　会计核算以人民币为记账本位币。

收支业务以外国货币为主的单位，也可以选定某种外国货币作为记账本位币，但是编制的会计报表应当折算为人民币反映。

境外单位向国内有关部门编报的会计报表，应当折算为人民币反映。

第四十一条　各单位根据国家统一会计制度的要求，在不影响会计核算要求、会计报表指标汇总和对外统一会计报表的前提下，可以根据实际情况自行设置和使用会计科目。

事业行政单位会计科目的设置和使用，应当符合国家统一事业行政单位会计制度的规定。

第四十二条　会计凭证、会计账簿、会计报表和其他会计资料的内容和要求必须符合国家统一会计制度的规定，不得伪造、变造会计凭证和会计账簿，不得设置账外账，不得报送虚假会计报表。

第四十三条　各单位对外报送的会计报表格式由财政部统一规定。

第四十四条　实行会计电算化的单位，对使用的会计软件及其生成的会计凭证、会计账簿、会计报表和其他会计资料的要求，应当符合财政部关于会计电算化的有关规定。

第四十五条　各单位的会计凭证、会计账簿、会计报表和其他会计资料，应当建立档案，妥善保管。会计档案建档要求、保管期限、销毁办法等依据《会计档案管理办法》的规定进行。

实行会计电算化的单位，有关电子数据、会计软件资料等应当作为会计档案进行管理。

第四十六条　会计记录的文字应当使用中文，少数民族自治地区可以同时使用少数民族文字。中国境内的外商投资企业、外国企业和其他外国经济组织也可以同时使用某种外国文字。

第二节　填制会计凭证

第四十七条　各单位办理本规范第三十七条规定的事项，必须取得或者填制原始凭证，并及时送交会计机构。

第四十八条　原始凭证的基本要求是：

（一）原始凭证的内容必须具备：凭证的名称；填制凭证的日期；填制凭证单位名称或者填制人姓名；经办人员的签名或者盖章；接受凭证单位名称；经济业务内容；数量、单价和金额。

（二）从外单位取得的原始凭证，必须盖有填制单位的公章；从个人取得的原始凭证，必须有填制人员的签名或者盖章。自制原始凭证必须有经办单位领导人或者其指定的人员签名或者盖章。对外开出的原始凭证，必须加盖本单位公章。

（三）凡填有大写和小写金额的原始凭证，大写与小写金额必须相符。购买实物的原始凭证，必须有验收证明。支付款项的原始凭证，必须有收款单位和收款人的收款证明。

（四）一式几联的原始凭证，应当注明各联的用途，只能以一联作为报销凭证。

一式几联的发票和收据，必须用双面复写纸（发票和收据本身具备复写纸功能的除外）套写，并连续编号。作废时应当加盖“作废”戳记，连同存根一起保存，不得撕毁。

（五）发生销货退回的，除填制退货发票外，还必须有退货验收证明；退款时，必须取得对方的收款收据或者汇款银行的凭证，不得以退货发票代替收据。

（六）职工公出借款凭据，必须附在记账凭证之后。收回借款时，应当另开收据或者退还借据副本，不得退还原借款收据。

（七）经上级有关部门批准的经济业务，应当将批准文件作为原始凭证附件。如果批准文件需要单独归档的，应当在凭证上注明批准机关名称、日期和文件字号。

第四十九条　原始凭证不得涂改、挖补。发现原始凭证有错误的，应当由开出单位重开或者更正，更正处应当加盖开出单位的公章。

第五十条　会计机构、会计人员要根据审核无误的原始凭证填制记账凭证。

记账凭证可以分为收款凭证、付款凭证和转账凭证，也可以使用通用记账凭证。

第五十一条　记账凭证的基本要求是：

（一）记账凭证的内容必须具备：填制凭证的日期；凭证编号；经济业务摘要；会计科目；金额；所附原始凭证张数；填制凭证人员、稽核人员、记账人员、会计机构负责人、会计主管人员签名或者盖章。收款和付款记账凭证还应当由出纳人员签名或者盖章。

以自制的原始凭证或者原始凭证汇总表代替记账凭证的，也必须具备记账凭证应有的项目。

（二）填制记账凭证时，应当对记账凭证进行连续编号。一笔经济业务需要填制两张以上记账凭证的，可以采用分数编号法编号。

（三）记账凭证可以根据每一张原始凭证填制，或者根据若干张同类原始凭证汇总填制，也可以根据原始凭证汇总表填制。但不得将不同内容和类别的原始凭证汇总填制在一张记账凭证上。

（四）除结账和更正错误的记账凭证可以不附原始凭证外，其他记账凭证必须附有原始凭证。如果一张原始凭证涉及几张记账凭证，可以把原始凭证附在一张主要的记账凭证后面，并在其他记账凭证上注明附有该原始凭证的记账凭证的编号或者附原始凭证复印机。

一张复始凭证所列支出需要几个单位共同负担的，应当将其他单位负担的部分，开给对方原始凭证分割单，进行结算。原始凭证分割单必须具备原始凭证的基本内容：凭证名称、填制凭证日期、填制凭证单位名称或者填制人姓名、经办人的签名或者盖章、接受凭证单位名称、经济业务内容、数量、单价、金额和费用分摊情况等。

（五）如果在填制记账凭证时发生错误，应当重新填制。

已经登记入账的记账凭证，在当年内发现填写错误时，可以用红字填写一张与原内容相同的记账凭证，在摘要栏注明"注销某月某日某号凭证"字样，同时再用蓝字重新填制一张正确的记账凭证，注明"订正某月某日某号凭证"字样。如果会计科目没有错误，只是金额错误，也可以将正确数字与错误数字之间的差额，另编一张调整的记账凭证，调增金额用蓝字，调减金额用红字。发现以前年度记账凭证有错误的，应当用蓝字填制一张更正的记账凭证。

（六）记账凭证填制完经济业务事项后，如有空行，应当自金额栏最后一笔金额数字下的空行处至合计数上的空行处划线注销。

第五十二条　填制会计凭证，字迹必须清晰、工整，并符合下列要求：

（一）阿拉伯数字应当一个一个地写，不得连笔写。阿拉伯金额数字前面应当书写货币币种符号或者货币名称简写和币种符号。币种符号与阿拉伯金额数字之间不得留有空白。凡阿拉伯数字前写有币种符号的，数字后面不再写货币单位。

（二）所有以元为单位（其他货币种类为货币基本单位，下同）的阿拉伯数字，除表示单价等情况外，一律填写到角分；无角分的，角位和分位可写"00"，或者符号"——"；有角无分的，分位应当写"0"，不得用符号"——"代替。

（三）汉字大写数字金额如零、壹、贰、叁、肆、伍、陆、柒、捌、玖、拾、佰、仟、万、亿等，一律用正楷或者行书体书写，不得用0、一、二、三、四、五、六、七、八、九、十等简化字代替，不得任意自造简化字。大写金额数字到元或者角为止的，在"元"或者"角"字之后应当写"整"字或者"正"字；大写金额数字有分的，分字后面不写"整"或者"正"字。

（四）大写金额数字前未印有货币名称的，应当加填货币名称，货币名称与金额数字之间不得留有空白。

（五）阿拉伯金额数字中间有"0"时，汉字大写金额要写"零"字；阿拉伯数字金额中间连续有几个"0"时，汉字大写金额中可以只写一个"零"字；阿拉伯金额数字元位是"0"，或者数字中间连续有几个"0"、元位也是"0"但角位不是"0"时，汉字大写金额可以只写一个"零"字，也可以不写"零"字。

第五十三条　实行会计电算化的单位，对于机制记账凭证，要认真审核，做到会计科目使用正确，数字准确无误。打印出的机制记账凭证要加盖制单人员、审核人员、记账人员及会计机构负责人、会计主管人员印章或者签字。

第五十四条　各单位会计凭证的传递程序应当科学、合理，具体办法由各单位根据会计业务需要自行规定。

第五十五条　会计机构、会计人员要妥善保管会计凭证。

（一）会计凭证应当及时传递，不得积压。

（二）会计凭证登记完毕后，应当按照分类和编号顺序保管，不得散乱丢失。

（三）记账凭证应当连同所附的原始凭证或者原始凭证汇总表，按照编号顺序，折叠整齐，按期装订成册，并加具封面，注明单位名称、年度、月份和起讫日期、凭证种类、起讫号码，由装订人在装订线封签外签名或者盖章。

对于数量过多的原始凭证，可以单独装订保管，在封面上注明记账凭证日期、编号、种类，同时在记账凭证上注明“附件另订”和原始凭证名称及编号。

各种经济合同、存出保证金收据以及涉外文件等重要原始凭证，应当另编目录，单独登记保管，并在有关的记账凭证和原始凭证上相互注明日期和编号。

(四)原始凭证不得外借，其他单位如因特殊原因需要使用原始凭证时，经本单位会计机构负责人、会计主管人员批准，可以复制。向外单位提供的原始凭证复制件，应当在专设的登记簿上登记，并由提供人员和收取人员共同签名或者盖章。

(五)从外单位取得的原始凭证如有遗失，应当取得原开出单位盖有公章的证明，并注明原来凭证的号码、金额和内容等，由经办单位会计机构负责人、会计主管人员和单位领导人批准后，才能代作原始凭证。如果确实无法取得证明的，如火车、轮船、飞机票等凭证，由当事人写出详细情况，由经办单位会计机构负责人、会计主管人员和单位领导人批准后，代作原始凭证。

第三节　登记会计账簿

第五十六条　各单位应当按照国家统一会计制度的规定和会计业务的需要设置会计账簿。会计账簿包括总账、明细账、日记账和其他辅助性账簿。

第五十七条　现金日记账和银行存款日记账必须采用订本式账簿。不得用银行对账单或者其他方法代替日记账。

第五十八条　实行会计电算化的单位，用计算机打印的会计账簿必须连续编号，经审核无误后装订成册，并由记账人员和会计机构负责人、会计主管人员签字或者盖章。

第五十九条　启用会计账簿时，应当在账簿封面上写明单位名称和账簿名称。在账簿扉页上应当附启用表，内容包括：启用日期、账簿页数、记账人员和会计机构负责人、会计主管人员姓名，并加盖名章和单位公章。记账人员或者会计机构负责人、会计主管人员调动工作时，应当注明交接日期、接办人员或者监交人员姓名，并由交接双方人员签名或者盖章。

启用订本式账簿，应当从第一页到最后一页顺序编定页数，不得跳页、缺号。使用活页式账页，应当按账户顺序编号，并须定期装订成册。装订后再按实际使用的账页顺序编定页码。另加目录，记明每个账户的名称和页次。

第六十条　会计人员应当根据审核无误的会计凭证登记会计账簿。登记账簿的基本要求是：

(一)登记会计账簿时，应当将会计凭证日期、编号、业务内容摘要、金额和其他有关资料逐项记入账内，做到数字准确、摘要清楚、登记及时、字迹工整。

(二)登记完毕后，要在记账凭证上签名或者盖章，并注明已经登账的符号，表示已经记账。

(三)账簿中书写的文字和数字上面要留有适当空格，不要写满格；一般应占格距的二分之一。

(四)登记账簿要用蓝黑墨水或者碳素墨水书写，不得使用圆珠笔(银行的复写账簿除外)或者铅笔书写。

(五)下列情况，可以用红色墨水记账：

1. 按照红字冲账的记账凭证，冲销错误记录；
2. 在不设借贷等栏的多栏式账页中，登记减少数；
3. 在三栏式账户的余额栏前，如未印明余额方向的，在余额栏内登记负数余额；
4. 根据国家统一会计制度的规定可以用红字登记的其他会计记录。

(六)各种账簿按页次顺序连续登记，不得跳行、隔页。如果发生跳行、隔页，应当将空行、空页划线注销，或者注明“此行空白”“此页空白”字样，并由记账人员签名或者盖章。

(七)凡需要结出余额的账户，结出余额后，应当在“借或贷”等栏内写明“借”或者“贷”等字样。没有余额的账户，应当在“借或贷”等栏内写“平”字，并在余额栏内用“Q”表示。

现金日记账和银行存款日记账必须逐日结出余额。

(八)每一账页登记完毕结转下页时，应当结出本页合计数及余额，写在本页最后一行和下页第一行有关栏内，并在摘要栏内注明“过次页”和“承前页”字样；也可以将本页合计数及金额只写在下页第一行有关栏内，并在摘要栏内注明“承前页”字样。

对需要结计本月发生额的账户，结计“过次页”的本页合计数应当为自本月初起至本页末止的发生额合计数；对需要结计本年累计发生额的账户，结计“过次页”的本页合计数应当为自年初起至本页末止的累计数；对既不需要结计本月发生额也不需要结计本年累计发生额的账户，可以只将每页末的余额结转次页。

第六十一条 账簿记录发生错误，不准涂改、挖补、刮擦或者用药水消除字迹，不准重新抄写，必须按照下列方法进行更正：

（一）登记账簿时发生错误，应当将错误的文字或者数字划红线注销，但必须使原有字迹仍可辨认；然后在划线上方填写正确的文字或者数字，并由记账人员在更正处盖章。对于错误的数字，应当全部划红线更正，不得只更正其中的错误数字。对于文字错误，可只划去错误的部分。

（二）由于记账凭证错误而使账簿记录发生错误，应当按更正的记账凭证登记账簿。

第六十二条 各单位应当定期对会计账簿记录的有关数字与库存实物、货币资金、有价证券、往来单位或者个人等进行相互核对，保证账证相符、账账相符、账实相符。对账工作每年至少进行一次。

（一）账证核对。核对会计账簿记录与原始凭证、记账凭证的时间、凭证字号、内容、金额是否一致，记账方向是否相符。

（二）账账核对。核对不同会计账簿之间的账簿记录是否相符，包括：总账有关账户的余额核对，总账与明细账核对，总账与日记账核对，会计部门的财产物资明细账与财产物资保管和使用部门的有关明细账核对等。

（三）账实核对。核对会计账簿记录与财产等实有数额是否相符。包括：现金日记账账面余额与现金实际库存数相核对；银行存款日记账账面余额定期与银行对账单相核对；各种财物明细账账面余额与财物实存数额相核对；各种应收、应付款明细账账面余额与有关债务、债权单位或者个人核对等。

第六十三条 各单位应当按照规定定期结账。

（一）结账前，必须将本期内所发生的各项经济业务全部登记入账。

（二）结账时，应当结出每个账户的期末余额。需要结出当月发生额的，应当在摘要栏内注明“本月合计”字样，并在下面通栏划单红线。需要结出本年累计发生额的，应当在摘要栏内注明“本年累计”字样，并在下面通栏划单红线；12月末的“本年累计”就是全年累计发生额。全年累计发生额下面应当通栏划双红线。年度终了结账时，所有总账账户都应当结出全年发生额和年末余额。

（三）年度终了，要把各账户的余额结转到下一会计年度，并在摘要栏注明“结转下年”字样；在下一会计年度新建有关会计账簿的第一行余额栏内填写上年结转的余额，并在摘要栏注明“上年结转”字样。第四节编制财务报告

第六十四条 各单位必须按照国家统一会计制度的规定，定期编制财务报告。

财务报告包括会计报表及其说明。会计报表包括会计报表主表、会计报表附表、会计报表附注。

第六十五条 各单位对外报送的财务报告应当根据国家统一会计制度规定的格式和要求编制。

单位内部使用的财务报告，其格式和要求由各单位自行规定。

第六十六条 会计报表应当根据登记完整、核对无误的会计账簿记录和其他有关资料编制，做到数字真实、计算准确、内容完整、说明清楚。

任何人不得篡改或者授意、指使、强令他人篡改会计报表的有关数字。

第六十七条 会计报表之间、会计报表各项目之间，凡有对应关系的数字，应当相互一致。本期会计报表与上期会计报表之间有关的数字应当相互衔接。如果不同会计年度会计报表中各项目的内容和核算方法有变更的，应当在年度会计报表中加以说明。

第六十八条 各单位应当按照国家统一会计制度的规定认真编写会计报表附注及其说明，做到项目齐全，内容完整。

第六十九条 各单位应当按照国家规定的期限对外报送财务报告。

对外报送的财务报告，应当依次编写页码，加具封面，装订成册，加盖公章。封面上应当注明：单位名称，单位地址，财务报告所属年度、季度、月度，送出日期，并由单位领导人、总会计师、会计机构负责人、会计主管

人员签名或者盖章。

单位领导人对财务报告的合法性、真实性负法律责任。

第七十条　根据法律和国家有关规定应当对财务报告进行审计的，财务报告编制单位应当先行委托注册会计师进行审计，并将注册会计师出具的审计报告随同财务报告按照规定的期限报送有关部门。

第七十一条　如果发现对外报送的财务报告有错误，应当及时办理更正手续。除更正本单位留存的财务报告外，并应同时通知接受财务报告的单位更正。错误较多的，应当重新编报。

第四章　会计监督

第七十二条　各单位的会计机构、会计人员对本单位的经济活动进行会计监督。

第七十三条　会计机构、会计人员进行会计监督的依据是：

（一）财经法律、法规、规章；

（二）会计法律、法规和国家统一会计制度；

（三）各省、自治区、直辖市财政厅（局）和国务院业务主管部门根据《中华人民共和国会计法》和国家统一会计制度制定的具体实施办法或者补充规定；

（四）各单位根据《中华人民共和国会计法》和国家统一会计制度制定的单位内部会计管理制度；

（五）各单位内部的预算、财务计划、经济计划、业务计划等。

第七十四条　会计机构、会计人员应当对原始凭证进行审核和监督。

对不真实、不合法的原始凭证，不予受理。对弄虚作假、严重违法的原始凭证，在不予受理的同时，应当予以扣留，并及时向单位领导人报告，请求查明原因，追究当事人的责任。

对记载不准确、不完整的原始凭证，予以退回，要求经办人员更正、补充。

第七十五条　会计机构、会计人员对伪造、变造、故意毁灭会计账簿或者账外设账行为，应当制止和纠正；制止和纠正无效的，应当向上级主管单位报告，请求做出处理。

第七十六条　会计机构、会计人员应当对实物、款项进行监督，督促建立并严格执行财产清查制度。发现账簿记录与实物、款项不符时，应当按照国家有关规定进行处理。超出会计机构、会计人员职权范围的，应当立即向本单位领导报告，请求查明原因，做出处理。

第七十七条　会计机构、会计人员对指使、强令编造、篡改财务报告行为，应当制止和纠正；制止和纠正无效的，应当向上级主管单位报告，请求处理。

第七十八条　会计机构、会计人员应当对财务收支进行监督。

（一）对审批手续不全的财务收支，应当退回，要求补充、更正。

（二）对违反规定不纳入单位统一会计核算的财务收支，应当制止和纠正。

（三）对违反国家统一的财政、财务、会计制度规定的财务收支，不予办理。

（四）对认为是违反国家统一的财政、财务、会计制度规定的财务收支，应当制止和纠正；制止和纠正无效的，应当向单位领导人提出书面意见请求处理。

单位领导人应当在接到书面意见起十日内做出书面决定，并对决定承担责任。

（五）对违反国家统一的财政、财务、会计制度规定的财务收支，不予制止和纠正，又不向单位领导人提出书面意见的，也应当承担责任。

（六）对严重违反国家利益和社会公众利益的财务收支，应当向主管单位或者财政、审计、税务机关报告。

第七十九条　会计机构、会计人员对违反单位内部会计管理制度的经济活动，应当制止和纠正；制止和纠正无效的，向单位领导人报告，请求处理。

第八十条　会计机构、会计人员应当对单位制定的预算、财务计划、经济计划、业务计划的执行情况进行监督。

第八十一条　各单位必须依照法律和国家有关规定接受财政、审计、税务等机关的监督，如实提供会计凭证、会计账簿、会计报表和其他会计资料以及有关情况，不得拒绝、隐匿、谎报。

第八十二条　按照法律规定应当委托注册会计师进行审计的单位，应当委托注册会计师进行审计，并配合注册会计师的工作，如实提供会计凭证、会计账簿、会计报表和其他会计资料以及有关情况，不得拒绝、隐匿、谎报，不得示意注册会计师出具不当的审计报告。

第五章 内部会计管理制度

第八十三条 各单位应当根据《中华人民共和国会计法》和国家统一会计制度的规定，结合单位类型和内容管理的需要，建立健全相应的内部会计管理制度。

第八十四条 各单位制定内部会计管理制度应当遵循下列原则：

（一）应当执行法律、法规和国家统一的财务会计制度。

（二）应当体现本单位的生产经营、业务管理的特点和要求。

（三）应当全面规范本单位的各项会计工作，建立健全会计基础，保证会计工作的有序进行。

（四）应当科学、合理，便于操作和执行。

（五）应当定期检查执行情况。

（六）应当根据管理需要和执行中的问题不断完善。

第八十五条 各单位应当建立内部会计管理体系。主要内容包括：单位领导人、总会计师对会计工作的领导职责；会计部门及其会计机构负责人、会计主管人员的职责、权限；会计部门与其他职能部门的关系；会计核算的组织形式等。

第八十六条 各单位应当建立会计人员岗位责任制度。主要内容包括：会计人员的工作岗位设置；各会计工作岗位的职责和标准；各会计工作岗位的人员和具体分工；会计工作岗位轮换办法；对各会计工作岗位的考核办法。

第八十七条 各单位应当建立账务处理程序制度。主要内容包括：会计科目及其明细科目的设置和使用；会计凭证的格式、审核要求和传递程序；会计核算方法；会计账簿的设置；编制会计报表的种类和要求；单位会计指标体系。

第八十八条 各单位应当建立内部牵制制度。主要内容包括：内部牵制制度的原则；组织分工；出纳岗位的职责和限制条件；有关岗位的职责和权限。

第八十九条 各单位应当建立稽核制度。主要内容包括：稽核工作的组织形式和具体分工；稽核工作的职责、权限；审核会计凭证和复核会计账簿、会计报表的方法。

第九十条 各单位应当建立原始记录管理制度。主要内容包括：原始记录的内容和填制方法；原始记录的格式；原始记录的审核；原始记录填制人的责任；原始记录签署、传递、汇集要求。

第九十一条 各单位应当建立定额管理制度。主要内容包括：定额管理的范围；制定和修订定额的依据、程序和方法；定额的执行；定额考核和奖惩办法等。

第九十二条 各单位应当建立计量验收制度。主要内容包括：计量检测手段和方法；计量验收管理的要求；计量验收人员的责任和奖惩办法。

第九十三条 各单位应当建立财产清查制度。主要内容包括：财产清查的范围；财产清查的组织；财产清查的期限和方法；对财产清查中发现问题的处理办法；对财产管理人员的奖惩办法。

第九十四条 各单位应当建立财务收支审批制度。主要内容包括：财务收支审批人员和审批权限；财务收支审批程序；财务收支审批人员的责任。

第九十五条 实行成本核算的单位应当建立成本核算制度。主要内容包括：成本核算的对象；成本核算的方法和程序；成本分析等。

第九十六条 各单位应当建立财务会计分析制度。主要内容包括：财务会计分析的主要内容；财务会计分析的基本要求和组织程序；财务会计分析的具体方法；财务会计分析报告的编写要求等。

第六章 附则

第九十七条 本规范所称国家统一会计制度，是指由财政部制定，或者财政部与国务院有关部门联合制定，或者经财政部审核批准的在全国范围内统一执行的会计规章、准则、办法等规范性文件。

本规范所称会计主管人员，是指不设置会计机构、只在其他机构中设置专职会计人员的单位行使会计机构负责人职权的人员。

本规范第三章第二节和第三节关于填制会计凭证、登记会计账簿的规定，除特别指出外，一般适用于手工记账。实行会计电算化的单位，填制会计凭证和登记会计账簿的有关要求，应当符合财政部关于会计电算化的有关规定。

第九十八条　各省、自治区、直辖市财政厅(局)、国务院各业务主管部门可以根据本规范的原则，结合本地区、本部门的具体情况，制定具体实施办法，报财政部备案。

第九十九条　本规范由财政部负责解释、修改。

参考资料

1.《中华人民共和国会计法》,2017 年 11 月 4 日第十二届全国人民代表大会常务委员会第三十次会议修订。

2.《会计基础工作规范》,1996 年 6 月 17 日财会字(1996)19 号公布、2019 年 3 月 14 日财政部修订。

3.《企业会计准则——基本准则》,财政部 2014 年修订。

4.《企业会计准则》(第 1 号—第 42 号),财政部从 1997 年至今发布或修订。

5.《财政部 国家税务总局 科技部关于完善研究开发费用税前加计扣除政策的通知》(财税〔2015〕119 号)等相关现行法律、法规、规章制度、公告。

6. 鲍长生、黄慧:《初级会计实务》,华东理工大学出版社 2013 年版。

7. 章萍、鲍长生:《财务管理》,上海社会科学院出版社 2015 年版。

8. 财政部会计资格评价中心:《初级会计实务》《经济法基础》,中国财经出版传媒集团、经济科学出版社 2020 年版。

9. 财政部会计资格评价中心:《财务管理》,经济科学出版社 2020 年版。

10. 高峰:《资金时间价值原理及实务》,中国财政经济出版社 2008 年版。